财政部规划教材
全国高等院校财经类教材

企业战略管理

杨 辉 于 洁 主编

夏凌云 杨 环 林 佳 任关宇 副主编

中国财经出版传媒集团
中国财政经济出版社
北京

图书在版编目（CIP）数据

企业战略管理 / 杨辉，于洁主编. -- 北京：中国财政经济出版社，2024.1

财政部规划教材 全国高等院校财经类教材

ISBN 978-7-5223-2414-2

Ⅰ.①企… Ⅱ.①杨… ②于… Ⅲ.①企业战略－战略管理－高等学校－教材 Ⅳ.①F272.1

中国国家版本馆 CIP 数据核字（2023）第 153516 号

责任编辑：陈　冰　　　　责任印制：张　健

封面设计：卜建辰　　　　责任校对：胡永立

企业战略管理

QIYE ZHANLÜE GUANLI

中国财政经济出版社 出版

URL：http：//www.cfeph.cn

E-mail：cfeph@cfeph.cn

社址：北京市海淀区阜成路甲 28 号　邮政编码：100142

营销中心电话：010-88191522

天猫网店：中国财政经济出版社旗舰店

网址：https：//zgczjjcbs.tmall.com

北京富生印刷厂印刷　各地新华书店经销

成品尺寸：185mm×260mm　16 开　21.75 印张　489 000 字

2024 年 1 月第 1 版　2024 年 1 月北京第 1 次印刷

定价：63.00 元

ISBN 978-7-5223-2414-2

（图书出现印装问题，本社负责调换，电话：010-88190548）

本社质量投诉电话：010-88190744

打击盗版举报热线：010-88191661　QQ：2242791300

编写说明

21世纪是一个开放的时代，世界变得扁平；21世纪是一个包容的时代，品牌及知识等智慧资产，成为企业最为宝贵的重要资产，对知识和人本身的尊重，达到了前所未有的高度；21世纪是一个崭新的时代，网络科技的发展颠覆了许多传统的思维和经营模式。21世纪的今天，科技发展突飞猛进，知识经济迅速发展，信息技术日新月异，全球化、国际化、网络化和知识化的步伐不可阻挡。企业战略管理在日趋复杂动荡的环境中，正面临前所未有的挑战，希冀更多的企业管理难题破解方法。

企业战略管理是一门新兴的企业管理学科，情境特征明显。该课程以提升企业战略制定、实施、评价与控制的有效性和效率为对象，以构建、保持和发挥企业竞争优势为手段，以提高企业整体和长期绩效为主要目的；在学习和运用企业战略管理的理论与方法时综合考虑所在国家或地区的环境、企业和企业战略管理者特征的影响。

本教材是东北农业大学线上线下一流混合式课程“企业战略管理”的配套教材。编写团队的主要成员长期从事中国情境下的企业战略管理教学、研究和咨询工作，致力于从情境嵌入的视角编著一部尽可能贴近中国情境和及时、准确反映中国企业战略实践的企业战略管理教材，以帮助中国未来的管理者有效掌握企业战略管理的理论和方法，并提升战略决策能力。

本教材由东北农业大学杨辉（东北农业大学）、于洁（东北农业大学）主编，夏凌云（东北农业大学）、杨环（东北农业大学）、林佳（东北农业大学）、任关宇（黑龙江省农投产业融合发展有限公司）任副主编。杨辉、于洁主持教材编写的组织、策划及统稿工作。具体编写分工为：杨辉、于洁负责第一、第五章；夏凌云、林佳负责第二章；于洁、杨环负责第三、第四章；于洁、任关宇负责第六章；杨辉、韩阳（东北农业大学）负责第七章；袁基瑜（黑龙江工程学院）、于静（黑龙江工程学院）负责第八章；夏凌云、徐博文（哈尔滨金融学院）负责第九章；杨辉、宋鹏志（黑龙江工商学院）负责第十章。在书稿编写过程中，东北农业大学硕士研究生胡子程、薛卓慈、鲁胜男、宋艳杰、张梦凡参与了大量的资料搜集和编排版工作，在此表示感谢。

编写原则

1. 在课程思政方面，充分研读和贯彻党的二十大及习近平新时代中国特色社会主义思想，突出政治认同、家国情怀、文化素养、宪法法治意识、道德修养的内容供给，形成坚定学生爱党、爱国、爱社会主义、爱人民、爱集体理想信念的思政教育主线，提升理论认知和实践认知，体悟现实意义。

2. 在指导思想方面，注重全球视野与中国本土情境的整合。在广泛吸收战略管理各学派的理论观点的基础上，重点突出中国管理实践和理论总结。

3. 在体系架构方面，以战略管理的过程与任务为主要理论架构，详细阐述战略态势分析、战略制定与实施、战略途径与控制的理论和方法，使学生树立正确的战略管理观念。

4. 在编写体例方面，每一章按照学习目标提出、重点难点清晰界定、引导案例导入、名人名言提纲挈领的基本体例展开编写；每章内容都引入大量案例和辅助阅读资料，并依托数字资源，突出问题导向，提升教材的可读性和趣味性，利于学生拓宽视野；每章结尾附有本章思考题，便于学生系统掌握本章体系框架和核心内容，扎实掌握基础理论并强化理论的应用。

内容架构

该课程包括十章内容，按照战略管理导论、战略态势分析、战略制定与实施、战略途径与变革四个板块内容，从中国企业所嵌入的情境特征出发，以环境动态化为主要视角，系统整合全球视野与国内情境、企业战略管理的静态模式与动态模式，全面了解国内外学者在企业战略管理思维、战略管理基本理论和战略模式上的主要成果，掌握中国企业战略管理实践要求，突出中国大地上的本土好故事，把握中国情境特征。

适用范围

本书作为“企业战略管理”线上共享课的配套教材，适用对象为管理类各专业的本科生。同时，由于本书在理论知识方面具有完整性和前沿性，实践方面综合体现中国情境，紧密把握中国企业战略管理中的热点问题和趋势，并且逻辑体系简洁，可读性强，因此，本书也适合作为 MBA、EMBA 及各类管理人员的培训教材。

后续服务及致谢

课程网站及在线课程提供课程描述、教学大纲、案例资料、各章重点、复习题及其他拓展资源。课程网站：https://coursehome.zhihuishu.com/courseHome/1000075922/182474/20#teachTeam。

本书为用书学校任课老师提供了答案，如有需要，请以电子邮件向中国财政经济出版社索取（请注明：学校、全书名、版次），Email：caijingjiaocai@163.com。也可以登录以下网址下载：http：//jiaocai.cfeph.cn。

本书在编写过程中参阅了大量国内外专家同行的专著、教材、文献资料及网络资源，编写成员已在各章中标注，相关参考书目附于书后的参考文献中，但仍难免有所疏漏，在此一并致谢。

战略管理的思想和理论博大精深，一本书无法概全。教材建设是一项需要长期关注、积累并不断完善的工作，我们将对本书不断改进和提高。期待理论界同行和广大读者对本书存在的疏漏和不足之处提出宝贵意见。

杨　辉　于　洁

2023年8月于东北农业大学

目录

第一章 导 论

学习目标

□ 理解战略及战略思想溯源
□ 掌握企业战略的概念及内涵
□ 掌握企业战略管理的概念及基本特征
□ 理解企业战略管理的作用与特征
□ 理解企业战略管理的原则与过程

☞ 引例

《隆中对》

亮躬耕陇亩，好为《梁父吟》。身长八尺，每自比于管仲、乐毅，时人莫之许也。惟博陵崔州平、颍川徐庶元直与亮友善，谓为信然。

时先主屯新野。徐庶见先主，先主器之，谓先主曰："诸葛孔明者，卧龙也，将军岂愿见之乎？"先主曰："君与俱来。"庶曰："此人可就见，不可屈致也。将军宜枉驾顾之。"

由是先主遂诣亮，凡三往，乃见。因屏人曰："汉室倾颓，奸臣窃命，主上蒙尘。孤不度德量力，欲信大义于天下，而智术浅短，遂用猖蹶，至于今日。然志犹未已，君谓计将安出？"

亮答曰："自董卓已来，豪杰并起，跨州连郡者不可胜数。曹操比于袁绍，则名微而众寡，然操遂能克绍，以弱为强者，非惟天时，抑亦人谋也。今操已拥百万之众，挟天子而令诸侯，此诚不可与争锋。孙权据有江东，已历三世，国险而民附，贤能为之用，此可以为援而不可图也。荆州北据汉、沔，利尽南海，东连吴会，西通巴、蜀，此用武之国，而其主不能守，此殆天所以资将军，将军岂有意乎？益州险塞，沃野千里，天府之土，高祖因之以成帝业。刘璋暗弱，张鲁在北，民殷国富而不知存恤，智能之士思得明君。将军既帝室之胄，信义著于四海，总揽英雄，思贤如渴，若跨有荆、益，保其岩阻，西和诸戎，南抚夷越，外结好孙权，内修政理；天下有变，则命一上将将荆州之军以向宛、洛，将军身率益州之众出于秦川，百姓孰敢不箪食壶浆以迎将军者乎？诚如是，则霸业可成，汉室可兴矣。”

先主曰：“善！”于是与亮情好日密。

关羽、张飞等不悦，先主解之曰：“孤之有孔明，犹鱼之有水也。愿诸君勿复言。”羽、飞乃止。

解析：

刘备三顾茅庐请诸葛亮出山，当时诸葛亮仅27岁，为刘备的诚意所感动，向刘提出了被誉为“一对足千秋”、影响一个历史朝代的《隆中对》（明代文人游俊依据唐代诗人杜甫题在“三顾堂”正门的对联：两表酬三顾，一对足千秋。上联意指诸葛亮北伐时呈给蜀汉后主刘禅表决心的《出师表》《后出师表》，酬答了刘备三顾茅庐的情谊，提出了用人唯贤、赏罚严明的治国方针，体现了竭智尽忠兴复汉室的愿望，及“鞠躬尽瘁，死而后已”的精神；下联即诸葛亮足以流传千秋万世而不朽的《隆中对》，因为里面提出了蜀汉建国治国的整个方针策略）。

诸葛亮在为刘备做战略规划时，首先进行了环境和竞争对手的分析：自董卓以来，豪杰并起，跨州连郡者不可胜数（环境分析）；曹操比于袁绍，则名微众寡，然操遂能克绍，以弱为强者，非惟天时，抑亦人谋也。今操已拥百万之众，挟天子而令诸侯，此诚不可与争锋。孙权据有江东，已历三世，国险而民附，贤能为之用，此可以为援而不可图也（竞争对手的分析）。

诸葛亮分析天下已经大乱，谁都想占地为王，而主要的竞争对手都已经占据了有利形势，曹操也是以弱击强由小变大的，其成功的经验不仅是占尽天时善抓机会，而且重视人力资源善于战略谋划。现在的市场格局又如何呢？曹操坐拥百万雄兵势头凶猛实力强大，属于第一阵营领导型企业，垄断了大部分市场份额，我们不能与之正面对抗；孙权雄踞江东，处于第二阵营，经营多年，也已成气候，只能是我们团结利用的对象而不是正面发起挑战和斗争的对象；作为实力弱小的刘备，只有团结一切可以团结的力量，首先自保，然后寻找新的发展机会。

诸葛亮接着分析：荆州北据汉、沔，利尽南海，东连吴会，西通巴、蜀，此用武之国，而其主不能守，此殆天所以资将军，将军岂有意乎？益州险塞，沃野千里，天府之土，高祖因之以成帝业。刘璋暗弱，张鲁在北，民殷国富而不知存恤，智能之士思得明君——意味着新的市场机会，虽然竞争激烈，但市场机会还是很多的，荆州地理位置极佳，是兵家必争之地，然而刘表势弱，是留给刘备您最好的市场机会，先取荆州便可占据一席之地；益州险峻沃野千里，其主刘璋领导才能欠佳不善管理，也就是刘璋并不具备把握机会的能力。

面对市场机会，刘备有没有能力占领呢？于是诸葛亮分析了刘备集团的资源和能力：将军既帝室之胄，信义著于四海，总揽英雄，思贤如渴——自身优劣势分析，刘备目前实力很弱，但是也有他自身的优势，刘备有皇室血统有号召力，而且名气大名声好，善于用人，刘备集团的优势在于品牌、企业文化和人力资源，从挖掘品牌文化开始，刘备先打出汉室宗亲的招牌，然后再招揽天下英雄，借机得势，获得未来一争天下的实力。

诸葛亮在分析市场机会和竞争优劣势的情况下，为刘备制定了战略规划——若跨有荆、益，保其岩阻，西和诸戎，南抚夷越，外结好孙权，内修政理（关键的战略举措）；天下有变，则命一上将将荆州之军以向宛、洛，将军身率益州之众出于秦川（营销规划，竞争策略），百姓孰敢不箪食壶浆以迎将军者乎？诚如是，则霸业可成，汉室可兴矣（实现你的战略目标）。具体路径是先取荆州后取益州，和东吴孙权等联合，通过这一系列的战略步骤和实施计划，最终形成三分天下的格局。

最后诸葛亮总结刘备的战略原则是——北让曹操占天时，南让孙权占地利，将军可占人和。战略实施分三步走，先取荆州为佳，后取西川建基业，以成鼎足之势，然后两路出击进取中原，最终实现兴汉室成霸业的战略目标。

在《隆中对》这一战略规划的指导下，刘备果然纵横捭阖，以最弱实力而三分天下有其一，成就了一番霸业。虽然诸葛亮后来六出祁山也未能将魏国灭掉，但他在《隆中对》中的远景规划和战略目标是实现了的，如果没有当时的战略规划《隆中对》，也就不会有后来的三分天下，这就是战略的力量。

资料来源：胡武云．基于 SWOT 分析法探讨《隆中对》对现代企业管理的启示［J］．中国中小企业，2022（11）：127－129.

没有战略的企业就像一艘没有舵的船一样，只会在原地转圈，又像个流浪汉一样无家可归。

——管理学家　乔尔·罗斯

“战略”是管理者们使用频率非常广的词汇之一，我们经常会听到诸多和战略相关的词语，如经营战略、发展战略、合作战略、产品战略等诸如此类的表述。那么战略究竟是什么，如何理解战略，企业战略管理要做什么？本章将带领大家来探寻问题的答案。

在复杂动荡的环境中，每天都有企业诞生与消亡，为什么有的企业长盛不衰，有的企业昙花一现？为什么有的企业能够持续发展壮大，有的企业则从辉煌归于沉寂？此时，我们需要回答，是什么决定了企业的持续发展呢？毫无疑问，管理者制定和实施的战略具有重大影响。

“定战略”始终是治理公司第一要旨。在这里没有一劳永逸，即使是那些最棒的战略也会因时而变，要了解世界正在发生什么事，优秀的管理者都是胸怀大局的人。如果未来已至，你却视而不见，再成熟、再领先的企业都有可能被时代的巨轮所淘汰。尤其是在互联网时代，无论是技术升级、产业更迭还是商业模式革新，都被时代赋予了加速度。所以伴随着经济全球化的进程，知识经济和互联网技术日新月异，新的经营方式不断涌现，在复杂多变、超强竞争的环境下，战略管理的重要性日益凸显。

第一节　企业战略概述

中外战略
思想溯源

一、中外战略思想溯源

中外古代战略思想均产生于军事斗争实践，并随着时代的发展逐渐扩大到政治、经济等领域，成为企业战略思想和理论的来源。

（一）中国战略思想

我国古代典籍中有着丰富的战略思想，主要来自军事与政治领域。“战略”一词，“战”指战斗和战争，“略”指筹略、策略和计划。追溯战略在中国的起源，其实早在公元前1000年左右的西周时期（公元前1046—公元前771年）就已经形成了，《军政》和《军志》是我国有文字记载最早的兵书。中国传统战略思想博大精深，许多军事家和政治家都对战略问题有精深的研究。我国见之著录的兵书达两千余部，现存五百余部，其中许多谈到战略问题，相关著作也浩如烟海，以《孙子兵法》《三国演义》《战国策》《资治通鉴》最具有代表性。

春秋时期吴国将军孙武的杰作《孙子兵法》和战国时期的《吴起兵法》是研究和探讨战略及相关军事问题的经典巨著。那时的战略概念是按照作战性质划分的，有进攻战略和防御战略之分，并称战略为谋、猷、韬略、方略、兵略等，当时并没有明确使用“战略”这个词。《孙子兵法》，被誉为“兵学圣典”，蕴含丰富的战略思想，是世界上最有影响的古代战略理论著作。《孙子兵法》共十三篇五千余言，论述了战略问题的许多要素，如把战略谋划与战略决策称为“庙算”；把“安国全军”作为最理想的战略目标；以“伐谋”“伐交”“攻城”作为可以依次选择的战略手段；以“道”“天”“地”“将”“法”作为战略力量的基本成分。《孙子兵法》强调计谋、战略和战术的重要性，指出“用兵之道，以计为首”“计先定于内，而后兵出境”；强调周密的战略侦察与正确的战略判断在战略决策和战略指挥中的重要作用，指出“知彼知己，百战不殆；知天知地，胜乃不穷”。《孙子兵法》中丰富的战略思想在今天仍然有重要的理论和现实意义，为企业战略管理的理论和实践提供了重要的指导与借鉴。

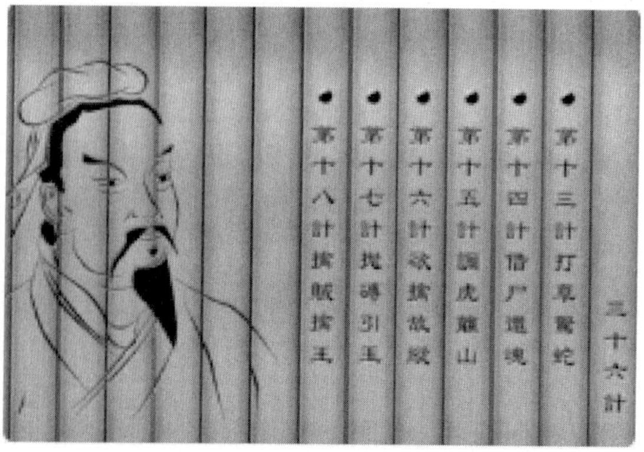

▶课程思政案例

中国最古老的战略思想

何为战略？战略概念向上追溯可以追溯到两千多年前，在那个时候的中国是春秋战国时期，百花齐放百家争鸣的时代，各种思想层出不穷，读书时我们都学习过当时的诸子百家，有儒家、道家、法家、兵家、阴阳家、纵横家各种各样的流派，而其中与战略思想最有关联的当然是兵家。

1972 年 4 月，在山东临沂银雀山发掘的汉代墓葬中发现了用竹简写成的《孙子兵法》，在这部为历代军事家所推崇的军事典籍中，孙武把前世流传下来和自身体悟到的战略思想凝集成十三篇短文，具体包括：第一篇始计、第二篇作战、第三篇谋攻、第四篇军形、第五篇兵势、第六篇虚实、第七篇军争、第八篇九变、第九篇行军、第十篇地形、第十一篇九地、第十二篇火攻、第十三篇用间。《孙子兵法》在唐代中期传入日本，18 世纪下半叶传入法国，后来又陆续传入俄、英、德等国，已经成为近代军事理论的一个重要思想源泉。

第一篇叫作始计篇，始计篇的开篇，第一句就是："兵者，国之大事，存亡之道，不可不察也。"

也就是说，战略是一个组织面临的最为重要的事情，作为一个组织的管理者领导者，必须要有能力去洞察、关注战略，所以战略是多么的重要。

在《孙子兵法》当中还同样提到，如何去审视战略，其实是有方法的。或者说，战略分为哪几个方面是有方法的。《孙子兵法》中这样阐述：故经之五事，校之以计而索其情。其中涉及的五件事分别是：一曰道、二曰天、三曰地、四曰将、五曰法。

道者，令民与上同意也。故可以与之死，可以与之生，而不畏危。意思是，如果有了道，就可以让所有的员工、下属、士兵，和领导者保持同样的想法，大家可以出生入死，而不畏惧危险。所以道者令民与上同意也，是何等重要。当然，这个道在今天现代企业战略管理当中可以将它解读为愿景、使命和价值观，任何组织都应该有自己的愿景、使命和价值观。

天者，阴阳寒暑时制也。也就是要去看外部的变化。在今天的现代战略理论架构中，天可以理解为外部环境，而外部环境又可以分为宏观的产业环境和相对中观的行业环境。

地者，远近险易，广狭死生也。这是指所处的具体情形，包括内部组织，拥有何种资源和能力。

以上，道、天、地，都是在做分析，但是事情是需要做的，是靠人来执行的，所以下面继续探讨。

将者，智、信、仁、勇、严也。作为一个将领，要拥有智慧，要有信用，要有仁爱之心，要能够冲锋陷阵，要有勇气、果敢，还要严于律己，严格执行各种规章制度。诸葛亮挥泪斩马谡表达的就是一个"严"字。

法者，规章制度，要有法则。曲制、官道，主用也。即在一个组织当中，无论是军队，还是企业，都要有必须遵守的法则和规章制度。

有人说商场如战场，商场和战场还是有区别的，战场你死我活，零和博弈，而商场经常是可以共赢的。

所以《孙子兵法》不是万能的，但是它很重要，它为我们带来了非常重要的启发，我们感慨于古人智慧，更要为之所用，贯通古今。

资料来源：曹永孚．《孙子兵法》（始计第一）［J］．孙子研究，2015（6）：107－110.

与之齐名的《吴起兵法》产生于公元前400年左右，兵法中博大精深的军事思想内涵不弱于《孙子兵法》，具体表现在“内修之得，外治武备”的战略指导思想、“以治为胜”的军事训练、根据敌情度时出击、攻击敌军薄弱环节等方面，对诸侯之间的兼并战争产生巨大的指导作用。

之后较大的一次军事思想整理是汉成帝于公元前26年命步兵校尉任宏校兵书，任宏将兵书分为《兵权谋》《兵形势》《兵阴阳》《兵技巧》四类，其中《兵权谋》主要也是讲战略思想及其在战场上的灵活运用。

“战略”一词正式出现最早见于公元3世纪末，西晋史学家司马彪著有题为《战略》的一部兵书，随后被普遍应用，也曾多次出现于西晋同期陈寿的《三国志》中。三国时代，诸葛亮向刘备提出的《隆中对》，是我国历史上军事战略系统分析的典范，是一个完整的战略规划，思路清晰、分析透彻、战略明确、措施得当，是我国古代战略思想的经典之作。

公元17世纪初，明朝茅元仪曾编辑《廿一史战略考》一书。从这些文献的内容来看，当时的“战略”一词泛指战争作战的谋略。可以说，凡是与战争准备或实施有关的军事力量建设和使用的全局性内容，都是战略所需要研究和解决的问题。当时这个术语的核心含义与现代战略意义有类似之处，但是却与战争方法、战术区分不严格，有时还包含有政治、外交谋略和战法之意，使用角度也不统一。

直至19世纪末，我国正式使用“战略”来翻译西方的“strategy”一词。

20世纪30年代，毛泽东在《中国革命战争的战略问题》中指出：“战略问题是研究战争全局规律性的东西。”这篇关于战略的论述，可以说是奠定了现代中国战略定义的基础。

▶案例

战略家毛泽东的道路

当今世界正处在百年未有之大变局，世界进入新的动荡变革期，中国进入中国特色社会主义新时代，正处在中华民族伟大复兴的重要阶段，战略思维至关重要。毛泽东作为伟大的无产阶级革命家、战略家、理论家，开创了中国共产党战略思维的优良传统，把马克思列宁主义基本原理同中国具体实际相结合，开辟了农村包围城市、武装夺取政权的正确革命道路，创立了毛泽东思想，夺取了新民主主义革命胜利，建立了中华人民共和国。从毛泽东的伟大革命实践和光辉著作中，学习战略家毛泽东的战略智慧、战略思维和战略思想，具有重大的现实意义和深远的历史意义。

1. 战略即全局

毛泽东指出，战略问题是研究战争全局的规律的东西。他说："只要有战争，就有战争的全局。战争的胜败的主要和首先的问题，是对于全局和各阶段的关照得好或关照得不好。""指挥全局的人，最要紧的，是把自己的注意力摆在照顾战争的全局上面。"

2. 战略即主要矛盾

毛泽东说："在复杂的事物的发展过程中，有许多的矛盾存在，其中必有一种是主要的矛盾，由于它的存在和发展规定或影响着其他矛盾的存在和发展。"抓住了这个主要矛盾，一切问题就迎刃而解了。""万千的学问家和实行家，不懂得这种方法，结果如堕烟海，找不到中心，也就找不到解决矛盾的方法。"

3. 战略即预见

毛泽东说："为着领导，必须有预见。""而没有预见就没有领导，没有领导就没有胜利。因此，可以说没有预见就没有一切。""所谓预见，不是指某种东西已经大量地普遍地在世界上出现了，在眼前出现了，这时才预见；而常常是要求看得更远，就是说在地平线上刚冒出来一点的时候，刚露出一点头的时候，还是小量的不普遍的时候，就能看见，就能看到它的将来的普遍意义。"

战略即全局，战略即主要矛盾，战略即预见，这是毛泽东关于战略问题主要的基本的立场、观点、方法。之后《中国社会各阶级的分析》和《湖南农民运动考察报告》这两篇《毛泽东选集》的开篇之作，既是毛泽东战略思维的奠基和开篇之作，也是中国共产党战略思维的奠基和开篇之作，是毛泽东战略思维的历史起点。

资料来源：李洪峰. 战略家毛泽东的道路［J］. 毛泽东思想研究，2022（4）：1－18.

《中国大百科全书·军事卷》给"战略"的定义是：指导战争全局的方略。即指导者为达成战争的政治目的，依据战争规律所制定和采取的准备和实施战争的方针、策略和方法。《辞海》对"战略"一词的解释为：对战争全局的筹划和指挥。战略，这个听起来很宏伟的战争名词，至少包含两方面要义，首先是关乎目标的问题，没有目标也就谈不上战略；其次，战略也包含着一种方向的选择，需要淡定的坚守。简要地说，战略必须要解决好"去哪里竞争"和"怎样竞争"这两个基本问题。

◇ 贴士

中国古代的战略本质观

战略，是指筹划和指导战争全局的方略。在我国古代文献中初期并无“战略”一词，但有大谋、大略、方略、韬略、将道、庙算、战道等一系列意义相近的说法，它们都从不同层面阐释了“战略”的实在含义。而在现代社会，管理者深入研究《孙子兵法》《黄石公三略》《淮南子·兵略训》《战略》等战略理论著作，寻求对战略的本质理解，仍具有深刻的理论与实践价值。

一、战略是治国安天下的“大谋”“大略”

中国古代兵家认为，战略是治国安天下的方略。他们对战略意义的认识主要体现在两个方面。首先，高度重视战略运筹的地位和作用；其次，对战略、策略及战术作了理论区分。

二、战略是谋划力量运用的“治力之术”

中国古代兵家十分重视智慧在战争中双方力量对抗中的作用，从“力”的范畴去理解战略的内涵，将战略称为“治力之术”，而且以力量为逻辑起点思考了战略执行的结构。

三、战略的运用强调“不争”“不武”

战略是竞争的学问，但中国古人是从维护和平的目的出发谈论战略的，由“不争”出发而谈论“争”，由“合理之争”来达成“不争”。同时也承认“正义之争”，主张以“义战”“慎战”来解决“合理之争”。这种对战略和平本质的理解，对于当今世界树立科学的安全观具有重要启示。

四、战略追求的是“全胜”“致人”

“胜”是中国古代战略的一个重要范畴，认为战略应该是一种如何求胜避败的科学和艺术。在战略手段的运用上强调“服”而非“制”，突出了“德”和“智”，主张“不争”与“不武”，从而在运用力量达成战略目的方面，表现出与西方战略文化截然不同的风格，形成“全胜”与“不战而胜”思想。

古人关于战略运筹与指导上“致人而不致于人”的见解，反映了对抗双方相互作用的辩证法，深刻地揭示了战略的本质属性。毛泽东在论述主动权和战略指导问题时曾指出：“一切战争的敌我双方，都力争在战场、战地、战区以至整个战争中的主动权，这种主动权即是军队的自由权。军队失掉了主动权，被逼处于被动地位，这个军队就不自由，就有被消灭或打败的危险。”后人关于战略主动权的认识，充分证明了中国古代关于“致人而不致于人”的战略本质认识的科学性。

资料来源：杨新．论中国古代的战略本质观［J］．南京政治学院学报，2005（2）：95－97.

（二）西方战略思想

在西方，“战略”一词“strategy”源于公元前5世纪前后希腊语里面的“strategos”

一词，原意包含“将兵术”或“将道”之意，即“将军指挥军队的艺术”，由希腊军事家赛诺冯约最先使用。

《简明不列颠百科全书》中对“战略”的定义是：在战争中利用军事手段达到战争目的的科学和艺术。《世界大百科全书》为“战略”所下的定义是：“为了实现特定目标而运用力量的科学与策略。”《韦氏新国际英语大词典》定义“战略”一词为：军事指挥官克敌制胜的科学和艺术。《苏联军事百科全书》为“战略”所下的定义是：“军事学术的组成部分和最高领域，它包括国家和武装力量准备战争、计划与进行战争和战略性战役的理论与实践。”

1832 年，德国军事理论家卡尔·冯·克劳塞威茨发表的军事理论著作《战争论》，是军事思想史上自觉运用辩证法总结战争经验的战争理论经典，为近代西方军事思想体系的形成和发展奠定了理论基础，被誉为“战略学的《圣经》”。该书指出：战略是为了达到战争目的而对战斗的应用，并且必须把达到这一目标的一系列行动同这一目标联系起来，也就是拟制各个战局的方案和部署其中的战斗。

“海权之父”阿尔佛雷德·塞耶·马汉的《海权对历史的影响》与《圣经》等书一同被称为“影响世界历史的十六本书”，马汉从战略的角度提出了海军战略就是在平时和战时建立并加强海上实力，以实现国际战略目标，对诸多国家的海军建设和海洋战略产生过重大影响。

因此，无论东方和西方，如图 1 – 1 所示，“战略”总是源于军事，意指“为将之道”，其本意是对战争全局的筹划和指导。

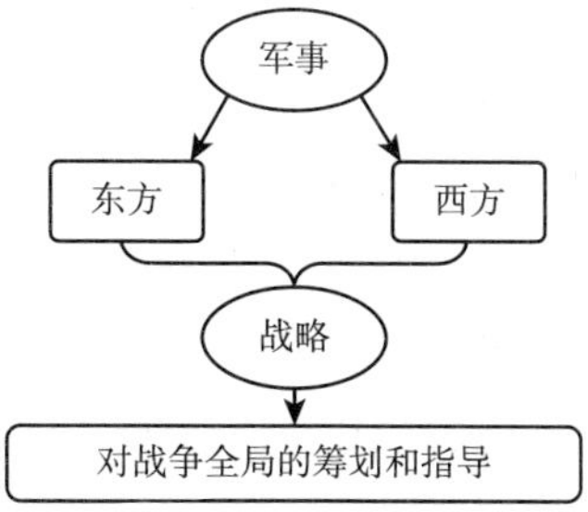

图 1 – 1　东西方早期战略共识

进入 19 世纪后期，西方的战略理论逐渐形成不同派别，“战略”一词从原来的军事应用逐步被引申到政治领域，作为某政党、政府规定的一定历史时期内的全局性方针，包括在政治斗争中预定达到的主要目标和为此进行的部署和安排。第二次世界大战后，随着研究发展中国家经济发展问题的“发展经济学”的兴起，20 世纪 60 年代出现了“发展战略”的概念和用语。随后，西方又将“战略”一词用于企业。至此“战略”这个术语广泛出现在经济、科技、教育、外交和社会发展等诸多领域，伊戈尔·安索夫、迈克尔·波特、亨利·明茨伯格、杰克·韦尔奇等大师学者丰富并积极推动“战略学说”的发展，为战略研究留下了具有深远意义的理论瑰宝。

1973 年，美国约翰·柯林斯出版《大战略：原则与实践》一书，较为系统地论述了美国战略问题，对美国战略思想的发展具有较大的学术意义和实用价值，是西方战略理论的代表作；哈佛大学最高荣誉大学教授迈克尔·波特的《竞争战略》是一部论述当今世界上最热门的商业概念“竞争战略”的伟大著作，是当今世界上竞争战略和竞争力方面公认的第一权威。

时至今日，“战略”的概念已经有了多方面的扩延（见图 1－2），出现了诸如世界战略、国家战略、地区战略、政治战略、外交战略、经济战略、社会战略、能源战略、教育战略、科技战略以及企业战略等术语和概念。

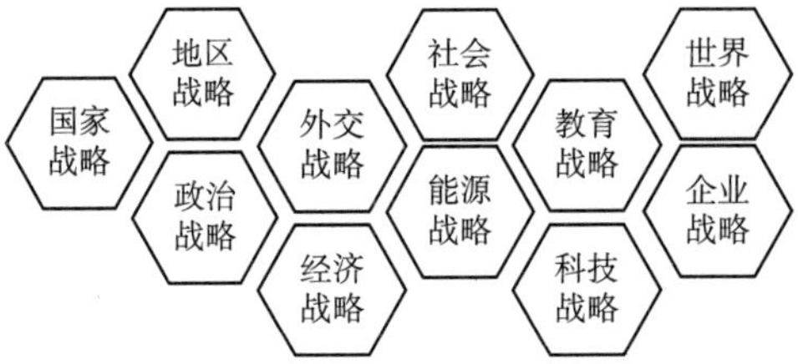

图 1－2 战略概念的扩延

（三）“军战”与“商战”战略思想

中外战略思想的悠久历史及丰富的理论与实践为企业战略的产生和发展提供了丰富的土壤和营养，尤其是博大精深的中国古代战略思想更是值得企业实施战略管理时学习和借鉴。应当指出的是，将来自军事、政治领域的战略思想应用于商战时一定要十分慎重，因为“军战”与“商战”尚有许多不同之处。

（1）军事战争往往是以摧毁乃至消灭敌人来赢得胜利，而商战是以创造价值赢得顾客的方式来战胜竞争对手，不一定也不必要置对手于死地。

（2）军事战略中讲究“兵不厌诈”，使用欺诈、间谍等手段都是合理的，但商战中企业要遵循基本的社会道德规范，进行有序竞争，不能进行不正当竞争。

（3）军事战争中敌我双方总是处于绝对对立、不可调和的敌对状态，而商战中并不排斥甚至越来越提倡竞争对手之间的竞合互动、共同发展。

二、企业战略的概念与内涵

企业战略的概念与内涵

随着经济生活的发展和人类实践范围的扩大，“战略”一词开始被移植到政治、经济、科技、教育、外交和社会发展诸领域，其外延逐步扩大，内涵日益宽泛。那么究竟战略是什么？理论上学者们从不同视角对此做出了合乎逻辑的解释。

最早把战略思想引进企业经营管理领域的是美国管理学家切斯特·巴纳德（Chester

Irving Barnard)，他在其代表作《经理的职能》（1938）一书中指出，企业是一个由物质、生物、个人和社会等多方面因素构成的综合系统，他运用了“战略因素”这一概念对企业诸因素及其相互影响进行分析以说明企业组织的决策机制，但该词的应用并不广泛。直到1965年美国管理学家伊戈尔·安索夫（Igor Ansoff）所著《企业战略》一书问世后，“企业战略”一词才开始广泛应用。后来迈克尔·波特指出，战略是公司为之奋斗的一切终点与公司为达到它们而寻求的途径的结合物。它强调了公司战略的计划性、全局性和长期性。战略的计划性是从指导企业未来发展的角度看的，它有两个本质特点：首先，战略是在企业发生经营活动之前制定的；其次，战略是有意识、有目的地开发和制订的计划。

“企业战略”至今仍没有明确、统一的定义，学者们多角度的研究和探讨赋予了其不同的含义。典型的观点分为两类：有的学者认为企业战略应包含企业的目的与目标，以及实现目的与目标的手段与途径；也有学者认为企业战略仅仅是实现企业目的与目标的方法和手段，而目的与目标本身是企业战略的前提，并不属于企业战略范畴。前者对企业战略的认识是广义的，而后者的理解是狭义的。表1－1整理了在企业战略理论与实践的发展过程中一些学者的代表性观点，可以从中获得对企业战略内涵多角度、多元化的理解。

表1－1　　企业战略理论代表性观点

时期	代表人物	主要观点
早期战略观点	安德鲁斯（Kenneth R. Andrews）	战略是通过一种模式，把企业的目的、方针、政策和经营活动有机地结合起来，使企业形成自己的特殊战略属性和竞争优势，以便解决不确定环境中的企业发展问题
	奎因（J. B. Quinn）	战略是一种模式或计划，它将一个组织的主要目的、政策与活动按照一定的顺序结合成一个紧密的整体
	伊戈尔·安索夫（Igor Ansoff）	将企业战略分为总体战略和经营战略两大类型。企业战略是关于企业经营性质的决策，总体战略决定企业该进入业务的类型，经营战略决定竞争的方式和方法
	亨利·明茨伯格（H. Mintzberg）	提出企业战略的“5p”，即计划、计策、模式、定位和观念五种规范定义
20世纪80年代以来的战略观点	汉默尔（G. Hamel）和普拉哈拉德（C. K. Prahalad）	战略是一种意向，是企业渴望得到的远大前程和领先地位
	迈克尔·波特（Porter）	战略是一种选择，强调战略的定位、取舍和匹配
	加里·汉默尔（Gary Hamel）	战略是一种革命，企业应当积极寻找产业革命的机会，努力成为规则制定者
	明茨伯格和兰培尔（H. Mintzberg & J. Lampel）	战略是一种过程，处在不同生存与发展阶段的企业，对企业目标、自身实力和环境变化会有不同的认识与反应

（一）早期战略观点

20 世纪 60 年代以前，企业战略理论尚处于萌芽时期，缺乏对“企业战略”概念的深层次探讨。到 20 世纪 60 年代，西方企业战略理论研究形成第一次浪潮，学派林立，方法多样，有“理论丛林”之称，“企业战略”概念相当流行。20 世纪 70 年代，随着企业战略实践的发展和理论研究的深入，形成了关于企业战略本质的多种观点，可以大致归纳为以下几类。

1. 安德鲁斯的定义

美国哈佛商学院教授安德鲁斯与伊戈尔·安索夫以及艾尔弗雷德·D·钱德勒（Alfred Dupont Chandler Jr.，1918－2007）提出并普及了“商业战略”或“商业策略”（business strategy）的概念。安德鲁斯认为，企业总体战略是一种决策模式，它确定和揭示了企业的目的和目标、企业应该从事的经营业务、企业的组织类型以及企业应对员工、顾客和社会做出的经济与非经济的贡献，同时提出实现目的和目标的重大方针与计划。安德鲁斯的战略定义是通过一种模式，把企业的目的、方针、政策和经营活动有机地结合起来，使企业形成自己的特殊战略属性和竞争优势，以便解决不确定环境中的企业发展问题。

2. 奎因的定义

詹姆斯·布赖恩·奎因教授（James Brian Quinn）是战略规划、技术变革管理、创业创新、服务行业智力和技术管理领域公认的权威专家，其在著作《战略过程》中指出，战略是一种模式或计划，它将一个组织的主要目的、政策与活动按照一定的顺序结合成一个紧密的整体。有效的正式战略包括三个基本因素（见图 1－3）：可以达到的最主要的目的（或目标）、指导或约束经营活动的重要政策、可以在一定条件下实现预定目标的主要活动程序或项目。

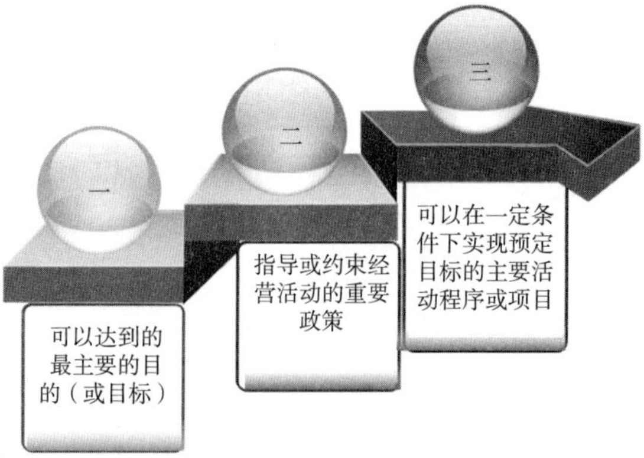

图 1－3 有效的正式战略的三个基本因素

企业战略的本质是在经营行动之前，根据企业内部条件和外部环境及其变化趋势，有意识地决定企业的目的与目标、方针与政策、活动或项目。战略作为一种统一、综合、一体化的计划，不仅要处理不可预见、不可知的事件，更要为企业提供在各种情况下的备选方案，以应对外部环境可能出现的例外情况。大型组织里每一个有职权的管理层次都应有自己的战略。分战略必须在一定程度上或多或少地实现自我完善，并与其他的分战略相互沟通相互支持。

安德鲁斯与奎因的定义都将确立组织的目的与目标作为战略制定过程中不可缺少的部分，属于广义的战略定义。

3. 伊戈尔·安索夫的定义

美国著名战略学家伊戈尔·安索夫与安德鲁斯一样是企业战略理论第一次浪潮的代表人物，是战略管理的鼻祖，他在战略管理中的特殊地位最主要表现在对战略管理的开创性研究，由于他的开创性研究使得他成为这门学科的一代宗师。他认为战略管理是企业高层管理者为保证企业的持续生存和发展，通过对企业外部环境与内部条件的分析，对企业全部经营活动所进行的根本性和长远性的规划与指导。

总体而言安索夫对企业战略理论的一大贡献是将企业战略分为总体战略和经营战略两大类型。在他看来，企业战略是一种关于企业经营性质的决策，总体战略决定企业该进入哪种类型的业务，而经营战略则在企业进入某种类型的业务以后，决定在这一领域里进行竞争的方式和方法。

安索夫认为，企业制定战略时，最重要的是根据产品的特性、技术和市场正确决定自己的经营性质。企业当前的产品和市场与未来的产品和市场之间存在一种内在的联系，安索夫称之为“共同的经营主线”。通过分析“共同的经营主线”可以帮助企业把握正确的方向，也可以运用这条主线来指导自己的内部管理。企业如果将自己的经营性质定义过宽，则会失去共同的经营主线，也就无法制定合适的战略。如果一个企业自称为“交通运输企业”，便找不到共同的经营主线。因为，这类企业首先经营范围非常广泛，如市内交通、城市间交通、空中运输、水上运输等；其次，用户的范围十分广泛，如个人、家庭、企业等；再次产品范围也相当广泛，如汽车、火车、飞机等。这些变量可以形成无数个组合，产生无数条经营主线，使企业无所适从。当然，企业也不能将自己的经营性质定义得过窄。许多企业在若干种不同的行业里从事生产经营活动，新的行业不断产生，行业界限也随着科技的发展而不断变化。所以，企业战略必须一方面能够知道企业的生产经营活动，另一方面能够为企业的发展提供空间。

安索夫的企业战略定义与安德鲁斯和奎因不同，属于狭义的战略定义。

◈ 贴士

安索夫——共同的经营主线

安索夫根据自己在美国洛克希德飞机公司等大型多种经营公司里多年的管理实践以及在大学里的教学和咨询的经验，于 1965 年出版了著名的《公司战略》一书，提出了自己的企业战略观。他认为企业战略是贯穿于企业经营与产品和市场之间的一条“共同经营主线”，决定着企业目前所从事的或者计划要从事的经营业务的基本性质。

共同经营主线由四个要素构成：

①产品和市场范围，是指企业所生产的产品和竞争所在的市场。

②增长向量，是指企业计划对其产品和市场范围进行变动的方向。

③竞争优势，是指那些可以使企业处于强有力竞争地位的产品和市场的特性。

④协同作用，是指企业内部联合协作可以达到的效果，即 1 +1 >2 的现象。

资料来源：伊戈尔·安索夫著，邵冲译．战略管理［M］．北京：机械工业出版社，2010.

4. 亨利·明茨伯格的定义

加拿大麦吉尔大学教授亨利·明茨伯格对企业战略的定义有独到之处。他指出，人们在生产经营活动中不同的场合以不同的方式赋予企业战略不同的内涵，说明人们可以根据需要接受多样化的战略定义。在这种观点的基础上，明茨伯格借鉴市场营销学中四要素（4p）的提法，提出企业战略是由五种规范的定义阐述的，即计划（plan）、计策（ploy）、模式（pattern）、定位（position）和观念（perspective），这构成了企业战略的“5p”。

这五个定义从不同角度对“企业战略”这一概念进行了阐述。

从企业未来发展的角度来看，战略表现为一种计划，也表现为企业在竞争中采用的一种计谋；从企业过去发展历程的角度来看，战略表现为一种模式；从产业层次来看，战略表现为一种定位；从企业层次来看，战略表现为一种观念。

第一，战略是一种计划。这是指战略是一种有意识、有预计、有组织的行动程序，是解决一个企业如何从现在的状态达到将来位置的问题。战略主要为企业提供发展方向和途径，包括一系列处理某种特定情况的方针政策，属于企业“行动之前的概念”。

第二，战略是一种计策。这是指战略不仅是行动之前的计划，还可以在特定的环境下成为行动过程中的手段和策略，一种在竞争博弈中威胁和战胜竞争对手的工具。例如，得知竞争对手想要扩建厂房面积增大生产能力时，企业便提出自己的战略是生产车间数量增加 20% 和生产能力增加 20%。由于该企业资金雄厚、产品质量优异，竞争对手自知无力竞争，便会放弃扩大生产能力的设想。然而，一旦对手放弃了原计划，企业却并不一定要将扩大能力的战略付诸实施。因此，这种战略只能称之为一种威胁竞争对手的计策。

第三，战略是一种模式。这是指战略可以体现为企业一系列的具体行动和现实结果，而不仅仅是行动前的计划或手段。即无论企业是否事先制定了战略，只要有具体的经营行为，就有事实上的战略。企业行为模式是在历史中形成的，因此，在制定企业战略过程中就必须了解企业发展史，在选择战略时要充分考虑并尊重企业原有的行为模式，因为它会在很大程度上决定企业未来战略的选择和战略实施的有效性。

明茨伯格认为，战略作为计划或模式的两种定义是相互独立的。实践中，计划往往没有实施，而模式却可能在实现并未计划的情况下形成，因而战略可能是人类行为而非设计的结果。因此，战略是一种从计划向实现流动的结果，这是一种动态的战略观点，它将整个战略看成一种“行为流”的运动过程，如图 1 -4 所示。

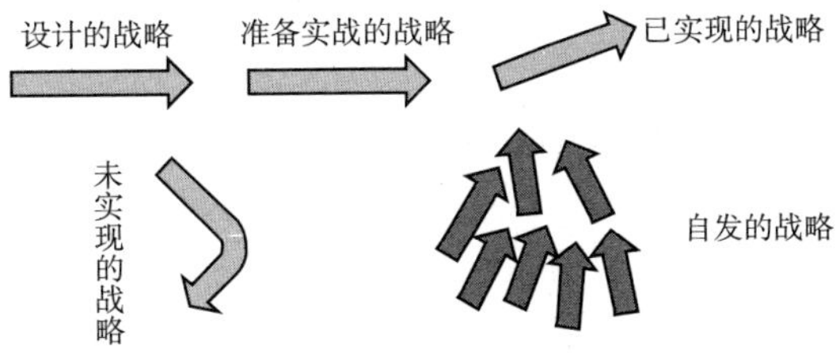

图 1－4 战略的形式

（引自贾旭东《现代企业战略管理思想、方法与实务》（第 2 版）[M]. 北京：清华大学出版社，2022）

第四，战略是一种定位。战略是一个组织在其所处环境中的位置，对企业而言就是确定自己在市场中的位置。制定战略时应当充分考虑外部环境，尤其是行业竞争结构对企业行为和效益的影响，确定自己在行业中的地位和达到该地位所应采取的各种措施。把战略看成一种定位就是要通过正确地配置企业资源，形成有利的竞争优势。

第五，战略是一种观念。这是指战略表达了企业对客观世界固有的认知，体现了企业对环境的价值取向和组织中人们对客观世界固有的看法，进而反映了企业战略决策者的价值观念。因此，战略是主观而不是客观的产物。当企业战略决策者的主观判断符合企业内外环境的实际情况时所制定的战略就是正确的；反之，当其主观判断不符合环境现实时，企业战略就是错误的。

早期的战略观具有以下的共同点：认为战略需在企业经营活动发生之前制定，以指导企业的经营行为；战略需有意识、有目的地开发，以明确企业的经营方向和领域；战略制定的出发点是企业内部条件，这隐含企业发展具有无限空间；战略制定一般是企业高层经理人员的工作，较少涉及中下层人员。

（二）20 世纪 80 年代以来的战略观点

20 世纪 80 年代以来，企业战略各种学派经过交叉影响、融合分化，形成了对企业竞争与发展极具影响的三大战略学派（下一章详细阐明），进一步完善了企业战略理论体系。这一时期的战略观点主要有以下四类：

1. 战略是一种意向（intent）

20 世纪 80 年代，在西方企业战略理论迅速发展的同时，企业的生存与发展也面临着越来越严峻的挑战。战略学者汉默尔（G. Hamel）和普拉哈拉德（C. K. Prahalad））认为，战略不应该是一种规划，因为成功企业不是规划出来的，战略在本质上是一种意向，它是企业渴望得到的远大前程和领先地位。战略意向是企业成功道路上的灯塔，它不随时间的推移而变化，指引企业不断向前；它可以凝聚企业员工的向心力，不因遭受暂时的挫折而改变，鼓舞企业达成共同愿景。战略是一种意向，要求企业更加注重未来，寻求发展的机会，积极变革以实现战略意向，而不是仅仅着眼现在，解决眼前的急迫问题，或只在现实的基础上做出简单的调整。需要强调的是，战略意向并不要求企业关注资源能力与外部机会的匹配，相反，它往往超越于现有资源和能力之上，要求企业必须更加具有创造力，能够最大限度地利用现有资源和能力实现战略意向，包括“杠杆式运用资源”“战略性资源外区”“创新型竞争发展”等。从这个意义上来说，战略的实质是突破和创新，而不是守旧和模仿，要以比竞争者模仿企业现有优势更快的速度，创建企业未来的竞争优势。

2. 战略是一种选择（choice）

哈佛大学商学院的迈克尔·波特教授认为，企业战略的目标是使企业获得成功，能否成功取决于企业是否拥有一个有价值的竞争地位，而有价值的竞争地位来源于企业相对于竞争对手的持续竞争优势。竞争优势有两种基本类型：成本优势和特色优势，因此，企业战略的一个中心内容就是选择哪种类型的竞争优势。另外，竞争优势必须在一定的竞争范围（包括产品、顾客、地域等）中确立，竞争范围的选择也是企业战略的一个中心内容。由于不同类型的竞争优势及竞争范围存在逻辑上的冲突，需要企业进行正确的选择。因此，企业战略的本质在于它是一种选择。

后来，迈克尔·波特进一步丰富了这一观点。他认为，企业战略包括三个层面的问题。首先，战略是定位（positioning）。战略建立在独特的经营活动之上，定位的目的在于创造一个独特的、有价值的、涉及不同系列经营活动的地位，从本质上讲，战略就是选择与竞争对手不同的经营活动。定位可以有三种方式：产品或服务多样化战略定位、顾客需求战略定位、进入式战略定位。其次，战略是取舍（trade - offs）。选择独特的定位还不足以保证企业能获得持续成功，企业需要决定其经营业务范围，这就涉及取舍。从本质上讲，战略就是选择从事哪些经营业务而不从事哪些经营业务。取舍也有三种类型：定位转型、业务演变和内部变革。最后，战略是匹配（pit）。一个战略的成功取决于许多方面和环节，保持它们的相互匹配至关重要。匹配也有三种类型：各种经营活动与企业总体战略之间的匹配、企业的产品或服务与相关产品或服务之间的匹配、经营方向与经营方法之间的匹配。总之，无论是定位、取舍还是匹配，这三个层面问题的核心仍然是选择，选择的目的在于构造特色，而特色是竞争优势的重要来源。

3. 战略是一种革命（revolution）

1996 年，战略学者加里·汉默尔（Gary Hamel）通过多年的考察与研究，把公司分为三种类型：规则制定者、规则接受者、规则破坏者。规则制定者大都是寡头垄断集团，是该行业的市场领导者，享受着市场领先优势。规则接受者是指“臣服”于寡头的市场跟随者，不得不忍受必须紧跟不断变化的规则的痛苦。规则破坏者一般是新兴企业，它们作为挑战、反抗、革命者，既不受传统束缚又没有对先驱者的敬畏。汉默尔认为，随着市场竞争日益加剧、顾客需求不断改变、科学技术飞速发展、产业革命周期越来越短，企业应当积极寻找产业革命的机会，并努力成为先行者，如果墨守成规、不思进取，将会为此付出沉重代价。因此，他认为战略是一种革命。

4. 战略是一种过程（process）

1999 年亨利·明茨伯格和兰培尔指出，伴随企业战略理论的繁荣和发展，出现了众多的战略理论学派，他们认为企业战略本质上是一种过程，处于不同生存与发展阶段的企业，对企业目标、自身实力和环境变化会有不同的认识与反应，而不同学派的理论观点正好能够解释不同层面的问题。所以，战略制定过程正好是上述诸种学派不同形式的组合，任何一种学派的观点都不可能单独成为指导企业战略制定与实施的定律和原则。

20 世纪 80 年代的企业战略观有这样一些特点：第一，战略制定的出发点和目标通常是通过打击或消灭竞争对手，获得和保持竞争优势，促进企业的生存与发展；第二，战略制定通常都要考虑企业内部条件和外部环境因素，只是侧重点不尽相同，有的强调战略的环境适应性，有的强调战略的能动性；第三，战略制定大多强调动态性，不再把战略看成“行动之前的概念”，而把它视为企业与环境相互作用的过程，有时甚至把战略视为企业经营行动的自然结果。

综合以上观点，我们认为，企业战略就是企业未来生存发展的长期目标以及实现该目标的途径和手段的总和。我们对企业战略的理解是广义的，即企业战略的内涵就是企业经营管理者清晰界定企业“做什么”和“如何做”两个问题，首先，“做什么”这是确定企业生存发展的长期目标，涉及目标选择，需明确回答“我们现在做什么”和“将来要做什么”；其次，实现企业的长期目标是企业战略的又一主要内容，即“如何做”，所有能够实现战略目标的途径和手段都是企业战略不可分割的组成部分，这涉及目标的路径选择，需要确定企业的竞争战略及具体的行动策略，以及相关各方的关系定位及应对策略。

从纵向时间序列来看，企业在其生命周期的不同阶段对“做什么”和“如何做”有不同的思考；从横向的业务或职能管理领域来看，企业的不同业务部门、不同职能管理领域对这两个问题也有不同的定位。因此战略管理两个基本问题普遍存在于组织生产过程的各个阶段，存在于组织功能结构的各个层次。

三、企业战略与相关概念的辨析

实际应用中，企业战略的概念经常与其他些相关概念发生混淆，因此，需要进行简要的辨析。

（一）企业战略与战术（策略）的区别

企业战略不同于战术（策略），它们之间既有密切联系，又有明显区别。一般来说，战略与战术（策略）主要是全局与局部、目的与手段的关系。战略是企业的最终目标及对达到目标的手段和途径的总体谋划，是关于企业全局性、长远性、根本性的重大决策。而战术（策略）是指为达到战略目标所采取的具体行动，是为实现战略任务而采取的手段，它具有局部性和暂时性等特征。

一般来讲，先有战略，后有战术（策略），战略高于战术（策略）并统驭和指导战术（策略）的实施，而战术（策略）必须服从和支持战略的要求。

（二）企业战略与规划、计划的区别

从广义来讲，战略、规划、计划都是对未来的筹划，从管理的职能上看，都可归于“计划”范畴。国外也往往采用广义的计划概念，只是按时间区分为短期计划（1年以下）、中期计划（3~5年）和长期计划（5年以上）。

从狭义来讲，战略、规划、计划既有联系，又有区别。战略是规划和计划的灵魂，规划和计划必须体现既定的战略。战略是规划的基础，规划又是计划的基础，应当先有战略，再有规划，再订计划，使其成为可以布置、可以检查的具体行动方案。从这个意义上来讲，规划和计划是战略的继续、深入和细化。

从实施的范围来看，企业战略是全面的，企业规划和计划可以是全面的，也可以是局部的；从实施的时间来看，企业战略是长期的，企业规划一般是中期的，也可以是长期的，企业计划是短期的；从实施的内容来看，企业战略是原则性的，包括许多事先难以确定的因素，企业规划是轮廓性的或粗线条的，企业计划是细线条的，具有具体性、稳定性和可操作性，是一种明确而细致的行动安排，所包含的不确定因素相应也少得多；从实施的方法来看，企业战略是以定性为主，企业规划是定性与定量并重，企业计划则以定量为主。

▶案例

战略 VS 战术

“战略”和“战术”这两个术语，经常被人们拿来随意使用，而且很多时候被相互替代着用。但它们确切的意思是什么，这两个词之间有什么区别，为什么知道这两个词的区别很重要？

尽管“战略”和“战术”这两个词最初是作为军事术语而使用，但对它们的使用已经扩展到生活的很多领域。“调整战略”就如同掉转航空母舰的头——虽能做到，但不会很快。战术则是指具体的行动，或者实现战略所采取的具体步骤。就比如说，在战争中，一个国家的战略可能是赢得敌对国家人民的“民心”，而为了实现这个战略，他们采取的战术选择可能是通过雷达广播或者建设医院。个人的战略可能是实现某种具体的职业目标，而你采取的战术可以是接受教育、寻求导师或者在竞争中脱颖而出。

不管想要获得什么，我们都需要从宏观和微观两个角度去看问题——做到既见树木、又见森林，并且要清楚两种视角如何交织着起作用。战略和战术彼此相辅相成。

根据孙子的说法：“所谓战略指的是胜于庙堂之上，不战而屈人之兵；而战术则是攻击敌方弱点”。这两个古老的概念现已成为很多学科的重要组成部分，并提供了无尽的新的思维方式。

资料来源：赵建．战略 vs 战术：它们的区别是什么？为什么这很重要？［EB/OL］．Farnam Street，2018. https：//zhuanlan. zhihu. com/p/42019785.

第二节　企业战略管理概述

为了给出企业战略管理的定义，我们要首先厘清管理是什么，这是一个既简单但又很难回答的问题。其简单在于人们对于管理涉及哪些内容，心中都有一个大概；其复杂在于从各种管理专论中找答案，众说纷纭莫衷一是。学者们给出了多种管理定义：

斯蒂芬罗宾斯认为，管理是指同别人一起或通过别人使活动完成得更有效的过程，过程是指管理者发挥的职能或从事的主要活动，这些职能可以概括为计划、组织、领导和控制。

浙江大学项保华教授以实践为导向指出，管理就是让人做事并取得成果（即通过别人完成任务）。

本书倾向于：管理是管理者为了实现组织目标，对组织拥有或控制的各种有形、无形资源及人力资源进行计划、组织、领导和控制的过程。

该定义包含以下内涵：

（1）管理的目的是实现组织目标；

（2）管理的主体是组织管理者；

（3）管理的客体是组织拥有或控制的各种无形、有形资源及人力资源；

（4）管理的内容是计划、组织、领导和控制；

（5）管理是一个过程。

企业战略管理是企业制定并实现其战略的动态管理活动。战略管理要帮助企业回答和解决生存意义、未来定位和产业范围等重大问题，确定企业未来生存发展的正确方向，对企业优化资源配置、提高经济效益、强化凝聚力、提高工作效率与社会和谐发展有着重要意义和作用。

▶案例

×公司基于阿米巴管理模式的企业内部控制

样本公司×公司成立于2010年，起初只专注于通信产品，公司业务比较简单，受高科技政策红利影响，开始几年业务发展迅速，很快在市场上占有一席之地。由于公司只注重业务，内部管理并不规范，随着市场的发展和环境的变化，公司供应链、产品质量以及研发创新等方面都遇到较大问题，公司业绩直线下滑，员工纷纷离职，人心涣散。但是，在引入阿米巴管理模式后，形成了一套全新的内部管控模式。

1. 阿米巴组织架构

阿米巴组织架构是将庞大的组织细分为规模较小的独立组织，便于企业精益化管理，凝聚员工力量，激发员工主动性，提高组织灵活性。×公司根据公司愿景、规划对原有组织架构进行了多次调整。现有组织架构是根据阿米巴管理模式进行细分，将原有的组织划分成三个不同层级的小团体。

划分情况如下：①一级阿米巴，包括公司组织部、财务部、参谋部，主要进行战略、规则制定和下一层级阿米巴之间的事务协调；②二级阿米巴，主要负责研发、生产、销售等业务，每个阿米巴对自己的业务负责；③三级阿米巴，是按不同任务类型对业务进行的细分，公司会根据市场需求的变化调整阿米巴规模。另外，公司人工智能、大数据和云平台部门为各级阿米巴提供信息交流和技术服务的支持，每个阿米巴有明确的职责和权限。

2. 阿米巴全面预算管理

×公司基于数据平台构建预算系统，基于阿米巴“管理最大化＋经营最小化”的管理理念，控制费用成本。编制预算时，先将预算目标分解给一级阿米巴，一级阿米巴再细分到二、三级阿米巴，通过层层细分目标的方式，实现全员、全过程控制，使企业经营目标具体化。

3. 阿米巴供应链管理

×公司供应链立足于阿米巴组织构架，主要是对二、三级阿米巴进行管理。供应链主要包括研发、采购、销售和售后服务等业务。×公司供应链管理最显著的特征就是建立内部购销关系，实现定价管理。通过信息共享打通内外部供应链，对链条上各单位进行定价，共同提升价值链。

供应链上的各阿米巴信息互通和定价管理有利于内外部信息和资源的整合，提升供应链的管理效率和企业竞争力。

4. 阿米巴绩效管理

阿米巴绩效管理体系，除了业绩指标，还重视员工的价值观和学习能力的考核，注重员工个人发展。其主要采用“单位时间核算表”进行评价。公司根据战略目标制订出经营计划，然后经营目标分解，将指标责任落实到部门阿米巴中，每个阿米巴的目标和成果用金额表示，通过内部销售额减去除劳务费以外的其他经费开支后除以实际作业时间，计算出每小时员工创造的附加值。

5. 阿米巴风险控制

×公司强调风险管理人人有责，并通过风险信息公开、透明的方式，让员工参与到风险管理中。该公司主要从以下四方面进行管理：一级阿米巴负责信息的收集、汇总与传达；各层级的阿米巴都需要识别自己负责领域的风险，并反馈到信息平台；将风险应对任务层层细化，精准分配给对应的阿米巴；利用大数据平台实时监测和反馈风险信息，并定期对监测情况进行讨论、评审，预防重大风险，将风险降低到可接受水平。

结论和启示

×公司的内部控制建立在“以人为本”文化基础上，通过引入阿米巴管理模式，构建阿米巴“五维度”内控运行核心体系，能够完善公司内控运行体系，提升内控运行效率，促进企业核心竞争力的提升。

资料来源：孙德芝，高静涵．基于阿米巴管理模式的企业内部控制［J］．山西财经大学学报，2022（S2）：28－30.

一、企业战略管理的概念与内涵

企业战略管理的
内涵与基本问题

从“战略管理之父”伊戈尔·安索夫于 1972 年在《企业经营政策》杂志上发表《战略管理思想》一文，正式提出“战略管理”概念至今，学者们对企业战略管理的概念进行了多方探讨，提出了许多有价值的观念。

伊戈尔·安索夫认为，企业战略管理是将企业日常业务决策同长期计划决策相结合而形成的一系列经营管理活动，企业战略管理是对企业战略的设计、选择、控制和实施，直至达到预期总目标的全过程。从安索夫的定义中我们明显看到了从计划角度对企业战略管理的理解。

美国著名战略学者弗雷德·R·戴维（Fred R. David）认为，战略管理就是制定、实施和评价使组织能够达到其目标的、跨功能决策的艺术与科学。该定义指出战略管理是一种跨功能的决策，突出了战略管理活动的跨功能性以及知识的综合性和交叉性；同时，在战略管理的艺术性与科学性这两种属性中，特别突出了战略管理的艺术性。

我国学者也从不同角度对企业战略管理进行了定义，如企业战略管理就是企业确定其使命，根据组织外部环境和内部条件设定企业的战略目标。为保证目标的正确落实和实现进行谋划，并依靠企业内部能力将这种谋划和决策付诸实施，以及在实施过程中进行控制的一个动态管理过程；企业战略管理就是企业为求得生存和长期稳健发展，对企业的发展目标、实现目标的途径和手段的总体谋划。

浙江大学项保华教授认为，企业战略是关于企业作为整体如何运行的根本指导思想，它是对处于动态变化的内外环境之中的企业当前及未来将如何行动的一种总体表述。战略的中心问题，是企业的成长方向与自然演化。而战略管理就是研究如何让人愉快高效地做正确的事。简言之，战略管理 = 方向正确 + 运作高效 + 心情舒畅。

该定义简练地指出了战略管理的核心问题，即首先为企业未来的生存与发展找到正确的方向，即确定企业要做的“正确的事”；其次是让员工心情舒畅、愉快高效地工作，将“正确的事”“做正确”，体现了战略管理中的人本思想。同时，该定义也突出了战略管理与其他职能管理学科的本质差别，即战略管理研究的首要问题是找到“正确的事”，而其他职能管理学科研究的是如何“把事做正确”，这里的“事”也就是企业的战略。对任何企业来说，找到自己应该去做的“正确的事”都是其经营管理的首要任务，如果企业所做的不是“正确的事”，那么，错误的事无论做得多好，方向都是错的，甚至做得越好，错误越严重。例如，一个不具备多元化经营能力的企业错误地进行了多元化，那么，它在多元化上投入的资源越多、进入的领域越广就越危险，距离失败也就越近。

由此，我们可以发现战略管理的定义包含以下基本内涵：

（1）战略管理主体是企业管理者，不同层级管理者承担着不同的战略管理职责；

（2）战略管理目标是取得竞争优势，尽管企业在不同的职能领域不同的发展时期有不同的目标设定，但从企业的可持续发展来看，竞争优势是最重要的；

(3) 战略管理的课题是“做什么”和“如何做”，其中“做什么”涉及目标选择，“如何做”涉及实现目标的路径选择；

(4) 战略管理的内容是对中心命题进行的质疑、探思、求解，更多体现为各层管理者面对具体管理问题的质疑探思求解；

(5) 战略管理的过程性，战略管理是动态的过程而不是静止的状态，其动态性通过目标和路径的不断演化及质疑探思求解的不断循环体现出来。

综合国内外学者的观点，我们认为，企业战略管理就是企业制定并实现其战略的动态管理活动。企业战略回答的是企业作为整体为什么能够得到社会的回报从而长期存在下去的根本性问题，而战略管理研究的就是如何分析、制定、选择并实施企业战略，并通过对实施过程及结果的评价与控制来确保企业目标的有效实现。战略管理不仅涉及战略的制定和决策，也包括将制定出的战略付诸实施并动态调整的全部过程，企业所有员工的所有工作都是围绕着战略的制定与实施展开的，所以我们说战略管理是企业管理的主线，是全员、全过程、全方位的管理。

▶案例

苹果公司的战略管理——差异化的战略

首先是产品差异化。外观上大方新潮引领时尚，功能技术上每一个新苹果产品问世，总会带来很多不同于其他品牌产品的新功能，价位方面其产品领先于同行业发展水平所以价格较高。

其次是操作差异化，基于领先的技术早期的 iPhone 直接采用了经过界面优化的桌面电脑操作系统，使其拥有了苹果的电脑操作系统的所有优点，运转迅速，界面华丽，操作简便。

再次是渠道差异化，苹果将 Apple 在线商用的差异化组合模式复制在其 iPhone 上，建设了在线销售渠道 App Store，软件开发者可将由 SDK 制作通过苹果审核的软件在 App Store 上发布，无须缴纳任何的维护费用。

最后是服务差异化，苹果公司不仅为顾客提供电子产品，在消费者购买电子产品之后，同时享受到了个人的在线专属服务，包括 Ip、Tunes、音乐商店等。

资料来源：王新梦．苹果公司差异化战略分析［J］. 财经界，2014（6）：141.

二、企业战略管理的基本问题

企业战略管理必须回答六个基本问题，包括三个大问题和三个小问题。三个大问题是：我是谁（who）？到哪去（where）？如何去（how）？这三个问题具有哲学意味，体现了企业的最终目标。要回答这三个问题，就要对企业做出动态、整体的思考，从根本上阐明企业的经营现状、未来目标与存在意义。

“我是谁?”即“我们的企业是一个什么样的企业？它将是一个什么样的企业？它应

当成为个什么样的企业?”也就是说,企业战略必须确定企业的使命和目标,确定企业所承担的责任与角色,明确企业的现状和前途。

“到哪去?”就是“我们的企业要实现什么样的目标?”即确定企业经营管理活动的预期成果。通过企业战略目标的设置,就可以确定企业目标和经营活动的轻重缓急,预期企业经营活动所应达到的标准,以及预测企业实施既定的经营活动后可能实现的经营成果。

“如何去?”就是“怎样实现企业的目标?”即寻求实现企业战略目标的途径和方式。实际上就是为了实现战略目标,对企业的一切活动进行有效的管理。回答了这个问题,也就明确了企业在市场中确立竞争优势,在市场竞争中取胜的战略措施。

战略管理的三个小问题是:企业的业务是什么?企业的业务应该是什么?为什么?这三个问题是围绕企业的业务范围展开的,和前三个问题相比,属于比较具体微观的层面。

“企业的业务是什么?”要回答这一问题,需要引发企业对现状的思考,明确企业目前进入了哪些业务领域,其业务性质为何。清楚地认识目前的状况是制定企业战略的出发点,一个不知道自己当前处于什么地位以及正在做什么的企业是很难确定其未来的方向的。

“企业的业务应该是什么?”要回答这个问题,需要说明企业未来要做什么事,要进入哪些业务领域,从而引发对目标的思考。一个不清楚自己未来应处于什么领域以及该做什么的企业,是很难确定其前进的路线和具体时间安排的。

“为什么?”要回答这一问题,需要说明企业对当前业务与目标业务认知的根据是什么,从而引发对企业存在理由即企业使命的思考。对企业使命的清晰理解和认识是制定战略的核心问题。一个没有真正弄清自身存在理由的企业是很难长期生存及进化发展的。

总而言之,企业战略管理的基本问题就是要明确企业现在在做什么,确定企业将来要做什么,以及应当如何去做。思考和回答这些问题会帮助企业明确自身存在的目的、活动的范围与奋斗的方向,使企业家可以正确设置企业的战略目标,确立企业各项工作的轻重缓急,明确取得特定经营成果的途径和手段,使企业避免偏离既定方向的无目的行为。如果说企业战略是引导企业达到预定目的的导航图,那么战略管理就是要使企业沿着导航图前进并成功到达目的地。

三、企业战略管理的作用

企业战略管理的作用与特征

企业管理学理论与实践的发展从职能管理走向战略管理是一次飞跃,它对企业的长期生存与发展具有极其重大的意义。从20世纪70年代中期开始,以美国为代表的西方发达国家的大中型企业越来越多地建立了正式的战略管理组织机构,许多小企业也开始进行战略管理并取得了很好的效果。战略管理作为一种新的企业管理方式或思想之所以受到人们的青睐,是因为它具有以下几方面的作用:

（一）战略管理能帮助企业找到未来生存与发展的正确方向

战略方向选择得正确与否，是决定企业经营成败的关键。正如美国未来学家托夫勒（Toffler）所说的那样：“如果对于将来没有一个长期明确的方向，对本企业的未来形势没有一个实在的指导方针，不管企业的规模多大，地位多稳定，都将在新的革命性的技术和经济的大变革中失去生存条件。”战略管理以未来的环境变化趋势作为企业决策的基础，使企业管理者重视对经营环境和自身资源能力的研究，增强企业经营活动对外部环境的适应性，使二者达成最佳的结合。

（二）战略管理有助于企业优化资源配置，提高经济效益

企业战略是企业编制经营计划和制定经营政策的依据，也决定了企业资源配置的标准和原则。战略的制定与实施把经营计划的执行与控制结合在一起，兼顾了近期目标（或作业性目标）与长远目标（或战略性目标），将总体战略目标和局部战术目标统一起来，有利于充分发挥企业各种资源的作用并产生协同效应，避免重复投资、盲目投资和无效投资，最终使企业经济效益得到提高。

多位学者的实证研究都证明了战略管理对提高企业经济效益的巨大作用和意义。1970年，桑恩（Thune）和豪斯（House）首先研究了战略管理与经济效益的关系。他们历时7年对石油、食品、医药、钢铁、化工和机械6个不同行业的36家（18对）大中型企业运用战略管理的情况进行了比较研究，每一对企业都包括一家进行了正式战略规划的企业与一家没有进行正式战略规划的企业作为对比。经过研究，他们发现在所有的行业中，正式进行了战略管理的企业在投资收益率、股权资本收益率和每股收益等财务指标上都明显地好于没有正式战略规划的企业。同时还发现，企业采取正式的战略规划以后，其经济效益要比没有战略规划时有较大幅度的改善。

哈罗德（Herold）又用了4年时间专题研究了桑恩和豪斯所涉及的医药与化工行业，其研究结论又一次证明了桑恩和豪斯结论的正确性，而且指出有正式战略规划的企业与无正式战略规划的企业在经济效益上的差别在不断扩大。

1982年，罗宾逊（Robinson）用3年的时间研究了101家小型的零售、服务和制造企业。其研究报告指出，在销售、利润和生产率上，有战略规划的企业要比没有战略规划的企业在经济效益上有显著改善和提高。

总之，不断有研究证明，企业采用战略管理的思想和方法进行管理会显著提高经济效益，增强企业生存与发展的能力。

（三）战略管理是企业管理的主程序

企业战略是企业日常生产经营活动的总纲领，企业战略管理不仅包括战略分析与制定，而且将战略实施与控制作为其重要组成部分，这就使战略管理将企业所有的经营管理工作都囊括其中。战略管理的理论框架为企业经营管理提供了主导性的思维方法和工作框

架，各职能管理学科的知识都通过战略管理的基本框架整合在一起，如对企业内部资源能力进行的各种分析以及制定职能战略就要用到财务管理、营销管理、生产管理等职能管理领域的知识。企业战略制定后，各层次和职能部门都要制定各自的战略并采用各职能管理领域的知识来加以执行。

因此，战略管理是企业经营管理的主线，战略管理的框架和方法提供了企业经营管理的主程序，企业上下所有部门和员工的所有工作都不过是在不同层面对企业战略的执行和落实，因此可以说：企业无小事，事事皆战略。

（四）战略管理有助于强化企业凝聚力，提高工作效率

通过实施战略管理，特别是吸收员工参与制定企业战略，不仅使企业明确了自身的使命、愿景和目标，更使企业全体员工了解了企业当前和未来面临的经营形势、进一步发展应解决的重大问题及今后的发展目标和措施、各部门应完成的任务、各员工应担负的责任及员工个人在企业发展过程中可能获得的成长和利益。实践表明，企业如果在战略制定过程中能够达到这些目标，使员工了解了上述信息，将显著增强企业的凝聚力和士气，使员工提高工作主动性，增强责任感，积极性、创造性和工作效率明显提高。

（五）战略管理有助于企业与社会和谐发展企业使命

企业进行战略管理必须制定企业使命，必然要求企业思考和明确其社会责任、处理与各种利益团体关系的行为准则、树立怎样的企业形象、在哪些方面应满足社会的需求，所以实施战略管理有助于企业从社会的角度来审视自身，在满足社会需求和履行社会责任的基础上，建立自身和社会共同发展的和谐关系。

总而言之，企业战略管理的作用就是提高企业生存发展能力，帮助企业获得成功。

四、企业战略管理的特征

战略管理作为企业经营管理活动的主线，是企业经营活动的最高纲领和最终目标，有以下特征：

（一）适应性

适应环境是企业战略管理的必然特点和内在要求。企业在其特定环境中存在，环境为企业提供了生产经营所需的资源和要素，规定了企业的活动范围和发展空间，从各个方面影响着企业经营，企业只有适应环境才能在环境中生存发展。虽然企业可以发挥其主观能动性，在一定的范围和程度上影响甚至改造环境，但这种影响和改造是相对的，任何企业都没有无限度改造环境的能力，因此，企业战略管理对环境的适应性是战略管理的基本前提之一。

（二）全局性

企业战略管理要符合整个世界和所在国的政治经济、社会文化、科学技术的发展趋势，也要符合企业所在行业的发展趋势，这需要企业在战略管理过程中考虑到外部环境的全局。同时，战略对企业经营管理的所有方面都具有普遍的、全面的、权威的指导意义，因而战略管理并不强调某一事业部或某一职能部门的重要性，而是通过制定企业的使命、目标和战略来协调企业各部门的活动。在评价和控制过程中，战略管理重视的不是各事业部和职能部门自身的表现，而是它们对实现企业使命、目标、战略的贡献大小。这都使得战略管理具有全局性的特点。

►课程思政案例

李嘉诚的选择

我们还需要像李嘉诚这样的首富吗？

李嘉诚很富有，但是对社会有什么实质性的贡献呢？李嘉诚从未打造过一款畅销世界的商品，他投资的生意主要就是房地产、港口、超级市场和电信公司，全靠垄断、结盟、并购、整合来获得盈利，所以他不过是顺势而为，他的套路基本靠的就是低价买、高价卖，从中赚取高额的差价，对于经济并没有实质性的促进和推动作用。

不管是过去还是未来，我们不再需要像李嘉诚这样的首富了。

我们需要的是像两弹元勋钱学森，像杂交水稻之父袁隆平这样的科学家，他们拯救的不是几个人而是几代人。他们不是把钱装进自己的口袋，他们是“普度”我们的老百姓。

我们还需要那些有创新的企业家，有技术含量的企业家，推动技术进步的那些企业家，为各个阶层共同富裕而开辟全新道路，造福整个社会的企业家和那些真正的优秀人士。

资料来源：冯善书，周中雨．李嘉诚的翅膀［N］．南方日报，2023－07－07（B04）．

（三）未来性

战略管理是面向未来的，是为了确定并实现企业未来的战略目标而进行的管理活动。企业战略是决策者在分析企业外部环境及内部条件的历史与现状的基础上，对其变化趋势进行预测的基础上制定的。优秀的战略往往是预测准确的战略，这样的战略才能使企业适应环境发展变化的趋势，获得经营的成功。

（四）长远性

企业战略是对企业未来较长时期（3～5年甚至更长远）内的生存发展问题进行的统筹规划，虽然战略决策以企业的当前和历史情况为出发点，并且对企业当前的生产经营活动有指导作用，但这一切都是为了更长远的发展。企业战略管理的长远性表现在三个方面：目标的长期性、环境的长期性和措施的长期性。战略管理反对短期化行为，在长远利益与短期利益发生冲突时，要着眼于企业的未来，自觉地放弃无助于企业长远发展的短期利益而谋求企业长远的目标。同时，战略实施的成效也要以长远利益来衡量。

（五）指导性

企业战略规定了企业在一定时期内的发展目标以及实现这目标的基本途径和手段，它指导和激励着企业全体员工努力工作，一经制定，企业上下就要为实现战略而努力，对企业各方面的工作都具有指导意义。企业各层级、各部门的各项职能管理工作都要在企业战略的指导下来进行，这才能使企业各项经营活动不偏离其战略目标。

（六）风险性

企业战略是对企业未来发展的谋划，随着科学技术及国内外经济、社会发展变化速度越来越快，企业战略环境的动态性不断增强，不确定性因素不断增多，许多事物具有不可预测性，使企业的战略环境总是处于不确定和变幻莫测的趋势之中，因此，任何企业战略的制定和实施都具有一定的风险性，这是在制定及实施战略时必须充分估计到的。

（七）竞争性

战略管理是适应市场的需要而产生的，企业战略是为了培育和增强企业的竞争优势而制定的，其目的就是使企业能在激烈的市场竞争中发展壮大自己的实力，使其在与对手争夺市场和资源的竞争中占有相对的优势。其作用在于通过密切监测市场竞争态势和评估企业自身的相对竞争地位，抓住机遇、迎接挑战、发挥优势、克服弱点，以求在“商战”中克敌制胜，保障企业的生存和发展。因此，竞争性是企业战略的本质特征之一。

（八）复杂性

企业战略管理的复杂性表现在两个方面：其一，企业战略的制定是企业战略决策者认知结构和价值观念的反映，是一种高智慧、综合性的复杂脑力劳动，是一种非程序性和不确定性决策，而且往往是集体决策的结果，其制定过程是非常复杂的。其二，企业战略的实施和控制是非常复杂的。新战略的贯彻实施往往涉及企业产品结构、组织机构、人事安排的调整，关系到员工的切身利益和企业内的权力再分配，因而战略的贯彻实施也是非常复杂的。

（九）不精确性

由于企业战略环境的复杂性，对影响企业战略的诸多环境因素很难全部进行精确的量化计算和分析，使得战略决策者必须大量借助创造性思维和直觉思维进行决策。面对同样的战略环境，由于决策者的思维方式、价值观念和个性特征的差异，可能得出完全不同的判断，进而制定完全不同的战略，在没有实施之前又很难做出孰是孰非的评判。加之，企业战略分析与决策受到时间和信息不完备的限制，往往只能在可取得的信息及时间许可的范围内寻求令人满意的方案，即较优方案而非最优方案。此外，战略管理过程还受到大量非理性因素（如组织结构和人的行为因素）的制约，其中相当多的因素是不确定的。因此，战略问题一般都是不精确的，是很难给出最优方案或标准答案的。

（十）艺术性

企业战略管理既是一门科学，更是一门艺术。其科学性体现在战略管理理论较好地解释了企业生存发展的客观规律，能够指导企业长期经营发展的实践。从战略管理发展史中的大量理论研究与企业实践，从战略分析与制定的各种方法和工具中我们都可以看到战略管理科学性的一面。

但是，战略管理是一门综合性的学科，其学科特点决定了其艺术性远远高于科学性。首先，战略管理要解决的问题是让企业在不确定的未来环境中获得长期生存与发展，环境变化的不确定性和环境因素的复杂性、变动性使得战略管理异常复杂、难以精确，必须由战略决策者创造性地运用战略管理思想和方法来进行决策和执行。其次，在战略管理的理论和实践中，人们在不断摸索和创造更加科学的战略分析、制定、实施和控制方法，但这些方法的科学性都是相对的，同样的方法由不同的战略决策者来运用会产生截然不同的效果，能否获得战略管理的成功更多取决于战略决策者对这些方法艺术性的运用。因此，从古希腊“战略”一词的含义，到当代战略学家的相关论述都能看出，战略管理更多具有艺术性的特点。

五、企业战略管理的原则

企业战略管理的原则与过程

加拿大学者斯蒂格利茨（Joseph Stiglitz）在实证研究的基础上提出，成功的战略管理必须遵循以下五大原则：

（一）适应环境原则

实施战略管理要求企业随时监视和扫描内外部环境的动态变化，细致分析机会与威胁的存在方式和影响程度，以便正确制定恰当的战略和及时修订现行的战略。成功的企业战略重视企业与环境的互动关系，使企业能够适应、利用甚至影响环境的变化。因此，适应环境是企业战略管理的基本前提和基础。

（二）整体最优原则

战略管理将企业看作一个不可分割的整体，以整体和全局的观点来管理企业，不强调企业某个战略业务单元（strategic business unit，SBU）或某个职能部门（functional department，FD）的重要性，而是强调通过制定企业的使命、愿景和目标来协调、统一各部门、单位的活动，使之形成合力，提高企业整体的优化程度，获得企业整体的成功。

（三）全程管理原则

成功的战略管理要求将战略的制定、实施、控制和调整作为一个完整的过程来加以管理，不可忽视其中任一阶段，以确保战略的权威性、一贯性和高效性，确保企业整个经营管理过程都处于战略指导之下，为实现企业战略目标服务。

（四）全员参与原则

战略管理不仅要求企业高层管理者的英明决策，也要求企业中下层管理者及全体员工的广泛参与和全力支持。战略规划更多依靠高层管理者的慎重抉择，而战略实施却主要依赖中下层管理者及全体员工全心全意的投入。因此，只有让员工普遍参与到战略管理活动中来，才能得到广大员工的支持，减少企业战略执行的困难和障碍，保证企业战略实施获得成功。

（五）反馈修正原则

企业战略管理是一个周而复始、螺旋上升的动态管理过程，它关心的是企业长期、稳定的发展，由于环境在不断发生变化，因而在战略实施过程中，只有不断地跟踪、反馈和调整才能确保企业战略的适应性，对现行战略管理的评价和控制就是新一轮企业战略管理的开始。

六、企业战略管理的过程

企业战略管理是由三个主要阶段构成的循环往复的动态管理过程，其整合性和高层次性使得战略管理成为企业高层管理者最重要的知识和技能。

战略管理是在充分占有信息的基础上制定关系企业未来发展方向的重大决策并将这些决策付诸实施的动态管理过程。一个规范的、全面的战略管理过程可大体分解为三个阶段：战略态势分析阶段、战略制定与实施阶段、战略控制与变革阶段，如图 1－5 所示。

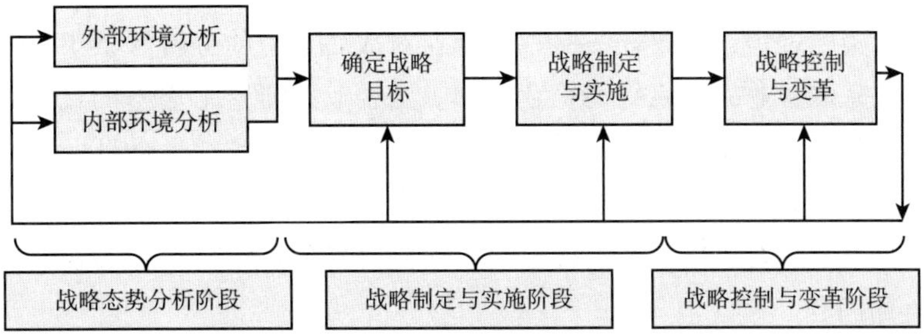

图 1－5　企业战略管理过程

（一）战略态势分析

战略分析是企业战略管理的关键环节，是企业确定科学合理的战略目标、制定和实施正确战略的前提与基础，其目的是要全面认识和了解企业内外部的环境，找到影响企业战略发展的关键因素。

一般来说，战略分析总体上包括企业外部环境分析和企业内部环境分析两大部分。企业外部环境分析又包括宏观环境分析、行业与市场环境分析和竞争与合作环境分析三个层面：宏观环境分析是对影响企业经营的宏观、间接因素的分析，一般从四个方面展开，即政治因素、经济因素、社会文化因素及科技因素；行业与市场环境分析是对企业所处行业的状况进行分析，这是企业外部环境中和企业关系比较密切、对企业经营有直接影响的方面，包括行业特点分析、行业市场分析等内容；竞争与合作环境分析主要包括竞争者识别、关键成功因素、竞争对手与战略群体分析、竞争对手与合作伙伴分析等方面。

企业外部环境分析的目的是寻找和发现有利于企业发展的机会，以及对企业存在的威胁，做到“知天知地”与“知彼”，以便在制定和选择战略中能够利用外部条件所提供的机会同时规避对企业的威胁。

企业的内部环境就是企业内部的状况，也就是企业所具备的条件与素质，包括企业生产经营的现状、企业的资源与能力、企业文化等方面。企业内部环境分析的目的是发现企业所具备的优势和劣势，做到“知己”，以便在制定和实施战略时能扬长避短、发挥优势，有效地利用和发挥企业的资源与能力。

目前公认的企业战略分析框架是遵循着由远及近、由外至内的逻辑顺序展开的，这样可以保证对企业内外部环境中的重要影响因素进行全面的分析，不致遗漏；也体现了环境因素对企业由远及近、由间接到直接的影响和作用，符合客观现实，不致偏颇。

通过战略分析，战略决策者要了解企业内外部的环境状况正在发生哪些变化，它们怎样影响企业和企业活动，企业有哪些资源和能力来应对这些变化，企业的利益相关者——员工、股东、客户及社会公众等的期望是什么，这些因素会怎样影响企业当前的竞争地位，将来可能会发生什么，等等。

（二）战略制定与实施阶段

战略制定与实施过程，主要任务是根据企业对战略环境的分析和认识，制定和选择企业目标与战略，完成企业战略系统的构建工作。当企业构建起了完整的战略系统，确定了战略方案后，就必须将其付诸实施，通过具体化的实际行动实现战略目标。

具体包括公司层战略及实施、业务层战略及实施、职能层战略及实施、国际化战略及实施四个方面。四个层次战略系统的构建为企业提出了实现战略目标的途径和手段，回答了“如何去”的问题。

同时需要注意的是，企业战略实施的成功，离不开有力的领导、高效的组织和积极的文化，如何在战略实施过程中进行有效领导、构建精干高效的组织结构以及培育支持战略的企业文化是战略实施的关键问题。

（三）战略控制与变革阶段

要保证企业战略的有效实施，实现既定的战略目标，必须对战略实施的全过程进行有效控制。因此，企业高层必须全面及时掌握战略实施的确切情况，及时进行信息反馈，将实际战略绩效与预定战略目标进行比较，如二者有显著的偏差，就应当采取有效的措施进行纠正，使战略实施沿着既定轨道和方向前进。当由于战略分析不周、判断有误，或是企业内外部环境发生了未曾预想的变化而引起战略方向的偏差时，就需要重新审视环境，制订新的战略方案，开启新一轮的战略管理过程。

总之，战略管理是一个环环相扣、循环往复、螺旋上升、持续发展的动态管理过程，它将企业所有的经营管理工作都纳入企业战略体系，使企业上下的所有工作都围绕着企业战略展开，在动态持续的变化和发展中实现企业的战略目标。

关键词

战略　战略管理　企业战略管理

复习思考题

1. 什么是战略？如何多角度地理解战略思想？
2. 试述中国战略思想发展历程。
3. 怎样认识企业战略管理的概念与内涵？除本书介绍的作用外，你认为企业战略管理还有哪些作用？
4. 企业战略管理的主要特征是什么？
5. 企业战略管理的原则与过程是什么？

第二章　企业战略管理理论的演进与发展

学习目标

□ 了解企业战略管理理论发展历程
□ 理解企业战略管理理论未来发展趋势
□ 掌握早期战略思想阶段、古典战略理论阶段和竞争战略理论阶段的主要理论学派和观点
□ 掌握战略管理理论的最新研究成果和发展趋势

☞ 引例

海尔的前世今生

海尔应像海，唯有海能以博大的胸怀纳百川而不嫌弃细流，容污浊而能净化为碧水。

——张瑞敏《海尔是海》

1955 年，有人出几十元，有人出几百元，还有人拿出生产资料，几个人凑起了手工业生产合作社。如今，一张原始凭证验证着那段历史。它由家用电吹风开始跨入家电行业，在历史风雨中，它还曾叫作“东风电机厂”“日用电器厂”“青岛电冰箱总厂”。

1984 年，工厂濒临倒闭，连换三任厂长，依然亏损 147 万元，直到时任青岛市家电公司副经理的张瑞敏赴任。

1984—1991 年：只做冰箱。

1991—1998 年：家电通吃。

1998—2005 年：走向世界。

38 年来，海尔品牌始终站在技术革命和时代发展的前列，引领中国乃至世界家电产业的发展潮流。

传统工业时代，海尔以优异的质量和服务创建产品品牌，成为中国家电知名品牌。随着海尔全球化品牌战略实施，海尔连续 10 次蝉联“全球大型家用电器品牌零售量第一”殊荣（引自欧睿国际数据），成为当之无愧的全球知名家电品牌。

互联网时代，海尔创平台品牌，从传统家电企业转变为互联网企业，以人单合一价值引领为基础，通过“平台、小微”等组织结构变革，海尔实现了与上下游的关系从零和博

弈变成利益共享共同体。

物联网时代，海尔从传统制造企业转型为共创共赢的物联网社群生态，率先在全球创立物联网生态品牌。现在的“海尔”在满足用户的最佳体验并与用户不断交互迭代的同时，构建了共创共赢的链群生态，实现生态圈内利益攸关方的不断增值。

作为全球生态品牌引领者，海尔的链群生态，从为用户提供有竞争力的家电产品，迭代到向用户提供成套的智慧家电产品，再迭代到向用户提供成套的智慧家庭解决方案，最终将给用户提供一个定制化的智慧生活方式。

从海尔U+、COSMOPlat、大顺逛等全球平台横空出世，到以用户体验为核心全场景定制化“生活X.0”概念实现惊艳四座，快速迭代升级的生态品牌开启了海尔新的历史篇章。海尔U+智能生活平台融合了全球资源的开放式生态系统，包括食联生态、衣联生态、住居生态、互娱生态等物联网生态圈，在各种智能家居生活场景中为用户带来前所未有的智慧家庭生活体验，满足了用户对理想家的美好憧憬。

整合全球技术资源的海尔高端制造平台COSMOPlat——以用户为中心的工业互联网平台。在这里用户可以参与产品全流程设计，任何人都是设计者、发明家，定制自己的个性化美好“生活X.0”。

目前，海尔的生态圈已经形成了雄厚的社群基础，2018年，海尔智能产品的用户销量超过2.1亿台，实时在线用户数达到2800万，顺逛平台网络触点达到113万个，链接了数亿的用户资源，海尔品牌生态收入涨势强劲，达到151亿元，同比增长75%。

在“万物互联”的物联网时代，以智慧家庭引领的海尔生态品牌将为全球用户带来越来越多的美好生活体验，成为全球生态品牌的引领者。

一个企业品牌的发展尚且经过几十年的酝酿与精心打造，企业战略管理思想的发展也是从古至今一步步走来，并不断适应与紧跟时代车轮而进步。

资料来源：王泽川，范英杰．企业文化对海尔绩效管理的影响研究——基于扎根理论［J］．财会通讯，2022（16）：115－119.

海尔集团官网［DB/OL］．https：//www.haier.com/.

尽管战略一词通常与未来相联系，它与过去的关系也并非不重要。过日子要向前看，但理解生活则要向后看。管理者将在未来实施战略，但他们是通过回顾过去而理解这一战略的。

——管理思想家　亨利·明茨伯格

从战略管理的课程演变来看，作为一门课程主要是为适应企业界对于跨职能、综合性管理技能的需要提出的，如20世纪60年代美国的绝大多数商学院都开设了“经营政策”之类的课程，20世纪70年代美国大学商学院联合会（AACSB International）的管理教育资格认可标准提出：官方认可的学术机构在管理类教学中，不论学生所学的具体专业是什么，在其所学课程中必须包括一门经营政策与战略这样的综合性课程，以便提供一条能够将散落在各门管理课程中的珠子串起来的主线。

本章是对企业战略管理理论发展历程的全面回顾和对未来发展趋势的总体展望。从历史沿革及演变过程来看，企业战略管理论的产生与发展大致经历了三个阶段，包括早期战略思想阶段、古典战略理论阶段和竞争战略理论阶段的主要理论学派和观点，也介绍了战略管理理论的最新研究成果和发展趋势。通过本章的学习，大家能全面了解企业战略管理这一学科在不同发展阶段的主要研究成果和理论观点，建立对企业战略管理理论与实践多角度、多方面的认识，深入理解和思考企业战略管理的主导思想。

◇ 贴士

战略管理研究主题变迁形成的四种代表性战略管理范式

从战略管理的实践与研究发展的历程来看，战略管理理论的发展在很大程度上是受到企业经营实际需要推动的结果。

战略管理理论发展历程与研究主题

时期 （20 世纪至今）	50 年代	60 年代	70 年代	70 年代后期到 90 年代早期	90 年代中后期 以后
研究主题	财务预算计划和控制	长期计划	公司战略	竞争优势	战略变革

回顾企业战略理论的发展历程，按照战略管理研究主题的变迁，形成了四种具有代表性的战略管理范式，四种范式之间不存在简单的替代，只是战略思维的出发点不同而已，分别是：三安范式、行业结构范式、资源能力范式和顾客价值基础范式。

（1）三安范式。20 世纪 60－70 年代，安德鲁斯、安东尼、安索夫、克里斯滕森奠定了战略规划的基础，其中安德鲁斯、安东尼、安索夫三者的研究构成了战略思想的“三安范式”。“三安范式”在 1978 年的匹茨堡大学战略规划研讨会上得到普遍的公认，后经申德尔（Dan E. Schendel）和霍弗（C. W. Hofer）在 1979 年出版的《战略管理》一书广泛向世界传播。

（2）行业结构范式＋资源能力范式。20 世纪 80 年代，随着市场竞争的日益激烈，学术界和企业界都把关注的焦点从“战略形成”转移到企业如何获得和保持“竞争优势”方面，形成了两种结构范式——行业结构范式和资源能力范式。

行业结构范式以迈克尔·波特为代表，将战略管理分析重点转向企业外部的竞争环境，按照波特的观点，企业成功的关键在于选择一个有吸引力的行业并且在这个行业中取得优越的地位。资源能力范式重新从企业内部来寻找企业成长的动因，企业竞争优势的获得是基于其独特的资源与能力。由于企业拥有独特的资源与能力使得它能够获得比其他资源持有者更高的经营业绩。

（3）顾客价值范式。顾客价值范式以顾客价值、顾客选择、资源和能力、经营优势、战略选择与事实和超常业绩为基础形式，顾客价值强调企业所从事事业领域的顾客价值要素偏好；顾客选择强调企业希望为哪些顾客提供哪些价值，哪些价值可以为企业带来价值；资源和能力强调企业需要哪些资源和能力才能为顾客提供价值并创造企业价值；经营优势强调为什么企业选择的顾客要向自己购买，企业提供的顾客价值与竞争对手有何不同；战略选择与事实强调如何创造顾客价值和企业价值，如何创造并保持经营优势；超常业绩强调创造比竞争对手更高的企业价值。

资料来源：叶广宇，刘洋．范式转变中的全球价值链整合与中国企业战略管理［J］．经济管理，2016（01）：188－199.

第一节　早期战略思想阶段

早期战略
思想阶段

从管理思想发展史来看，企业战略的思想是随着西方企业管理理论的发展而逐渐形成的。18—19 世纪，产生了以亚当·斯密、瓦特、詹姆斯·斯图亚特等为代表的欧洲管理思想，以后在美国又出现了以泰罗为代表的科学管理理论。但这些早期的管理研究和实践者都将思考的重点放在组织内部活动的管理上，还没有涉及对企业整体经营管理问题的研究。

◇ 贴士

詹姆斯·斯图亚特的主要贡献

詹姆斯·斯图亚特（Jame Stuart，1712—1780），英国资产阶级经济学家、重商主义的最后代表人物之一，出身于苏格兰贵族家庭。1735 年毕业于爱丁堡大学，取得律师资格后，赴欧洲大陆游学。1745 年，斯图亚特参与了法国詹姆斯党的第五次复辟活动，并成为显赫人物。复辟失败后，斯图亚特流亡欧洲达 17 年之久，并开始研究政治经济学。

詹姆斯·斯图亚特在 1767 年所著《政治经济学原理研究》一书（共 5 篇）中的第 5 篇“赋税量与其适当应用”中，专门阐述了自己的税收思想。斯图亚特财政论首先提出公债论，其次研究赋税论。他认为，历史地看，赋税是充当君主借款的一种担保而产生的，斯图亚特首先分析了税收起源和依据，认为“赋税产生的根源是在古代社会富人的生活靠隶属的劳动与徭役维持，经济社会是封闭的。以后自由思想解放了隶属的关系，过去，奴隶主不向奴隶与农奴支付劳动的报酬，现在需要支付了，这样导致了工商业新秩序的形成，并进而促成社会经济的繁荣，换言之，没有法律和纪律就不会有工商业的繁荣。因此，为了维持持久的法律与纪律，保障国家权力、安全和独立，势必需要充分的赋税与军备。”他认为，赋税是“用作政府经费支出的，通过立法机关法律程序或同意，对国家与个人征课的以果实、劳动或货币为表现形式的一定的贡献。”斯图亚特从重商主义出发，认为税收作用是以国家资金的形式，既为对国家有贡献的人，也为穷人增加公共福利，为此要向富人征税，以充当国家资金和对外贸易的补助基金。

詹姆斯·斯图亚特对税收理论的发展作出贡献的是他提出的赋税原则和税收分类。他的赋税原则是：税收必须按人民的年收入公平分配，不得妨碍纳税人的再生产；应当按照立法机关制定的法律程序征税；必须制定征税最低限度原则，不能破坏税源，不能有害国民生计与资本；实行按消费比例征收的原则。

詹姆斯·斯图亚特认为累进税会侵犯个人的财产、所得和利润。他将赋税划分为三类：一是按同一比例缴纳的税，称作比例税；二是按财产和收益数额的增加而递增课征的税，称作累进税或任意税；三是对个人劳动课征的税，称作对人税。斯图亚特认为，国内消费税是良税，这种税虽然会引起商品价格的上涨，减少消费，产品成本上升，但由于劳动者可以把它转嫁给他人，最终将由因富裕而变成怠惰的浪费者负担。这就是詹姆斯·斯图亚特的税收转嫁理论。

资料来源：金季．斯图亚特对古典经济学的两大贡献［J］．中国财政，2009（02）：52.

泰罗的科学管理理论

1. 泰罗的《科学管理原理》主要包括4条基本原则

（1）总结科学的工作方法。

（2）科学地选择和培训工人。

（3）将科学的方法、科学的选择和培训的工人结合起来。

（4）要求管理人员与工人建立密切的合作关系。

2. 泰罗的著作《科学管理原理》——一部改变人类劳动方式、推动社会变迁的著作

（1）改变了人类劳动的方法、催生了职业管理者。在泰罗那个时代的美国，强大且受尊敬的工会是各家由政府所有的兵工厂和造船厂里的工会。第一次世界大战之前，和平时期的一切国防工业生产都在这些由政府所有的兵工厂和造船厂里进行。这些工厂的工会实行行业垄断制：会员资格严格局限于会员的儿子或亲属。它们规定了5~7年学徒期，但没有制定系统训练或工作、学习制度。没有任何能够写下来的东西，需要干的活甚至没有蓝图或别的图纸。工会会员都要宣誓保守秘密，并且不允许同非会员谈论自己的工作。泰罗声称能够对作业进行研究分析，把它们分解成一组简单的重复动作——每个动作必须按照为它规定的正确方法、在最佳的规定时间内、用专门设计的工具来完成，这确实是对这些工会的迎头痛击。

（2）通过培训迅速提高劳动生产率。综合起来看，泰罗最伟大的影响有可能就是在培训方面的影响。

在泰罗之前的100年，亚当·斯密观察认为，一个地区至少需要积累50年的经验，才能够掌握生产优质产品所必需的技能。斯密以后的70年，即1840年前后，德国人博尔西（1804—1854）发明了德国式的学徒制度，将师傅带领下的工厂实习与学校的基础理论知识教育相结合，这种学徒制是德国工业生产率的基础决定力量。不过，这种学徒制度也需要3~5年的培训时间。于是，首先是在第一次世界大战时期，但主要是在第二次世界大战时期，美国把泰罗的方法系统应用于对初级工进行的为期几个月的培训。这就是美国能够打败日本和德国的主要原因。

（3）创生了中产阶级的生活方式。生产率的增量有一半被用来提高购买力，换句话说就是用于提高生活水准，而其中的1/3或1/2被用于休闲。直到1910年，发达国家的劳动者仍像以前那样工作，即每年至少工作3000小时。20世纪末，日本人每年工作2000小时；美国人大约每年工作1850小时；德国人每年最多工作1600小时。而他们每小时的产量是泰罗《科学管理原理》出版时的50倍。另外一大部分生产率的增量被用于保健（发达国家由原先占国民生产总值的零增长到8%～12%）和教育（由原先大约占国民生产总值的2%增长到了10%或以上）。大部分生产率的增量，正如泰罗认为的那样，是由劳动者享用。

资料来源：李萍．浅析泰罗科学管理对我国当前公共管理的启示［J］．中国管理信息化，2020（11）：223－224.

20世纪初，法国管理学家亨利·法约尔对企业内部的管理活动进行整合，将工业企业中的各种活动划分为技术活动、商业活动、财务活动、安全活动、会计活动和管理活动六大类，提出了计划、组织、指挥、协调和控制即管理的五项职能，并认为计划职能是企业管理的首要职能。法约尔的这一思想创造了从职能角度研究管理的基本思路和方向，奠定了现代管理学研究的基本理论框架，具有重大的历史意义。同时，他认识到了计划职能在企业管理中的首要地位，形成了战略思想和理论产生发展的重要理论基础，可以说是企业战略思想最初的萌芽。

20世纪20年代，美国杜邦公司和通用电气公司率先将战略职能引进企业组织系统，开始从企业高层以及组织与环境的关系等角度考虑企业发展问题。1934年，制度经济学家约翰·罗杰斯·康芒斯（John R. Commons）在其著作《制度经济学》中首次使用了“战略因素”一词，引起了人们对企业经营活动中“战略因素”的注意。但是，他只是把“战略因素”的用法限制在公司经济制度中管理活动和交易活动的某些方面，而没有从企业整体的高度说明“战略因素”对企业经营活动的影响。

1938年，巴纳德（C. I. Barnard）在其著作《经理人员的职能》中分析了战略因素对企业系统的作用，首次将“战略”的概念引入了管理理论。他认为没有必要把战略因素局限于管理活动和交易活动的某些方面，在需要做出决策的任何情况下，企业组织都必须考虑到战略因素。这一观点使企业战略思想更加得到理论界和企业界的重视，极大地推动了企业战略理论研究的发展。巴纳德认为，各种社会组织都是一个由相互协作的个人组成的系统，这些协作系统一般都包含三个基本要素：协作的意愿、共同的目标和信息的联系。经理人员是组织协作系统中相互联系的中心，他为组织建立和提供一个信息交流体系，维持员工的协作意愿，从而使组织能够正常运转。他还进一步提出，一个协作体系要能够生存下去，必须在实现组织目标方面是“有效的”，经理人员必须处理好组织体系同其环境之间的关系，使企业组织与企业环境能够相互协调，维持组织的均衡。这种关于组织与环境相“匹配”的主张成为现代战略分析方法的基础。

20世纪50年代以来，美国学者戈登（Gordon）与豪厄尔（Howell）在福特基金会和卡内基公司的赞助下，对美国工商管理学院的课程设置进行了专题研究，提出了应当开设“经营政策”（business policy）课程的建议。他们认为，以往学生虽然学习了各门专业管理课程，如市场学、财务管理、生产管理、人事管理等，但缺乏综合分析能力。通过开设“经营政策”课程，可以使学生利用所学知识，从企业整体考虑经营问题，培养他们综合分析和解决问题的能力。这里的经营政策课程，就是战略管理课程的前身。

现代意义上的企业战略雏形的构建者是赛尔茨尼克（P. Selznick），他在1957年研究了制度承诺的角色，并引出了“独特竞争力”这一概念。在20世纪60年代以来，企业战略在国内外管理学界和企业界都受到了越来越多的重视，尤其是在战略理论研究和战略思考范式上，呈现了名家辈出、各种学说相继而起的局面。

综上，在20世纪60年代之前，出现了企业战略管理的思想萌芽，但还没有形成系统的理论框架，我们将其称为早期战略思想阶段。

第二节　古典战略思想阶段

古典战略理论阶段

20世纪60年代初到80年代初，是企业战略理论研究和实践蓬勃发展的黄金时期，完成了战略管理的基础性理论研究和初步的实践探索，形成了相对完整和成熟的战略管理理论体系，产生了十大战略理论学派，其理论研究和思想成果影响至今。因此，这时期称为古典战略理论阶段。

一、古典战略理论阶段理论发展概况

战略管理作为相对完整理论体系的出现是在20世纪60年代。60年代初，美国著名管理学家艾尔弗雷德·D. 钱德勒（Alfred Dupont Chandler Jr.）在著名的《战略与结构》一书中对企业战略的定义以及环境、战略与组织结构之间的关系进行了开创性的研究。1965年，安索夫出版了第一本有关战略的著作《企业战略》，成为现代企业战略理论研究的起点。

20世纪70年代是企业环境剧烈动荡的时期，也是战略管理研究的兴盛时期。在此期间，战略管理研究逐步从理论转向实际运用，研究的视野更加开阔，方法更加多样。1972年，安索夫在《企业经营政策》杂志上发表了《战略管理思想》一文，正式提出“战略管理”的概念，为企业战略管理理论的发展奠定了基础。此外，许多战略分析工具，如波士顿咨询公司的经营组合矩阵、通用电气公司的战略经营规划网、霍福尔产品—市场发展矩阵等也相继形成。

战略管理理论研究的兴盛也推动了企业战略管理的实践。美国许多企业建立了战略规划部门，并由总裁或总经理一级的高级管理人员负责此项工作。据调查，到20世纪70年代初，美国最大的500家公司中已有85%的企业组建了战略规划部门。管理咨询公司接受的战略咨询业务大量增加，到70年代末，战略咨询收入高达3亿美元，整个70年代形成了“战略热”。

二、十大战略管理学派简介

古典战略理论阶段的理论成果和战略思想集中体现在十大战略管理学派的学说中，下面对这十大学派的思想观点进行简要介绍。

（一）设计学派（the design school）

设计学派的观点始于赛尔茨尼克，发展于钱德勒，后由安德鲁斯做了精确的界定。1957年，赛尔茨尼克在其著作《行政管理中的领导行为》中提出经理人员及历史经验等因素，即其“独特竞争力”，这是关系到企业战略制定与实施能否成功的重要因素。

1962年，钱德勒在其著作《战略与结构》中指出，企业的经营战略要适应环境的变化，而其组织结构则必须随企业战略的变化而改变，即战略为先导，组织追随战略。他被公认为研究环境—战略—结构之间关系的第一位管理学家，他的研究为战略管理理论的发展打下了重要的基础。

1971年，安德鲁斯在《公司战略概念》中认为，企业外部环境对企业战略的形成有着重大的影响。环境不断产生机遇与威胁，组织就要不断调整，以发挥自身优势，弥补自身劣势，规避威胁并利用机遇。战略形成过程实际上就是把企业内部条件与企业外部环境进行匹配的过程，这种匹配能够使企业内部的优势和劣势与企业外部的机会和威胁相协调。战略制定是企业高层管理者在比较机会与威胁、优势与劣势的过程中按照扬长避短、趋利避害的原则进行组合而形成的，由此建立了著名的SWOT（Strength、Weakness、Opportunity、Threat）战略分析模型（见图2-1），这是设计学派的重要基础，也已成为战略管理学科最基础和重要的方法。

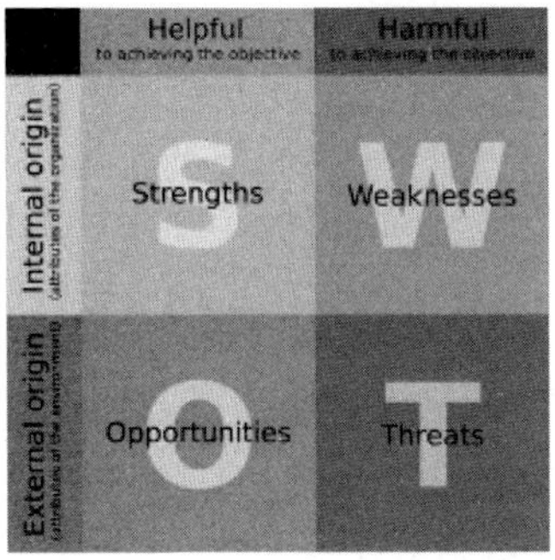

图2-1　SWOT分析模型

安德鲁斯还建立了将企业战略分为制定与实施两大部分的基本模型，为形成完整成熟的战略管理过程模型构造了基本理论框架。他认为战略包括四个要素：市场机遇（企业可能做什么，might do）、公司能力（企业能够做什么，could do）、个人激情（企业想做什么，want to do）以及社会责任（企业应该做什么，should do），战略就是实现四者的契合（fit）。

（二）计划学派（the planning school）

几乎与设计学派同时产生的计划学派以安索夫为代表，以安索夫 1965 年出版的《企业战略》一书为标志。1972 年，安索夫正式提出“战略管理”的概念，1979 年又在《战略管理》一书中系统地提出了战略管理模式。他认为，企业在制定战略时必须首先明确自己的经营性质。只有这样，企业的战略才能一方面为企业的生产经营活动提供指导，另一方面为企业的发展提供空间。在研究多元化经营企业的基础上，计划学派提出了“战略四要素”说（见图 2－2），认为战略的构成要素应当包括：范围与行业地位，即产品与市场范围及企业在所处行业中的地位；增长向量，即企业经营的方向和趋势；协同效果，即大于由公司各个部分资源独立创造的总和的联合资源回报效果；竞争优势，是指企业及其产品和市场所具备的不同于竞争对手的能够为企业奠定牢固竞争地位的特殊因素。

战略四要素	
范围与行业地位	产品与市场范围及企业在所处行业中的地位
增长向量	企业经营的方向和趋势
协同效果	大于由公司各个部分资源独立创造的总和的联合资源回报效果
竞争优势	企业及其产品和市场所具备的不同于竞争对手的能够为企业奠定牢固竞争地位的特殊因素

图 2－2　安索夫的战略四要素

计划学派继承了设计学派 SWOT 的思想，但认为设计学派的方法过于主观。计划学派认为战略的形成是一个企业高层管理者有意识、有控制的正规计划的过程，他们引进了决策科学中的数量分析方法，提出了许多制定企业战略的数学模型和定量分析方法。

计划学派十分强调战略形成过程的规范化和程序化，其代表人物之一斯塔纳（George Steiner）认为，所有的战略都必须分解成能够成功贯彻的亚战略。长期全面的战略计划处于组织的最高层，依次分解为中期战略计划和短期经营计划，包括目标、战略、预算、程序在内的整个工作被组合成一套完整的战略计划层级体系，其中的每一项都被交予企业的某个明确的实体单元，如分公司、部门分支机构或个人，按照详细说明予以实施。

（三）定位学派（the positioning school）

定位学派的观点于 20 世纪 80 年代初开始流行，代表人物为迈克尔·波特。1980 年，他在哈顿（Hatten）和申德尔（Sehendel）等对战略定位问题的研究基础上提出，企业在考虑战略时必须将企业与所处的环境相联系，行业是企业经营的最直接环境，而每个行业的结构又决定了企业的竞争范围，从而决定了企业的潜在利润水平。因此，战略的制定就是一个企业在产业中进行定位的过程，即首先选择利润水平较高的产业，然后在产业中谋求有利的竞争地位。

迈克尔·波特认为，企业在战略制定过程中必须做好两方面工作：企业所处行业的结构分析和企业在行业内的相对竞争地位分析。通过这些分析，可以大大减少企业间由于程式化的产业结构分析而带来的定位趋同并降低企业间竞争的强度。从这个意义上来说，企业战略制定人员应该是“分析家”，其主要任务是选择利润潜力较大的行业并在其中进行正确的定位，企业的定位决定了其盈利水平的高低。

迈克尔·波特的定位思想是从产业经济及产业组织理论出发的，后来，定位学派的思想有两个重要发展：其一，卡尔·夏皮洛（Carl Shapiro）等认为战略业务单元（SBU）在产业中的地位难以持久，因而定位很难实现，战略实际上是一场不断定位、不断争夺的游戏；其二，波特在20世纪90年代进一步拓展了定位的观念，认为定位不仅要考虑产业的经济特征，还要考虑环境的文化、制度等各个方面的因素。

◈ 贴士

迈克尔·波特的战略定位思想

迈克尔·波特在战略管理领域最重要的贡献是他的战略定位思想。1980年，迈克尔·波特的《竞争战略》一书正是波特在产业组织经济学和企业竞争战略方面的研究成果，该书的副标题是“分析产业和竞争者的技巧”。在该书中，波特试图回答以下问题：哪些力量驱动一个产业中的竞争？企业应该制定和实施什么样的竞争战略？竞争者会采取什么样的行动？战略决策者应该对竞争者的行动作出什么样的反应？一个产业将如何演化？企业如何在长期竞争中获得最佳定位？

波特将产业组织经济学理论运用于企业竞争战略，创建了企业竞争战略理论，提出了战略定位思想，形成了著名的战略定位学派。

波特认为，战略定位（strategic positioning）是企业竞争战略的核心内容，形成竞争战略的实质就是要在企业与其经营环境之间建立联系。20世纪80年代，以波特为首的定位学派成为企业战略理论的主流学派。

迈克尔·波特的战略定位思想的核心逻辑是：第一，在竞争性市场上，企业要取得经营成功，即持久地获得超过行业平均水平的经营业绩，就必须具有持续竞争优势，这是企业取得经营成功的前提条件；第二，在竞争性市场上，企业必须预先获得竞争优势，即企业是通过优势进行竞争，而不是在竞争过程中谋求优势；第三，企业要获得竞争优势，就必须进行战略定位，或更准确地说，战略定位就是竞争优势，因为有效的战略定位可以使企业在行业中占据有利的竞争地位，应对行业中的五种竞争力量，即企业必须赢得与包括五种竞争力量在内的扩展竞争，而不是单纯地赢得与竞争对手的竞争；第四，企业要进行战略定位，就必须进行行业分析，尤其是行业结构分析，因为“行业结构决定着竞争规则的确立和企业竞争战略的选择”；第五，竞争优势是可以持续的，一方面是因为一旦行业度过了初始阶段的动荡之后行业结构在相当长时期内是稳定的，另一方面是因为企业通过定位、取舍和配称而形成的战略协调性增强了竞争优势的持续性。从下图可以看出，战略定位或竞争优势是企业竞争战略的核心，企业经营成功或持久地获得超常回报是企业竞争战略的目的，而行业结构分析或拓展竞争分析是企业竞争战略的前提和基础。简言之，特定行业结构下的战略定位导致企业经营成功。

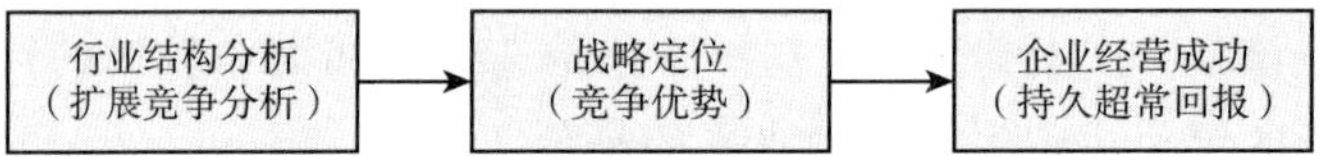

迈克尔·波特的战略定位思想的核心逻辑

资料来源：百科知识．迈克尔·波特的战略定位思想［DB/OL］．https：//www. guayunfan. com/baike/246262. html.

（四）企业家学派（the entrepreneurial school）

企业家学派的研究重点是企业高层管理者，认为企业必须有一个极富创新精神的领导者，企业家就是战略“设计师”，战略的形成深深植根于企业家的思维之中，这点与设计学派极为相似，但与设计学派不同并与计划学派完全相反的是，企业家学派并不认为甚至反对战略形成需要依赖严格精致的分析框架，相反，它发现许多成功的企业并没有系统的文字性战略，但企业也经营得很好，因而认为战略是企业家个人价值观念和预见未来的产物。

因此，企业家学派不仅将战略形成过程绝对地依附于企业家身上，而且从根本上认为战略形成过程就是一个直觉思维、灵感闪现的过程，是个企业家对企业未来图景的洞察过程，它依赖于企业家某些与生俱来的心理特点和思维方式，如感觉、知觉、判断、推理、经验和远见。这种认识使战略从精妙的设计、周密的计划或者准确的定位变成了隐约可见的“愿景”（visions）。作为企业家学派的核心概念，“愿景”是对战略的心理描述，产生于或至少是表现在企业家的头脑之中。它既是一种灵感，又是一种对战略任务的认知，成为企业战略行动的指导思想。事实上，“愿景”常常表现为一种心理活动在现实中的映射，而不是一份用文字或数字来阐述的详细计划。

▶课程思政案例

守护企业家精神

2023 年 7 月 19 日《中共中央 国务院关于促进民营经济发展壮大的意见》（以下简称《意见》）发布，作为中国经济活动最重要的微观市场经营主体，无论对于经济短期问题的缓解还是长期发展动力的塑造，民营经济特别是中小企业的健康发展都是保持经济活力、促进创业创新的重要力量，对于稳定宏观经济大盘具有基础性支撑作用。同时，民营企业和民营企业家作为宏观政策效果最直接、最敏锐的“阅卷人”，是验证政策效果最关键的市场反馈力量。

对于此次《意见》的出台，我们不仅要读懂“促进”，更要在落实层面全面践行“促进”，切实推动民营经济健康高质量的发展，保障更高质量的壮大。更重要的是，要从问题入手，针对我国民营企业当前面临的“缺资金、缺信心、缺底气”三大核心问题，切实把握《意见》精神、做好延展执行。

应对“缺资金”，短期集中力量解决拖欠民营企业账款问题。从短期看，化解民营企业缺资金的问题，最关键是要解决中小企业应收账款拖欠的问题。对此，《意见》将中小企业应收账款问题单列，明确提出“完善拖欠账款常态化预防和清理机制”“建立拖欠账款定期披露”“完善拖欠账款投诉处理和信用监督机制”，将有力推动拖欠账款问题的解决，在一定程度上缓解民营企业“缺资金”的问题。

应对“缺信心”，以政策舆论之稳，营造守护企业家精神宽容氛围。此次出台的《意见》中，加大对民营经济战略支持力度放在重要位置，彰显出国家对于安定民企信心的高度重视和坚定决心。营造关心民营经济发展壮大的社会氛围，守护企业家创新精神的“人间正道”，既需要制度保障，也需要社会舆论环境的全方位悉心呵护。

应对“缺底气”，以法治之力，将平等对待民营企业落到实处。稳固可靠的营商环境，离不开法治的保障。去年年底的中央经济工作会议以及今年的全国两会，都强调了对于民企权利的法治保障。

企业家作为社会创新的主体，只有在能够获得可预期的长期稳定收益的情况下，才愿意全身心投入创新。而这种可预期的长期稳定收益，从根本上说，需要得到制度和法律的保障。因此，在法制的维度，需要将法治的精神固化、贯穿民营企业合规管理的整个过程，杜绝执法过程中可能存在的偏倚。当然，对于民营经济身份、权利的支持力度，其实还可以进一步升级完善。比如，可以与时俱进调整对于民营经济的定位表述，在社会身份地位的公正性上，给予民营企业更加坚实的保障。同时，在鼓励支持民营企业发展方面，可进一步通过国家力量予以保障，按照“公开、公平、公正”的法治化、市场化原则，保障民营经济发展环境的稳定。

资料来源：田轩．加强制度化、法治化建设，守护企业家精神［EB/OL］. https：//www.21jingji.com/article/20230726/f74ef96ceb6e5a07d6942f58405add4d.html.

◇ 贴士

企业愿景与使命

1. 什么是战略愿景

战略愿景是一幅关于公司未来发展道路的蓝图，描述了公司发展的目的地和对如何到达那里的一系列认识。

2. 战略愿景与使命陈述的区别

战略愿景所陈述的通常是：我们要去向哪里，使命陈述则是表达：一家公司目前开展的业务（企业目前的状况），我们是谁、我们做什么以及我们现在正处于怎样的位置。

战略愿景和使命陈述都是非常重要的，它们保证了整个企业经营目的的一致性，为配置企业资源提供基础或者标准，为企业建立统一的企业风气或环境，通过集中的表述，使员工充分认识企业的目的和发展方向，防止员工在不明白企业目的和方向的情况下，参与企业的活动，有助于将目标转变为工作组织结构，以及向企业内各责任单位分配任务，使企业内各经营目的具体化，并将这些目的转变为目标，以使成本、时间和绩效参数得到评估和控制，经营方式更完善。

3. 战略愿景的制定

要确定公司的战略愿景，并使其成为一种有用的、可以为企业的发展指明方向的工具，作为管理者必须要完成以下三个步骤：

（1）提出使命陈述，具体说明公司正在开展什么业务，反映出关于我们是谁，我们做什么，以及我们现在正处于什么位置等问题。

（2）把使命作为企业长期发展路径的基础，做出关于我们将向哪里去的决定，确定企业的战略路径。

（3）用清晰的令人兴奋并且能够激发组织承诺的术语来宣传公司的战略愿景。

资料来源：王骏声．没有“使命”和“愿景”，企业能活吗［J］．人力资源，2019（15）：70－72.

（五）认知学派（the cognitive school）

认知学派又叫认识学派，强调战略制定是心理过程的管理学派，是从战略管理企业家学派衍生出来的小学派，借鉴认知心理学研究成果解释战略形成过程。形成于20世纪80年代，在20世纪90年代得到发展，是当时最流行的战略管理学派之一，至今仍对战略管理理论和实践产生重要影响。主要代表人物和著作有美国赫伯特·西蒙（Herbert A. Simon）及其《管理决策：直觉和情绪的作用》（1987年）、巴瑞及其《认知变化、战略行动和组织重建》、科纳及其《组织和个人关于选择的信息处理观点的整合》（1994年）。

主要观点为：战略家主要通过直接经验形成自己的知识结构和思维过程，经验决定知识，知识决定行动，而行动又增加经验；战略形成过程就是战略家的认知过程；战略在本质上是一种直觉和概念，是战略家认知过程的结果，对客观世界的不同认知会形成不同的战略。

20世纪80年代以来，研究人员借鉴认知心理学领域的研究成果，试图发现战略形成过程的心理特征。他们关心的是，假如战略是通过诸如结构、模式、图形、概念或纲要等因素产生于人们的意识，那么怎样理解这些心理过程？他们尤其关注的是，当人们看到外界事物，如事件、标志、顾客行为等时，心理如何做出反应？通过这些研究，形成了独特的认知学派并得到了持续稳定的发展，其影响也越来越大。

认知学派将战略形成看作一个心理过程，认为战略的形成是基于处理信息，获得知识和建立概念的认知过程，并且主要通过直接经验形成自己的知识结构和思维方式。经验是知识产生的基础，知识又成为人的行为的决定因素，进而决定着后来的经验。企业战略制定不仅是一个理性思维的过程，也包括非理性思维的过程，面对大量真假难辨的信息，数据和有限时间的限制，非理性思维在战略决策中可以发挥更大的作用。战略是一个精神活动的过程，不同的战略家对客观事物的认识不同，对同一企业就会形成不同的战略。

▶案例

高管风险偏好与企业战略差异

战略为企业的发展指明了总体路径和方向，战略决策关乎着的经营成败。在经济转型背景下，机遇与挑战并存，企业参与着激烈的“淘汰赛”，但也为变革创新提供了契机。处在“变幻莫测”的市场环境中，企业需要随机应变、与时俱进，适当的更新经营思路、调整战略决策，以变革谋求发展。差异化战略能够结合外部环境的变化，充分发挥自身优势，打造个性化经营道路，助力企业在竞争中立于不败之地，但同时，差异也并非“康庄大道”，一方面，追求差异意味着更多的资源投入和潜在风险；另一方面，不适宜的战略选择会使企业陷入经营“泥沼”。高管在企业决策中具有主导权，其特质不可避免地会渗透于战略决策中。

通过对2010—2019年A股上市公司作为研究对象，深入研究企业战略差异的内部驱动因素，探讨作为企业决策制定者的高管的风险偏好与企业战略差异之间的关系，从能力展示和自利动机两个视角切入分析，加入内部控制的调节效应，同时考虑了产权性质和行业性质对企业战略选择的影响，得到研究结论如下：

（1）高管风险偏好与企业战略差异之间存在着显著的正向关系。高管越偏好风险，越倾向于增加企业的战略差异度。在这种影响中，偏好风险型高管的自利动机占据主导地位。在自利动机的驱使下，偏好风险的高管可能会盲目地去寻求扩张和发展，差异化战略则是可以选择的手段之一，并且差异路线一旦成功，将为管理者带来业绩声誉和收入回报。因此，偏好风险的高管更倾向于增加企业战略差异。

（2）内部控制负向调节高管风险偏好与企业战略差异之间的关系，内控主要是通过抑制偏好风险型高管的自利动机，来削弱其使用差异化战略实现私利的倾向。不适当的战略选择和偏激的管理层行为都可能会使企业陷入困境，故而在战略决策中需要对管理者有所限制和约束。内部控制作为企业重要的治理因素，可以规范和监控管理层的机会主义行为，减少因管理层的激进和自利而带来的风险，引导管理者立足实际进行战略决策，合理发挥风险承担和战略差异的优势。因此，内部控制能够适当地抑制高管风险偏好对企业战略差异的倾向。

（3）相比于国有企业，非国有企业中高管风险偏好对企业战略差异的影响更加明显，内控对管理层行为所发挥的治理和约束效果更有效。在非管制性行业，高管风险偏好对战略差异的影响比处于管制行业的企业更强，并且内部控制所能发挥的治理作用更加有效。

资料来源：张倩．高管风险偏好与企业战略差异［D］．首都经济贸易大学，2021.

（六）学习学派（the learning school）

学习学派是强调战略制定是不断学习过程的管理学派，是对设计学派、计划学派和定位学派的基本假设前提提出质疑，引起的争论延续。

由于企业外部环境变化的不可预测性和企业本身所固有的适应性，通过严格程序制定的战略往往无法实现，而未经正式制定的、自然显现的战略却能获得成功。因此，一些学者开始把研究的重点转向企业在各种不可预测的环境因素约束下的战略形成上，由此产生了学习学派。这种战略可以在任何人们可以而且愿意学习的地方生根。有时，一个遇到特殊良机的个人或单位会创造出自己的模式。一旦开创了这种先例，这种行为便不可避免地发生。而在另外一些时候，通过各种人为的调整，一些行动逐渐形成一个战略主题。外部环境会把一个模式强加给一个毫无准备的组织，最关键的是组织不能总是计划出战略应该出现在哪里，更别提制订战略计划本身了。

因此学习学派将战略形成看作一个渐进学习、自然选择形成的应急的过程，他们将这些“学到的知识”贯彻到他们整体行动方案中，可以在组织上下任何地方出现，并且战略的形成与贯彻是相互交织在一起的。这个世界太复杂，不容许战略决策一蹴而就，一次就能得出清晰的规划和愿景。因此战略必须一小步一小步、在组织不断适应的“学习”过程中自然形成，是思想与行动、控制与学习、稳定与改变相结合的艺术性过程，在此过程中集体学习对战略制定与形成至关重要，只有通过组织学习，企业能应对环境的不确定性。所以高层管理者的职责不是制定战略，而是管理组织学习的过程。

学习学派的形成以奎因于 1980 年出版的《应变战略：逻辑渐进主义》一书为标志，更早则可以追溯至美国林德布罗姆（C. Lindblom）的早期渐进主义著作《“蒙混过关”的科学》（1959 年）。

该学派主要代表人物和著作有美国拉普及其《出色的管理者不决策》、奎因及其《应变战略》（1980 年）、圣吉及其《第五项修炼》（1990 年）。

主要观点为：战略作为一种明确的计划或愿景，其制定不是一劳永逸的事；人们在研究组织环境并研究如何发展组织能力应对这种环境的过程中，个人和集体都在不断学习，这种行为慢慢形成战略，最终成为组织中所有成员的行为模式；组织的环境具有复杂性、不可预测性和动态性，战略制定必须采取不断学习的过程形式，而领导者的作用则是管理战略学习过程。

贡献：为解决战略决策的复杂性和不确定性提供了一个有效的方案。对于连续变化中的复杂情况很有效。组织内的每一个成员都要学习，学习不仅仅是组织领导的事情，不需要全能的领导。战略决策能够与自然形成观点相融合，在持续变革的复杂情景中尤为有效。

局限：在现实当中，此流派可能就没有切实的战略，而只有一些具体的战术措施，或者导致战略观望（Strategic Drift）。在组织危机期间它们毫无用处，也不适用于稳定的组织情境。将许多敏感的琐细步骤添加到整体战略上，没有必要。虽然不积跬步无以至千里，但是跬步不能助你跨越万丈深渊。

（七）权力学派（the power school）

权力学派把战略形成看作一个受到权力明显影响的过程而独具特色，强调将权力和政治手段应用于战略形成以有利于获得政治团体期望的特殊利益。权力学派之所以强调权力，是因为在企业战略制定的过程中，战略形成不仅受到“经济”因素的影响，还会受到“政治”因素的影响，制定中的新战略不仅是组织行动的指南，也极有可能是组织中权力转移的信号。战略在组织中具有的意义越重大，组织中的权力越分散，政治手段伴随其中的可能性就越大。

权力学派大体上有两种不同的观点：微观权力观把企业的战略制定看作一种实质上的政治活动，是企业内部各种正式和非正式利益团体运用权力、施加影响，进行讨价还价、游说、妥协，最后在各派间达成一致的过程；宏观权力规则把组织看作一个整体，它将其力量作用于竞争者、同盟者、合作者及其他相关利益团体。因此，权力学派认为，战略的形成是一个权力谈判及平衡的过程，战略制定不仅要注意行业环境、竞争力量等经济因素，而且要注意利益团体、权力分享等政治因素。

（八）文化学派（the cultural school）

随着企业文化对企业经营业绩和社会形象的作用与影响日益增强，人们也越来越重视对影响企业战略形成的文化因素的研究，由此形成了战略管理的文化学派。文化学派认为，企业文化及其背后的价值观念对战略形成有着重要影响，因而战略的形成是一个基于企业成员共同信念和理解的社会交往过程，是一个将企业组织中各种积极因素进行整合以发挥作用的过程。

文化学派的观点对解释许多企业在同等条件下的经营行为和经营业绩存在的巨大差异很有说服力。实际上，权力和文化是一体两面的。权力控制着组织实体并使其分裂，文化则将个体连接起来并重新整合为一个整体。权力学派的研究着眼于自我利益和局部，而文化学派的研究则注重团队利益和整体。

（九）环境学派（the environmental school）

环境学派认为，企业与环境是互动的，环境对企业战略具有至关重要的影响，企业必须适应环境并找到自己生存和发展的位置。由于组织在战略形成过程中无法控制环境变化，企业的组织和领导处于从属和被动的地位，只能对环境变化做出相应的反应，所以战略形成在本质上是一个反应过程。

环境学派中主要存在两种不同的发展方向。一种称作“权变理论”（contingency theory），该理论阐述了环境的独特方面与组织的特殊属性之间的关系，侧重于研究企业在特别的环境条件下和面临有限的战略选择时所做的预期反应。权变理论要求企业发挥主观能动性，因为企业可以在一定的环境条件下，对环境的变化采取相应的对策以影响和作用于环境，争取企业经营的主动权。

另一种称作“规制理论”（institutional theory），它强调企业所处的环境往往是企业难以把握和控制的，因此企业必须适应环境，企业战略的制定必须充分考虑环境的变化，了解和掌握环境变化的特点。只有如此，企业才能在适应环境的过程中找到自己的生存空间，并获得进一步的发展。

（十）结构学派（the configuration school）

结构学派是一个比较特殊的学派，它博采众长，集各种学派观点之大成。结构学派更像一个混合体，它把企业组织看成一种由一系列行为和特征组成的有机结构，把战略制定看成对其他各种学派观点的一种整合，明茨伯格提出的“5P”是结构学派最具代表性的观点。

结构学派把战略形成看作一个转型过程——当企业处于某种状态时，战略就应该能够反映并适应相应的转型。转型是结构的必然结果，如果结构是一种存在状态，那么战略制定就是从一个状态到另一个状态的飞跃过程。具体而言，随着企业组织的不断成长和所处环境的日趋成熟，初建时期的结构就会让位于一种更为正规的、由职业经理人依靠计划过程来领导的结构。

实际上，几乎每一个学派都可以在结构学派观点中找到自身的影子。比如，面对相对稳定的环境，在企业战略形成过程中计划学派原就占有重要地位；而面对比较动态的环境，企业家学派原则对企业战略的制定起着更大的作用。

三、古典战略理论时期理论观点的核心思想与不足

从各学派的观点中不难看出，尽管这时期学者们的研究方法各异，具体主张不尽相同，但总体的核心思想是一致的，主要体现在以下几方面：

（1）企业战略的基点是适应环境。企业所处的环境往往是企业自身难以左右的，因而企业制定战略必须充分考虑环境的变化，只有适应环境变化，企业才能求得生存与发展。

（2）企业战略的目标在于提高市场占有率。企业战略适应环境变化旨在满足市场需求，获得理想的市场占有率，这样才利于企业生存与发展。企业如何获取理想的市场占有率在古典战略管理理论中居于核心地位。

（3）企业战略实施要求组织结构随之变化与适应。古典战略管理实质上是一个组织对其环境的适应过程以及由此带来的组织内部结构化过程，因而势必要求企业组织结构与企业战略相适应。

上述这些核心思想为企业战略管理理论体系的形成与发展奠定了坚实的基础，但不容否认，以环境为基点的古典战略理论也还存在一些不足之处：

（1）该理论大多从现存的产业市场出发进行战略分析，要求企业所适应的环境实质上

是已经结构化了的产业市场环境，这势必导致企业的生存发展空间十分有限，往往被动地适应环境，处于被动地追随领先者的困境之中，成为战略的追随者。

（2）该理论对企业战略环境进行分析的方法与工具还不够完善，在指导企业战略管理实践上显得有些力不从心。另外，它较多地关注了从企业外部环境来考察企业战略问题，但对企业内在环境考虑不够充分。

（3）这些理论学派普遍把企业战略的制定与实施视为企业高层经理人员的工作，而在一定程度上忽视了企业内部配套管理方面的工作。

（4）该理论重在分析和推理，其隐含前提是企业高层管理者可以在对未来环境进行可靠预测的基础上制定合理的战略，这一前提与相对稳定的经营环境相适应。但随着经济和社会的发展，经营环境的不确定性越来越强，只运用该理论已经很难随环境变化及时地做出战略决策。

第三节　竞争战略理论阶段

竞争战略理论阶段

20 世纪 80 年代初以来，战略管理的理论体系进一步臻于完善，其中迈克尔·波特教授提出了以产业（市场）结构分析为基础的竞争战略理论，为战略管理理论的发展和完善做出了突出贡献。在波特理论的影响下，战略理论研究的焦点纷纷转向企业如何获得和保持竞争优势，分为三大主要流派：行业结构学派、核心能力学派和战略资源学派。

一、行业结构学派

行业结构学派的主要代表就是迈克尔·波特，他把行业结构分析作为确立竞争战略的基石，从产业组织论的观点出发，将企业行为与其经营环境的分析有机结合，提出了一整套竞争战略的理论与方法。

波特在 1980 年的《竞争战略》一书中指出，企业盈利能力取决于其选择何种竞争战略，而竞争战略的选择应基于以下两点考虑：

第一，选择有吸引力的、高潜在利润的产业。不同产业所具有的吸引力以及带来的持续盈利机会是不同的，一个企业选择朝阳产业要比选择夕阳产业更利于提高自己的获利能力，因为一个企业所选择产业的内在盈利能力，是决定该企业获利能力与机会的重要因素。

第二，在已选择的产业中确定自己优势的竞争地位。一般来说，不管一个产业中的吸引力以及提供的盈利机会如何，处于竞争优势地位的企业要比劣势企业更有利可图。而要正确地选择有吸引力的产业以及给自己的竞争优势定位，必须对将要进入的一个或几个产业中的结构状况和竞争环境进行分析。

在《竞争战略》一书中，波特提出了著名的五种竞争作用力分析模型，在此基础上又提出了赢得竞争优势的三种通用战略，即成本领先战略、差异化战略和集中化战略。波特认为企业必须从这三种战略中选择一种以赢得竞争优势。后来波特对这三大战略做了改变，根据成本与差异化竞争及竞争的范围提出了四大战略：成本领先、差异化、成本专一化与差异专一化。而后，波特通过对各个具体产业如分散型产业、新兴产业、走向成熟的过渡产业、夕阳产业及全球性产业的环境分析，把上述三种通用战略加以具体化。

与经典战略理论相比，竞争战略理论前进了一大步。它指出了企业在分析产业（市场）结构竞争环境的基础上制定竞争战略的重要性，从而有助于企业将其竞争战略的眼光转向对有吸引力的产业的选择上。然而，同经典战略理论一样，竞争战略理论仍缺乏对企业内在环境的考虑，波特后来对此缺陷有所认识，于是在 1985 年的《竞争优势》一书中，从企业的内在环境出发，提出以价值链为基础的战略分析模型，试图弥补原有理论的不足。但是，价值链分析方法几乎涉及企业内部所有方面，存在对主要方面如特定技术和生产方面重视不足的局限性，而且价值链虽然看起来简洁明了，但实际上很难操作。在这样的背景下，以资源、知识为基础的核心竞争力理论和战略资源理论便迅速地发展了起来。

二、核心能力学派

1990 年，普拉哈拉德和汉默尔（Prahald & Hamel）在《哈佛商业评论》上发表《公司的核心能力》一文，1994 年两人又合著《竞争大未来》一书，正式提出了核心能力理论，形成了 20 世纪 90 年代西方最热门的企业战略理论学派。

普拉哈拉德和汉默尔（1990）认为，从本质上来讲，企业的核心能力是“组织中的积累性学识，特别是关于如何协调不同的生产技能和有机结合多种技术流的学识”，是指企业发展独特技术、开发独特产品和创造独特营销手段的能力。它具有三个明显的特征：能够为客户带来巨大的价值，即核心能力具备最终产品消费者可感知的价值；能够支撑多种核心产品，即核心能力提供了企业进入种类繁多市场的潜在途径，从而显示出系统的竞争能力，它使一家公司能够参与相当分散的业务；竞争者难以复制或模仿，即核心能力使企业竞争力独树一帜，其竞争者难以模仿或难以在短期内赶上。

他们强调指出，现代市场竞争与其说是基于产品的竞争，不如说是基于核心能力的竞争。由于核心能力的形成经历了企业内部资源、知识、技术等的长期积累和整合，从而具有对手难以复制和模仿的特征，能够使企业形成可持续的竞争优势。

因此，该学派认为，企业经营战略的关键就在于识别、培养和发展企业的核心能力。只有具备了核心能力，企业才能快速适应市场的变化，满足顾客的需求，才能在顾客心目中将企业与竞争对手区分开来，为获取超额利润提供保证。

三、战略资源学派

1984 年，沃纳菲尔特在《战略管理杂志》发表了《企业资源基础论》一文，认为企业优势来源于企业所拥有资源的数量、质量和使用效率，而不在于外部的环境因素，这篇论文成为战略资源学派奠基之作。20 世纪 80 年代，库尔和申德尔通过对美国医药产业内企业间存在的关键绩效差异的研究，进一步确定企业的内在特质是造成它们业绩差异的重要原因。1995 年，柯林斯和蒙哥马利在《哈佛商业评论》上发表了《资源竞争：90 年代的战略》一文，深化了对企业资源的认识。

战略资源学派认为，每个组织都是独特的资源和能力的结合体，可以将企业看作各种资源的不同组合，由于每个企业的资源组合不同，因此不存在完全一模一样的企业。公司的竞争优势取决于其拥有的有价值的资源，因此，企业战略的主要内容是如何培育企业独特的战略资源，以及最大限度地优化配置这种战略资源的能力。在企业竞争实践中，每个企业的资源是各不相同的，企业所拥有的战略资源和运用这种资源能力的差异，就成为企业竞争优势的源泉。

战略资源学派思想在应用性研究方面也出现了一些有价值的研究成果。彼得·圣吉运用系统动力学理论研究了团队的学习问题，在《第五项修炼》一书中提出“学习型组织”的概念；1993 年，哈默和钱皮在《企业再造——企业革命宣言》一书中提出“流程再造理论”；其后不久，美国一些学者根据信息技术迅猛发展和知识经济来临的趋势，又提出了“企业转型”理论，强调在更高层次上确定企业模式，对市场做出迅速反应，并把握机会创造市场。

四、三大学派对战略管理理论的贡献与不足

由以上介绍可以看出，在企业战略环境的内外部分析中，以波特为代表的行业结构学派完善了外部环境分析的框架，而内部环境分析问题的解决，则是由核心能力学派和战略资源学派来完成的。三大学派都对战略管理理论的发展做出了重要贡献，但也存在一些不足。

（一）行业结构学派的贡献与不足

行业结构学派将产业组织理论引入了企业战略管理分析，提出了企业竞争战略理论，开了总结通用战略的先河。最重要的是，波特提出的五种竞争作用力模型、价值链分析等理论方法，为复杂而又难以捉摸的战略问题提供了一个简明而有力的分析工具。

但是，行业结构学派的理论也有着明显的缺陷。首先，行业结构学派的战略观念是静态的，没有充分考虑竞争环境的快速和动态变化对企业战略的影响。其次，过分强调市场竞争。行业结构学派的理论强调竞争是企业成败的关键，这样的零和博弈式的竞争观念已

经难以适应现在的市场环境，制定企业战略需要考虑竞争对手的反应，但这并不是第一位的要素，忽视了顾客所需要的价值才是企业最大的损失和失败。最后，产业结构的分析方法尚不完善，五种竞争作用力的分析模式忽视了影响企业战略的很多重要因素，尤其是企业资源、能力等内部因素对企业战略的影响。

随着时代的发展，人们越来越认识到，企业所处的环境及其采用的战略是一个极为复杂的系统，只有从每一个相关角度深入分析，才有可能得出正确的结论。而波特把复杂的环境性因素简化为五种力量、把多样化的战略形态简化成三四种基本竞争战略的做法，容易束缚企业面向未来、发挥战略创造性的能力。同时，波特一再反对在同一业务中同时采用成本领先与差异化的“夹在中间”战略，认为成本领先与产品差异化水火不相容，但新的生产方式的出现，如戴尔（Dell）及李维斯（Levis）的大规模定制概念已经使波特的这一论断无法成立。

（二）核心能力学派与战略资源学派的贡献与不足

核心能力学派和战略资源学派的研究都是从企业内部展开的，有着很多的共同点。其基本观点是，并不是企业所有的资源、知识和能力都能形成持续的竞争优势，而只有当资源、知识和能力同时符合珍贵（能增加企业外部环境中的机会或减少威胁的资源、知识和能力才是珍贵的）、异质（企业独一无二的，没有被当前和潜在的竞争对手所拥有）、不可模仿（其他企业无法获得的）、难以替代（没有战略性等价物）的标准之时，它们才成为核心能力或战略资源，才能让企业利用外部环境中的机会，采取与众不同的战略定位，获得持久的竞争优势。

核心能力和战略资源理论使企业找到了战略分析与制定的立足点和出发点，有利于企业集中自身资源，突出对独特竞争能力的培育。同时，它强调企业应关注未来新的战略资源和核心能力的培养，要求企业必须提高产业预见能力，应从市场出发来构想未来的产业，成为未来产业的领先者。这为企业发挥战略创造性，制定独特的、创造性的战略提供了理论工具。

因此，核心能力学派和战略资源学派突出了企业内部条件对保持竞争优势及获取超额利润的决定性作用；强调了对资源和能力的分析在企业战略制定过程中的重要性；提供了进行资源和能力分析的理论和方法；把组织机构、管理、控制和协调机制第一次看成一种资源，表现在战略管理实践上，核心能力学派和战略资源学派要求企业从自身资源和能力出发，在自己拥有一定优势的产业及其关联产业进行多元化经营，避免受产业吸引力的诱导而盲目进入不相关的产业经营。这对指导企业回归主营行业，降低多元化的风险具有重大意义。

但是，核心能力学派和战略资源学派也有突出的理论缺陷：该理论至今尚未形成一个全面、准确、统一、规范的“资源”和“能力”概念，两个名词的混淆和误用使企业无所适从；这一理论尚未形成体系，缺少严密的概念及基本定理；如何识别、形成、应用、巩固、保护战略资源和核心能力，如何进行有效管理，尚缺乏可操作性较强的途径。

第四节　企业战略管理理论前沿与展望

企业战略管理理论前沿与展望

进入21世纪，企业战略管理进一步巩固了其管理学科中的核心地位，战略管理实践方兴未艾，这都使得战略管理的理论研究更加蓬勃发展，出现了许多新的研究成果，从中我们可以看到战略管理学科的前沿和未来的发展趋势。

一、重视战略实践，强调对实践经验的总结和提炼

传统的企业战略管理研究比较重视理论推理、数学模型和计量分析，但数学模型和计量分析仅仅是战略管理的工具和手段，过于迷信这些工具和手段容易束缚人的思想，窒息创新精神。越来越多的学者从成功企业战略管理的实践经验中认识到，战略管理具有很强的实践性，离开实践，纸上谈兵，绝不会有成功的战略。因此，新的战略管理理论更加注重从实践中学习并运用于实践，如最新提出的愿景驱动式管理、战略转折点管理等理论都是在大量实例研究的基础上总结提炼出来的。

过去的战略管理研究，常采用个别因素和市场关系的分析模式，显然已经不能适应复杂多变的经营环境。但同时，战略毕竟是各个企业自己制定的，它受到不同领导者管理艺术及其风格的影响。因此，理论界在继续重视研究个别企业实践经验的同时，更加注意进行整体分析，两种方法的有机结合推动了战略管理的进一步发展。

目前，来源于实践的战略研究已经产生了很多有价值的成果。例如，许多战略专家发现，美国在国际竞争中屡遭败北的原因在于，美国许多企业偏重财务管理，轻视生产和技术管理。他们提出，只有具备强大的物质基础，把管理返回到生产技术这个基点上来，才能改变目前的被动状态。此外，近年来西方国家的战略管理对企业的精神因素也很重视。他们把企业的价值观和信念作为战略的基础，认为企业成功与否主要取决于集体精神与行为，而不取决于外部环境和条件。例如，美国惠普公司认为企业经营好坏，主要取决于企业家精神，而不强调企业的市场竞争地位。组织的士气、企业的精神，需要经过较长时间方能确立，它一旦形成一个相对稳定的企业文化，便能激发起职工的巨大工作热情。

再如，日本学者伊丹敬之认为，以往人们对战略制定的程序和方法研究较多，但对什么是“优秀战略”研究不够。他认为，所谓“优秀战略”就是“适应战略”，即要求“战略内容与战略环境形成适应关系”。具体地说，战略要与环境、资源和组织三个因素相适应。环境是企业的外部因素，包括技术、竞争和顾客三个变量，而资源和组织是企业的内部因素，这种适应关系缺一不可，只有同时具备上述三种适应关系，战略才能获得成功。

二、信息技术对战略管理的影响与战略管理的信息化趋势

随着信息技术的迅猛发展，人类社会正经历着深刻的变革，政治、经济、法律、社

会、文化、市场等企业外部环境因素越来越复杂多变，在这样的背景下，信息技术对战略管理的理论和实践必将产生深远与全面的影响。

（一）新型企业组织模式的出现带来了战略管理的新课题

信息技术给企业的组织和运营方式带来了深刻的变革，新型组织结构和企业模式的出现给企业战略管理的理论研究和实践带来了新的课题和经验。

人类已经进入知识经济时代，知识化、网络化和全球化的基本趋势使企业经营的宏观环境发生了极大的变化：消费者对企业的产品和服务越来越挑剔，个性化要求越来越强烈，对产品或服务提供的时间要求越来越高，而对单一企业产品或服务的依赖性和忠诚度却在不断降低；市场竞争日趋激烈，市场波动加速，企业生命周期和产品生命周期逐渐缩短，企业进入了速度竞争的时代。在新的竞争环境下，企业开始反思已有的组织结构，试图建立有足够弹性的、更加灵活的组织和管理模式，网络型组织结构由此产生，进而出现了被誉为21世纪主导性企业模式的新型企业——虚拟企业（virtual enterprise，VE）。

自从1991年肯尼斯·普瑞斯（Kenneth Preiss）与史蒂文·L. 戈德曼（Steven L. Goldman）、罗杰·N. 内格尔（Roger N. Nagel）在《21世纪制造企业研究：一个工业主导的观点》的研究报告中首次提出“虚拟企业”的概念以来，关于虚拟企业的理论研究正在成为管理科学中的研究前沿和热点。虚拟企业是由具有价值链不同环节核心能力的独立厂商，为更好地满足市场需求，以契约合作方式，通过信息化网络平台进行专业分工，以统一的品牌向市场提供产品或服务而形成的动态企业联合体。虚拟企业，这一迥异于传统实体企业的全新企业组织模式的出现和广泛运用，对传统的基于实体企业的战略管理理论带来了新的挑战，需要学术界进行更多的研究探索和理论创新。

面对基于信息技术的企业组织模式变革，企业战略管理的理论和方法也面临着巨大的挑战。如何适应新的竞争环境，建立面向技术变革的战略管理理论，已经成为众多战略管理学者关注的焦点。学者们已经提出了许多基于IT的战略管理思想，主张通过利用信息技术或建立战略信息系统来实现企业竞争战略，获得竞争优势，以实现企业的使命和目标。不少专家已将信息技术与信息系统作为竞争战略或其重要组成部分，信息技术已不仅仅被看作一种工具、一种资源，而是成为获得竞争优势、决定企业兴衰存亡之关键，采用信息技术与建立信息系统已经成为企业重要的竞争战略之一。

（二）信息技术条件下的商业模式创新推动了企业战略创新

信息技术的迅猛发展为企业创新尤其是商业模式创新带来了无数可能，而这种商业模式的创新也引发了企业战略的创新和企业战略形态的改变。例如，陈威如和余卓轩在《平台战略》一书中研究了基于互联网的新兴商业模式——平台模式，以及随之而产生的企业战略新形态——平台战略。

所谓平台模式就是利用互联网的网络效应而产生的新兴商业模式。互联网技术的广泛运用和普及，使得某些企业作为服务提供者能够跳过中间渠道而直接面对最终客户，即服务使用者，从而构建了这种新的商业模式。能够通过互联网来提供的服务，如杀毒软件下载和计算机杀毒服务，其用户人数越多单位成本就越低，而自我增值和扩张能力就越强，就会产生更大的网络集聚效应，从而在网络平台聚集更大量的用户群体，运营该平台的核心企业就可以利用其汇聚庞大用户群体的能力影响价值链的其他环节。

平台模式的出现改变了传统的用户付费商业模式，使之转变成为用户免费使用互联网企业提供的服务，成为"被补贴者"，而被互联网平台上庞大的用户群体吸引而来的第三方，如广告企业等则成为为之买单的"付费者"。实施"平台战略"的平台企业其实是通过互联网平台构建了一个"平台生态圈"，在创新商业模式的同时，其战略思维和形态也随之发生了变化。这种基于互联网的商业模式创新及其对战略管理理论的影响值得学术界关注和研究。

（三）战略管理呈现网络化、信息化发展趋势

随着信息技术的不断进步，战略管理越来越呈现出网络化、信息化的发展趋势。在瞬息万变的时代，一个准确、灵活、富有弹性的战略对企业的生存发展起着决定性的作用，而全面、准确、客观地分析和掌握外部环境的变化和企业内部条件的优劣是有效制定和实施科学可行的企业战略的关键。信息社会中企业的内外部环境更加复杂多变，这对企业认知环境、分析环境、适应环境的能力提出了严峻的挑战。企业只有以完善的信息网络为基础，才能迅速获得企业环境各方面的信息，进而准确分析企业优势、劣势、机遇和威胁，从而选择最佳战略方案，获得竞争优势。谁能以最快的速度掌握最多的信息，谁就能获得竞争的胜利，实现战略目标。

同时，在信息技术环境下，企业战略的实施也与传统战略理论有了很大不同。例如，市场营销战略是企业重要的职能战略，电子商务的蓬勃发展为企业市场营销战略的制定提供了新的思路和空间，而网络传输、电子数据交换等技术和手段又为企业营销战略的实施提供了技术支持，因而企业营销战略的制定与实施已经呈现出明显的电子化发展趋势，而企业其他职能战略乃至业务战略、总体战略的制定与实施也都呈现出同样的变化和发展趋势。

三、从注重竞争转向超越竞争、强调合作

自亚当·斯密以来，由西方文化所主导的经济学和工商管理学体系，都是以"竞争"为主线的。反映在战略管理学科上，20 世纪 90 年代以前西方的战略管理理论和实践也大多建立在对抗竞争的基础之上。然而，过度的对抗性竞争有可能破坏产业环境、损害竞争秩序，带来鱼死网破、两败俱伤的严重后果，造成社会资源的巨大浪费。同时，在网络经济的背景下，技术的日益分散化也在客观上使任何企业都不可能长期垄断某一领域，完全依靠自己的能力掌握竞争的主动权。因此，20 世纪 90 年代中期以后，理论界和企业界都逐渐认识到，"竞争"与"合作"本来就是人类经济活动两个同等重要和普遍的方面，没

有好坏与主次之分，都是推动人类社会经济和其他方面进步的动力。竞争的目的应该是长期生存和健康发展，企业间不一定也不应该只有竞争关系，必须超越这种完全以竞争为中心的战略逻辑。合资、合营、特许经营、战略联盟、战略外包等以合作为中心思想的企业战略开始受到企业的青睐，通过创新、创造和合作来超越竞争开始成为企业战略管理研究的一个新焦点，出现了一些崭新的理论。

（一）顾客价值中心理论

早在 1954 年，彼得·德鲁克就曾指出，公司的首要任务是“创造顾客”，顾客购买和消费的绝不是产品，而是价值。1988 年，泽瑟摩尔（Zaithaml）首先从顾客角度提出了顾客感知价值理论。他将顾客感知价值定义为：顾客所能感知到的利得与其在获取产品或服务中所付出的成本进行权衡后对产品或服务效用的整体评价。

很快，对顾客价值的理论研究蓬勃展开并延伸到企业战略管理的研究中。以顾客价值为中心的战略理论扩展和超越了传统战略理论的逻辑，使顾客价值成为企业间的竞争规则。成功创造了顾客价值的企业成为规则的制定者，它比遵守者知道的信息和拥有的相关资源要多，这个战略逻辑的起点就决定了竞争的胜负。因此，企业之间竞争的胜负取决于能否有效地掌握和满足顾客需求，创造顾客价值。企业可以从培育产业先见、转移战略核心、超越资产和能力进行战略决策、为顾客打破惯例等方面围绕顾客价值重组自己的战略体系，创造独特的竞争优势而不必和竞争对手进行你死我活的竞争。

（二）战略联盟理论

战略联盟概念最早是由美国 DEC 公司总裁简·霍普兰德（J. Hopland）和管理学家罗杰·奈格尔（R. Nigel）提出的。战略联盟理论的出现，使人们将关注的焦点转向了企业间各种形式的联合。

按照现有定义，战略联盟是指由两个或两个以上对等经营实力的企业，为达到共同拥有市场、共同使用资源等战略目标，通过各种协议、契约而结成的优势相长、风险共担、要素水平式双向或多向流动的松散型网络组织。战略联盟的实质是在经营能力和资源对等的、各自独立的企业间，为达成战略目的而建立的长期合作关系。

战略联盟理论强调合作竞争，认为企业的竞争优势可以构建在自身优势与他人优势相结合的基础上。可以结成战略联盟的组织既包括生产企业、供应商和客户，还可以包括金融机构、行业协会、科研机构、政府职能部门等，从而形成相互补充、相互完善、利益共享、风险共担、联合竞争、共同发展的新的市场体系。近年来，发达国家企业已经应用战略联盟理论来指导企业的实践活动。据统计，在世界 150 多家大型跨国公司中，以不同形式结成战略联盟的高达 90%。面对战略联盟的蓬勃发展，有的西方战略管理学家甚至提出，在很大程度上 21 世纪将是企业联盟之间的竞争。

（三）商业生态系统理论

1986 年，专门从事全球商业与经济伙伴研究的美国剑桥战略咨询公司董事长兼总裁詹姆斯·穆尔（James F. Moore）在《哈佛商业评论》上发表了《新竞争生态学》一文，首次提出了“商业生态系统”概念（business ecosystem）。接着，穆尔又于1996年出版了《竞争的消亡》一书，利用生态学原理初步建立了商业生态系统的理论框架，标志着战略管理理论的指导思想发生了重大突破。

在该书中，穆尔以生物学中的生态系统这一独特视角来描述当今市场中的企业活动，以高科技公司为案例，通过对其成长过程的描述向人们展示了处于同一商业系统中的相互依存的“商业物种”的共同进化现象，以及整个商业生态系统的进化过程，阐明了新时代商业竞争的竞合法则，描述了商业生态系统的生命周期阶段及其领导策略。

该理论认为，在当今产业界限日益模糊的情况下，企业不应把自己仅仅看作单个的企业，而应把自己当作由供应商、生产者、竞争者和其他利益相关者构成的生态系统的成员。在这个生态系统中，战略制定的基本单位成为合作演化的生态系统；企业业绩不仅与企业内部管理好坏和行业平均利润有关，还与企业在生态系统中联盟和网络关系管理的好坏相关；整个生态网络的发展和自己在其中的地位成为企业战略思考的重点；合作范围扩展到所有可以被纳入生态系统的企业；竞争主要在企业生态系统之间以及在系统内取得领导和中心地位的企业之间展开。

商业生态系统理论较之以往的竞争战略理论有了较为明显的突破。具体表现为：首先，商业生态系统理论是以领导企业为核心的商业联合体为主要研究对象，探讨商业联合体的形成及演化问题，打破了传统的以行业划分为前提的战略理论的限制。其次，将生态学方法应用于商业系统研究，引入了“商业多样性”“领域边界”等概念，为描述商业运行提供了有力的工具。再次，提出了创造一个商业生态系统的原理与方法，并论述了企业在商业生态系统中取得领导地位的原则。最后，商业生态系统理论弥补了以前战略管理理论偏重竞争而忽视合作的缺陷，给出了在商业融合环境下理解商业运作整体结构的新思路，与超越竞争的其他理论相比，它的研究视野更宽更广，因而更具有前瞻性。前述“平台模式”实质上就是平台企业利用互联网工具建立的网络生态系统，是商业生态系统理论在互联网背景下的运用，无论对企业管理创新的实践还是战略管理的理论研究都具有重大意义。

因此，在商业生态理论的影响下，未来战略管理理论将着重研究如何提升商业生态系统的竞争力，而对于单个企业来讲，选择与自身组织结构和企业文化等相匹配的商业生态系统，以及实现企业间良好的分工协作是其战略研究的重点。

四、战略管理理论研究的动态化趋势

进入21世纪，世界经济格局发生了深刻变化，企业面临的全球竞争环境更加复杂多变和难以预测。面对这样的挑战，传统战略管理理论的静态分析方法已经无法满足企业战略管理的需要。在这样的背景下，战略管理研究开始重视动荡环境中的企业生存发展问题。同时，由战略分析、制定、实施与控制等阶段组成的战略管理过程是一个不断重复、不断更新的动态过程。在传统的战略管理理论中通常都是对这几个阶段进行分步研究，但在实际应用中，这几个步骤往往是同时发生，或是按照不同的步骤进行的，而且这一系统还应该有足够的弹性以适应企业所面临的时刻变化着的外部环境。因此，以战略管理理论为依据进行的动态企业战略研究，也是国内外理论界的重要研究方向。

另外，如何使已经制定的战略能够根据环境的变化进行动态调整，尽可能取得预期成效，也成为战略管理研究必须解决的新课题。于是，近年来一些管理学者提出了一些新的战略理论，如动态能力论、竞争动力学方法等。

（一）动态能力论

明确提出“动态能力”（dynamic capability）战略观的是蒂斯、皮萨诺和谢恩（Teece, Pisano & Shuen）于 1997 年发表的《动态能力与战略管理》一文，在这篇文章里作者提出：组织资源的相对卓越性并不完全合理，而且从规范观点的角度来看，企业必须永远处于一种建立动态能力的状态下。动态能力论中的“能力”（capability）不同于“核心能力”（core competence），动态能力是指企业整合、建立及重构内部、外部竞争能力以适应环境变化的能力。

动态能力论强调了在过去的战略理论中未能受到重视的两个方面：第一，“动态”的概念是指企业重塑竞争力以使其与变化的经营环境保持一致的能力，当市场的时间效应和速度成为企业战略成功的关键、技术变化的速度加快、未来竞争和市场的实质难以确定时，就需要企业有特定的、对创新的反应能力；第二，“能力”这概念强调的是战略管理必须适当地使用、整合和再造企业内外部的资源和能力以适应环境的变化。

在传统战略管理理论所研究的静态竞争条件下，制定竞争战略时很少考虑和预测竞争对手的反应以及随后一系列的竞争博弈。而在动态竞争条件下，制定竞争战略的有效性很大程度上依赖于预测竞争对手的反应、削弱和限制竞争对手还击的能力。在动态竞争条件下，如果一个企业总是以自己的优势打击对手的弱点，在多次打击之后，就会发现对手已经产生抵抗力，通过模仿或者学习克服了自己的弱点，或者想办法改变竞争规则、创造新优势，企业如果过于依赖或固守原有的竞争优势而没有及时建立新的优势，就会在下一回合的竞争中处于不利地位。因此，动态竞争条件下制定竞争战略的目的是要创造新的竞争优势，其关键是如何把握机会放弃自己原有的优势，建立新的优势。基于动态能力理论，有学者提出，企业唯一可持续的竞争优势就是比对手更快的学习能力，而形成可持续竞争优势的重要方法就是建立学习型组织。

（二）竞争动力学方法

竞争动力学方法是在竞争力模式理论、核心能力理论和战略资源理论的基础上，通过对企业间的相互作用、参与竞争的企业质量、企业的竞争速度和灵活性等影响企业经营绩效的主要内、外部因素的分析，来回答在动态竞争条件下，企业应如何制定和实施战略管理，才能获得超过平均水平的收益和可持续的竞争优势。第一，它研究处于竞争状态的企业之间的竞争作用，以及这种竞争作用产生的原因和发生的可能性；第二，它研究和分析影响企业竞争或对竞争进行反应的能力要素；第三，它分析和对比了不同条件下的竞争结果。近年来，竞争动力学的研究和分析方法在国外受到越来越多的关注，有关的研究成果被普遍地应用在战略管理的实践中。

（三）系统复杂性理论

复杂性理论历来是系统科学关注的对象和研究的前沿，但在传统战略管理理论研究中却没有受到足够的重视，这主要是由于环境的相对稳定性和可预测性保证了传统战略理论的成功。但在动态竞争环境中要做出较准确的中长期预测，难度越来越大。这样一来，战略管理就必须考虑到动态的环境，必须增强战略的柔性以实现对组织的快速调整和变革。这种突变的、不可逆的、非线性的变化是复杂性的显著特征，使得复杂性理论在战略制定和实施过程中的运用成为可能。基于复杂性理论的战略管理思想，将重点研究组织内部不同组成部分之间的内在关系及如何交替改变它们之间的相对位置，以减少控制、增强企业的自适应能力，维持组织在渐进变革和快速变革过程中的动态平衡。

综上所述，进入21世纪，信息网络技术的日新月异、经济全球化的迅猛发展和企业生存环境的日益复杂动荡对企业战略管理的理论与实践都提出了严峻的挑战，而战略管理理论也在为迎接挑战而不断地进行着积极的探索和创新。可以预言，21世纪的战略管理学科必将获得更大的发展，为企业的可持续发展做出更大的贡献。

关键词

古典战略理论　竞争战略理论

复习思考题

1. 如何理解企业战略管理理论的发展历程？
2. 试述企业战略管理理论未来的发展趋势。
3. 怎样认识早期战略管理思想？
4. 试述古典战略思想理论阶段的理论学派。
5. 试述竞争战略思想理论阶段的理论学派。

第三章　企业外部环境分析

学习目标

□ 理解企业所处外部环境的内容

□ 理解企业外部环境分析中的关键因素

□ 掌握外部环境分析的相关理论和模型

□ 掌握外部环境分析中关键因素的信息收集来源和分析方法

☞ 引例

萨德事件对韩国旅游业的影响

由于韩国在新州郡部署萨德反导弹系统的决定，中国民众大为不满，开始在各方面实施抵制措施，包括抵制韩货、取消赴韩旅游等，同时航空公司也加入其中。据了解，宁波机场赴韩航班将于近期全部停飞，东方航空宁波至清州航线 3 月 15 日开始停飞，春秋航空宁波至济州航线已取消 3 月 16 日至 3 月 31 日的航班。

（背景：2016 年 9 月 30 日，韩国国防部宣布确定乐天集团的星州高尔夫球场为“萨德”系统最终部署地点。2017 年 2 月 27 日，乐天集团董事局决定，为部署萨德供地。3 月 7 日上午，韩国国防部发布消息，萨德系统的部分装备于 2017 年 3 月 6 日通过军用运输机运抵驻韩美军乌山空军基地。2017 年 4 月 26 日，萨德反导系统的 2 辆发射车、X 波段雷达开始在韩国投入运行。2017 年 7 月 29 日，文在寅下令，立刻着手去部署剩余 4 辆的萨德发射车。）

从这次事件可看出，政治决策对韩国旅游业产生了极为重要的影响。

资料来源：陈草惠．政治互信对国际旅游市场的影响研究［D］．南京：南京大学，2020.

云南白药企业战略分析

云南白药集团股份有限公司成立于 20 世纪 70 年代，是一家经营时间长、民众口碑好的医药集团。企业不仅在品牌发源地云南省声誉极高，还是全国中成药企业 50 强之一，深受全国人民的喜爱。其于 1993 年以云南省首家上市公司的身份成功上市。云南白药发布的财务数据显示，2020 年营业利润额为 68.12 亿元，较 2019 年同期的 47.42 亿元增长

43.62%；2020 年净利润 55.11 亿元，较 2019 年同期的 41.73 亿元增长 32.06%。

优势分析

首先，云南白药的品牌声誉是民族医药发展标杆一样的存在，云南白药在2020年更加注重深挖“大健康产业”为人类健康提供系统的、综合的解决方案。其次，自2016年云南白药公司启动混合所有制改革以来，企业对外开放的平台越发国际化，吸引了更多掌握新技能的人才加入，促进了创新研发的条件升级。最后，云南白药是依托云南的自然资源起家的，云南的资源优势给云南白药的药材繁育基地建设带来了正面影响，是许多企业无法拥有的天然优势，如豹七三七粉已经成为云南省三七粉类的产品代表，也是全国知名的三七粉产品。

劣势分析

云南白药公司地理位置处于我国边疆地带，相对偏僻，在获取外部信息和开拓国际市场时会受到阻碍。相比于信息发达、经济发达的北上广深，劣势明显。另外，云南白药公司的产品结构也不是非常合理，云南白药公司坚持依靠传统的业务推动企业发展，但随着时代的进步和医药行业的竞争加剧，传统的业务已经无法负荷这么庞大的企业生存下去了，公司必须进一步开辟新的医药业务，寻找新的利润增长点。云南白药每年投入的研发支出相对于其他支出微乎其微，坚持依靠白药系列难以保证企业在市场上长期位居前列。

机会分析

人民生活水平提高后更加注重健康水平，并且我国人口老龄化也对医药保健行业提出了更大的需求，各类药品的需求量变大对于医药行业发展起到了推动作用。企业的产品研发、运营模式、销售模式以及经营策略都需要赶超市场的成长步伐，加快适应市场的变化，不断自我进化和完善。

威胁分析

目前，国家宏观环境具有较强的波动性，国内经济发展面临着结构性、体制性、周期性三者纠缠带来的困扰和挑战。除此之外，行业的大变革也影响企业的发展。药品“高溢价”时代即将终结，政府不断控制药品的价格，医药企业的利润空间被不断压缩，营销成本日渐增加，这使得医药企业被迫面对“群雄逐鹿”和“狼多肉少”的局面，在这样白热化的市场竞争中企业只能寻求新的机遇。

云南白药本身存在快速扩张引发的管理困境，在云南白药涉足产业越来越多的同时，其本身的明星产品“白药”系列也出现了问题，“白药”系列牙膏添加西药止血剂事件，以及中药饮片出现质量问题被地方药监局拉进“黑名单”，品牌形象和公信力受到影响，同时消费者的反应也不尽如人意。对于云南白药来说，实施与企业本行业不相关的多元化战略并没有创造出预想的新利润增长点，甚至影响主业的竞争力和市场占有率。

资料来源：崔明阳，王宏．云南白药企业战略分析［J］．中国管理信息化，2022（12）：137－139.

战略管理不是一个魔术盒，也不只是一套技术。战略管理是分析式思维，是对资源的有效配置。计划不只是一堆数字，战略管理中最为重要的问题是根本不能被数量化的。

——现代管理学之父　彼得·德鲁克

云南白药案例说明，企业战略是企业应对外部环境重大、长期和根本性变化所采取的一系列建立、保持和发挥竞争优势的决策或行为。在企业外部环境发生重大、长期和根本性变化的情况下，为了建立、保持和发挥自己的竞争优势，企业战略管理者需要通过对外部环境变化趋势的分析和预测，准确地判断企业所面临的机会、威胁的大小及其发生的概率，并基于这些分析结果，制定适合企业建立、保持和发挥竞争优势的企业战略。

从云南白药的案例可以看出：第一，企业外部环境分析是企业战略制定的逻辑起点，并且对企业战略制定、实施和评价与控制的整个过程都具有重要的影响；第二，企业外部环境分析的有效性和效率，将决定企业战略管理者能够领先于竞争对手对外部环境的变化做出更为正确的反应，从而取得先动的优势；第三，有效和有效率地进行外部环境分析，要求企业战略管理者熟知企业外部环境的构成要素及其相互作用的机制，掌握各种外部环境的分析工具。云南白药集团正是基于对外部环境变化趋势的快速和准确判断，提出了“强中央，突两翼”的战略方针，并寻找新的发展机遇。

本章主要涉及企业所处的外部环境分析，通过外部环境的构成及其相互关系，及时准确和动态把握企业外部环境分析中的关键因素；基于企业战略管理的需要，掌握外部环境分析的相关理论和模型；掌握外部环境分析中关键因素的信息搜集来源和分析方法；针对不同企业，熟练地运用相关的理论、工具和分析方法，提高分析的有效性和效率，准确识别外部环境中的机会和威胁。

第一节 外部环境的构成及其相互关系

外部环境的构成及其相互关系

环境是指事物存在与发展的周围条件和状况，既有静态的结构，又包括结构要素之间的动态运行。环境既是企业经营活动的背景，也是企业战略的出发点、依据和限制条件。任何企业的经营和成长都是嵌入在特定环境中，如在特定的区域、特定的行业、特定的市场、特定的时间等，与之相关的各种情境因素都会在不同程度上影响企业的战略行为。企业最重要的就是通过分析环境来适应环境、顺应环境变化。任何企业不可能孤立存在，必须在环境中获取资源，产出成果必须在环境中进行价值的实现。企业、资源、成果与环境的关系如图 3－1 所示。

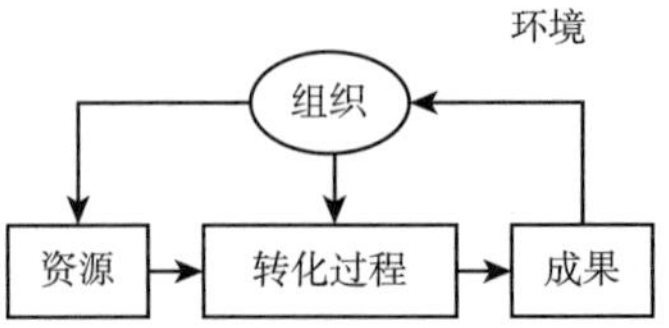

图 3－1 企业、资源、成果与环境的关系

因此，企业战略决策从根本上说是一种情境嵌入式的决策，战略管理者在进行战略决策时必须清楚地了解自己所处的环境，识别外部环境中的机会和威胁及其对企业战略决策将会产生的影响，同时也必须清楚地了解企业的战略决策将对企业所处的环境产生的影响。

一、外部环境的构成

企业外部环境是指在特定时期中所有处于企业之外而又将对企业的存在和发展产生影响的各种因素的总和。企业外部环境中的各种因素之间存在着复杂的相互影响，并且形成了层次化的结构特点。根据对企业经营影响的远近，通常将企业外部环境划分为三个层次，见图 3－2。

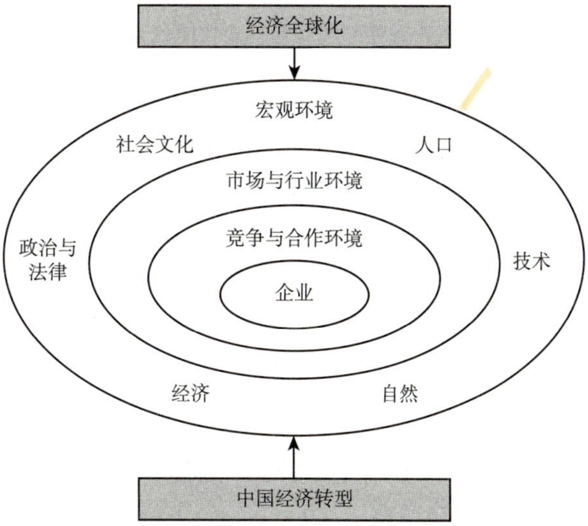

图 3－2 企业外部环境的构成

第一层次是企业的宏观环境，主要包括影响企业战略选择的政治与法律、经济、社会文化、技术、人口、自然等方面的各种因素。

第二层次是企业的市场与行业环境，主要包括市场相关因素，如顾客诉求、消费方式、目标市场、商业模式、行业相关因素（包括供应商、购买者、潜在进入者、替代产品以及行业内部的竞争者等）。在行业边界越来越模糊的环境下，市场与行业环境分析是先通过市场的分析确定企业所经营业务的行业边界，再进行行业结构的分析。

第三层次是竞争与合作环境，主要内容是企业战略群、竞争对手分析和行业关键成功因素等。

二、外部环境的相互关系

企业外部三个不同层次的环境因素都会对企业战略行为产生影响，但是这三个层次的环境因素之间存在明确的递进关系。如图 3－3 所示，外部环境通过两种方式影响企业战略行为：一是直接方式，宏观环境、市场与行业环境、竞争与合作环境分别会在不同层次和程度直接影响企业的战略行为；二是间接方式，宏观环境的变化最先会引导和影响市场与行业环境的变化，并且同市场与行业环境的变化一起导致和决定竞争环境的变化，最终通过竞争环境间接影响企业的战略行为。

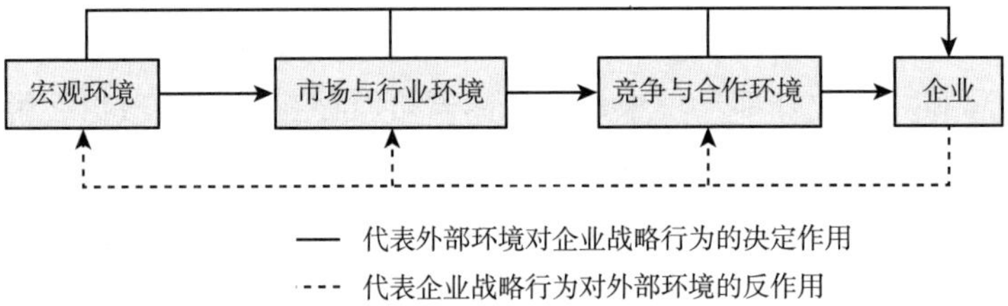

图 3-3 企业外部环境与企业战略行为的关系

嵌入在中国经济转型的特定环境下，中国企业的经营环境主要受到两种力量的推动，一是经济全球化，二是中国经济转型。分析中国企业外部环境的变化趋势必须了解和认识经济全球化和中国经济转型的发展趋势。

“经济全球化”一词最早是由 T·莱维于 1985 年提出的，但至今没有一个公认的定义。国际货币基金组织（IMF）认为：“经济全球化是指跨国商品与服务贸易及资本流动规模和形式的增加，以及技术的广泛迅速传播使世界各国经济的相互依赖性增强”。而经济合作与发展组织（OECD）认为，“经济全球化可以被看作一种过程，在这个过程中，经济、市场、技术与通信形式都越来越具有全球特征，民族性和地方性在减少”。

为此，可从三方面理解经济全球化：一是世界各国经济联系的加强和相互依赖程度日益提高；二是各国国内经济规则不断趋于一致；三是国际经济协调机制强化，即各种多边或区域组织对世界经济的协调和约束作用越来越强。总的来讲，经济全球化是指世界经济活动超越国界，以市场经济为基础，以先进科技和生产力为手段，以最大利润和经济效益为目标，通过对外贸易、资本流动、技术转移、提供服务、相互依存、相互联系而形成的全球范围的有机经济整体，通过分工、贸易、投资、跨国公司和要素流动等，实现各国市场分工与协作，相互融合的过程。

经济全球化，有利于资源和生产要素在全球的合理配置，有利于资本和产品在全球流动，有利于科技在全球的扩张，有利于促进不发达地区经济的发展，是人类发展进步的表现，是世界经济发展的必然结果。但它对每个国家来说，都是一柄双刃剑，既是机遇，也是挑战。特别是对经济实力薄弱和科学技术比较落后的发展中国家，面对全球性的激烈竞争，所遇到的风险、挑战将更加严峻。经济全球化中急需解决的问题是建立公平合理的新的经济秩序，以保证竞争的公平性和有效性。

进入 21 世纪以来，经济全球化与跨国公司的深入发展，既给世界贸易带来了重大的推动力，同时也给各国经贸带来了诸多不确定因素，使其出现许多新的特点和新的矛盾。经济全球化使中国内外市场的边界越来越模糊。随着经济全球化趋势越来越深入，国际经济形势、国际市场的变化和跨国企业战略行为都将对中国企业的战略选择产生重要影响。

▶案例

经济全球化对中国企业的挑战

经济全球化浪潮席卷全球，企业面对的是全球大市场，受到的是来自各国同类企业的竞争，市场范围扩大，市场机会增多，同时市场风险也在加大，市场竞争更加激烈，这给中国企业的生存发展带来了严峻的挑战。

1. 市场竞争环境的变化给我国企业带来的冲击和挑战

经济全球化已经成为不可逆转的历史潮流，各国、各地区的经济相互交织、相互影响、相互融合成统一整体，企业所处的市场环境发生根本的变化。国内企业将更真切地感受到商业环境的瞬息万变与捉摸不定：世界范围的经济体系和全球化的商业运作；全球范围的技术、资本、劳动力和原材料市场体系；不同国家的国家政策、法律制度、经济发展水平、社会文化风俗的差异性；即时信息和通信手段；反应灵活的竞争对手的公司策略等，这些促使企业面临的市场竞争环境趋于复杂、竞争对手增多、经营风险增加。随着现代信息革命的深入和经济全球化进程的加快，这些特征将变得越来越真切。中国企业致命的弱势体现在缺乏对新的市场环境准确分析和判断能力，结果商海茫茫很多中国企业只是拥有昙花一现的辉煌，便消失得无影无踪。

2. 市场竞争对手的变化给我国企业带来的冲击和挑战

由于中国经济的迅速发展对任何一个国家的企业来说，中国都是一个不可忽视的潜力巨大的市场，巨大的吸引力使大量外国公司涌入，对华投资的外国公司大都具有雄厚的实力、宝贵的人才、先进的技术和管理经验以及优秀的企业文化。跨国公司为了占领市场可以五年甚至十年不盈利，而对大部分中国企业来说一般没这样的实力，由于跨国公司较好的工资福利待遇、优越的发展机会和先进的企业文化氛围，进外企工作成了大学生就业的首选目标，这就为跨国公司提供了优秀人才。并且由于跨国公司有足够的实力投资进行科研开发，其技术水平处于世界领导地位，在技术储备、技术交易中占据了主动地位，而我国企业与其相比在这些方面均处于弱势地位。

3. 市场竞争内容的变化给我国企业带来的冲击和挑战

随着经济的发展和全球化进程的加快以及市场竞争的加剧，对提供产品和服务企业之间的实质性差异已趋于消失，消费者的消费趋势也从生理消费转向心理消费，即消费者更加注重产品和服务带来的心理感受，而品牌迎合了消费者的需要，因此企业之间的品牌之战不可避免。同样的是由于产品的生命周期大大缩短、新产品层出不穷，企业要保持市场竞争力，就要不断地推出新产品，这又需要不断地进行技术创新，而技术创新又需要大量的资金和优秀的人才，这就需要企业要有雄厚的实力。所以市场竞争内容也就表现为除产品和服务以外的品牌竞争、技术竞争、人才竞争、实力竞争、营销模式竞争以及企业文化竞争等。

从以上全球化经济对中国企业的影响分析可得出以下结论：市场环境越来越复杂，生存能力要求越来越高，竞争对手越来越多，竞争压力也越来越大，产品的生命周期越来越短，对新产品开发的难度也越来越大；竞争内容也越来越复杂，其之间的关联也越来越强。而在这样的背景下，中国企业要生存、要发展，要和跨国公司抗衡，要在国际市场中占有一席之地，就必须发展自己的核心竞争力。

资料来源：雷小苗．中国企业国际化研究［D］．北京：中共中央党校，2017.

▶课程思政案例

习近平总书记关于经济全球化重要论述研究

1. 坚持在历史大势中科学把握经济全球化健康发展的客观规律

生产力的发展是经济全球化的物质基础，推动世界生产力发展是习近平总书记关于经济全球化重要论述的出发点和立足点。

2. 从构建人类命运共同体的高度把握经济全球化健康发展

习近平总书记提出："中国方案是：构建人类命运共同体，实现共赢共享。在地球村里，世界各国唯有相互合作，携手构建人类命运共同体，才能有效应对各种风险挑战，维护人类共同家园，建设更加美好的世界。构建人类命运共同体的理念已多次被写入联合国文件，受到国际社会的广泛赞誉，也已成为我国引领经济全球化健康发展的旗帜。

3. 以更加开放、包容、普惠、平衡、共赢为推动经济全球化健康发展的方向

习近平总书记指出：一是朝着更加开放的方向发展，建设开放型世界经济，反对单边主义和保护主义，支持多边贸易体制，推动贸易和投资自由化便利化，促进经济全球化释放出更多正面效应。二是朝着更加包容的方向发展，消除国际经济关系中的傲慢与偏见。面对经济全球化的问题，必须合作应对挑战，而互相包容是合作发展的前提。三是朝着更加普惠的方向发展，打破弱肉强食、赢者通吃的旧逻辑。世界各国都能在经济全球化中分享机会和利益，实现自身发展，造福本国人民。四是朝着更加平衡的方向发展，改变南北国家发展空间不平衡的旧格局，在全球经济治理体系改革中，提升新兴市场国家和发展中国家的话语权，促进世界各国产生联动发展效应，打造平衡普惠的发展模式。五是朝着更加共赢的方向发展，破解全球发展赤字。经济全球化要互利与共赢，不要独占与零和，打造开放共赢的合作模式，让各国人民都能共享经济全球化所带来的成果。

4. 以完善全球经济治理为推动经济全球化健康发展的战略对策

习近平总书记提出要不断完善全球经济治理，推动经济全球化健康发展。一是要共同构建公正高效的全球金融治理格局，维护世界经济稳定大局，提升全球金融治理水平；二是要共同构建开放透明的全球贸易与投资治理格局，维护以 WTO 为核心的多边贸易体制，提高经贸投资合作水平和质量；三是要共同构建绿色低碳的全球能源治理格局，提高世界各国的绿色发展能力；四是要共同构建包容联动的全球发展治理格局，坚持和平、开放、平等、合作和共享发展，合力落实联合国 2030 年可持续发展议程、增进全人类福祉。

5. 以共建"一带一路"倡议为推动经济全球化健康发展的重要路径

2013 年，习近平总书记提出共建"一带一路"倡议，并将其作为推动经济全球化健

康发展的中国方案。习近平总书记强调：中国不是要营造自己的后花园，而是要建设各国共享的百花园国，共建“一带一路”倡议作为推动经济全球化的公共产品源于中国，但机会和成果世界共享。

资料来源：陈景彪．习近平关于经济全球化重要论述研究［J］．马克思主义研究，2022（08）：87－96.

我国经济面临的国际竞争压力和增速下滑压力，究其原因，很大一部分源于经济发展方式和经济结构问题。经济增速掉一点不怕，怕的是走老路，是结构调整踏步不前的过快增长。应对国内外经济环境的新挑战，解决发展新阶段出现的新问题，关键是加快推进经济转型。当前中国正在进行的全面深化改革将通过对政治、经济、法制、文化和生态等多个方面的改革进一步深化经济转型。经济体制改革是全面深化改革的重点，核心问题是处理好政府和市场的关系，使市场在资源配置中起决定性作用和更好地发挥政府的作用。更好发挥政府的作用，就要加强市场体系建设，进一步完善社会主义市场经济体制，在保证市场发挥决定性作用的前提下，管好那些市场管不了或管不好的事情。

未来中国政府管理、法制建设和市场经济体制的完善将导致中国企业的外部环境，尤其是制度环境发生变化，对不同层次和不同类型环境因素的变化和变化的方式产生重要影响。

在分析外部环境的过程中，企业战略管理者还必须懂得中国情境，必须懂得转型期中国政治、经济，尤其是制度环境变化的特点，必须懂得全面深化改革对中国企业外部环境和企业战略行为的影响。

▶课程思政案例

大转型——从近十年变化看党的二十大经济思想和新发展理念

过去十年，中国经济经历了外部逆全球化、贸易摩擦、技术脱钩、大国博弈、地缘动荡等复杂严峻形势，内部面临人口老龄化少子化加速到来、治理污染物雾霾、脱贫攻坚、解决“卡脖子”技术、房地产金融风险暴露、增长结构转型阵痛等重大挑战。在新时代新发展理念指引下，以抓铁有痕、踏石留印、久久为功的决心，以巨大的勇气推动了供给侧结构性改革、脱贫攻坚战、生态文明建设、防范化解重大金融风险等一系列重大战略，以时不我待、我将无我的历史紧迫感，以不负时代、不负人民的历史责任感，攻克了许多长期没有解决的难题，办成了许多事关长远的大事要事，将中国经济社会发展推向高质量新阶段，不断增强各界信心，这些重大举措将对中国经济社会长远发展产生深远影响。

于无声处听惊雷。时代变了，发展的理念变了，我们对很多问题的认识也需要改变。

1. 中国新发展理念路线图日益清晰，从三期叠加、供给侧结构性改革到高质量发展、中国式现代化。

党的二十大提出中国式现代化更强调经济发展的质量、平衡、安全和可持续性。

2012 年，中央提出三期叠加重大判断：经济增速换挡期、结构调整阵痛期、前期刺激政策消化期。

2014 年，习近平总书记提出“新常态”，明确新常态的特征，“一是从高速增长转为中高速增长。二是经济结构不断优化升级，第三产业消费需求逐步成为主体，城乡区域差距逐步缩小，居民收入占比上升，发展成果惠及更广大民众。三是从要素驱动、投资驱动转向创新驱动”。

2022 年 10 月党的二十大报告回应时代命题，传递了新发展理念的重大信号。经济思想部分概括为一个中心任务（中华民族伟大复兴），八大重要支撑，强调高质量发展、科技与创新、共同富裕、绿色发展等方面。

2. 近十年中国经济增长领先全球，对世界经济增长平均贡献率超 30%，在全球份额大幅提升，从 11.3% 升至 18.5%，相当于美国的 77%。

党的二十大报告提出，“到二〇三五年，我国发展的总体目标是：经济实力、科技实力、综合国力大幅跃升，人均国内生产总值迈上新的大台阶，达到中等发达国家水平”。

2013—2021 年，我国 GDP 年均增长 6.6%，高于同期世界 2.6% 和发展中经济体 3.7% 的平均增长水平，对世界经济增长平均贡献率超 30%。2010 年我国 GDP 超过日本，此后一直稳居全球第二大经济体，中美经济规模差距正在快速缩小，中国经济占全球份额连年提升，有望在十年左右跃升为第一大经济体。

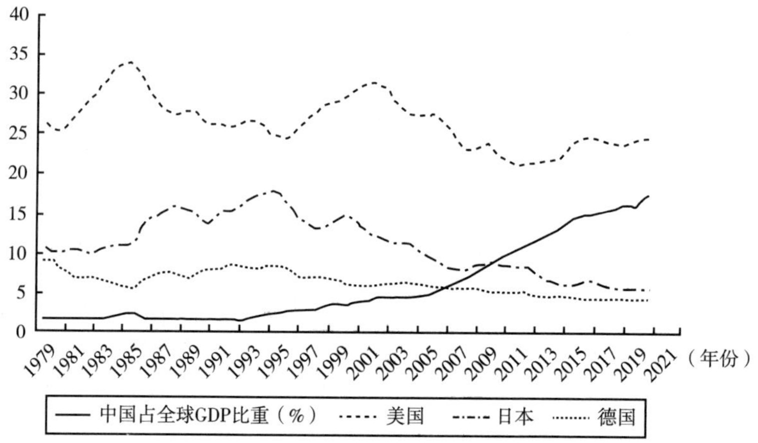

中、美、德、日占全球 GDP 份额历年比重变化图

资料来源：Wind，泽平宏观。

3. 人均 GDP 连续三年超过 1 万美元，接近世界银行所设定的高收入国家门槛，脱贫攻坚成效显著。

4. 经济结构持续优化，高技术产业快速增长，新消费、线上消费、绿色消费等孕育新机遇。

需求端消费主导经济转型，消费结构不断升级；供给端，产业结构持续优化，供给侧结构性改革持续深化。

资料来源：泽平宏观．大转型——从近十年变化看二十大经济思想和新发展理念［EB/OL］．网易，2022-11-02.

第二节 宏观环境分析

宏观环境分析

宏观即指事物的整体状况。一般来说，我们通常把从大的方面、整体方面去研究把握的科学，叫作宏观科学。宏观环境指一国或者一个地区在一定时期内的整体社会状况。企业的外部环境分析是从宏观环境分析开始的。宏观环境包括可以广泛影响特定空间范围内所有市场、行业和企业战略行为的各种外部因素。

一、企业宏观环境的特点

（1）先动性。企业宏观环境具有先动性的特点，其变化需要经过一段时间才可能逐步导致市场和行业及竞争环境的变化，这就要求企业战略管理者在分析宏观环境的过程中必须具有前瞻性和洞察力。

（2）广泛性。企业宏观环境也具有广泛性的特点，宏观环境的变化通常会对处于这个环境中的所有市场和行业及所有企业的竞争环境产生广泛影响，这要求企业战略管理者在分析宏观环境的过程中必须要有很强的目的性和针对性。

（3）复杂性。企业宏观环境还具有复杂性特点，宏观环境中的各个因素变化的内容和方式存在的差异比较大，要求企业战略管理者在分析宏观环境的过程中必须善于抓住主要因素，并且分析主要因素的变化趋势对其他因素的影响。

为了提高企业宏观环境分析的有效性和效率，企业战略管理者有必要做到如下几点：了解宏观环境中各类因素的主要内容和特点；掌握对宏观环境进行分析的主要方法；熟悉对宏观环境进行分析的主要步骤。

二、企业宏观环境分析的内容

宏观环境可分为政治与法律环境、经济环境、社会文化环境、技术环境、人口环境、自然环境六个方面（见表3－1）。

表3－1　　宏观环境的具体因素

类型	具体因素	
政治与法律环境	• 政治体制、政局、政党、政策及其走向 • 世界贸易协定 • 公司与政府的关系 • 贸易规则 • 就业政策与法规	• 垄断与竞争立法 • 税法 • 环保与消费者权益保护法 • 知识产权保护法 • 劳动者保护法 • 环境保护法

续表

类型	具体因素	
经济环境	• 商业周期 • GDP 趋势 • 货币供应、利率、汇率 • 通货膨胀 • 失业与就业	• 财政政策 • 可支配收入 • 原料、能源来源及成本 • 贸易周期 • 公司投资
社会文化环境	• 社会文化 • 生活方式及价值观变化 • 工作和休闲的态度	• 教育水平 • 消费结构和水平 • 宗教信仰
技术环境	• 政府对科研的支出 • 政府和行业的技术关注 • 技术转让速度 • 劳动生产率变化 • 技术工艺发展水平评估 • 优质品率与废品率	• 新知识 • 新理论 • 技术创新政策 • 新技术 • 产品创新 • 区域技术创新体系
人口环境	• 人口数量 • 年龄结构 • 区域分布	• 性别结构 • 文化水平 • 收入分配
自然环境	• 能源开发政策 • 水资源的可获得性	• 再生资源的利用 • 对自然或人为灾难的反应

（一）政治与法律环境

企业宏观环境中的政治与法律环境因素主要是指在特定区域中影响企业战略行为的政治制度、政府政策和法律法规等因素，这是企业外部环境分析的首要因素。考虑到对企业战略选择的影响，企业宏观环境中的政治因素应该包括执政党的性质、政治结构、政治制度、外交政策、国防政策、经济政策以及中央与地方政府的关系等。上述政治因素会对企业经营与管理产生影响（见图 3－4）。

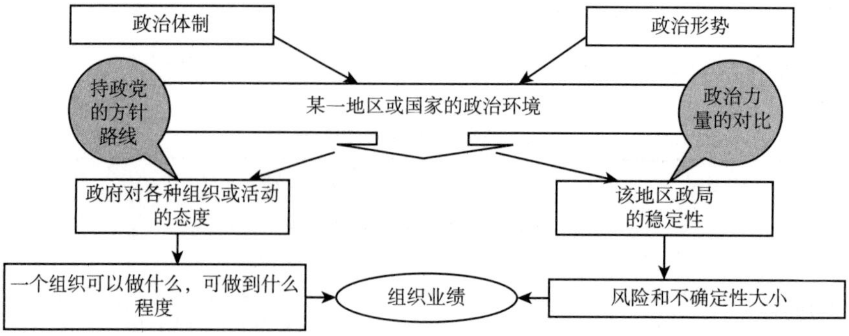

图 3－4　企业宏观环境中的政治环境

企业宏观环境中的法律环境是指国家制定法律、法规、法令以及国家的执法机关结构等，包括与企业经营有关的各种法律和法规，如税法、劳动者保护法、消费者权益保护法、环境保护法、知识产权保护法、垄断与竞争立法等。这些因素对市场与行业环境、竞争环境和企业战略行为的影响往往具有强制性、直接性的特点。

（二）经济环境

企业宏观环境中的经济因素覆盖面非常广泛，对企业运营的影响通常比其他方面的环境因素更加有力。包括以下与经济体制、结构、计划、政策和趋势有关的因素：

（1）基本经济结构和特点，包括经济体制、经济结构、产业结构、生产力布局和对外开放的程度等。

（2）国民经济发展状况，包括国民经济增长、国际贸易增长、可支配收入、利率、汇率、资本市场和通货膨胀的状况等。

（3）政府的经济政策，包括财政政策、金融和货币政策、贸易政策、政府预算。

（4）国际经济形势、经济发展趋势以及企业面临的经济国际化、市场全球化等状况。

这些宏观经济环境因素的变化将在各个方面影响企业的市场、行业和竞争环境，影响企业的战略行为（见图3－5）。例如，如果政府采取紧缩银根的政策，那么企业就会难以获取实现其增长战略所需要的足够资金或者导致企业融资成本上升；如果银行利息率上升，居民愿意消费的支出就会减少，因为他们可能更愿意存款而不是花钱；如果股票市场下跌，那么企业可能筹集到的资金就会下降；如果政府调低人民币汇率，那些需要引进国外设备或进口原材料的企业就会面临成本上升的问题，而出口型企业就可以在国际市场上取得价格竞争力的好处。

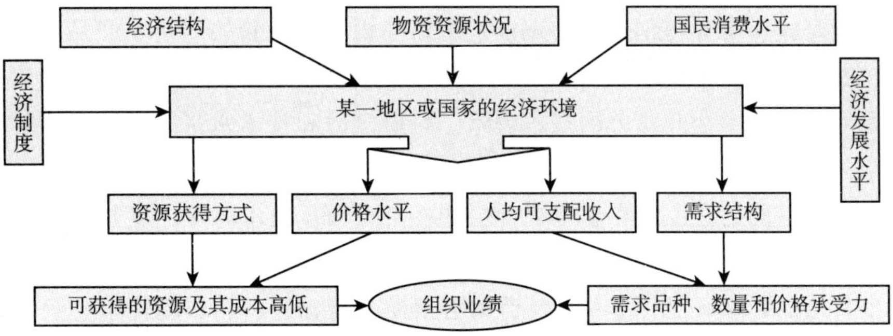

图3－5　企业宏观环境中的经济环境

（三）社会文化环境

企业宏观环境中的社会文化因素是涉及影响或制约组织的社会结构、社会风俗和习惯信仰、价值观念、行为规范、生活方式、文化传统、宗教信仰等。这些因素既源远流长又不断演化，它们以各种潜移默化的方式影响企业各个利益相关者，影响他们对企业的看法和要求，从而对企业经营和发展的各个方面产生非常重要的影响。

社会文化因素的变化有可能改变消费者的需求和消费方式，从而给企业带来新的机会或威胁，并且导致企业改变自己的经营战略。例如，在法国南部，人们宁愿悠闲地喝着浓咖啡，看着匆忙的世界，也不愿意长期从事工作，他们通常一周工作 35 小时，可以想象在这里生产效率是什么样子；中国年轻的“80 后”“90 后”对网络购物的偏好，加速了中国电子商务的发展，催生了阿里巴巴、京东等国际知名电商企业，同时也促使很多传统企业向电商转型或引入网络销售渠道，如苏宁云商、美的集团等。

社会文化因素的变化还有可能改变各个利益者对企业责任和道德行为的看法，从而决定其在多大程度上认同或者支持企业的战略选择，这也同样会导致企业改变自己的战略行为（见图 3－6）。

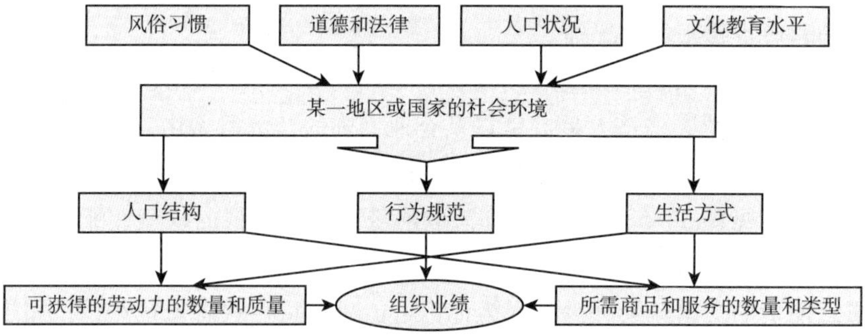

图 3－6 企业宏观环境中的社会文化环境

（四）技术环境

技术环境是指所有参与创造新知识以及将新知识转化为新的产出、产品、流程和材料的组织机构及行为。技术环境的发展水平始终是制约企业经营和发展的重要因素。技术环境分析就是要分析与本企业相关的技术政策、科研潜力和技术水平，涉及产品、材料、工艺、装备相关的技术发展趋势和发展速度等。

技术进步从不同的深度和广度影响社会的各个方面。技术环境的变化不仅可以影响宏观环境中的其他环境因素的变化，还可以对企业的市场和行业环境、竞争环境及企业的战略选择产生直接的影响（见图 3－7），劳动力素质、劳动资料、市场需求、管理方式和方法等都会受到技术因素的影响。例如，技术进步速度的加快有可能消除市场和行业的边界，缩短产品生命周期，创造新的产品、顾客和市场需求；有可能降低企业生产、运输和劳动力的成本，或者提高生产、运输和通信的效率，提高企业竞争互动的效率；有可能改变行业竞争结构、行业游戏规则和企业的商业模式等。

未来的市场争夺将主要依靠技术作后盾，忽视技术的危害是极大的，那些不重视技术管理的企业迟早会发现他们的未来是由技术支配的。技术的影响不仅表现在高新技术企业，其他企业也一样。即使是低技术或服务行业也要密切注意技术进步带来的机会和威胁。

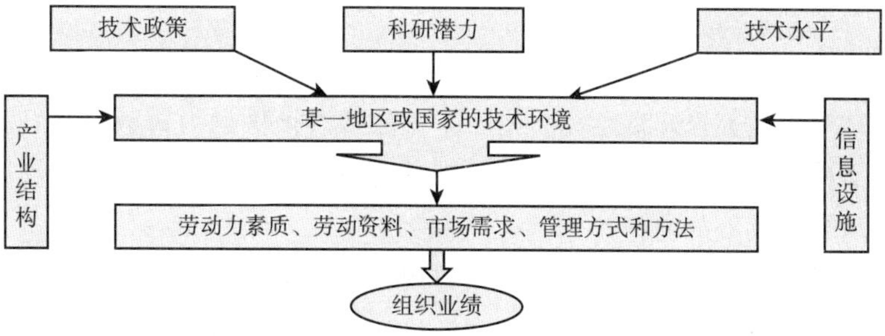

图3－7　企业宏观环境中的技术环境

▶案例

数码相机：生于柯达，毁了柯达

柯达的衰败可以说是时代变迁的缩影，也可以说是企业技术环境研判事物导致战略失败的经典案例。当拍照技术从胶卷时代大踏步进入数字时代的时候，柯达舍不得放弃传统胶片领域的地位，面对新技术的出现和运用反应迟钝。其实并不是柯达不具备数字影像方面的技术和能力，相反柯达早在1976年就开发出了世界上第一台数码相机和第一台数码录音设备（由史蒂文·赛尚携科研团队研发而成），并将数字影像技术应用于航天领域，在1991年就有了130万像素的数字相机。

到了1996年，柯达公司已经拥有了14万名员工，市值也达到了20亿美元。它事实上垄断了整个行业。在美国，其控制了90%的胶卷市场，并占据了5%的相机市场份额。但是，柯达的高管们已经忘记了这个公司的商业模式。

柯达是以化学产品和纸张产品业务起家的，但毫无疑问，到后来，其宗旨就变成了“让人们的生活更加便利”了。当然，这种表达仍然是非常不充分的。我们还要追问，柯达到底使人们在什么方面“更加便利”了？它使人们更便于摄影吗？远远没有这么简单。

摄影只是一种表达形式，而关键则在于表达的内容是什么。当然，这就是柯达时刻(Kodak Moment)。是的，我们想记录自己的人生经历，我们想捕捉某些转瞬即逝的瞬间，我们想让某些短暂的时光留下永久的印记。柯达的业务就是留住人们的记忆。那么还有什么东西能比数码相机更加便于留下人们的记忆呢？

但是，在20世纪末，柯达的高管们却没有看到这一点。他们认为数码相机将会削弱化学产品业务和胶卷业务，认为推出数码相机实际上意味着迫使公司卷入自己与自己的竞争当中。因此他们雪藏了这项技术。

柯达的高管们无论如何也理解不了，这种只有0.01像素的低分辨率的数码相机将会以指数级的增长曲线跳跃式地增长，最终将能够提供分辨率高得难以想象的图像。因此他们决定对这项新技术视而不见。柯达没有利用其举足轻重的市场地位去开拓市场，最终反而被市场逼入了绝境。

资料来源：王冬冬．战略变革中的核心刚性研究——以柯达公司为例［J］．科学学与科学技术管理，2013（05）：97－105.

（五）人口环境

企业宏观环境中的人口环境主要是指一个国家或者地区的人口数量和社会学特点，包括居民的性别结构、年龄结构、文化水平、区域分布、民族构成、收入状况，以及居民在工作、消费、闲暇方式上的选择。

市场是由人组成的，一个特定市场的人口规模及其增长率、年龄分布和种族组合、人口密度、教育水平、家庭类型、地区特征和迁移活动等都会影响市场的规模与结构、特征与变动趋势。

人口环境的变化不仅会导致市场需求、消费方式和商业模式的变化，也会导致企业劳动力成本、生产方式等方面的变化，从而影响企业的战略选择。

例如，美的集团看到中国适龄劳动力正逐步减少、劳动力成本不断上升的趋势，为降低生产成本、提高生产效率，美的集团大力实施智能制造战略，在生产线上大量使用机器人，进而发现了中国工业机器人的发展机会，决定收购全球领先的德国机器人公司库卡。

（六）自然环境

自然环境因素是指影响企业战略行为的各种自然生态环境因素。随着社会的进步，自然生态环境变化不仅对社会、政治和经济环境变化的影响越来越大，还越来越明显和直接地通过政治法律和经济环境变化影响企业的战略行为。党的十八届三中全会以来，中国政府加大了自然环境保护力度，提出建设生态文明；2015 年中共中央、国务院颁布了《关于加快推进生态文明建设的意见》，强化环境保护管理，加大环保投资，这些都将为中国企业提供新的机遇和挑战。近年来，全球变暖的趋势明显，很多国家和公司都在努力预测其对社会和商业运营的影响。先动的企业正在寻求在这一趋势变化中培育竞争优势，实施“绿色战略”，主张通过增强环境的可持续性来获得利益。清洁能源是值得关注的另一个自然环境因素。例如，特斯拉开发的电动汽车正引领汽车行业发展的新方向，我国政府也推出了新能源汽车的扶持政策，促进新能源汽车的发展，这将改变我国汽车行业的竞争格局。

第三节　行业与市场环境分析

一、行业竞争结构分析

行业环境分析（上）

行业竞争结构是指行业内企业的数量和规模的分布。理论上，可以分为完全竞争、寡头垄断、双头垄断、完全垄断四种，从市场集中程度、进入和退出障碍、产品差异和信息完全程度方面有不同的特征。

在宏观环境变化的影响下，企业战略管理者需要关注行业及与行业有关的其他因素对企业盈利和战略选择的影响。经济学中分析行业的常用工具和方法是产业生命周期、行业集中度等，这些分析工具的一个共同点是聚焦一个行业的现有企业，而哈佛商学院教授迈克尔·波特提出的分析行业竞争结构的模型打破了固有的行业边界。

行业环境分析（中）

行业环境分析（下）

迈克尔·波特于20世纪80年代初提出了著名的“行业竞争结构分析模型”或者“行业吸引力分析模型”（简称为“五力分析模型”），在分析现有企业行为的基础上，引入了行业的上游供应商、下游顾客及行业外部的替代产品和潜在进入者。他认为行业中存在决定竞争规模和程度的五种力量，这五种力量结合起来影响着产业的吸引力以及现有企业的竞争战略决策，使其对行业竞争结构的分析更加深入和透彻，能更好地为企业制定竞争战略提供依据。“五力分析模型”主要用于行业分析和竞争战略分析，可以有效说明客户的竞争环境，说明该产业中平均盈利空间。所以该模型中包含的指标是产业形势的衡量指标，而非企业能力的衡量指标。

通过对美国若干行业平均收益率的长期跟踪研究，迈克尔·波特教授发现企业盈利水平的高低在很大程度上取决于行业平均收益率的高低；行业平均收益率的高低取决于行业竞争强度的高低；行业竞争强度的高低取决于行业竞争结构；行业竞争结构取决于五个变量（或称“五种力量”）及其相互作用（见图3－8）。这五种变量或者力量是：①潜在进入者的威胁；②供应商讨价还价的权力；③顾客讨价还价的权力；④替代产品的威胁；⑤行业内部竞争强度。如果这五种力量都大，那么这个行业盈利潜力就低；相反，如果这五种力量都小，那么这个行业的盈利潜力就大。

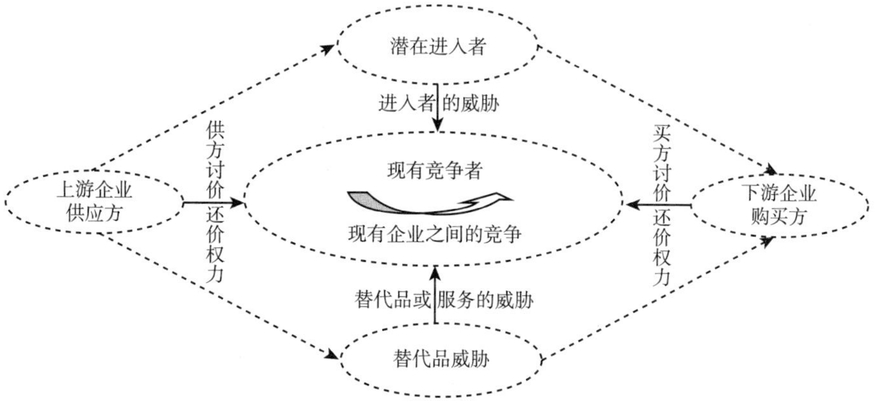

图3－8　行业竞争结构分析模型

波特的“五力分析模型”对企业战略管理的影响巨大而深远，它可以帮助企业战略管理者在下列三个方面提高战略决策的水平：①预测现有行业盈利的潜力，决定继续从事还是退出这个行业；②分析一个新的行业，并且决定如何进入这一行业；③分析现处行业的竞争特点，制定相应的竞争战略，目的是通过调整资源配置或者改变行业竞争结构提高企业的盈利水平。

因此在完成宏观环境分析之后，企业战略管理者必须进一步分析宏观环境的变化是否导致行业竞争结构发生了重大、长期和根本性的变化，以及行业竞争结构的变化是否会对企业的战略选择产生重要影响。从这个意义上说，企业战略管理者必须熟知波特的行业竞争结构模型。

(一) 潜在进入者的威胁

一个行业的潜在进入者威胁的大小主要是指愿意进入该行业的企业数量和进入该行业的容易程度。新的竞争对手带着新增生产能力进入市场，必然要求分享市场份额和资源，因而构成对现有企业的威胁。这种威胁的大小依进入市场的障碍、市场潜力以及现有企业的反应程度而定。

在行业的早期发展阶段，新进入者或许会带来新的资金和新的创意，促进整个行业的形成和发展。但是行业进入成熟阶段之后，新进入者越多，行业竞争强度就越大，行业平均收益率就越低。虽然行业的早期进入者可以通过信息封闭的方法阻止潜在进入者的进入，但是在市场经济条件下这种方法只能发挥短期作用。

从长期来看，新进入者威胁的大小实际上取决于行业进入障碍的高低。在其他因素不变的情况下，如果行业进入障碍越高，那么行业竞争结构就越好，行业平均收益率就越高，行业吸引力就越大。例如，电子商务行业依托于互联网，物流系统、供应链的建立和数据库的维护，都需要很强的信息技术作支撑，所以行业进入门槛较高。不过现在有很多社区和门户也开始涉足电子商务，借助强大的用户群开展电子商务，因此总体而言，电子商务行业潜在进入者的威胁较低。

企业战略管理者在决定进入或退出一个行业之前，需要分析这个行业进入障碍的高低，从而判断自己是否应该进入或者退出这个行业。对那些已经在某一行业经营的企业而言，也同样需要分析所在行业进入障碍的高低，以便通过主动的战略行动提高行业进入障碍，在保证整个行业盈利水平的同时，提高企业自身的盈利水平。

下列七大因素是构成行业进入障碍的主要因素：

1. 规模经济

规模经济反映的是生产要素的集中程度同经济效益之间的关系。大规模的经济性表现为在一定时期内产品的长期平均总成本随总产量的增加而降低的特性。但这并不仅仅意味着生产规模越大越好，因为规模经济追求的是能获取最佳经济效益的生产规模。

规模经济分为两类：一是工厂规模经济，通过采用先进工艺、大型设备、批量生产等方式实现的产品标准化、专业化和通用化的规模经济效应；二是企业规模经济，若干工厂通过水平和垂直联合组成经营实体，所带来的单位产品成本、物耗降低，取得“全产品生产线”的效益，降低销售费用、人员支出，还可使企业有更多的资金用于产品研制与开发，使其具有更强的竞争能力。

规模经济性的存在迫使新进入者要么开始就以大规模生产并承担遭受原有企业强烈抵

制的风险，要么以小规模生产而接受产品成本方面的劣势，这两者都不是新进入者所期望的，因此规模经济的存在阻碍了新进入者对产业的入侵。

规模经济效益几乎可以表现在企业经营的所有活动之中，包括制造、采购、研发、市场营销等。目前，在一些行业中，中国企业已经在企业经营的上述领域中达到了最佳的规模经济效益。例如，格力、美的在空调的生产、研发和营销等各方面都创造了较大的规模经济，这就在一定程度上构成了对其他企业的行业进入障碍。

但是，个性化市场将削弱规模经济的进入壁垒作用。随着买方市场的扩大化和消费者个性化需求的彰显，众多企业为满足顾客的个性化需求，提供大量的定制化产品。随着先进制造技术的发展，定制在越来越多的行业成为可能，个性化定制在制造行业越来越普遍。例如，家具制造业的尚品宅配、医美行业的爱美克和华熙生物等。生产定制化产品的企业最重要的是如何快速响应客户需求，而不是建立规模经济。

2. 产品差异

“产品差异”的概念是美国经济学家张伯伦在1933年出版的《垄断竞争理论》一书中提出来的。这个概念在市场结构分析中至关重要，也是企业竞争战略、市场营销等实用性学科的理论基础。

产品差异包括两种：一种是有形差异，主要是指产品规格和性能上的差异，如格力空调希望“做世界一流产品，服务于全世界，制造最好的空调奉献给广大消费者”；另一种是无形差异，如品牌差异。宝洁公司大量投放广告，就是试图给顾客树立清晰的品牌形象，在顾客中形成品牌差异。一般来说，产品的有形差异越大，供需双方就会为克服交易成本而锁定对方。在这种情况下，新的进入者很难打破供需双方已经建立起来的供需关系。产品的无形差异越大，新的进入者则面临更强的品牌障碍或者说消费者的感情障碍，需要大量的时间和投入来培育本身的消费者群体，如化妆品和食品等品牌重要性很强的行业。

3. 初始资本投入

企业必须具备一定的资金才能从事各种生产经营活动，如开办注册、购置土地、建造厂房、采购材料设备、支付工资等，因而初始资本的筹集是企业的一项重要经济活动，它关系到企业能否顺利开业和成功经营。企业初始资本来源主要包括所有者的投入资本和向银行等金融机构取得的借款。所有者投入资本（实收资本或股本）的形态可以是流动资产，如货币资金和存货等；也可以是非流动资产，如固定资产、无形资产等。向银行等金融机构借入的资金（负债）按偿还期的长短可分为短期借款和长期借款。

初始资本要求越高，符合要求的企业就越少，新进入障碍就越大。例如，飞机制造、通信、汽车制造等行业的利润率虽然比较高，但是具备进入条件的企业不多，在其他条件相同的情况下，初始资本投入小的行业（如小型零售、电器修理、制衣、塑料制品、电器装配等行业）就是进入障碍低的行业，难以长期维持高水平的收益。

4. 顾客转换供应商的成本

顾客转换成本是指当顾客从一个产品或服务的供应商转向另一个供应商时所产生的一

次性成本，这种成本不仅是经济上的，也是时间、精力和情感上的。在某些行业中，产品是高度标准化的，顾客转换供应商不需要发生成本，新的进入者进入这种行业的障碍就低。例如，顾客改用另一品牌的文具、改用另一品牌的床品、改喝另一品牌的饮用水等。但是，另一些行业中，顾客转换供应商需要发生成本，包括调整配方、测试产品、调整生产线、培训工人、消费习惯的改变等所发生的成本，以及由此可能产生的失误和各种损失。在这种行业中，新的进入者就会明显处于不利地位。一般来说，供应商和顾客的关系越密切，顾客转换成本越高。

5. 进入分销渠道的难度

分销渠道，是产品或服务从制造商流向消费者（用户）所经过的各个中间商联结起来的整个通道。分销渠道是让产品以正确的数量、正确的时间和正确的地点运送。在某种程度上，产品的最优分销渠道已被原有的公司占有，新进入者必须通过降价、分担广告费用等方法争取分销渠道接受其产品，而这些方法的采用均降低了利润。在这种情况下，许多潜在进入者所面临的障碍，不是生产不出高品质的产品，而是需要足够的资金、时间来克服渠道的约束。在渠道导向的行业中，已经占据渠道的企业还可以通过建立感情或者资本纽带为新的进入者设立渠道障碍。

6. 政府政策和专利

政府的行业保护或者限制进入的政策、政府或行业协会制定的行业标准、受法律保护的各种专利都是强有力的行业进入障碍。例如，国家对开办民营银行的政策规定；银保监会对民营银行设立的审核。因此，已经处于行业之中的企业可以通过影响政府、提高行业标准和申请专利等各种方法主动提高行业进入障碍。

7. 规模效益以外的其他成本劣势

除了规模成本障碍以外，新的进入者还有可能面临其他的成本劣势，如要素成本、学习成本、网络成本、折旧成本，以及取得地点或网点的成本劣势。在其他因素相同的情况下，先动的企业有可能以更低的成本获得某些要素，如土地、网点和人才；有可能建立学习成本和网络成本优势；有可能通过加速折旧而建立成本优势；有可能占据最优的制造地点或者销售与服务的网点。在其他条件相同的情况下，后动者一般具有难以克服的劣势，而且劣势的大小与它们跟进的速度相关。

（二）供应商讨价还价的权力

供应商主要通过提高投入要素价格与降低单位价值，来影响行业中现有企业的赢利能力与产品竞争力。一个行业平均盈利水平的高低与该行业上游的供应商讨价还价权力大小密切相关，因为下游行业企业与上游供应商的关系就是讨价还价的关系。如果供应商的权力大，那么它们会向下游行业企业提高采购价格，或者自动降低产品质量和服务，从而压低整个下游行业的利润率。因此，在进出一个行业或者制定行业竞争战略前，企业战略管理者需要分析这个行业供应商讨价还价权力的大小或变化情况。

一般来说，供应商讨价还价的权力在下列情况下会更高：

1. 供应商所处行业集中度高

行业集中度通常根据一个行业规模最大的前五名、前十名企业所拥有的市场占有率来测定。如果供应商所处行业的集中度高，而其下游行业的集中度低，就代表供应商讨价还价的权力被高度集中于少数大企业，而所供应行业的讨价还价的权力则被高度分散于过多的中小企业，就会出现“店大欺客”的情况。从这个角度来看，主动提高本行业的集中度是提高自己对供应商讨价还价权力的有效方法。世界三大铁矿石供应商巴西淡水河谷、澳大利亚必和必拓及力拓矿业占世界铁矿石供应量的70%，因此拥有铁矿石的全球定价权。

2. 所供应的产品几乎没有替代产品

如果顾客的需要只能由一种产品或者一个行业的供应商来满足，而不是可以由多种产品或者多个相互替代的行业来满足，那么供应商讨价还价的权力就大，顾客讨价还价的权力就小。这就是所谓“只此一家，别无分店”。因此，管理者应尽量避免企业进入这种行业，或者在进入后，主动协助其他上游企业开发可替代的原材料或零配件。例如，以家电行业为例，淘宝、抖音、京东等线上直播平台，表现出极强的引流和回流效果，提高了行业集中度，刺激了销量的激增，目前属于主流的电商平台，尚无可与之同等竞争的替代产品，这就使线上平台在与家电企业在议价中拥有主动权；而原有的苏宁、国美等大型的家电大卖场因此替代品的出现而逐渐丧失与家电企业在议价中拥有的主动权。

3. 购买者对供应商来说不是重要顾客

如果一个企业所采购的数量只是一个供应商产量的极少部分，那么这个企业就很难具有与其供应商讨价还价的权力。相反，如果企业所采购的数量达到了一个供应商全年产量的很大比重，如50%以上，那么购买企业讨价还价的权力就很大，甚至可以说，它已经“俘虏”了这个供应商。因此，为了压低供应商讨价还价的权力，企业一般应该相对集中地采购；相反，为了压低购买者讨价还价的权力，供应商一般希望增加顾客的数量。

4. 所供应的产品对顾客非常重要

如果供应商所生产的产品或者服务对顾客非常关键（如空调行业的压缩机或者汽车行业的发动机），那么这个供应商的权力相对就比那些生产非关键产品（如五金零配件）的供应商要大。为此，许多大的空调企业或者汽车制造企业都投资建立自己的压缩机或者发动机工厂。例如，美的与东芝合资成立专业制造空调压缩机的广东美芝制冷设备有限公司，以避免受到这些关键部件供应商讨价还价权力过大的约束。

5. 所供应的产品是非标准化的

如果供应商所提供的产品或服务是非标准化的，那么顾客转换供应商的成本和风险就大，供应商讨价还价的权力也就因此上升。因为，一方面，即使其他企业能够生产出相同的非标准化产品，但是它们在投资之前会担心投资风险而犹豫；另一方面，采购企业又因为担心交易成本太高，而不愿意事前就做出可以让潜在供应商放心的承诺。

6. 所供应的产品转换成本高

如果顾客在转换供应商的过程中，需要改造设备、调整工艺或者有可能发生质量问题，那么供应商的权力就较大。这种现象在日常生活中也随处可见，如顾客使用智能 ABC 输入法软件已得心应手，使用五笔输入法软件需要顾客重新学习、改变输入习惯。这时，即使前种软件的供应商提高了价格，客户想到转用后种产品的难度，也只得接受提价。

7. 供应商容易进行前向一体化

在供应商与采购企业讨价还价的过程中，谁的终极权力更大在很大程度上取决于哪一方进入对方所从事的行业更加容易。如果供应商够比较容易地通过前向整合而进入顾客所处的行业，那么其权力自然就大些；相反，如果企业能够比较容易地通过后向整合而进入供应商的行业，那么企业讨价还价的权力更大。因此，相当多的企业将适度前向或者后向整合作为压低上下游企业讨价还价权力的有效战略。

（三）顾客讨价还价的权力

通常购买者主要通过压价或要求提供较高的产品或服务质量的能力，来影响行业中现有企业的赢利能力。一个行业平均盈利水平的高低与其顾客讨价还价权力的大小密切相关。如果顾客讨价还价的权力比上游行业大，那么顾客会要求这个行业的企业降低产品价格、提高产品和服务的质量，上游行业的平均盈利水平就会下降。在下列情况下，顾客讨价还价的权力会相对比较高：

1. 顾客所处行业的集中度高

如果顾客所处行业的集中度相对于供应商所处行业更高，那么就意味着顾客控制和压低价格的能力更大；相反，供应商与顾客讨价还价的权力就比较小。例如，汽车整车厂的集中度相对较高，相对来说，绝大多数汽车零配件制造行业的集中度较低，因此，这些行业中大量存在的中小零部件企业在与整车厂的讨价还价过程中一般处于严重不利地位。

2. 顾客所购买的产品没有差异性

如果顾客所购买的产品没有差异，那么，它们对特定供应商的依赖性就很小，就有更大的选择权力和讨价还价的权力。一旦供应商所提供的产品是一种标准商品、可以由大量具有巨大生产能力的供应商提供，顾客就可能很容易从一系列有一定生产能力的供应商那里获得所需的一切供应，甚至有可能从很多个供应商那里分批购买以推动订单竞争。

3. 顾客没有转换产品的成本

如果顾客在转换供应商的过程中不会发生更多的成本，那么，它们挑选或者更换供应商就更加容易。从这个意义上来讲，顾客在采购标准化零配件的过程中讨价还价的权力更大，在采购非标准化零配件过程中的权力更小。

4. 顾客所处行业的利润率低

顾客所处行业的利润率越低，就说明这个行业竞争很激烈，通常情况下，顾客的价格敏感性就越高，就越有可能压低供应商的价格，而供应商为了不让顾客退出并波及自己的生存，就不得不接受顾客的压价。

5. 顾客更容易进行后向一体化

在这种行业中，如果顾客实行后向整合，实现了部分或者全部零配件（原材料）自己生产，那么就威胁了供应商的增长和生存。例如，汽车行业的跨国企业，如通用汽车公司和福特汽车公司，通常就以这种战略来压低零配件厂家讨价还价的权力。

6. 所购产品对顾客的产品或者服务质量影响不大

如果顾客的产品质量受卖方产品影响极大，则顾客通常对价格不甚计较。反之，如果顾客产品质量受卖力产业产品影响不大，则顾客就会在与供应商讨价还价的过程中处于有利地位。

7. 购买者对供应商所处行业非常了解

在其他条件相同的情况下，购买者越是了解供应商所处行业，讨价还价的权力就越大。这不仅是因为购买者容易进入其所了解的行业，还因为他们更容易控制讨价还价的力度。例如，互联网的出现，使很多产品（如家电、电脑等）的价格信息基本透明，顾客讨价还价权明显提高。

（四）替代产品的威胁

两个处于同行业或不同行业中的企业，可能由于所生产的产品是互为替代品，从而产生相互竞争行为。这种源自替代品的竞争，会以各种形式影响行业中现有企业的竞争战略。

在决定进出一个行业时，企业战略管理者必须了解本行业是否存在功能相同的替代产品，因为替代产品是本行业盈利潜力的最高限制。如果一个行业完全没有替代产品，那么这个行业的企业有可能在供求严重失衡的情况下获得暴利。相反，如果这个行业有替代产品，那么，即使它遇到供求失衡的情况也无法获得暴利，因为当价格上升到一定程度，替代产品就会被激活，而对被替代产品发生替代。

决定替代品威胁的因素包括：

（1）替代品价格越低、质量越好、用户转换成本越低，其所能产生的竞争压力越强。例如滴滴打车和出租车，用户可通过对价格、质量和转换成本等几方面的比较后，做出个人选择。

（2）替代品生产者的竞争强度，受产品买主转换成本高低的影响。

即使企业不需要决定是否进入或者退出一个行业，而是要制定在现有行业中的竞争战略，企业战略管理者也需要对替代产品的威胁进行动态的评价。因为，替代产品会随时威胁自己所处行业的盈利水平甚至生存的基础。

例如，中国民用航空运输业一直是国有控制和相对垄断的行业，因此，主要航空公司在降低价格和提高质量等方面长期不够进取，甚至集体打击那些敢于实施降价竞争或者服务创新的同行企业。尽管行业内的竞争被遏制，但替代品的威胁对这一行业的盈利水平产生了重要的冲击。目前，真正威胁这些航空公司的已经不是那些行业内的小型合资或者民营的航空公司，而是另外两个替代行业的企业——高速铁路公司和长途汽车公司。

（五）行业内部竞争的强度

行业内企业的竞争程度取决于以下因素：行业内企业的数量和力量对比、行业市场的增长程度、行业内企业的差别化程度、行业的分散与集中程度、进入与退出壁垒、市场增长率、固定成本/附加价值、产品差异、商标专有、转换成本等。

影响一个行业平均盈利水平的最重要的因素来自于本行业的竞争态势及影响其战略的行业特点。在有些行业中，企业之间经常围绕价格进行"割喉式"的竞争，过高的竞争强度导致整个行业长期处于亏损状态。而在另一些行业中，企业之间的竞争并不以价格为重点，因此整个行业的盈利水平相对比较高。在选择进入或者退出一个行业时，企业战略管理者应该避免进入那些经常爆发价格战的行业。在制定行业竞争战略的过程中，企业战略管理者应该通过自己的战略行动去避免整个行业经常陷入价格战。

一般情况下，具有下列性质特点的行业更容易经常发生"割喉式"的价格战，行业内竞争激烈程度更高：

1. 行业内部存在大量实力相当的竞争者

一个行业竞争者多且难以拉开差距的时候，行业内部的竞争集中于价格，而且经常发生价格战；价格竞争往往不是只发生在几个企业之间，而是很快波及全行业；价格战一旦爆发，持续的时间往往相对较长，因为大家拥有规模类似的资源基础，允许采取连续、激烈的竞争性行为，并且寻求妥协的成本太高。

2. 行业增长缓慢

无论在产品生命周期的哪个阶段上，行业增长趋势就意味着竞争将围绕着现有市场的瓜分，而不是市场的扩大而进行，因此，竞争就会更加激烈或残酷。

3. 固定成本高

如果一个行业的固定投资大，单位产品的固定成本高，那么就意味着整个行业的盈亏平衡点高，因此销售额的变化对企业盈利和亏损的影响极大。为了扩大盈利或者减少亏损，企业就会经常动用价格战。如果这种行业的资产专用性高，那么，即使全行业都陷入亏损，只要产品的销售能够产生正的边际收益，那么围绕着价格的竞争依然会进行下去。

4. 库存成本高

库存成本高的行业主要有三种：一是产品体积大、价值低的行业，如空调、冰箱；二是产品容易腐烂变质的行业，如农副产品；三是产品更新快的行业。由于这些行业的库存成本太高，因此，一旦生产过剩，企业就宁可低价抛售，也不愿意增加库存。在这种行业中，只要有一家企业生产过剩就有可能引发全行业爆发价格战。例如，家电产品中的空调、冰箱、洗衣机、电视等大件商品的库存成本高，更容易引发行业内的价格战，而像热水器、电风扇等小家电，受库存成本的影响就较小，较少发生全行业的价格战。

5. 产品差异性小而标准化程度高

产品差异性越小产品标准化程度越高的行业，陷入价格战的可能性就越大。因为在这种行业中，价格差异可能就是最明显的差异，竞争只能围绕着价格而不可能围绕性能或者质量进行。例如，生产标准化和一次性使用产品的行业——饮料用吸管行业就是一个典型，几乎没有顾客会记住吸管的品牌或者关注吸管的质量，价格就是最受关注的差异。

6. 产能跨越式增长

大多数行业的生产能力是渐进式增长的，因此其中一些企业扩大产量并不会导致整个行业陷入价格战。但是，也有少数行业的生产能力是阶梯式或跳跃式增长，如水泥和钢铁行业，这些行业中有一个企业增加新的装置，可能导致整个行业出现长期和严重供过于求，引发行业内价格战。

7. 竞争者经营目的多种多样

竞争者经营目的不同而导致行业内部竞争更加激烈的现象，在中国表现得最为典型。在国内许多行业的竞争中，有的企业管理者竞争的目的是股东收益的最大化，有的则是为了利润最大化，有的是为了升官，还有的是为了融资，因此许多行业大战实际上是“非理性”和“不可思议”的。

8. 退出成本高

一个行业的退出成本越高，从这个行业退出的难度越大，行业内部持续发生价格战的可能性就越大。行业的退出成本一般由以下几个因素构成：设施和设备专业化程度；遣散职工或者解除劳动合同的成本；退出后发生的固定成本；受到战略关系的限制或者退出的感情障碍；政府或者社区限制退出。

（六）行业竞争结构分析模型的总结

波特的行业竞争结构分析模型为行业环境中各种竞争力量的系统分析提供了强大的工具，帮助企业战略管理者进行战略性的思考。需要注意的是，五种竞争力量之间存在相互影响，在进行分析时必须同时考虑所有的因素。另外，应该从行业总体的角度而不是从特定企业的角度来进行分析。这些力量在整个行业范围内共同产生的影响决定了行业的吸引力。

互联网时代产业边界日益模糊，无边界的竞争逐渐催生了一种新的企业组织结构与生存方式，即平台企业或平台竞争，美国的Facebook、苹果，中国的阿里巴巴、腾讯等都是其中的典型代表。平台企业是那些在技术、产品或交易系统中提供具有基石作用建构区块的平台提供商。这些平台企业往往会构建一个能够产生巨大正反馈效应的合作网络、生态系统，网络中链状的传统关系逐渐消失，大部分企业围绕核心的平台展开交易。平台企业创造了一个又一个的商业奇迹，平台竞争将成为企业战略内容的重要组成部分，因此在进行了行业竞争结构分析后，需要对企业平台、服务平台、客户平台、数据平台等平台内容进行分析，以便准确地评估企业所面临的机会和威胁。

行业竞争结构并不是一成不变的。随着中国经济转型的深入，优化行业竞争结构已经成为中国经济进一步发展的迫切要求。宏观环境的变化会导致行业竞争结构发生变化。在市场经济条件下，优化行业竞争结构不能够主要依靠政府计划和行政手段来实现。导致行业竞争结构优化的另一种力量是企业战略的力量，特别是行业领导企业的力量。因此，企业战略管理者必须更关注如何通过主动的战略性行为去提高行业进入障碍，提高对供应商和顾客讨价还价的权利，抑制替代产品竞争力的上升和避免本行业经常性地陷入价格战。如果一个企业能够在优化行业竞争结构中采取主动的战略性行动，就有可能享受先动的好处和确立自己的行业地位。

▶课程思政案例

成立北京证券交易所的战略意义

2021 年 9 月 3 日，北交所成立了，真是轰动全国的事情。这件事情将会载入史册。

中国北交所成立的时代意义到底是什么——共同富裕。共同富裕是当下时代的主旋律，而北交所的成立正是迎合了这一时代命脉，对于中国未来影响深远。

实现共同富裕，需要做的事情很多，北交所的第一个战略布局是防止资本巨头的垄断。

巨头的垄断让中小创新者几乎没有生存空间，巨头垄断市场的方式极其简单粗暴，以网约车为例，各个打车平台，获取资本巨头的投资之后，用各种方式进行补贴，低价抢占市场，挤压对手的生存空间，最后的目的很简单，就是为了一家独大，之后再利用垄断控制市场价格。所以国家必须打击那些垄断型的资本。北交所的成立，中小民营企业除了能够拿到投资机构的钱，还有机会到北交所去融资。北交所既是机构，也有一定的散户。所以企业背后的投资人就会变得分散，分散之后投资人自然不会拿捏到企业的命门。所以，北交所的成立，既让中小企业有了融资的渠道，也防止少数大的资本巨头对成长中的企业进行投资垄断。

第二个北交所的战略布局意义更加深刻，就是北交所的成立必将带动北方整体的经济。我们已经发现中国的大南方化的时代，已经持续很长时间了，有二三十年之久。不仅是因为生产、环节、流程、人才，还有很重要的原因，就是金融板块。所以通过对金融板块价值中枢的概念的理解，不难发现主板、创业板、中小板，板板都在南方，而北方一个也没有，所以北交所的成立，必将带动以北京为核心的全面北方发展。而这种势头必然带动头部互联网公司的回流，同时还有绝大多数的中腰部中小企业全部会把总部慢慢迁移至北方。所以这一战略布局将带动所有中小民营企业的更大发展机会，是所有全世界的头部公司和互联网公司新的战场新的机会，也是我们南北方齐头并进，一南一北两头发展共同富裕大未来的美好蓝图。

第三个北交所的战略布局，就是要打造纳斯达克。北京的新三板一定会逐步深化改革，最终会形成中国版的纳斯达克，其实最终的目标就是人民币的国际化。首先，注册制度和创新科技的定位已经在邀请所有海外上市的互联网公司回家，因为以前是同股同权才可以在中国上市，而同股不同权的很多项目只有到美国或者到中国香港上市，但是现在未来的北交所会进一步把注册制逐步开放，同时北交所一定会做一个大的动作，那就是邀请全球数一数二的大公司来到中国二次上市，而这一动作必将带来三大利好：首先，所有世界的头部公司在中国上市，会融到人民币，继而会花在我们中国公司的上下游，就必将带动全产业链的增长；其次，对于全世界的资金而言，未来就有两大战场，一南一北，一东一西，可以来投资，因为在这两大战场都可以选到全世界最头部的企业，所以北交所所承载的使命就是促进中小民营企业快速发展。这将符合我们百年未有之大变局的一个时代的战略，我们相信北交所的成立会对未来中国科技的进步和快速的发展有更深远的影响和意义；再次，最重要的是要掌控资本、规范资本、影响资本，关键是资本必须要听从人民，资本必须要为国、为人民服务。

资料来源：王泠一．北交所的战略价值和导向功能［N］．第一财经日报，2021－09－28（11）．

二、市场环境分析

市场环境分析

除了新建企业外，在完成宏观环境分析后，企业战略管理者必须考虑宏观环境的变化趋势是否导致本企业的市场结构、顾客需求、消费方式、商业模式发生了重大、长期和根本性的变化。如果所得到的回答是肯定的，那么企业就必须在此后进行的行业环境和竞争环境的分析中，认真考虑市场环境变化对市场结构、顾客需求、消费方式和商业模式的影响。

（一）市场结构

市场结构，是指某一市场中各种要素之间的内在联系及其特征，包括市场供给者之间、需求者之间、供给和需求者之间以及市场上现有的供给者、需求者与正在进入该市场的供给者、需求者之间的关系。改革开放以来，宏观环境的变化一直深刻地影响着国内市场的若干结构因素的变化，并且通过这些因素的变化影响着企业的战略选择，尤其是行业与区域、行业与区域进入方式以及行业与区域的组合管理模式的选择。

值得企业管理者特别关注的市场结构性因素如下：①市场供需关系。市场供求关系是决定特定区域和行业的进入机会、竞争强度和盈利水平的主要因素。改革开放以来，中国国内市场经历了从供不应求到供过于求的转变，目前多数行业严重供过于求，受国家供给侧改革相关措施的影响。②行业集中度。与市场供求关系相关的另一个结构性因素是行业集中度，即行业前几名竞争对手的销售额在行业销售总额中所占的比重。随着全面深化改革，尤其是供给侧改革的深入，中国多数行业的市场集中度很有可能逐步提高。③市场分制性。由于长期和严重的区域竞争与地方保护的影响，中国企业跨区域开拓的障碍高、跨区域经营与整合困难大，严重影响跨区域整合国内市场企业的规模与范围经济效益。随着统一高效、公平有序的市场经济体制建设的推进，国内市场分割的程度有可能下降。④区域和行业市场化程度。渐进、放权和实验式改革造成中国不同区域和行业的市场化程度存在明显差异。随着全面深化改革的系统设计和整体推进，国内各区域和行业市场化程度的变化值得关注。

（二）顾客需求

顾客需求是指顾客的目标、需要、愿望及期望。改革开放以来，国内居民的收入，国内市场的开放程度和国内通信，尤其是互联网的发展，已经导致国内消费者需求表现出若干比较明显的变化趋势：①市场需求的多样化导致产品多样化，甚至越来越个性化；②市场需求的重点逐步从对产品的需求转向对服务的需求，包括与产品销售、使用和维修有关的各种服务；③市场需求已经越来越多地包含对社会价值的追求，包括对节约能源、环境保护等社会责任的关注。因此，在宏观环境分析的基础上，企业战略管理者应该更关注顾客需求的细分和取舍，应该在努力成为产品提供商的同时成为服务提供商；应该在满足消费者的物质需求的同时满足消费者的社会需求。

（三）消费方式

消费方式是指消费者同消费资料相结合的方式。宏观环境的变化不仅改变消费者的需求，同时也在改变消费者的消费方式，即消费者对了解产品信息以及对购买产品地点、方式和使用产品方式的偏好。

首先，在城市越来越大、交通拥堵越来越严重、居民有效闲暇时间越来越少的情况下，消费者越来越减少了解、选择、购买各种产品和服务所消耗的时间和麻烦。

其次，虽然现在是买方市场，信息传递越来越方便，过多的产品、品牌，过多竞争对手和混乱的信息使消费者难辨真假，选择和交易成本越来越高。在现代通信、物流和金融技术迅速发展的情况下，消费者越来越偏好通过互联网，尤其是移动互联的手段了解、分享、体验、选择、支付和购买各种产品和服务。虽然目前不同地区、不同年龄和文化水平的消费者在偏好网络购物的程度上仍然存在差别，但是随着时间和技术的进步，消费方式的上述这种变化趋势可能还将进一步明显。

（四）商业模式

商业模式是企业创造价值，构建竞争优势的核心逻辑，表现为层层递进的三个方面：价值发现、价值匹配和价值获取。市场结构，特别是市场需求与消费方式的变化正在导致商业模式创新，并且通过商业模式的变化改变着市场的格局。

目前中国商业模式创新具有以下几个趋势性的特点：①越来越聚焦于满足差异化，甚至是个性化的需求，市场细分的依据更加偏向消费者的非经济特征；②越来越依靠大数据、云计算收集顾客信息、研究顾客需求和推动顾客消费；③越来越讲究顾客体验、顾客参与及顾客对整个制造或者服务顾客的监控；④越来越关注企业内外、线上线下、产品与服务、大规模与差异化的结合。商业模式的变化会直接改变企业的行业边界和区域边界，改变企业的竞争对手。

第四节　竞争与合作环境分析

企业经营活动是一种特殊的博弈，是一种可以实现双赢的非零和博弈。伴随技术进步、经济全球化和市场化程度的不断提高，行业边界模糊和企业活动范围的扩大，竞争和合作成为企业战略管理者同时重视的两个概念。

竞合（co－opetition）是基于合作与竞争结合的经营战略，由商业竞争者合作工作能够受益的思想衍生而来。竞合商业模型建立在博弈论之上，是一种通过特殊设计的游戏来理解不同战略和结果的科学。传统经营哲学转换成博弈论，就是零和游戏，胜利者将拥有所有，失败者将空手而归；而竞合的支持者主张引领一种正和游戏，所有游戏者获得的收益总和大于游戏者投入游戏的总和。

企业的经营活动必须进行竞争，也有合作，是一种合作竞争的新理念。它强调合作的重要性，有效克服了传统企业战略过分强调竞争的弊端，为企业战略管理理论研究注入了崭新的思想。同时，利用博弈理论和方法来制定企业合作竞争战略，强调了战略制定的互动性和系统性，并通过大量的沙盘推演进行博弈策略分析，为企业战略管理研究提供了新的分析工具。合作竞争战略管理理论的核心逻辑是共赢性，反映了企业战略要以博弈思想分析各种商业互动关系，以与商业博弈活动所有参与者建立起公平合理的合作竞争关系为重点。

首先，在企业之间竞争互动的范围、强度和水平不断提升的趋势下，企业战略管理者必须了解宏观环境、市场环境和行业环境变化对竞争格局的影响，并且准确地确认自己的竞争对手；必须理解竞争对手对外部环境变化的反应，把握克敌制胜的机遇；必须了解竞争对手的实力和行为模式，做到知己知彼，百战不殆。

其次，在企业之间合作的动机、范围、程度和水平不断提升的趋势下，合作成为所有企业建立、保持和发挥竞争优势的重要手段，因此企业战略管理者必须了解宏观环境、市场环境和行业环境变化对合作格局的影响，并且准确地确认自己的合作对象；必须理解合作者对外部环境变化的反应，把握战略联盟的机遇；必须了解合作者的需要和价值取向，做到合作共赢。

客观和全面地评价外部环境变化对企业竞争与合作环境的影响，需要企业战略管理者做好以下三个工作：

第一，根据上述关于市场和顾客的分析，将整个行业竞争划分为若干个战略群，揭示各个战略群背后的战略网络，以此厘清整个行业的竞合格局和基本态势。

第二，需要分析和预测企业所在战略群及其战略网络内企业对宏观环境、市场环境和行业环境变化的反应，据此确定自己的直接竞争对手与合作伙伴。

第三，进一步明确确定行业关键成功因素，并且根据行业关键成功因素分析本企业在竞争与合作上的竞争优势和劣势。

一、竞争者识别

竞争者识别

竞争者分析的首要问题是，谁是企业的竞争者？竞争者包括现实的竞争者和潜在的竞争者，企业要分别找出这两类竞争者。竞争者的特征是复杂的，确定竞争者的方法有很多，这里我们介绍三种：

（一）视觉地图法

视觉地图法即用图表的方法来确定与本企业或本企业产品最为相似的竞争者。这是一种半定量的方法，该方法可用于回答两个问题：我们的竞争者是谁？它们目前处于什么地位？

视觉地图法需要采用若干相似性指标。当指标数量不超过两个时，较容易解决，即利用两项指标构建二维坐标，根据这两项指标值对企业及目标对象进行坐标定位，位置与企业位置最接近的就是最有可能的竞争者。

下面以一家 DVD 影碟机厂商为例制作一张视觉地图。DVD 机的两个重要特征是清晰度和纠错能力。为了解 A、B、C、D 四种 DVD 机在消费者心中的相似程度，可以在目标市场随机调研，请受访者给每种 DVD 机的两个特征打分（分值最高是 5 分，最低 1 分），假设得到四种品牌 DVD 机的打分结果如表 3－2 所示。

表 3－2　品牌评分（以 DVD 机为例）

品牌	特征	
	清晰度	纠错能力
A	5	1
B	5	5
C	4	4
D	1	5

品牌间的相似程度可通过两种品牌的可见距离的远近值获得，常见的度量可见距离的方法是两种品牌的每种特征的分数之差的平方和。比如，品牌 A 和品牌 B 的可见距离是 $(5-5)^2+(1-5)^2=16$。这个平方和的值越小，就说明这两种品牌越相似，竞争就越强。表 3－3 显示出了不同品牌间的可见距离。

表 3－3 不同品牌间的可见距离

品牌	A	B	C	D
A				
B	16			
C	10	2		
D	32	16	10	

根据表 3－2 的评分值，可绘制出视觉地图如图 3－9 所示。

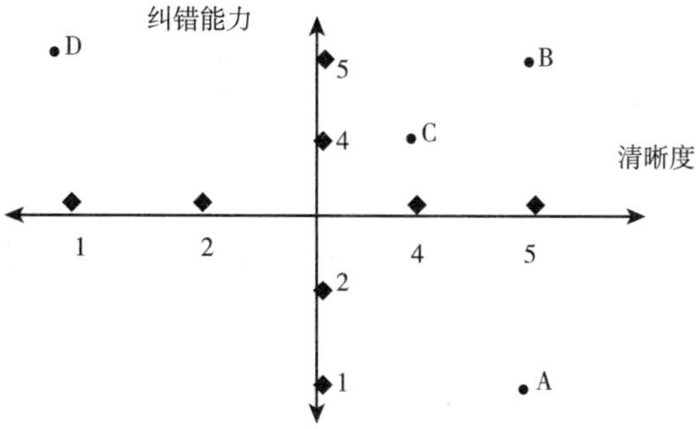

图 3－9 根据品牌评分制作的视觉地图

原点定在每一标尺的中间点上，如果往视觉地图的右边移动，该品牌就被视为图像更清晰。如果往上移动，该品牌就被视为纠错能力越强。从表 3－3 和图 3－9 可见，品牌 B 和品牌 C 的可见距离只有 2，因此品牌 B 和品牌 C 是最为相似的竞争者，也可以说是最直接的竞争者。

如果两个品牌有同样的得分，它们的可见距离就是 0，在视觉地图上的位置就会重叠。在视觉空间上越接近，它们在人们眼中就越相似，彼此间的竞争也就会越激烈。上例中仅仅考察了两个特征的相似度，绝大多数情况下，视觉地图往往要求顾客给各品牌的若干特征打分，如果按照这种方法建立多维坐标，其操作非常复杂，因而视觉地图法仅适用于特征不超过三个的情况。

（二）企业直接指定法

企业直接指定法就是企业基于产品形式、行业、品牌和消费愿望等维度划分出不同类型的市场竞争，然后依据其经验在同类型的市场竞争中直接指定自己的竞争者。

严格来讲这并不是一种全面准确的判断方法，但现实中的企业经营者却往往采用这种方法，因为他们对本行业的同行比较了解，知道谁是最主要的竞争者，而且这种方法也比较简单直接。但值得注意的是，这种方法只能为企业找到最直接和最主要的竞争者，却有可能忽略相关行业和潜在的竞争者。例如，柯达一直把富士当作主要竞争者，而忽略了佳能、索尼等数码影像厂商正由潜在威胁者变为主要的竞争者。因此，这种方法存在很大的局限性，改进的做法是适当引入定量分析，采用比较法，即根据一些行业或市场的标准，把自己同候选竞争者进行比较，由专家给出评判意见，从而最终确定关键竞争者。

（三）价值网分析法

直接指定法适用于直接竞争者的确定，潜在竞争者则可以用价值网分析法来确定。潜在竞争者可能来自供应商、中间商、顾客、替代者和互补者五个方面。价值网分析法即将除直接竞争者以外的上述五个方面的潜在竞争者组成一个价值网的二维空间，如图 3－10 所示。在这个二维空间中，市场参与者之间是一种相互依赖的关系。本企业被放置在价值网的中心，纵轴方向是与本企业有交易的参与者，如供应商、中间商和顾客；横轴方向是与公司相互作用但并不交易的参与者，如替代者将直接威胁企业的生存，而互补者将增加公司在价值网中的附加价值。下面从纵、横两个方向进行分析说明。

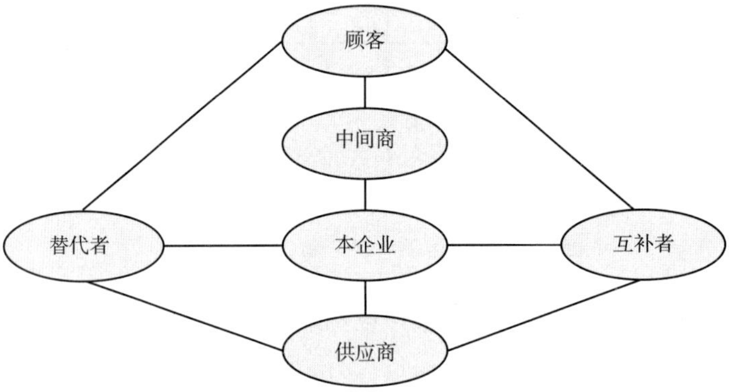

图 3－10　企业的价值网

1. 价值网纵轴方向——纵向一体化威胁

每个企业的顾客和供应商都在从事着非常复杂却又和企业紧密相关的生产活动，他们中的每一个都有很大的潜力，完全可能通过自己的发展进入企业的行业中来，实施纵向一体化战略，逐渐形成一个真正的、有竞争力的对手。

一旦企业的供应商掌握了和本企业一样的，甚至比本企业更先进的技术和设备，就完全有可能转变为企业的竞争者。同样，顾客也可以为了自身发展的需要（如扩大利润来源、降低采购成本）或者出于某些商业上的考虑（如商业秘密保护）而向后整合，成为企业的竞争者。

2. 价值网横轴方向——相关多元化威胁

在价值网的横轴坐标方向，两个互补公司的产品会产生互补作用，如美国 Intel 公司和 Microsoft 公司，Intel 制造芯片，而 Microsoft 生产软件，这两种产品配合起来使用时可以极大地增加各自的价值。作为互补品生产者，两家公司在各自行业中的地位与实力相当，实际上在为满足顾客的同一需求而努力。原来互补的这两家企业，很可能将自己的产品向两头延伸，从而由互补企业直接转变为竞争者。

价值网图最大的意义就是提醒企业在进行竞争者分析时，不能只局限于考虑直接竞争者，还要考虑在商业活动中遇到的各种关系，把与本企业有关的市场参与者都纳入视野，一旦检测到新的行业动向，就要结合价值网来对现有市场关系进行分析，迅速发现各类竞争者并对其变化作出快速反应。

二、关键成功因素

关键成功因素

竞争的关键成功因素（key success factor，KSF）是指那些影响行业中的企业在市场上获得竞争优势的最重要因素，包括独特的战略要素、产品属性、资源、能力、竞争能力等。这些因素是行业中价值创造的关键环节，还是企业应该构建核心竞争力的领域。识别关键成功因素，充分掌握行业的特点与竞争情况，是战略分析与制定的前提与基础。

（一）关键成功因素的识别方法

到底哪些因素对于竞争成功具有最重要的作用？战略制定者要依据行业主导特征、竞争情况、行业中其他企业的市场定位以及关键竞争对手可能采取的下一步战略行动来确定这些因素。回答下面三个问题有助于确定行业的关键成功因素：第一，顾客在各个竞争品牌之间进行选择的基础是什么？第二，行业中的企业要取得竞争成功必须做些什么——它需要什么资源和竞争能力？第三，行业中的企业要取得持久的竞争优势必须采取什么措施？

一般而言，可以通过比较法与市场分析法来确定行业的关键成功因素。

1. 比较法

将本行业内成功企业与失败企业进行比较，分析差距及造成差距的原因，差别之处就是关键成功因素。

2. 市场分析法

用细分市场的原则分析整个行业市场，找出关键的市场和具有战略意义的产品进行分析，据此确定关键成功因素。

（二）常见的关键成功因素

在某一特定的时期内，不同行业的关键成功因素各不相同，但其数量一般不超过 4 个。比如，在服装行业，关键成功因素是吸引人的设计（满足顾客独特的时尚需求）和色彩组合以及低成本（确保有吸引力的零售价格和充分的利润空间）。在啤酒行业，关键成功因素是充分利用酿酒能力（以保持较低的生产成本）、强大的分销商网络（以尽可能多地进入零售渠道）、精良的广告（以提升消费者的忠诚度）。在储运行业，关键成功因素是极强的系统开发能力与物流管理能力、有效而完善的服务覆盖与良好的客户关系。

根据价值链的不同环节或企业的不同职能，可以将常见的关键成功因素分为：与技术相关的 KSF、与制造相关的 KSF、与分销相关的 KSF、与市场营销相关的 KSF、与专业技能相关的 KSF、其他类型的 KSF 等。具体如表 3－4 所示。

表 3-4 行业 KSF 的基本类型

与技术相关的 KSF： （1）基础科学研究技能 （2）在产品生产工艺和过程中进行创造性改进的技术能力 （3）产品革新能力 （4）在既定技术上的专有技能，如运用网络发布信息、承接订单、送货或提供服务的能力
与制造相关的 KSF： （1）低成本生产效率（获得规模经济、经验曲线效应） （2）很高的固定资产利用率（在资本密集型/高固定成本的行业中尤为重要） （3）低成本的生产工厂定位 （4）能够获得足够的娴熟劳动力 （5）劳动生产率很高（对于劳动力成本很高的商品来说尤为重要） （6）成本低的产品设计和产品工程（降低制造成本） （7）能够灵活地生产系列的产品以及时满足顾客的需求
与分销相关的 KSF： （1）强大的批发分销商或特约经销商网络 （2）能够在零售商的货架上获得充足的空间 （3）拥有自己的分销渠道和网点 （4）分销成本低 （5）送货速度快
与市场营销相关的 KSF： （1）快速准确的技术支持 （2）礼貌周到的客户服务 （3）准确履行顾客订单（订单返回很少或者没有出现错误） （4）产品线和可供选择的产品很宽 （5）商品推销技巧 （6）有吸引力的款式/包装 （7）保修和保险（对于邮购零售、大批量购买以及新推出的产品来说尤为重要） （8）精明的广告
与专业技能相关的 KSF： （1）员工拥有卓越的才能（对于专业型的服务，如咨询、会计和投资银行，这点尤为重要） （2）质量控制诀窍 （3）设计方面的专有技能（在时装行业尤为重要） （4）能够开发出创造性的产品和取得创造性的产品改进 （5）能够使产品快速地经过研究与开发阶段到达市场 （6）组织能力 （7）卓越的信息系统 （8）能够快速地对变化的市场环境作出反应 （9）拥有比较多的经验和诀窍
其他类型的 KSF： （1）在购买者中拥有有利的公司形象和声誉 （2）总成本很低（不仅仅是在制造中） （3）便利的设施选址（对于很多零售业务都很重要） （4）能够获得财务资本（对高商业风险的新兴行业和资本密集型行业来说很重要） （5）专利保护

（三）关键成功因素分析的战略意义

正确地识别行业关键成功因素是正确制定战略的前提。战略制定者应专注于制定能有效综合所有行业关键成功因素的战略，努力在一个（或两个）关键成功因素上建立特殊优势。一般而言，在某种关键成功因素上表现优异的企业，在行业中会拥有较高的市场地位。比如，技术革新能力是智能手机行业的关键成功因素之一，苹果公司在该因素上有卓越的表现，较之竞争对手有更大的优势。

需要强调的是，行业在演变，关键成功因素并不是一成不变的。企业不能对某一特定时期内某一特定关键成功因素过度依赖，否则很有可能会故步自封，最终失去竞争优势。比如，早期的福特汽车公司对其流水线生产方式及T型车的固执导致其竞争对手通用汽车公司后来居上。诺基亚手机霸主地位的丧失也是因为其忽视了行业演变过程中关键成功因素的变化。

三、竞争对手与战略群体分析

竞争对手与战略群体分析

（一）战略群与战略群体分析

战略群体，又称为战略集团，是一个由行业中具有相同或相似竞争手段和市场地位的竞争对手组合而成的群体。同个战略群体中的企业在产品线跨度、定价、分销渠道、细分市场、顾客服务和技术支持等很多维度上都相同，不同战略群体中的企业在上述维度上可能不同。

战略群体具有以下几个特征：第一，相同战略群体内的企业的产品或服务最为相似，目标客户群最为相似，因此，它们之间的竞争最为激烈；第二，不同战略群体的五种力量的强度是不一样的；第三，不同战略群体的战略越接近，战略群体间竞争的可能性就越大。因此，处于同一个战略群体中的成员往往是最主要的竞争对手。

战略群的形成与稳定是行业竞争结构合理与企业竞争行为成熟的表现。战略群的存在与相互之间的竞争，有利于保持本行业的竞争力。利用战略群分析，企业战略管理者可以更好地了解宏观环境、市场环境和行业环境对整个行业竞争格局和变化趋势的影响，更好地把握行业竞争的关键成功因素，因为这些因素往往是划分战略群的主要依据和不同战略群盈利水平的差异所在；有利于明确竞争对象及将战略注意力集中于关键的竞争对手。

（二）战略网络分析

战略网络就是由那些具有战略意义的组织或个人组成的社会关系网络。它是由消费者、市场中介（包括代理商、销售渠道、销售补充产品及其提供服务的人）、供应商、竞争对手、其他行业的企业、利益相关者、其他组织（如高校、科研机构、政府部门）和企业本身等节点构成的，如图3－11所示。战略网络作为一个整体与环境交换能力、信息、知识和资源等，随着关系的变化，各个独立的节点可以不断进入或退出，促进战略网络的优化和进化。战略网络是社会复杂关系、经济网络联系的一种更为高级的形式，是战略联系、共生关系在组织上的表现。凡是与战略中心企业构成战略合作关系的组织所构成的网络组织都是一个战略网络，所以战略联盟、合资企业、战略外包、连锁经营、许可证协议等都是战略网络的具体模式和表现形式。战略网络是一种战略资源，直接影响企业的行为和业绩。战略网络主要有战略合作、网络通道、优势互补、网络沟通和网络自组织五种功能。企业战略管理者应该充分认识到战略网络在企业竞争中的作用，将战略网络融入企业战略中，充分发挥战略网络的功能，建立企业核心专长。

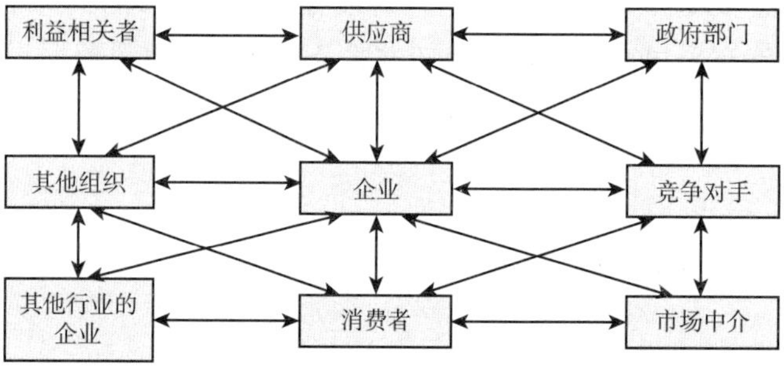

图 3－11 战略网络基本结构

四、竞争对手与合作伙伴分析

竞争对手与合作伙伴分析

在竞争环境和竞争互动越来越动态化的条件下，速度与创新逐步代替规模而成为竞争优势的主要来源；战略相同，尤其是战略目标相同逐步代替实力相当而成为划分竞争对手与合作伙伴的主要标准；预测竞争对手与合作伙伴的竞争行为逐步代替竞争对手与合作伙伴的实力，成为竞争对手与合作伙伴分析的主要目的。

因此，竞争对手与合作伙伴的分析应该从搜集、分析和预测竞争对手与合作伙伴的战略行为开始。通过对竞争对手与合作伙伴的分析，企业希望了解以下内容：

（1）竞争对手与合作伙伴未来的目标是什么。

（2）竞争对手与合作伙伴正在做什么、能够做什么。

（3）竞争对手与合作伙伴对行业是怎么看的，其制定战略的假设基础是什么。

（4）竞争对手与合作伙伴的资源和能力怎样，其优势和劣势在哪里。

（一）竞争对手与合作伙伴的战略分析

在战略生态网络分析的基础上，企业战略管理者应该对本战略群内竞争对手与网络中合作伙伴的战略进行比较分析，包括将自己未来的意图、宗旨、目标、战略和资源配置的重点与这些竞争对手与合作伙伴进行比较分析，从中了解他们将来的战略选择和可能采取的具体战略行为。在行业和市场边界越来越模糊的情况下，现在不是竞争对手的企业完全有可能因为意图、宗旨和目标相同而在将来成为竞争对手；相反，现在是竞争对手的企业也许会因为意图、宗旨和目标不同而不再成为对手，而可能是未来的合作伙伴。了解竞争对手与合作伙伴未来的意图、宗旨目标可以帮助企业战略管理者更准确地判断谁是企业未来的竞争对手，谁是合作伙伴，预测竞争对手与合作伙伴的战略行为。

竞争对手与合作伙伴战略的比较分析还应该对战略背后的各种支持性的假设进行分析。任何战略都是建立在对外部环境、市场环境和行业环境变化趋势等假设基础之上的。如果这种假设不能够成立，那么，战略的选择就可能是错误的。在完成大部分外部环境分析的基础上，企业战略管理者应该可以从与竞争对手与合作伙伴战略假设的分析和比较中，进一步判断谁的战略是建立在正确的战略假设基础之上。如果竞争对手的战略假设是违背外部环境变化趋势的，那么，这就给本企业带来了战胜对手的重大机会，反之亦然。

（二）竞争对手与合作伙伴竞争行为的分析

为了在竞争中准确地预测竞争对手与合作伙伴对本企业战略行为的反应，企业战略管理者应该进步了解：

（1）竞争对手与合作伙伴的高层管理者，包括其主要成员的经历、知识、年龄的构成，主要成员的价值观、行为模式和对风险的偏好，企业战略管理者的决策方式。

（2）竞争对手与合作伙伴的发展历史、企业传统和企业文化。

（3）竞争对手与合作伙伴的市场多样性、产品多样性及其他与预测竞争对手与合作伙伴反应相关的情况。

正所谓知己知彼、百战不殆，有效的企业战略应该是能够准确地预测竞争对手与合作伙伴的反应，甚至是能够左右他们反应的战略。

（三）竞争对手与合作伙伴的实力

对竞争对手与合作伙伴的实力做出实事求是的评估是竞争与合作环境分析中的一个非常重要的步骤。竞争对手与合作伙伴的实力一般由三个方面因素构成，即竞争对手与合作伙伴的资源状况、能力水平和核心专长。

（1）竞争对手与合作伙伴的资源状况。企业资源是战略制定与实施的基础，对竞争对手与合作伙伴的有形和无形资源进行分析能够让我们预测其可能采取的战略行为。同时，通过比较自己与它们之间的资源状况，可以为企业制定合适的战略提供依据。

（2）竞争对手与合作伙伴的能力水平。对竞争对手与合作伙伴竞争能力的分析涉及的对象较多，包括产品、代理商、营销与销售、运作、研究和工程能力、总成本、财务实力、组织等许多个事项。通过对上述事项逐一考察，我们可以最终确定竞争对手与合作伙伴的竞争能力，然后分析自己的优势与劣势，从而为企业最终的战略定位提供可靠的借鉴。

（3）竞争对手与合作伙伴的核心专长。核心专长是企业获取高于行业平均利润的最重要依靠，明白了竞争对手与合作伙伴的核心专长，能够帮助企业战略管理者认清对手与合作伙伴的核心优势与最关注的竞争领域，能够帮助企业构建自己的核心专长和避免恶性竞争。

关键词

宏观环境　行业与市场环境　竞争与合作环境

复习思考题

1. 如何理解企业外部环境分析包含的三个层次？
2. 试述企业外部环境分析中的关键因素。
3. 企业外部环境分析中的宏观环境分析包括哪些内容？
4. 如何理解波特的五力竞争模型？
5. 试分析竞争对手识别的方法。
6. 请阐述竞争对手与战略群体分析的内容。

第四章　企业内部环境分析

学习目标

□ 理解企业内部环境分析的内容
□ 理解企业资源分析所包含的具体内容
□ 掌握企业能力特别是核心能力的具体内涵和价值
□ 掌握企业六大经营现状内涵
□ 了解企业文化的成因、作用及层次

☞ 引例

共筑多样性算力，促进可持续发展——《华为 2022 年可持续发展报告》董事长致辞节选

当前，人类社会正在加速迈入智能世界，人工智能的发展正深刻改变人们的生活与生产方式：从天气预报到智慧城市运营，从 AI 质检到自动驾驶，从语音识别到图像识别……。人工智能的应用与普及，特别是生成式 AI（AIGC）的发展，需要源源不断的算力支持。可以说，算力已经成为数字经济发展的基础和核心生产力。构建面向未来算力产业的新一代基础设施，进一步推动多样性算力的发展，对经济社会的可持续发展至关重要。

在数字经济时代，算力是新型生产力，是数字经济时代最基本的生产要素之一，已成为加快行业数字化和智能化的关键驱动因素。2022 年《全球算力指数评估报告》指出，算力指数平均每提高一个点，就会带动国家数字经济和 GDP 分别增长 3.5‰和 1.8‰。算力的投资发展将给国家经济带来显著的提振作用，为各行各业注入活力，提升生产效率，同时也创造新的社会价值。华为致力于打造基础软硬件平台，构建面向通用计算的鲲鹏计算生态和面向人工智能的昇腾 AI 计算生态，为世界提供“鲲鹏 + 昇腾”的多样性算力，同时，通过硬件开放、软件开源、使能合作伙伴，把算力转化为数字生产力，助力各行各业的数字化、智能化转型。

在医疗领域，基于昇腾 AI 的澎湃算力支持医学影像识别，辅助医生快速、准确诊断，把时间从传统的 15 分钟减少到 10 秒，诊断准确率从 90% 提升至 99%，帮助患者赢得最佳救治时间，用算力守护生命。

在民生领域，基于鲲鹏软硬件平台为医保系统提供集约高效的算力支撑，在医保购药结算、诊疗住院、跨省异地就医等场景实现了线上数字化服务，让数据多跑路、人们少跑腿，用算力守护生活安康。

在制造领域，基于昇腾 AI 集群的推理服务能力，实现了从钢坯到转钢到轧钢的全流程智能识别和自动化，转钢准确率高达 100%，给艰苦的转钢工作方式带来了根本改变，算力助力生产效率提高的同时，让工作环境更加安全舒适。

在能源领域，基于昇腾基础软硬件平台，通过 AI 推理算法对超长距离的输电线沿路图像视频进行分析，实现实时异常预警和上报，使得原来需要 20 天才能完成的现场巡视工作，仅需 2 小时就可完成，巡检效率提高 80 倍。算力让无人电力巡检成为了可能，更加安全高效。目前，华为与合作伙伴一起打造两个操作系统，一个是鸿蒙操作系统，一个是欧拉操作系统，两者已形成开源生态。鸿蒙的应用场景是智能终端、物联网终端和工业终端，欧拉则面向服务器、边缘计算、云和嵌入式设备。华为希望通过欧拉和鸿蒙，与产业界共同打造覆盖所有场景的开源操作系统，适配更多场景，促进算力和数据流通，促进数字经济高质量发展。

数字技术正在重塑世界，数字经济已经迎来算力时代。算力作为这个时代的核心生产力，正在推动 5G、AI 等技术深入赋能各行各业，促进经济社会的数字化、智能化转型。华为秉持“开放、合作、共赢”，携手全球伙伴，通过持续技术创新，共同构筑多样性算力产业，促进可持续发展，为构建一个万物互联的智能世界而不断努力。

时至今日，华为业务遍及全球，业务网络遍布美洲、欧洲、亚太市场、东南亚地区和非洲与拉丁美洲，在国内更是形成了完善的企业业务服务资源网络，华为努力探索科学技术的无尽前沿，识别产业需求并攻克世界级的难题，以愿景和假设为牵引，与全球学术界开放合作，持续探索新理论、新架构、新技术，支撑产业长期可持续发展。

资料来源：宋敏雅．华为公司创新能力研究［D］．深圳：深圳大学，2020.

华为公司官网．https：//www. huawei. com/cn/.

经营企业，是许多环节的共同运作，差一个念头，就决定整个失败。

——现代管理学之父 彼得·德鲁克

企业内部环境是企业能够加以控制的因素，内部环境是企业经营的基础，也是制定战略的出发点，是竞争取胜的根本。

内部环境分析的目的是：掌握企业目前状况，从与竞争对手的比较中，分析企业所具有的长处和弱点，明确企业的竞争优势；从竞争优势的价值性、独特性、延展性、难以模仿和取代性来判断其核心竞争力，从核心竞争力与行业特点的匹配判断企业是否需要建立新的核心竞争力或者进入相关行业；选定实施战略，发挥企业优势，有效利用企业资源；对企业的弱点加以避免或采取积极改进的态度。

外部环境分析能够帮助企业战略管理者确认企业所面临的各种重要的机会和威胁，使他们有可能按照“趋利避害”的原则激发各种可能的战略选择，解决企业战略选择的可能性问题。但是，企业战略管理者还必须在此基础上进一步确认企业的资源和能力、优势、劣势和核心专长，使企业有可能按照“扬长避短”的原则为企业做出“最合理”的战略选择，解决企业战略选择的合理性问题。

第一节　企业资源分析

企业资源分析

企业资源是企业控制或拥有的、服务于企业生产经营并能带来价值的一切有效要素的总和。具体包括企业的财产、组织、设备、人力、信息、信誉、商标、品牌、知识资本、社会资本等。

资源反映了企业的实力与能力，企业开展经济活动必须有资源。按不同目的，资源可分为不同类型，按其是否容易确认和评估来分，资源可分为有形资源、无形资源和人力资源（见表4－1）；按其发挥作用的不同，资源可分为一般意义上的资源和战略资源。本书重点针对第一种分类进行介绍。

表4－1　企业资源的分类与特征

资源		主要特征	主要的评估内容
有形资源	财务资源	企业的融资能力和内部资金的再生能力决定了企业的投资能力和资金使用的弹性	资产负债率、资金周转率、可支配现金总量、信用等级
	实物资源	企业位置和设备的规模、技术及灵活性；企业土地和建筑的地理位置和用途；获得原材料的能力等决定企业成本、质量、生产能力和水准	固定资产现值、设备寿命、先进程度、企业规模、固定资产的其他用途
	人力资源	员工的专业知识、接受培训程度决定其基本能力；员工的适应能力影响企业本身的灵活性；员工的忠诚度和奉献精神以及学习力决定企业维持竞争优势的能力	员工的知识结构、受教育水平、平均技术等级、专业资格、培训情况、工资水平
无形资源	技术资源	企业专利、经营诀窍、专有技术、专有知识和技术储备、创新开发能力、科技人员等技术资源的充足程度决定企业工艺水平、产品品质，决定企业竞争优势的强弱	专利数量和重要性、从独占性知识产权所得收益、全体职工中研究开发人才的比重、创新能力
	商誉	企业商誉的高低反映了企业内部、外部对企业的整体评价水平，决定着企业的生存环境	品牌知名度、美誉度、品牌重构率、企业形象、对产品质量、耐久性、可靠性的认同度；供应商、分销商认同的有效率、支持性的双赢关系、交货方式

一、企业有形资源分析

企业有形资源表现为可见的、能量化的资产，这些资产不仅能够被识别，而且也比较容易被确认和评估，比如厂房、设备、资金等，一般可以在企业财务报表上反映出来。

具体而言，有形资源可归为两大类：财务资源和实物资源，主要是指企业的金融资产和物质资产。

（一）财务资源

财务资源主要是指企业的筹资和借款。为了制定企业战略，财务资源分析的重点是中期和长期的财务优势和劣势，要把更多的注意力放在长期的企业净收入趋势及总资产利用。同时要计算出企业在计划期内为保持战略所要求的增长率而必须进行再投资的数量，从而判断出企业能否单独依靠自己内部的财力来支持预期的增长。

▶课程思政案例

央行：推进绿色金融和转型金融标准体系建设

金融资产（Financial Assets），是实物资产的对称，指单位或个人所拥有的以价值形态存在的资产，是一种索取实物资产的无形的权利，是一切可以在有组织的金融市场上进行交易、具有现实价格和未来估价的金融工具的总称。金融资产的最大特征是能够在市场交易中为其所有者提供即期或远期的货币收入流量。

2022 年 3 月 5 日，央行研究局在“关注‘两会’共话金融”专栏发文表示，下一阶段，央行将推进绿色金融和转型金融标准体系建设，完善激励约束，发展多样化金融工具，继续深化绿色金融地方试点和国际合作，有力、有序、有效支持经济社会绿色低碳转型。

央行研究局指出，我国是国际宣传倡导绿色金融理念的先行者。人民银行坚决落实党中央、国务院决策部署，聚焦环境改善、应对气候变化和资源节约高效利用，坚持高标准、开放性原则推动绿色金融体系建设，健全激励约束机制，强化信息披露，倡导、推进绿色金融国际合作，守住“绿水青山”和地球家园。

1. 明确标准，让规则“引导绿”而非“统计绿”

明确标准，才能让市场主体准确把握“绿色”的含义，这是绿色金融规范发展的前提，更是确保规则“引导绿”而非“统计绿”的关键。

2. 健全机制，让绿色金融“叫好又叫座”

健全激励约束机制，着力提升绿色金融业务回报，是推动绿色金融市场化、可持续发展的必然要求。2018 年起，人民银行全面开展银行业金融机构绿色信贷业绩评价。2021 年升级为绿色金融评价，并将绿色债券业务纳入评价范围，引导金融机构有序增加绿色资产配置。

3. 鼓励创新，让金融市场对绿色产品“感兴趣”

通过鼓励金融产品创新、完善证券发行制度、规范交易流程、提升交易透明度等一系列制度安排，目前，我国已初步形成绿色贷款、绿色债券、绿色保险、绿色基金、绿色信托、碳金融产品等多层次绿色金融产品和市场体系。

4. 强化监督，让绿色金融信息“暴露在阳光下”

人民银行会同有关部门不断完善环境信息依法披露制度，要求金融机构公开披露发放碳减排贷款的情况以及贷款带动的碳减排数量等信息，并由第三方专业机构进行核实验证，让每一分绿色资金的使用接受社会公众监督，不让“洗绿”行为得逞。

5. 深化合作，让绿色金融成为“全球大合唱”

我国是绿色金融国际合作的一贯倡导者和坚定支持者，持续致力于提升全球绿色金融共识。

下一阶段，人民银行将贯彻落实党中央、国务院关于碳达峰碳中和的一系列重要部署，更加积极主动作为，推进绿色金融和转型金融标准体系建设，完善激励约束，发展多样化金融工具，继续深化绿色金融地方试点和国际合作，有力、有序、有效支持经济社会绿色低碳转型。

资料来源：苗雁．央行：推进绿色金融和转型金融标准体系建设［EB/OL］．央广网，2022-03-05.

（二）实物资源

实物资源主要包括企业的厂房、土地、设备等固定资产。分析企业生产设备状况，主要分析人均固定资产、设备平均役龄、设备的新度及构成、设备的专业工艺特性等。

下面主要对设备平均役龄和设备新度进行详细介绍。

1. 设备平均役龄

设备平均役龄是指设备从投入生产起计算的参与生产过程的平均年限，该数据是反映一个国家（行业或企业）装备更新换代水平的重要标志，是设备役龄、设备新度系数和设备更新换代频数（技术性无形磨损速度）的体现。

2. 设备的新度及构成

（1）设备的新度系数是设备新度的表现指标，设备的新度系数是指企业设备固定资产净值占设备固定资产原值的比例。所谓固定资产的净值是指其原值减去逐年提取积累的折旧费。很明显，对于一台设备来说，使用年限越长，逐年提供积累的折旧费就越多，其净值也就越低。所以，企业设备新度系数的高低直接反映了该企业所有设备的新旧程度。

（2）设备新度系数由两个指标构成，分别是本年度末设备固定资产净值和本年度末设备固定资产原值，其公式为：

$$\text{设备新度系数}=\frac{\text{本年度末设备固定资产净值}}{\text{本年度末设备固定资产原值}} \tag{4.1}$$

（3）设备新度系数的作用

①用设备新度系数对经营责任者考核的来由和依据。设备新度系数作为机械工业企业设备管理工作的一项指标，是原机械工业部于 1982 年 12 月制定的《机械工业企业设备管理水平的要求》所提出的企业生产设备应保持新度系数大于 0. 55 的要求。在《机械工业设备管理和维修工作条例》中明确指出：厂长（经理）对全厂生产设备管理负责，并实

行目标管理，在任期内设备固定资产总值和新度系数等主要指标纳入企业经济承包责任制中，并提出建立设备价值的审计制度，在任期届满后，设备固定资产总值和新度系数应有所提高。

②设备新度系数与其他有关经营指标之间的关系。对经营责任者考核的指标中，与设备新度系数有关的主要指标是资金利润率，其公式为：

$$资金利润率=\frac{实现利润}{固定资产净值平均占有率+定额流动资金}\times 100 \qquad (4.2)$$

经营目标中，为了保持和提高设备新度系数，必然要增加固定资产设备投资，这就会使公式 4.2 中的固定资产净值平均占用额增大，从而使资金利润率下降。反之，如果为了提高资金利润率而不增加固定资产设备投资，则会使设备新度系数降低。所以，两个指标之间有着相互制约的作用。这样，就促使经营责任者统筹兼顾，并通过对设备的综合管理来充分发挥设备的投资效益，从而确保固定资产净值平均占用额增加 1 时，实现利润也得到相应的增加，使设备新度系数和资金利润率共同提高。

二、企业无形资源分析

无形资源根植于企业历史，是长期积累下来的不容易辨识和量化的资产，主要指企业的形象、品牌、商誉、知识产权、专利权、商标权、工业知识产权、合同协议、商业秘密、交易秘诀、知识技术或市场营销诀窍、商业交易网络、企业文化等。无形资源是企业不可能从市场上直接获得、不能用货币直接度量也不能直接转化为货币的，竞争对手难以掌握和模仿，所以它们是持续竞争优势的可靠来源，也是使公司具有核心能力的基础。

▶案例

鸿星尔克的逆袭——品牌、印象

2021 年河南洪水灾害之前，鸿星尔克已经打算申请破产，因为它拿不出 108 元买会员，但是它却拿出了 5000 万元捐款，当时的公司账面上只有 6000 万元，当初管理层是想捐出 5000 万元，剩下 1000 万元把工资发了，再清一清供货商的货款，最后申请破产。谁想到捐款事件后，7 月 22 号 23 号两天的营业额激增 52 倍，鸿星尔克瞬间成为一个被大家喜欢和支持的民族品牌。

所以一家公司的核心竞争力是技术吗？可能不是。是产品吗？可能也不是。其实是品牌，是品牌在顾客心目中留下的印象。

从这个层面来讲，一家公司的核心竞争力很重要的两个方面，一个是企业文化；一个是品牌。而这两样东西都是无形的，都是在别人心目中的印象。

企业文化是在员工内部心中留下的印象；品牌是在顾客心中留下的印象。所以我们才发现，印象是最值钱的。营销的最高境界是——贩卖印象、传播感觉。印象很深，感觉很好，公司就会有源源不断的财富。

资料来源：廖秉宜，狄鹤仙，温有为．品牌公益营销中微博舆情引导机制研究——基于鸿星尔克微博舆情大数据分析［J］．全球传媒学刊，2022，9（06）：102－116.

共享单车，下一站出口在哪里——资本？技术？品牌？

共享单车的兴衰历程可谓精彩，堪称“资本洗地”的时代缩影！其风口兴于2016年，一时间“赤橙黄绿青蓝紫”各色品牌林立，史称“调色板大战”。不过风口过后，调色板陨落，一大批品牌消亡，徒留一地鸡毛。

共享单车品牌标识

昔日领衔主演的两大巨头ofo与摩拜（2019年1月23日，美团以内部信的形式宣布，摩拜单车将改名为美团单车，并将美团App作为其国内唯一入口。）也成了末日黄花。ofo小黄车自不必说，自2018年初断了“金主输血”后便风波不断，如今更是深陷退押风波无法自拔！反观摩拜，情况也好不了多少，如今更是遭遇了改名换姓的尴尬。

当下的问题是改名后的“美团单车”又该如何为继？毕竟摩拜留下的可不是一个小摊子。

比如，千万辆涂着“mobike”标识的小橙车该保持原色，还是重新刷成美团绿？抑或共存？

再有，扫码入口归入美团App后，用户的体验与习惯将如何扭转？或者说，如何迁移、过渡、留存现有用户，这也是美团需要考虑和解决的问题，处理结果的好坏很可能决定了以后路程的长短！

共享单车何去何从？

经历2018年的跌宕，共享单车现在无疑进入了下半场，只是留在场上的“选手”已然不多，甚至屈指可数。

小品牌已经难掀波澜，市面上能排上名号的仍属摩拜（美团）、哈罗两家。摩拜改归美团后，未来难料；仅剩哈罗实力尚可，尤其背靠阿里后，得到不少资源加持，一度有称霸的苗头。

纵观当下，看衰共享单车的人不在少数。诚然，自共享泡沫戳破后，资本方很难在血淋淋的单车领域找回自信，更不能指望其卷土重来，盛世再造。

但不可忽略的是，这场“共享”运动已经培养了相当一部分群体的使用习惯和频率，大众对共享单车“代步、环保、简便”理念的认可度并不低。从这点看，潜在市场是存在的，而且不容小觑。

只是现阶段共享单车行业的发展模式和进程并不理性，尤其当初靠资本洗地滋养的品牌，最终成了一个个单车坟场。另外，缺乏盈利手段更是共享单车品牌存活的命门。这是当下的困境，也是通往未来的拦路石，亟待解决。

总而言之，下半场的共享单车并非无路可走，历经资本洗礼和行业洗牌后，市场的症结已然清晰，谁能率先解决即可领跑全场。当然，难免还有品牌会倒下，但终究有人会杀出血路，一往无前！

资料来源：萧萧萧公子．再见，摩拜！共享单车的下半场骑向何处？[EB/OL]．网易，2019-01-24.

虽然资源本身不是能力，但资源可以发展成能力，能力的运用结果也可积累资源，优势资源的拥有的确能够给企业带来较强的市场竞争优势，如企业独占某产品的制造专利、拥有从事某项业务的特许权、运输企业拥有一条好的线路等。可口可乐就是拥有一套独一无二的汽水配方获得了长达120多年的垄断优势。

在知识经济时代，知识资源也成为重要的无形资源。

知识资源具有如下特点：①可以反复利用，在向产品或服务中转移后，知识资源仍然为企业所拥有，无须花费任何额外的代价就可以反复利用；②不会枯竭，企业在一定条件下可以创造出新知识，而这些新知识又被不断地注入已有的知识资源中，从而使得整个知识资源不断扩张；③可以共享，信息化的知识资源可以交流和共享，从而被有效地开发和充分地利用，转化为企业的竞争优势；④边际收益递增，知识资源不会像一般物质资源那样出现边际收益递减，相反却会出现递增，即知识资源的增加会导致企业物质资源更加充分和有效的利用，使企业产品或服务的附加价值大大提高。

◇ 贴士

知识资源

知识资源是通过智力劳动发现和创造的、进入经济系统的人类知识。知识经物化可为人类带来巨大财富，可促进物质生产，从而产生市场价值，也可直接作为精神消费对象。企业的知识资源是指企业拥有的可以反复利用的，建立在知识和信息技术基础上的，能给企业带来财富增长的资源。

知识资源包括三个方面：(1) 企业创造和拥有的无形资产。如企业文化、品牌、信誉、渠道等市场方面的无形资产，专利、版权、技术诀窍、商业秘密等知识产权，技术流程、管理流程、管理模式与方法、信息网络等组织管理资产。(2) 信息资源。通过信息网络可以收集到的与企业生产经营有关的各种信息。(3) 智力资源。企业可以利用的、存在于企业人力资源中的各种知识和创造性地运用知识的能力。

“知识经济”中所说的知识，是一个广义的概念，包括人类创造的所有知识。科学技术、管理科学和行为科学知识是其中最重要的部分。具体地讲，知识本身具有七个特性，即不可替代性、不可相加性、不可逆性、非磨损性、不可分性、可共享性和无限增值性。知识的特点决定了知识与一般生产要素相比有本质的区别。知识经济中，知识不是经济增长的“外生变量”，而是经济增长的内在核心因素。知识成为主要经济要素，正是由于知识的倍增和知识的价值化过程，使经济增长方式发生根本变化及企业长期高速增长成为可能。

历史上，许多哲学家、思想家以及经济学家，都对知识在推动社会经济发展中的作用给予高度肯定。培根的名言“知识就是力量”影响人类至今；马克思的“科学技术是生产力”理论，把科学技术在生产和经济发展中的作用，提升到了一个新的高度。托夫勒当年曾讲“知识代替资本，知识除了可以代替物质、运输和能源之外，还可以节省时间；知识在理论上取之不尽，是最终的代替品。它已成为产业的最终资源；知识是21世纪经济增长的关键因素”。他的预言已经变为现实。据统计，OECD主要成员国的知识经济，已经超过其国内生产总值的50%。

资料来源：百度百科．知识资源［DB/OL］. https：//baike. so. com/doc/5902274－6115175. html.

三、企业人力资源分析

人力资源又称劳动力资源或劳动力。广义上，人力资源是指能够推动整个经济和社会发展，处于劳动年龄、未到劳动年龄和超过劳动年龄但具有劳动能力的人口之和；或者也可以理解为：一个国家或地区的总人口中减去丧失劳动能力的人口之后的人口；人力资源也指一定时期内组织中的人所拥有的能够被企业所用，且对价值创造起贡献作用的教育、能力、技能、经验、体力等的总称。狭义上，人力资源就是企事业单位独立的经营团体所需人员具备的能力（资源）。

经济学把为了创造物质财富而投入于生产活动中的一切要素通称为资源，包括人力资源、物力资源、财力资源、信息资源、时间资源等，其中人力资源是一切资源中最宝贵的资源，是第一资源。企业的人力资源水平决定了企业战略管理的成败。人力资源分析主要是对企业拥有的人力资源数量、质量和结构进行分析，了解企业现有人力资源的水平和潜力，找到人力资源方面的优势与不足，进而制定人力资源战略，为企业各层次战略的实现提供充足的人力保障。

（一）人力资源特性

人力资源特性，是指人力资源所具有的特殊性质，是其他资源所不具备的特殊素质，是人力资源科学性、实践性的表现。

（1）不可剥夺性：人力资源是人的价值意义的内在贮存与外在表现，它是同人的生命力密不可分的，是同人的尊严与权益相联系的。不可剥夺性主要表现为：①不能压取，不能骗取，不能夺取；②一切不科学的办法都将造成人力资源的浪费；③一切不正当的手段都将带来人力资源的破坏；④尊重、支持、满足人的需要是发挥人力资源作用的最佳方法。因此，不能剥夺，只能在任用中通过良好的管理与开发让其自觉运用与发挥。

（2）生物性：生物性是人力资源行为特征的因由与结果。生物性既存在双向的物质运动，也存在双向的精神运动，还具有单向的抵抗运动。生物性必然带来人力资源使用与开发的艰巨性与复杂性。

（3）社会性：人力资源处于特定的社会和时代中，不同的社会形态、文化、民族、地域、职业等都会反映和影响人的价值观念、行为方式、思维方法。社会性反映出人的立场观点、伦理道德、价值取向、思维方式与行为模式，为人力资源开发提供了基本思想依据。

（4）时效性：人力资源与一般资源如矿产资源不同，矿产资源一般可以长期储存，不采不用，品质不会降低。人力资源则不然，储而不用，才能就会被荒废、退化。工作性质不同，人的才能发挥的最佳期也不同。人力资源的培养、贮存与运用是同人的年龄有直接关系的。不同年龄阶段反映出人力资源不同类别发挥的不同程度。这种不同时效的反映，也是一种自然规律制约的结果。它为人力资源使用的社会政策与技术手段提供了重要参考。人力资源的时效性显示出用时有效，用必及时，用逢其时，过时效用不大或无效用，用必须因类而不同，因目的而不同。

（5）连续性：人力资源是经济与社会发展的活资本，是最现实的生产力。这种资本是靠不断地培养、教育、维护而形成的，是投资长期积累的结果。人力资源的连续性，使其成为可以不断开发的资源，体现在开发、培训、积累和创造的过程中。

（6）激发性：激发，来源于人的满足需求心理。人力资源的激发性在实践中表现为：拉动力量的激发，协同与启示力量的激发，推动力量的激发，刺激力量的激发。激发性为潜能开发提供了理论方法，是激励机制的出发点。

（7）能动性：能动性，是人在自我价值实现中的自主运动行为，是人力资源作用发挥的前提。能动性表现为正向能动与负向能动，其对社会的作用意义是不同的。人力资源的政策应使其充分发挥正向能动，减少和避免负向能动。

（二）人力资源分析

人力资源分析可以采用总体分析和结构分析两种方法进行。

（1）人力资源总体分析：人力资源总体分析是从总体上了解企业所拥有人力资源的数

量和质量。即根据行业的特点和企业的特点，分析企业拥有执行企业战略所需的各类、各种人才的数量。

（2）人力资源结构分析：要深入具体地了解企业人力资源的状况还必须进行人力资源的结构分析，这更能反映企业人力资源的内在特征。人力资源结构分析可以从年龄、性别、学历、技能和性格等方面展开。

一般来说，学历结构和技能结构代表着企业人力资源的总体质量，但也不能绝对化。企业并不是高学历、高技能人才越多越好，如果企业并没有足够的岗位量才使用或进行适量的人才储备，就会造成显著的人才浪费，不仅增加了企业的人力成本，也对员工积极性产生非常不利的影响。

性格结构分析有助于充分发挥每一位员工的积极性和性格优势去从事最适合的工作，从而合理配置人力资源，为实现企业战略做出贡献。

全方位人力资源规划与分析如图 4－1 所示。

图 4－1 全方位人力资源规划与分析

四、企业资源的竞争价值分析

不同企业所拥有的资源是有差异的，这就使企业在资源方面有着不同的优势和劣势。如果一家公司所拥有的资源不但充足而且恰到好处，特别是，如果公司所拥有的优势资源具有产生竞争优势的潜力的话，那么，这家公司在竞争中取得成功的把握性就比较大。因此，对企业的每种资源都应当从以下四个方面进行竞争价值的分析：

（一）可得性

可得性即竞争对手是否容易得到这种资源？这种资源是否容易被竞争对手复制？企业拥有的资源竞争对手越难得到，模仿成本和难度越大，它的潜在竞争价值就越高。难以获取和复制的资源往往能够限制竞争，从而使资源所带来的利润具有持久性。

企业资源可能会由于以下原因而难以获得或复制：资源本身具有独特性或稀缺性，如不动产的地理位置非常好、受到专利保护等；资源的获得需要时间，而且难以加速取得，如品牌、商誉、对高深技术的掌握；获取资源需要大量的资金。

（二）为企业带来的价值

为企业带来的价值即这种资源能否真正在竞争中为企业带来价值，价值有多高？所有企业都必须避免盲目相信它们所拥有的资源会比竞争对手更多更强，任何资源的价值最终都必须从它为企业带来的价值中得到体现。

（三）优势的持久性

优势的持久性即这种资源为企业带来的竞争优势能持续多久？一种资源为企业带来的竞争优势持续的时间越长，其价值就越大。由于技术或行业环境的快速变化，有些资源很快就会丧失其竞争价值。

（四）可替代性

可替代性即这种资源是否能够被竞争对手的其他资源或能力所抵消？不可替代或难以替代的资源对企业来说具有更大的价值，因而也就更容易使企业获得竞争优势。

通过以上分析，有许多企业会发现，自己并不拥有能够完全满足上述四项要求的、具有优异竞争价值的资源，绝大多数企业是拥有一个资源组合，即企业资源中的一到两种很有价值，有些比较好，其他的从满意到平庸不等。只有少数企业，通常是行业的领导者或者行业未来的领导者，才拥有大量的富有竞争价值的上乘资源。

第二节　企业能力分析

企业能力的形成建立在企业资源基础之上，企业对资源的运用形成了企业能力。企业能力是指统筹整合企业资源，并将其发挥生产作用，使企业价值不断增加的技能。这些技能存在于企业的日常活动中，存在于为达到企业目标进行的企业决策和管理的内部过程。

企业的能力大小与企业资源条件及其有效配置和利用程度正相关。没有能力，资源就很难发挥作用，也很难增值，能力与资源共同构成了企业竞争优势的基础。进行企业能力分析的目的是了解企业对所拥有资源的配置和运用水平，企业是否有效利用和发挥所拥有资源的潜力，在此基础上哪种能力可以用来创造或维持竞争优势。

一、企业基本能力

企业基本能力分析

分析企业能力首先从分析基本能力开始，常见的企业基本能力包括五方面，分别是筹措供应能力、组织管理能力、科研开发能力、生产制造能力和营销服务能力。

（一）筹措供应能力分析

筹措供应能力（以下简称“筹供能力”）实际上是企业的资源获取和支配能力，包括筹措和供应两方面，即企业从外界获取生产经营所需资源并将其配置到企业内部各相关职能部门的能力。

按照企业资源的分类，企业的筹供能力至少包括企业对资本资源、人力资源、知识资源和生产经营物资资源的筹供四个方面。

1. 企业对资本资源的筹供能力

资本资源筹供是在国家当前法规和政策许可的条件下，以财务费用最经济为原则，探索寻求和比较分析资金的各种来源，力求能最合理、最经济地配合项目各个时期的现金流量进行借款、使用和偿还的整个过程。资本资源的筹措及用好借贷资金，已成为项目可行性研究及项目审核中一个十分重要的问题。

资本资源筹供可以分为两大类，即内部资本资源筹供与外部资本资源筹供。

（1）内部资本资源筹供——利用公司积累的财力，具体来说就是把股份公司的公积金（留存收益）作为筹供资金的来源，以满足公司生产经营的需要。

（2）外部资本资源筹供——向公司外的经济主体筹措资金并进行相关配置，以满足公司生产经营的需要。

外部资本资源的筹措渠道主要有三种：

第一种渠道是金融机构，例如从银行借贷，从信托投资公司、保险公司等处获得资金等。

第二种渠道是非金融机构，例如通过商业信用方式获得往来工商企业的短期资金来源；向设备租赁公司租赁相关生产设备获得中长期资金来源等。

第三种渠道是在金融市场上发行有价证券。

股份公司利用公开市场机制，发行有价证券筹集资金，是一种在经济上与战略上有双重意义的选择。

从经济角度来讲，发行有价证券可以直接面对投资大众，最大限度地利用社会闲散资金，并利用广大投资者之间的购买竞争来有效地降低筹资成本。

从战略角度来讲，发行有价证券又可以提高发行者的知名度，形成筹资公司的多样化负债结构，以避免单一化负债结构下债权人对债务人经济活动的垄断性干预，还可以利用广大债权人对债务还本付息的关心来获得各方面的有效信息。

▶案例

面对融资困境的格莱珉银行商业模式创新——小额信贷帮助穷人创业，摆脱贫困的成功经验

瑞典皇家科学院诺贝尔和平奖评审委员会宣布将 2006 年度诺贝尔和平奖授予孟加拉国的穆罕穆德·尤努斯及其创建的孟加拉国乡村银行（也称格莱珉银行，Grameen Bank），

以表彰其“为下层建立经济和社会发展所做的努力”。尤努斯于1976年在孟加拉国为了帮助穷人摆脱贫困而创建 Grameen Bank，他的目标客户是乡村最贫困的人，特别是贫困妇女，她们所获得的贷款超过95%。贫困妇女之所以成为主要的目标客户群体，是因为她们没有其他资本来源选择，如传统银行贷款在1974—2004年还是这样，商业银行中妇女贷款客户不足1%，她们更可能遭遇借贷困难。

格莱珉银行与传统商业银行的区别：

（1）该银行贷款的额度最初是35美元，平均为200美元，根据借款者的需求及信用水平而定。对于这样的分散借款，有较高的管理成本，传统银行是不开展这样业务的。

（2）格莱珉银行不需要抵押或担保，其每个分支机构约覆盖15～22个村庄，由一个分支机构经理及若干中心经理运营，他们紧密了解本地经营状况，以发现并开发潜在客户。

虽然格莱珉银行一直盈利，但它是一个不以营利为目的机构，因此它的利息保持在相对较低的水平。如资产回报率：1998年在0.1%至0.5%之间波动，远低于花旗银行同年1.84%的水平。

从社会角度看，格莱珉银行所提供的贷款，已经使超过45%的借款者，数百万家庭跨越了贫困线，消除的不仅仅是贫困，也使妇女在家庭中有了更高的社会地位。

迄今为止，尤努斯创办的无抵押微额贷款银行已经协助数以百万计的孟加拉国贫民摆脱了贫困。他本人则被世界公认为“微额贷款”模式的主要创始人之一，被视为全世界利用小额贷款向贫困宣战的最具象征性与号召力的人物，他的模式还被复制到很多国家和地区，尤其是亚洲、非洲、拉丁美洲等欠发达国家。

从这个案例可以看出，格莱珉银行颠覆了传统商业银行贷款需要担保或抵押的情况，使大量乡村有潜力的穷人得到摆脱贫困所需要的贷款，成为应对贫困的有力工具。它的模式不仅为非营利组织广泛模仿，一些以盈利为主要目的的公司也开展了微型信贷金融业务，形成微型信贷产业。

资料来源：于春华．格莱珉银行模式对我国小额贷款公司发展的启示［J］．现代营销（下旬刊），2022（09）：35－37.

2. 企业对人力资源的筹供能力

企业对人力资源的筹供能力体现为企业在人力资源需求与供给方面表现出来的能力。

（1）人力资源需求能力是为了实现企业的发展规划，以企业的战略目标、发展规划和工作任务为出发点，综合考虑企业内部和外部各方面的因素，运用科学的预测方法，对人力资源需求的数量、质量和结构等进行科学判断的能力。

影响人力资源需求能力的因素主要包括宏观和微观两方面。宏观层面具体包括劳动力市场，社会的进步，外部的竞争，行业、国家或地区以及世界的经济状况、社会习惯、法律法规、国家政策和性质体制等。微观层面具体包括企业的战略目标规划，企业的经营状况对组织工作任务的影响，企业的管理水平和组织结构，企业现有员工的素质，企业现有员工流动的情况等。

（2）人力资源供给能力是为满足企业未来某一时点的战略需要或某一时期对员工的需求，组织可对其内部及外部所能得到的员工数量和质量进行合理分配以充分发挥人力资源潜能的能力。

影响人力资源供给能力的因素主要包括企业内部和外部两方面。企业外部因素包括宏观经济状况、外部劳动力市场、工会组织、法律法规等；企业内部因素包括企业内部劳动力状况、企业员工的数量、企业员工的结构、员工满意度和薪酬水平以及员工的知识和技能水平。

3. 企业对知识资源的筹供能力

企业对知识资源的筹供能力主要体现在知识资源的获取、知识资源的保持和知识资源的运用三个方面，具有在分析企业内部知识存量、结构与环境的基础上，对知识的总量与结构、知识管理过程、知识管理的环境条件做出长远、系统谋划的能力。

4. 企业对生产经营物资资源的筹供能力

企业对生产经营物资资源的筹供能力主要体现在企业对生产活动中涉及的生产设备与材料、生产设施与场所、服务设备与服务设施周密协调与产品质量的保证能力。

总之，企业的筹供能力直接关系到企业能否及时获得生存发展所需的基本资源，是企业最基础的能力。

企业筹供能力受以下要素的影响：

（1）企业所处的地理位置；

（2）企业与资源供应者（包括供应商、金融机构、人力资源市场和供给者、科研和情报机构等）的关系；

（3）资源供应者与企业讨价还价的相对能力；

（4）资源供应者和企业前、后向一体化的趋势；

（5）企业供应部门的人员素质和效率。

（二）组织管理能力分析

组织管理能力是企业组织协调和配置资源的能力，可以从以下方面进行分析：

（1）制度建设：企业是否有科学、完善、齐备的管理制度；是否得到了有效的遵守和执行。

（2）管理人员：企业各层次管理人员的能力和素质；管理人员占企业员工总数的比例是否合理；管理人员的敬业精神和合作意识是否强烈等。

（3）控制系统：企业控制系统的有效性决定着企业的执行力，关系企业战略及工作计划能否顺利实施，应进行重点分析。企业控制系统跨越了若干职能活动，如表4－2所示，包括安全控制系统、财务控制系统、生产控制系统等诸多控制子系统，因此，要对各控制子系统分别进行分析。

表 4－2 控制系统的类型与内容

类型	内容
安全控制系统	• 控制点设置是否合理 • 是否经常出现失控状态 • 控制信息采集是否充分、及时和准确 • 控制信息的反馈是否及时
质量控制系统	
存货控制系统	
财务控制系统	
生产控制系统	
预算控制系统	
内部审计控制系统	

（三）研究开发能力分析

研究开发能力简称研发能力，是指企业是否有能力根据企业发展的需要开发和研制新产品，是否有能力对生产工艺、设备和流程进行改进。研发能力是企业创新能力的突出体现，对企业竞争力的培育越来越重要。企业研发能力的分析主要包括以下几个方面：

1. 研发组织与队伍

企业科技队伍的现状和变化趋势从根本上决定着企业的研发能力和水平。因此，企业要对科研队伍进行分析，主要包括：研发队伍的总体实力及人员构成，有无独立承担研发课题的技术专家或科研带头人，研发队伍的专业结构和技能结构、知识背景，研发人员是否有强烈的创新意识和合作精神，研发人员的积极性、主动性和创造性是否得到了充分的发挥等。

2. 研发组合

企业的研究与开发在科学技术水平方面有四个层次，即科学发现、新产品开发、老产品改进和设备工艺的技术改造。企业的研发能力决定了其研发水平处于哪个层次或哪个层次的组合，进而决定着企业在研发方面的强项和弱项，也决定着企业研发的方向。一个好的研发部门应该能够根据企业战略的要求和实力决定选择哪一个或哪几个层次的有效组合。

3. 研发成果

企业已有的研发成果是其研发能力的具体体现，如技术改造、新技术、新产品、专利以及商品化的程度、给企业带来的经济效益等。

4. 研发资源

企业研发活动要正常开展必须配备先进的研发设施、获得足够的研发经费，因此，企业研发能力的高低与研发活动得到的资源支持有着密切的关系，应当进行比较分析。

（四）生产制造能力分析

生产制造是企业产出其产品的中心环节，企业生产系统必须保证达到数量、质量、成本和时间等方面的要求和标准，以最快的速度、合理的成本生产符合市场需求的数量和质量的产品。对企业生产制造能力的分析主要从以下几个方面进行：

（1）生产工艺和流程；

（2）生产能力与生产周期；

（3）库存状况；

（4）生产管理人员与工人的工作能力与状态；

（5）质量把控；

（6）交货期。

（五）营销服务能力分析

从战略角度考虑，企业的营销服务能力主要包括四方面的内容：市场定位能力、营销组合有效性、营销管理能力和服务能力。

（1）市场定位能力：市场定位能力直接表现为企业市场定位的准确性，取决于企业在以下方面的能力——市场调查和研究的能力、评价和确定目标市场的能力、占据和保持市场位置的能力。

（2）营销组合有效性：企业在确定了目标市场后，要通过四个方面市场营销活动的组合来满足目标市场的需求，即产品或服务、定价、促销、分销活动。市场营销组合的有效性对企业市场营销能力的高低有着至关紧要的作用。

（3）营销管理能力：营销管理能力主要是指企业对各项营销工作进行管理的能力，具体包括营销队伍的建设与培训、营销人员的考核与激励、应收账款管理、客户关系管理等系列工作。

（4）服务能力：服务能力是企业为用户提供售前、售中和售后服务的能力，可以从硬件和软件两方面进行分析。

硬件方面如分析企业的服务网点数量、服务网点服务设施、服务网点零配件、服务人员的工具与装备水平、易耗品库存、在客户服务上是否有充足的资金投入等。

软件方面要分析服务网点或服务人员的资源调配权、服务人员的技术水平、个人素质和形象、服务人员的服务意识和服务精神、从顾客投诉到得到解决需要的时间、顾客对服务态度和水平的满意度等。

二、价值链分析

（一）价值链

价值链分析

对企业资源与能力进行分析的一个常用工具是迈克尔·波特教授提出的价值链。所谓价值链是指企业进行设计、生产、营销、交货以及对产品起辅助作用的各种活动的集合。在市场经济条件下，企业的竞争优势最终是由其产品或服务的价值体现并由消费者接受与否以及接受程度决定，而消费者是否接受的关键则在于他们对企业提供产品或服务与其他竞争者的价值判断，或者说，他们对公司设计、生产、销售、供货及支持活动完成方式的价值评价。企业要想获得竞争优势，就必须把自己的经营资源通过各种活动创造为顾客价值，企业内部的各种活动都应该是创造价值的活动，由于这些活动在企业内部犹如一条链条，因而称为“价值链”，如图 4－2 所示。

价值链分析的重点在于价值活动分析。价值活动可以分为两大类：基本活动和辅助活动。基本活动是涉及产品的物质创造及其销售、转移给买方和售后服务的各种活动等，主要包括进货后勤、生产作业、发货后勤、市场营销和服务。辅助活动是辅助基本活动并通过提供外勤投入、技术、人力资源以及各种公司范围的职能以相互支持，主要包括采购、技术开发、人力资源管理和企业基础设施。价值链图中的虚线反映了基本活动与辅助活动之间的相互联系以及共同支持整个价值链。

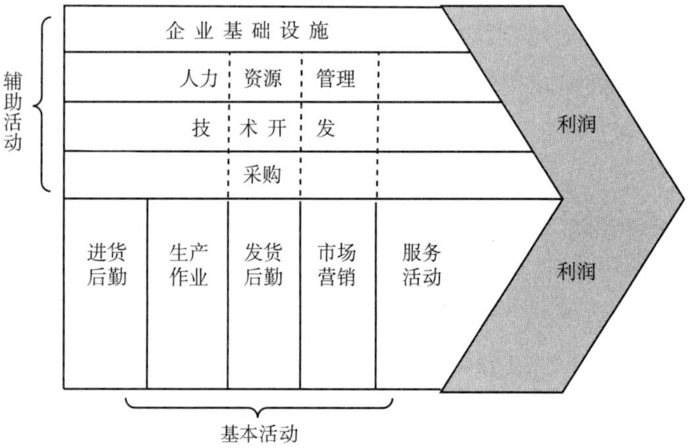

图 4－2 企业基本价值链

（二）价值链系统分析

许多企业在进行了内部价值链分析后，将那些由自己企业承担反而会使总价值降低的活动进行了剥离，采取了从市场购入而不是自己从事的方式进行生产经营，于是便产生了本企业价值链与提供前后向活动的企业的价值链连接的问题。因此，企业还需要对包括前后向活动的提供者，即企业供应商和客户价值链在内的价值链系统进行分析，如图 4－3 所示。

价值链系统分析包括两项内容：

一项是分析企业价值链与为自己提供前向或后向活动的价值链的接口。以与供应商价值链的接口分析为例，当企业将一部分活动（如某种零部件）的生产由自制改为外购时，企业价值链中该零部件的生产活动就消失了，供应商价值链中的推销促销环节的任务也发生了根本的变化，在双方的价值链能如同一个企业那样顺利衔接时，它们共同的成本将有所降低，而且还能取得流程链接、信息共享、更好地了解和满足客户需求、进一步开发流程功能等方面的效果。

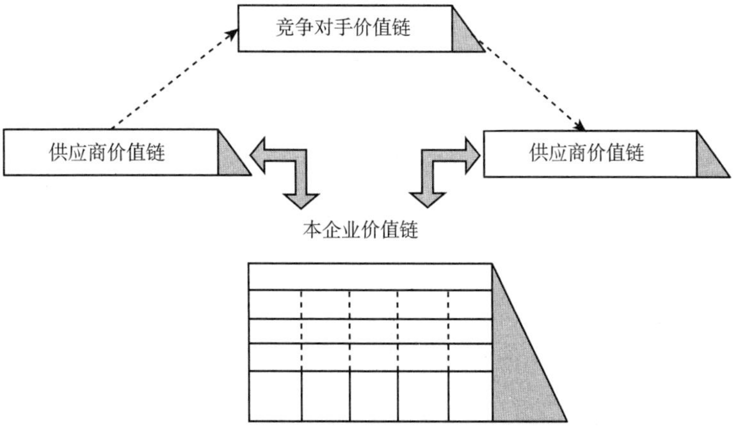

图 4－3　企业价值链系统分析

另一项分析是将企业的价值链系统与竞争对手的价值链系统进行对比分析。对绝大部分企业来说，其竞争对手往往与自己有共同的供应商和共同的客户，企业与对手的竞争不但表现在自己的价值链功能与对手的价值链功能的竞争上，还表现在双方在与供应商和客户价值链连接的效果上，只有当企业价值链系统整体价值高于竞争对手时，才能在市场上表现出更高的竞争力。从这一点上看，企业不但要关心对自己价值链的培养，而且要关心对供应商和客户价值链的培养。

总之，通过价值链分析，尤其是与行业内其他对手的价值链活动相比较，企业可以发现其内部各项活动的优势和劣势，寻找不断改进和创新的源泉。

三、企业核心能力分析

企业核心能力分析

（一）核心能力的含义

20 世纪 80 年代兴起的资源理论认为，最重要的超额利润源泉是企业长期积累形成的、独特的资源及其不可模仿和难以替代的竞争力——核心能力，也叫核心竞争力（Core Competence）、核心竞争优势，是一个企业能够长期获得竞争优势的能力，是企业所特有的、能够经得起时间考验的、具有延展性并且是竞争对手难以模仿的技术或能力。

什么是企业的核心竞争力？简言之就是企业到底会干什么、特别会干什么。战略必须建立在核心竞争力的基础上。

核心能力是企业的积累性学识，特别是关于如何协调不同的生产技能和有机整合多种技术流的学识，是一家企业赖以为顾客提供价值的成套技能和技术。这个概念是普拉哈拉德和哈默尔在 1990 年《哈佛商业评论》上发表的《公司的核心能力》一文中提出来的。

核心能力不是个单项技术或技能、一笔物质财产（如一座工厂）或者基础设施（如分销系统)。核心能力是企业所特有的能为消费者带来特殊效用，使企业在某一市场上具有持续竞争优势的内在能力资源。

以一个多元化企业为例，企业好比一棵大树，树干是核心产品，树枝是业务单元，树叶、花朵和果实是顾客所需要的最终产品，为所有这一切提供养分并起到支持作用的树根则是企业的核心能力。核心能力实际上就是隐含在核心产品中的知识和技能，或者是它们的组合（见图4-4)。

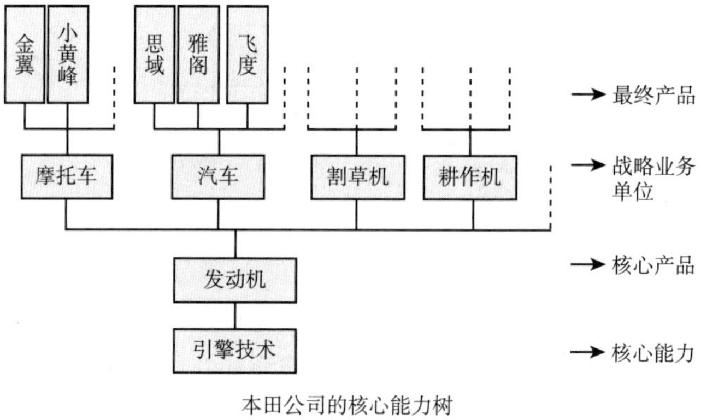

图4-4 多元化企业的核心能力

（二）企业核心能力的来源

企业核心能力的来源主要包括过程、知识或技术，关系等。

(1) 过程。核心能力的形成往往是企业积累和共享知识的过程，与组织的特定文化和发展历程紧密相连，其他组织难以知晓或模仿。

(2) 知识或技术。核心能力意味着企业拥有特定领域的先进知识和经验，通常也与企业的特定先进技术相联系，两者能够有效帮助企业构筑竞争优势。

(3) 关系。核心能力往往并不是一项单一的技术和知识元素，而是多种知识元素的特定组合。具有核心能力的企业对于这些知识元素的组合关系有深入的理解，可以优化这些组合关系以创造竞争优势。

（三）企业核心能力的识别

企业生存和发展的核心在于建立竞争优势。企业核心能力是在长期实践中逐步积累形成的，它具有很强的稳定性，成为支撑企业长期发展的不竭源泉，它又具有动态性，需要不断创新、发展和培育，才能实现提升。培育和提升企业核心能力是企业战略管理的重要内容，企业核心能力的培育与提升的前提是对企业的核心能力进行有效的识别。企业核心能力应具有的特征如下：

(1) 价值性：企业核心能力必须具有市场价值和竞争优势，能为消费者带来价值创造或价值附加。这种能力应当能为顾客提供超过其他企业的更多的使用价值，能够更好地、更全面地满足顾客需要，同时能使企业比竞争对手有更高的劳动效率、更低的产品成本，从而取得更高且长期的经济效益，实现企业价值最大化。例如，三一集团秉持着“先做人、后做事，品质改变世界”的核心价值观，形成了三一集团的核心能力，即技术创新、管理创新和服务创新，使之成为中国首家“破千亿”的工程机械企业，获得“全球工程机械三强”称号和福布斯全球企业500强。

（2）难以仿效性：企业核心能力必然是企业在长期的生产经营活动中积累丰富经验，提炼总结，不断创新而得到的。这种经过长期积累、磨炼而得到的能力是其他企业难以模仿和超越的。一项能力的模仿成本和难度越大，它的潜在竞争价值就越大。如微软在计算机软件开发方面长期形成的创新能力使其始终处于领先地位。企业核心能力不仅表现在对环境变化保持必要的随机应变，更重要的是可以使企业的产品开发和市场开拓走在市场需求的前面，激发新的市场需求，引导消费。

（3）难以替代性：企业核心能力是企业所独有，在企业长期发展过程中逐渐积淀而成的，具备这一能力的企业具有与众不同的特色，可以依靠特色赢得部分顾客的充分信任，形成特色垄断市场。同行业的其他企业一时很难与之竞争，替代品也很难在这个特定的领域与之相抗衡，该企业在与竞争对手争夺市场和资源中占有独特的相对优势。

（4）持久性：尽管企业核心能力往往表现在某些方面，但它绝不可能仅在企业的某个部门形成，只在某项职能中发挥作用。企业的核心能力必然是企业整体优化的结果，必然在企业拥有的全部资源中持续发挥作用，体现在企业生产经营活动的方方面面。当企业某一局部阻碍甚至破坏了核心能力时，核心能力就可能丧失殆尽。

（5）独特性：如果一项能力会随着员工的离开而被带走的话，那么是员工而非企业拥有这一能力。因此，独特性必须保证核心能力是企业所拥有的。

（6）延展性：在企业能力体系中，核心能力是存在溢出效应的母体和核心。企业可以通过核心能力在原有竞争领域中保持竞争优势，也可围绕核心能力进行相关产品和市场的拓展，通过创新获取持续竞争优势。

▶课程思政案例

国家电网是一家什么样的公司

中国最牛的科技公司，其实不是华为，而是国家电网。

如果提到哪家中国企业发明数量多，相信除了华为，一定会想到另一个名字——国家电网。

能让中国14亿人都能用上电，同时电网系统覆盖中国960万平方公里的土地，这在其他任何一个国家都是没有办法实现的，但是国家电网做到了。

比如印度，整整1亿多人至今依然在没有电的环境下生活，不是他们不想用电，而是技术实现不了。

远距离的输电，唯一的解决办法就是特高压的传输，很遗憾，印度没有，不但印度没有，全世界99%的国家都没有这项技术。因为特高压技术欧、美、日花了好多资金和时间来研究，可是结果却差强人意。而我们中国的国家电网人，不畏艰难险阻，披荆斩棘，不断付出不断研究，终于研究出了特高压技术。

中国是全球唯一掌握特高压技术并且商业化运营的国家，这就意味着我们中国的技术就是国家的标准乃至全世界的标准，真正实现独步天下，因此真需要向电网人致敬，向那些默默付出的人致敬，他们是真正的英雄，真正的明星。

资料来源：苏伟，胡婧．胸怀“国之大者” 锚定奋斗目标 国家电网高质量发展的战略密码［N］．中国电力报，2022－10－31（001）．

比亚迪汽车创造了多少神话——国人的骄傲，不要崇洋媚外忽略它

你知道中国最强的汽车公司是哪家吗？很多人可能不知道，但是这家公司却让西方很多高科技公司都忌惮无比，但是很可惜，却被自己的国人看不起。一提到它好像就是三个词：低端、便宜、不靠谱。但是这家成立了16年的汽车公司却创造了无数个第一，这家公司就是比亚迪。

比亚迪有多厉害呢？它研发出了中国第一台涡轮增压发动机，中国第一台双离合变速箱，中国第一台SP系统安全气囊，全球第一辆油电混动车，全球第一辆纯电动的大巴，还有全球唯一的不燃烧铁锂电池，并且在西方垄断汽车芯片不让其流入中国的情况下，比亚迪居然突破了封锁成为全球唯一的一家能够自主生产汽车芯片、主控芯片的汽车公司。所以中美贸易战中它是中国唯一一家不被卡脖子独立搞定电动汽车三大件的厂家。最厉害的是在富士康响应苹果的号召，停止给小米给华为做代工的情况下，比亚迪霸气宣布照单全收。

所以我们不能以低端汽车生产商的视角和眼光来看比亚迪，我们国人不要再妄自菲薄，比亚迪其实是一个隐藏非常深的科技巨头，极有可能成为下一个华为。所以我们国人不要盲目崇洋媚外，我们中国自己企业的科技水平是可以的。

资料来源：杨坪，李域．汽车业进入淘汰赛 王传福直言“有核心技术企业才能活下来”［N］．21世纪经济报道，2023－06－09（009）．

（四）核心能力的培育

企业的核心能力可以表现为企业的多种能力，如企业卓越的技术开发能力、优秀的营销能力以及先进的管理能力，这些都可以形成企业的核心能力。在现实活动中，企业的核心能力更多地表现为各种能力的组合。企业核心能力的培育是企业上下共同努力的结果，可以通过以下方式培育：

1. 内部开发

企业通过在内部开发出构成核心竞争力的技术，走自我发展的道路。这需要在企业内部强化科研力量、完善企业的技术创新体系、合理地配置企业资源等。内部开发培育核心能力的途径主要有以下几个：

（1）提升人力资本。资本时代的来临使得人力资本对企业竞争力的作用日益凸显。企业应从学科知识、实践和创新能力方面建立一支相对稳定、结构合理的高素质人才队伍，最大限度地开发他们的智力资源，充分调动他们的主动性和创新精神，将人力资本与企业有机地结合在一起，为形成核心能力打下坚实的人才基础。

（2）培育核心技术。企业在打造核心能力的过程中，需要对现有技术进行分解和整合，对核心产品进行技术分解、归类和整合，清楚地了解自身的核心技术，集中人力、物力、财力对专有技术和关键技术进行研究开发、攻关改造，并不断加以提高和巩固，以形成具有自主知识产权的核心技术，进而以一流的技术创新能力培育出企业的核心能力。

（3）改进营销方法。先进的营销管理是企业竞争优势的重要来源，在买方市场时代，科学的营销方法甚至能够成为企业的核心能力。企业若在消费者中形成覆盖区域较大的市场营销网络，必将成为后来者进入该市场的壁垒，从而可以在相当长的时期内获得超额利润。

（4）提高管理能力。提高管理能力有利于企业更有效地利用资源，扩大经营范围，提高市场竞争力。企业的管理能力在一定意义上取决于企业是否拥有一支有组织才能和企业业家才能的经理队伍。企业应按照现代企业制度和市场经济的要求改造和变革现有的企业制度，使之更科学、合理和规范，从而为核心能力的培育和提升提供制度基础和管理保证。

（5）创建良好的企业文化。企业核心能力的培育是通过积累、完善和整合企业生产要素实现的，良好的企业文化是企业整合更大范围资源、迅速提高市场份额的利器，企业只有适应市场竞争的变化，依靠先进的企业文化，才能培育出企业的核心能力。

2. 外部获取

企业通过外部的并购或者建立战略联盟等方式来获取企业所需的技术、管理、营销网站等资源。

（1）实施企业并购，获取企业核心能力。企业并购是企业迅速扩大规模的一种有效途径，相对于其他途径所需时间最短，有助于快速克服进入壁垒，延伸到其他经营领域。通过并购，企业可从目标企业直接获取所需的资源或能力为己所用，在此基础上重新整合自身的内部资源与能力，调整与革新业务组合与产品结构，实现企业经营机制的创新，达到优化资源配置、提高竞争优势的目的。因此，并购是企业通过外部途径打造核心能力的一条捷径。

（2）建立战略联盟，打造企业核心能力。战略联盟一般可分为基于研发、生产、营销和知识等不同类型的战略联盟。战略联盟的建立需要联盟双方或多方通过周密细致的谈判，共同确定培育和提升企业核心能力的具体方案、实施细则和责任义务。战略联盟中的企业应将精力集中于各自价值增值活动中具有相对竞争优势的战略环节，从而实现优势互补。这种合作模式不仅可以大大提高联盟成员的核心能力，而且由于采取了战略联盟的组织形式，可以分散和降低联盟企业的投资风险，因此，战略联盟是企业从外部获得核心能力的有效途径之一。

3. 核心能力的整合

企业拥有、获得了核心要素或资源，不一定会直接产生核心能力。要形成一种竞争对手无法模仿的核心能力，企业需要统筹规划，将自己的核心产品、技术、管理、市场等要素整合在一起。同时，企业需要将员工个人或小团体所拥有的个体能力扩散、转化为企业整体所拥有的组织能力，将分散在组织中的独立要素能力协同为企业独有的核心能力。这是构建核心能力的最后也是最为关键的一个环节。虽然不少企业积极实施并购重组的战略，期望借此提高企业的核心能力，但很多情形下效用不大甚至适得其反，这主要是由于企业没有能够有效整合各种资源，充分发挥 1 + 1 > 2 的协同效应。

在今天的数字化环境之下，行业的边界变得不再清晰，企业自身的资源和能力也变得越来越“不可靠”。一方面，资源和能力在不同企业之间的流动变得越来越频繁，依靠资源和能力在企业间的不可流动或难以复制来获得竞争优势的传统理论受到了极大挑战。例如，开源模式和共享经济的出现代表了资源能力从所有观到使用观的转变。另一方面，曾经的核心竞争力可能会成为核心刚性，阻碍企业的创新和发展。企业在培育核心能力的过程中也要充分考虑传统核心技术、资源的相对黏性，尤其是一些制造企业越是专注于发展核心专长，越会陷入妨碍发展的核心刚性和惯性陷阱。

（五）核心能力的保持

1. 核心竞争能力丧失的原因

（1）核心竞争能力携带者的流失。

（2）与其他企业的合作。如日本一些企业通过战略联盟从西方获得大量的技术能力。

（3）放弃某些经营业务。如通用电气、摩托罗拉等公司从 1970 年至 1980 年先后退出彩电行业，从而失去各自在影视像技术方面的优势。

（4）核心竞争能力逐渐被竞争对手所模仿，成为行业中必备的能力。

2. 保护核心竞争能力的措施

（1）培养对核心竞争能力携带者的忠诚度。

（2）自行设计和生产核心产品。可口可乐公司自行配制糖浆就是一个很好的例子。

（3）谨慎处理某些经营不善的业务，要充分考虑到业务的放弃或转让所造成的影响。

（4）加强对企业核心技术的保密措施与管理制度。

（5）不断对现有核心技术或技能进行改良与改进，保持其在行业内的领先地位。

第三节　企业经营现状分析

企业经营现状分析

对企业资源的分析反映了企业的实力，是企业能够制定和实施某种战略的基础；对企业能力的分析反映了企业在以往的经营活动中表现出来的资源运用的技能，使我们对企业未来发展的潜力和表现有了一定的预期和估计。但这些分析还不够全面，还不能完整地反映出企业内部环境的全貌，我们还需要对企业当前的状态进行一个扫描，即企业的经营现状分析。

经营现状分析是在进行企业战略分析的当前时点上，对企业状况进行的全面描述，是企业连续不断的发展历程中在当前时点上切出的一个横截面，它反映了企业内部各个方面的当前表现。如果说企业资源分析回答了“我有什么”，企业能力分析回答了“我能做什么”，那么企业经营现状分析就是要回答“我正在做什么，现在怎么样”。

企业的经营现状与企业的资源和能力既有联系，也有区别。企业经营现状是企业资源和能力与外部环境综合作用的体现，资源优、能力强的企业有可能在外部环境不利的情况下表现不佳，资源差、能力弱的企业在有利的外部环境下也有可能在某些特定时点上表现优异。例如，在行业的成长期，往往企业业绩表现优异，但实际上资源和能力并不充分，其良好业绩是快速增长的市场带来的，一旦市场竞争趋于激烈，缺乏资源和能力的企业将最先被淘汰；在竞争激烈的行业中，有的企业在某些时候表现欠佳，但其资源和能力并不缺乏甚至相当强，其业绩不良是由于不利的外部环境造成的，只要能够保住市场、持续经营，等到环境转暖就会柳暗花明。

因此，对企业经营现状进行分析能够使战略决策者清晰地看到企业当前的状况，和资源能力分析结合起来，就能够对企业有全面深入的认识，既不会因经营现状良好而盲目乐观，忽视自身的弱点和问题，也不会因现况不佳而丧失斗志。这种对自身客观、理性、全面的认识是制定正确战略的思想基础。

对企业现状的分析可以从企业经营的各个方面展开，一般按照企业的主要职能，从财务、组织结构、采购供应、生产质量、技术研发、营销服务等方面展开。

一、财务状况分析

财务状况是企业经营现状的集中表现，财务分析是企业经营现状分析的基础和关键，企业的经营者、投资者、债权人、员工和政府都会从不同的角度，根据各自的价值观念来考察企业的财务状况。

分析企业财务状况广泛使用的方法是财务比率分析，财务比率分析评价体系主要由五大类指标构成，即收益性、安全性、流动性、成长性和生产性指标。分别计算出五类指标并画出雷达图，就能够清楚、直观、形象地揭示出企业的财务及经营状况的长处和弱点，这对于制定正确有效的企业战略具有十分重要的意义。

（一）财务比率分析评价指标

1. 企业收益性指标

如表 4－3 所示，企业收益性指标包括资产报酬率、所有者权益报酬率、每股利润、销售毛利率等多种收益性比率指标，根据其基本含义和计算公式，进行企业财务状况分析。

表 4－3 企业收益性指标

收益性比率	基本含义	计算公式
资产报酬率	反映企业总资产的利用效果	(净收益＋利息费用＋所得税)/平均资产总额
所有者权益报酬率	反映所有者权益的回报	税后净利润/所有者权益
每股利润	反映股东权益的报酬	(净利润－优先股股利)/普通股发行在外平均股数
股利发放率	反映股东权益的报酬	每股股利/每股利润
市盈率	反映股东权益的报酬	每股市价/每股利润
销售利税率	反映销售收入的收益水平	利税总额/净销售收入
销售毛利率	反映销售收入的收益水平	销售毛利/净销售收入
销售净利率	反映销售收入的收益水平	净利润/净销售收入
成本费用利润率	反映企业为取得利润所付代价	(净收益＋利息费用＋所得税)/成本费用总额

2. 企业安全性指标

如表 4－4 所示，企业安全性指标包括流动比率、速动比率、资产负债率、所有者（股东）权益比率等多种比率指标，根据其基本含义和计算公式，进行企业财务状况分析。

表 4－4 企业安全性指标

安全性比率	基本含义	计算公式
流动比率	反映企业短期偿债能力和信用状况	流动资产/流动负债
速动比率	反映企业立刻偿付流动负债的能力	速动资产/流动负债
资产负债率	反映企业总资产中有多少是负债	负债总额/资产总额
所有者（股东）权益比率	反映企业总资产中有多少是所有者权益	所有者权益/资产总额
利息保障倍数	反映企业经营所得偿付借款利息的能力	税息前利润/利息费用

3. 企业流动性指标

如表 4－5 所示，企业流动性指标包括存货周转率、应收账款周转率、流动资产周转率、固定资产周转率、资产周转率等多种比率指标，根据其基本含义和计算公式，进行企业财务状况分析。

表 4－5 企业流动性指标

流动性比率	基本含义	计算公式
存货周转率	反映存货的变化速度	销售成本/平均存货
应收账款周转率	反映年度内应收账款转为现金的平均次数	销售收入/平均应收账款
流动资产周转率	反映流动资产的使用效率	销售收入/平均流动资产总额
固定资产周转率	反映固定资产的使用效率	销售收入/平均固定资产总额
资产周转率	反映全部资产的使用效率	销售收入/平均资产总额

4. 企业成长性指标

如表 4-6 所示，企业成长性指标包括销售收入增长率、税前利润增长率、固定资产增长率、人员增长率、产品成本降低率等多种比率指标，根据其基本含义和计算公式，进行企业财务状况分析。

表 4-6 企业成长性指标

成长性比率	基本含义	计算公式
销售收入增长率	反映销售收入变化趋势	本期销售收入/前期销售收入
税前利润增长率	反映税前利润变化趋势	本期税前利润/前期税前利润
固定资产增长率	反映固定资产变化趋势	本期固定资产/前期固定资产
人员增长率	反映人员变化趋势	本期职工人数/前期职工人数
产品成本降低率	反映产品成本变化趋势	本期产品成本/前期产品成本

5. 企业生产性指标

如表 4-7 所示，企业生产性指标包括人均销售收入、人均净利润、人均资产总额、人均工资等多种指标，根据其基本含义和计算公式，进行企业财务状况分析。

表 4-7 企业生产性指标

生产性比率	基本含义	计算公式
人均销售收入	反映企业人均销售能力	销售收入/平均职工人数
人均净利润	反映企业经营管理水平	净利润/平均职工人数
人均资产总额	反映企业生产经营能力	资产总额/平均职工人数
人均工资	反映企业经营成果分配状况	工资总额/平均职工人数

（二）绘制雷达图

1. 雷达图绘制及指标代号确定

雷达图绘制及指标代号见图 4-5。

2. 雷达图绘制要点

先画出三个同心圆，并将其等分成五个扇形区，分别表示生产性、安全性、收益性、流动性和成长性。通常，最小圆圈代表同行业平均水平的 1/2 或最低水平；中间圆圈代表同行业平均水平，又称标准线；最大圆圈代表同行业先进水平或平均水平的 1.5 倍。在五个扇形区中，从圆心开始，分别以放射线形式画出 5～6 条主要经营指标线，并标明指标名次及标度。然后，将企业同期的相应指标值标在图上，以线段依次联结相邻点，形成折线闭环。最后构成雷达图（见图 4-6）。

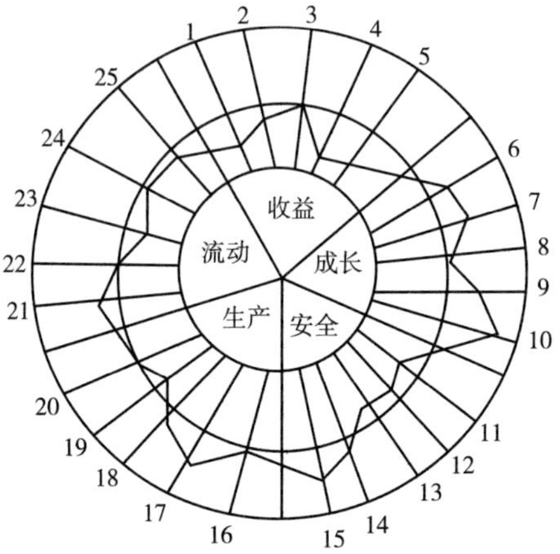

图 4－5 雷达图绘制

注：1、2、3……分别为“五性”中各个具体指标的代号。

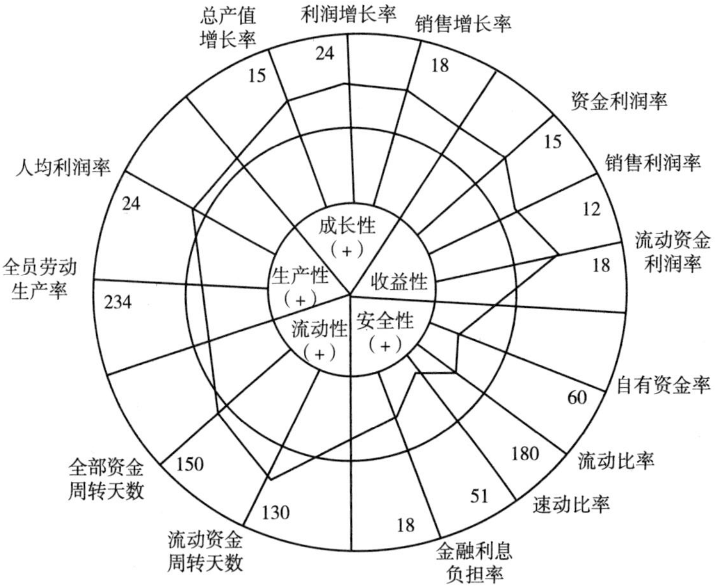

图 4－6 雷达图分析法解析

◇ 贴士

财务比率分析法的财务能力分析

运用财务比率分析法来对企业财务状况进行分析。财务比率还可以从以下五大类：清偿比率、债务资产比率、经营比率、盈利比率、增长比率等方面进行财务能力分析。

1. 清偿比率

清偿比率通过流动比率和速动比率两大指标来表示，其中流动比率用来测定企业的短期偿还能力：

$$流动比率=\frac{流动资产}{流动负债}$$

$$速动比率=\frac{速动资产}{流动负债}$$

上式中，速动资产=流动资产－存货－预付账款－待摊费用－待处理流动资产损失，用来测定在不用出售库存产品和材料的情况下，企业可以在多大程度上清偿其短期债务。

2. 债务与资产比率

$$资产负债率=\frac{负债总额}{资产总额}$$

上式用来测定债务在总资产中所占的百分比，表示企业资产对债权人权益的保障程度。

$$资产负债率（产权比率）=\frac{负债总额}{所有者权益总额}$$

上式反映企业所有者权益对债权人权益的保障程度。

$$收益与利息比率=\frac{税前利润}{总的年利息支出}$$

上式用来测定需要多少税前利润，企业才能支付每年的利息。

3. 经营比率

$$存货周转率=\frac{主营业务成本}{平均存货余额}$$

上式用来测定企业的库存是否过多，或在同行业中周转是否太慢。

$$固定资产周转率=\frac{主营业务收入净额}{平均固定资产净值}$$

上式用来测定厂房、设备等固定资产的利用率，表明企业固定资产是否得到充分利用。

$$总资产的周转率=\frac{主营业务收入净额}{平均资产总额}$$

上式用来测定企业是否用其资产产生了足够的销售额，表明企业资产使用效率的高低。

$$应收账款周转率=\frac{年赊销总额}{应收款}$$

上式用来测定企业需要多长时间才能回收赊销货款。

4. 盈利比率

$$毛利率=\frac{(销售额-总生产成本)}{销售额}$$

上式用来测定可供支付的经营管理费和作为利润收入的毛利润的多少。

$$纯利润率=\frac{净利润}{销售总额}$$

上式用来测定每元销售的税后利润。

$$投资收益率=\frac{净利润}{总资本}$$

上式用来测定每元资本的税后利润。

$$每股盈余=\frac{净利润}{企业售出普通股股数}$$

上式用来测定股东从每普通股股票上可能得到的红利。

5. 增长比率

$$销售增长率=\frac{本年销售收入增长额}{上年销售收入总额}$$

上式用来衡量企业经营状况和市场占有能力。

$$利润增长率=\frac{本年利润增长额}{上年利润总额}$$

上式用来衡量企业效益增长状况。

二、组织结构状况分析

组织结构是关于组织中的人员和任务如何相互联系和依赖的相对稳定的网络结构，常将企业组织形式以结构图的形式表示出来，形象地体现企业各成员之间的层次关系、指挥关系以及协调关系。企业组织结构的形式多种多样，但基本的结构类型不外乎以下几种：简单结构、职能结构、部门结构和矩阵结构。

一些新的组织结构形式，往往是以这些基本结构形式为基础进行创新而成的。各种组织结构形式都有其优缺点，适用于不同情况，本无优劣之分，关键看其是否与企业战略相匹配。企业在评价其组织结构时，要看组织结构是否与未来战略变化相适应。如果相适应，企业战略就易于实施；如果不适应，就需要企业根据战略的要求进行组织结构的调整和变革。

组织结构分析要注意考察的关键点主要有如下方面：

1. 企业采用何种协调机制

要达到组织的整体要求，首要和基本的决策就是确定组织中的人员和群体如何相互协调。常用的协调机制有：互动调整、直接监督和标准化。

互动调整是指通过相同等级的员工之间共享信息、人际沟通的方式来实现协调；直接监督是指个人对其他人的工作负责的机制；标准化是通过向员工提出固定的工作标准和程序使他们明确自己的职责和任务。一般来讲，12 人以下的群体适宜采用互动调整的协调机制；多于 12 人的群体就应该采用直接监督的协调机制；当组织人数超过 50 人时，则采用标准化机制更为有效。管理人员应注意在使用种协调机制的成本和该机制带来的好处之间做出权衡。

2. 企业组织的正规化水平

正规化是指制定组织行为的规则并将这些规则诉诸文字。在高度正规化的组织中，有明确的工作说明书，有系统的规章制度，对工作过程有详尽的规定。但工作正规化程度越高，员工决定自己工作方式的权利就越小。

3. 企业组织的专门化水平

专门化是指组织的工作被划分成具体到个人的任务。在某些工作领域，扩大而不是缩小工作活动的范围（如工作扩大化、内容丰富化等），反而可以提高生产率。

4. 企业组织的部门化水平

一旦通过工作专门化完成任务细分之后，就需要按照类别对它们进行分组以便使不同的工作可以协调进行。组织进行部门化的途径很多，可以根据需要分别依据职能、产品类型、地域、生产过程、顾客的类型等进行部门化。

5. 企业的管理幅度和管理层次

管理幅度是指一个管理人员所能有效地直接领导和控制的实际人员数。管理层次是指组织内纵向管理系统所划分的等级数。一般情况下，管理幅度和管理层次成反比。

6. 企业组织是集权还是分权

在有些组织中，所有的决策都由高层管理者做出，基层管理人员只管执行高层管理者的指示，这属于集权。另外一些组织则把决策权下放到最基层管理人员的手中，这属于分权。

三、采购供应状况分析

采购供应状况主要指企业是否具备有利的供应地位、与自己的供应商关系是否协调、是否有足够的渠道保证、能否以合理的价格来获取所需资源等。

第一，在采购供应状况分析中，原材料和零部件的供应应当首先考虑。

第二，要分析企业能源供应状况，如所供应的能源是否质量稳定；企业与能源供应部门是否有良好的协作关系等。

第三，要分析企业资金的供应问题。

第四，要分析企业人力资源的供应问题。

四、生产质量状况分析

企业生产质量状况可以进行大量的定量分析，常用以下指标进行分析：包括产量、产品平均技术性能、产品合格率、产品成品率、产品等级品率、产品质量分数、废品率、返修率、开箱合格率、用户质量投诉率、合同准期率等。

五、技术研发状况分析

企业技术研发状况总体上可以从以下方面得到反映：企业的生产工艺和产品技术在国内外处于怎样的水平？与国内及国际先进水平的差距如何？企业研发经费占销售额的比

例、新产品销售额占企业总销售额的比例等。具体可以从研发组织状况、研发成果状况和研发过程三个方面进行分析。

六、营销服务状况分析

企业的市场营销服务状况可以从市场定位状况、营销战略组合两个方面来分析。

1. 市场定位状况分析

如企业目前的市场定位是什么？这个市场定位是否符合企业的状况？这个定位是否建立在进行市场调查的基础之上？企业的目标市场是否具有可测量性、可进入性、可营利性和可行动性等。

2. 营销战略组合分析

营销战略组合分析是指从市场营销组合的每个方面来考察企业目前的营销状况：（1）产品或服务；（2）定价；（3）促销；（4）分销等。

应当指出，企业经营现状可以从企业方方面面的表现得到反映，要运用大量的指标、信息和数据，很难一一列举，因此这里只能提供总体思路和基本框架。针对特定的企业，我们要对这个一般框架进行细化，力争把企业经营的状况完整、真实、全面、准确地扫描出来、表现出来，供战略决策者参考。

第四节　企业文化分析

企业文化分析

企业文化是企业的软环境，企业每一位员工都在企业文化环境中工作，潜移默化地受到企业文化的影响。因此，企业文化是企业内部环境的重要组成部分，它影响和决定着内部环境的其他方面，对企业战略的制定和执行也具有重大影响。

一、企业文化理论简介

（一）企业文化的内涵

企业文化是企业中居主导地位的价值观、管理哲学、道德观念以及表现这些理念的经营思想、作风和方式，是企业在长期生产经营中形成，并被员工认同遵从的思想观念、价值标准、行为方式的总和。

凡是有人群存在的地方就有文化。企业文化是文化的一种表现形态，是企业在长期的实践过程中形成并为组织成员普遍遵守和奉行的共同价值观念。它反映和代表了组织成员的整体精神、共同的价值标准、合乎时代的伦理和追求发展的文化素质。企业文化也反映了一种管理方式，它强调通过价值观的内化来实现企业内部各成员的行为控制。

（二）企业文化的成因

企业文化的形成是一个复杂的历史过程，其影响因素较多，主要有如下几方面：民族文化；企业生产力状况与外部环境；企业员工素质；现代管理科学的发展，等等。企业文化是一种管理哲学，随着管理理论和实践的不断发展，企业文化将会不断地丰富更新。

（三）企业文化的作用

企业文化是企业构建竞争优势最重要的平台，它决定和影响着企业内部环境的其他方面。具体而言，企业文化具有以下六个作用：

1. 导向作用

导向作用是指企业文化能够把企业整体及企业员工个人的价值取向和行为取向引导到企业所确定的目标上来。

2. 规范作用

企业文化是一种无形的思想上的约束力量，形成了一种软规范，以此制约员工的行为，来弥补规章制度的不足，并引导多数员工认同和自觉遵守规章制度。

3. 凝聚作用

企业文化是全体员工共同创造的群体意识，把各个方面、各个层次的人都团结在企业周围，对组织产生一种凝聚力和向心力。如果说薪酬和福利形成了凝聚员工的物质纽带的话，那么企业文化则形成了凝聚员工的感情纽带和思想纽带。

4. 激励作用

企业共同的价值观、良好的文化氛围，往往能产生一种激励机制，使每个成员所做出的贡献都会及时得到其他员工及领导的赞赏和奖励，由此激励员工为实现自我价值和组织发展而勇于献身、不断进取，从而形成种激励环境及激励机制。

5. 创新作用

企业要生存和发展，就要与其他企业加以区别，就要创新。企业文化就是一个企业能区别于其他同类企业的特色。积极的、富有个性和特色的企业文化，是企业独特风格和特色的主要方面，是激励员工创造性、积极性的巨大动力，是企业在激烈的市场竞争中立于不败之地的重要保证。

6. 辐射作用

企业文化不但对本企业，还会对社会产生一定的影响，它向社会展示了企业的形象，包括企业员工的精神面貌、经营思想、管理风格，向外界提供可以信赖的信息，提高企业的知名度与美誉度。

二、企业文化层次分析

企业文化从结构上可分为三个层次，即物质层、制度层和精神层，如图 4－7 所示。

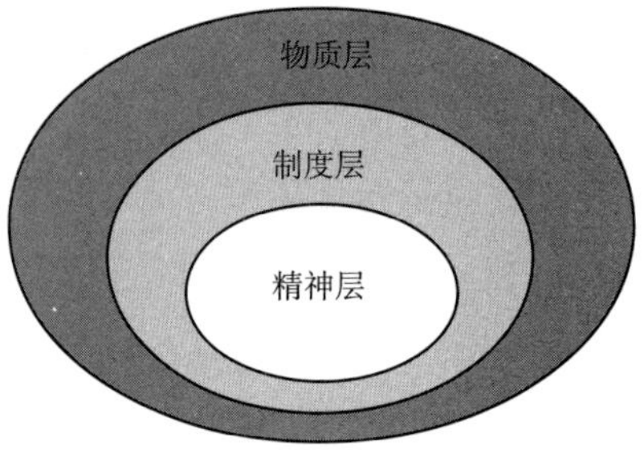

图 4－7 企业文化的层次结构

（一）物质层

物质层是企业文化的表层部分，是形成制度层和精神层的条件，它往往能折射出组织的经营思想、经营管理哲学、工作作风和审美意识。对于一个生产性企业来说，它主要包括以下四个方面：（1）企业面貌；（2）产品的外观和包装；（3）技术工艺设备特性；（4）纪念物等。

（二）制度层

制度层是企业文化的中间层次，主要是指对企业员工和企业行为产生规范性、约束性影响的部分，它集中体现了企业文化的物质层及精神层对员工和企业行为的要求。制度层规定了企业成员在共同的工作活动中所应当遵循的行动准则，主要包括以下四个方面：（1）工作制度；（2）责任制度；（3）特殊制度，如员工民主评议干部制度、员工与干部对话制度、庆功会制度等；（4）特殊风俗，企业特有的典礼、仪式、特色活动，如生日晚会、周末午餐会、厂庆活动、内部节日等。

（三）精神层

精神层是深层次的企业文化，居于整个企业文化系统的核心，主要是指企业的领导和员工共同信守的基本信念、价值标准、职业道德及精神风貌，它是企业文化的核心和灵魂，是形成企业文化的物质层和制度层的基础和原因，具体包括企业经营哲学、企业精神、企业道德规范、核心价值观等。企业文化中有没有精神层是衡量一个企业是否形成了自己文化的主要标志和标准。

企业文化的精神层包括以下四个方面：

1. 企业经营哲学

企业经营哲学是企业在整个生产经营管理活动中的基本信念，是企业对生产经营方针、发展战略和策略的哲学思考，是企业经营管理的世界观和方法论。经营哲学的形成首先是由企业所处的社会经济制度及周围环境等客观因素所决定的，同时也受企业领导人人文修养、科学知识、实践经验、思想方法、工作作风及性格等主观因素的影响。

2. 企业精神

企业精神是企业全体或多数员工共同一致、彼此共鸣的内心态度、意志状况和思想境界，是企业内部员工群体心理定式的主导意识，是企业经营宗旨、价值准则、管理信条的集中体现。

3. 企业道德规范

企业道德规范是企业内部调整人与人、单位与单位、个人与集体、个人与社会、企业与社会之间关系的准则和规范。道德与制度都是行为准则和规范，但制度是强制性的行为准则和规范，而道德是非强制性的行为准则和规范。

4. 核心价值观

核心价值观，是企业在追求经营成功过程中所推崇的基本信念和奉行的原则。从哲学上说，价值观是关于对象对主体有用性的一种观念，而企业价值观就是企业全体或多数员工一致赞同的关于企业意义的终极判断。

当代企业价值观最突出的特征就是以人为中心，以关心人、爱护人的人本主义思想为导向。过去，企业只是把人才培养作为一种手段，作为企业提高效率、获得更多利润的途径，实际上是把人作为工具来看待，培养人才不过是为了改进工具的性能、提高使用效率罢了。而现代企业价值观的发展趋势已经开始把人的发展视为目的，而不是单纯的手段，这是一种根本性的变化。企业能否给员工提供一个适合发展的良好环境，能否给人的发展创造一切可能的条件，是衡量一个现代企业优劣的根本标志。

从上面的分析可知，企业文化的物质层、制度层及精神层是紧密相连的。物质层是企业文化的外在表现，是制度层和精神层的物质基础；制度层制约和规范着物质层及精神层的建设：精神层是形成物质层及制度层的思想基础，也是企业文化的核心和灵魂。

关键词

企业资源　企业核心竞争能力

复习思考题

1. 如何理解企业内部环境分析的内容？
2. 试述企业资源分析的主要方面。
3. 阐述企业资源竞争价值分析。
4. 阐述企业能力特别是核心竞争能力的内涵和价值。
5. 试理解企业六大经营现状的内涵。
6. 分析企业文化的成因与作用。

第五章　公司层战略及实施

学习目标

□ 理解公司总部价值的创造方式

□ 掌握公司态势的不同类型

□ 掌握一体化战略的含义、分类与实施动因

□ 综合分析与把握纵向一体化战略与横向一体化战略

□ 理解多元化战略的内涵、分类与实施

□ 灵活运用多种业务组合分析模型，对于波士顿矩阵、GE 矩阵和麦肯锡三层模型进行深度理解和掌握

☞ 引例

一则寓言故事

两个孩子在森林里玩耍，突然远处一只狗熊冲他们跑来，一个孩子连忙说：我们抓紧逃跑吧，不然恐怕来不及了。另一个孩子却不慌不忙地开始换跑鞋，第一个孩子不解地问：你觉得你跑得会比狗熊更快吗？正在穿跑鞋的孩子说：我跑得不比狗熊快，但我跑得比你快就行。

这就是竞争。如果想生存，必须学会竞争；如果想发展，必须超越竞争。

竞争的目的：就是通过比竞争对手更好地提供顾客想要的东西，使公司能够赢得某种竞争优势，从而击败竞争对手。

瞄准智能家居，OPPO 与海信达成战略合作

2022 年 5 月，OPPO 与海信正式签约，达成战略合作。瞄准智能家居赛道，双方将围绕用户体验，在场景、数据、渠道、运营等多个领域展开深度合作。

未来五年，全球智能家居市场将迎来强劲增长。市场调研机构 IDC 数据显示，2021 年，全球智能家居设备市场增长 11.7%，出货量超过 8.95 亿台。IDC 预测，到 2026 年将实现两位数的增长。

基于未来广阔的智能家居市场，OPPO 和海信将打造互联互通的 IoT 场景。根据双方

披露的信息，通过场景共建与数据共享，它们实现了OPPO终端产品与海信智能设备之间的深度互联，双方基于对用户场景体验的深度洞察与理解，打造了自动发现、一键闪联、便捷控制等一系列智能化服务，为用户提供互联互通智能家居体验。

对于此次合作，双方高管也表示十分重视。OPPO副总裁、IoT事业群负责人李开新表示："OPPO将进一步夯实与海信的合作基石，加速布局IoT生态。在极致用户体验、体验场景、数据平台、全面联合运营、渠道合作五个方面开展深度合作。"海信家电集团股份有限公司董事长、总裁代慧忠表示："在未来，海信智能产品与OPPO终端将探索实现深度互融，让更多用户享受到万物互联所带来的便利与乐趣。"

早前，手机厂商和家电厂商分别独立进军智能家居。家电方面，海尔借助三翼鸟平台打造智能家居全场景服务，美的发布主动式全屋智能解决方案，格力为深度布局智能家居制造手机；手机方面，魅族发布Lipro系列智能家居新品、华为和OPPO发布智慧屏电视切入智能家居赛道。

不过记者发现，近期手机厂商牵手家电品牌共同打造智能家居的案例也频频发生。例如，美的与华为加深绑定，发布基于鸿蒙的物联网操作系统；VIVO智慧生活与苏泊尔合作制定基于NFC和快应用的智慧生活体验解决方案等。

中国家用电器协会相关负责人早前在接受《中国电子报》采访时表示："产业未来的发展方向应以改善用户体验为核心，开发消费者真正需要的智能化产品，要简单、易用；同时改善不同产品间的互联互通，打造联通的智慧家居环境。"

资料来源：王伟．瞄准智能家居 OPPO与海信达成战略合作［N］．中国电子报，2022-05-27(006)．

我认为做企业要有这些素质，特别是在中国市场上，那就是：诗人的想象力、科学家的敏锐、哲学家的头脑、战略家的本领。

——娃哈哈集团董事长 宗庆后

战略一般涉及三个层面：公司层战略（公司总部的战略），关注的是公司总部如何使多业务运营作为一个整体来创造价值，以实现业务组合收益最大化；业务层战略（各经营单位的竞争战略），关注的是各业务单元如何在其行业领域中通过某种竞争方式获取竞争优势并实现利润最大化；职能层战略（职能部门的战略），关注的是特定职能工作的有效性和效率。

公司层战略是企业最高管理层为整个企业确定的长期目标和发展方向。

公司层战略的制定是否科学合理将直接影响公司的业务组合能否取得协同效应和竞争优势，进而影响公司的长远发展。公司层战略通过选取和管理不同市场上的不同业务来赢得竞争优势。

通常而言，公司层战略的主要责任包括：确定公司的发展方向和业务组合；拟进入的市场或经营领域；提高公司所涉足经营领域的综合业绩；实现各相关业务之间的战略匹配、协同效应和竞争优势；分配公司资源、确定投资次序并将公司资源投入到最有吸引力的业务单元；确定集权和分权的程度；建立组织架构以及计划和控制系统等（见图 5－1）。

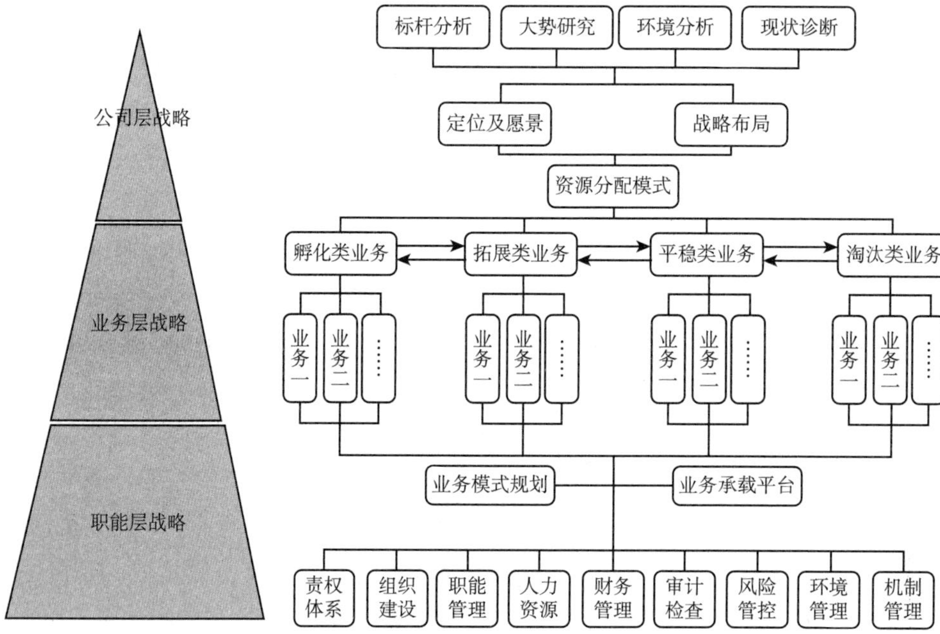

图 5－1　战略层次及对应的战略责任

本章首先介绍公司总部创造价值的方式，其次介绍公司层战略的分类，再次分析一体化战略和多元化战略，最后介绍公司业务组合的分析工具。

第一节　公司总部价值的创造方式

公司总部价值的创造方式

公司层战略制定和实施的主体是公司总部。在不同的国家和地区，公司总部被冠以各种不同的名称，如集团公司、母公司、总公司、控股公司或者管理本部等。公司总部一般承担组合管理者（portfolio manager）、重组者（restructuer）、协同效应管理者（synergy）和能力培育者（parental developer）四种角色。

◇ 贴士

公司总部的四种角色表现

组合管理者类型的总部是指："代表金融市场和股东，通过金融市场或更高效的手段，提高各业务单位所创造价值的公司总部。"这种形式的总部，主要承担识别优良资产进行收购，变卖不再有发展前途的资产，同时高价出售那些经过整合并明显增值的业务单元。在这种管理模式之下，总部管理人员数量较少，对于业务单元的管理更多是通过财务指标的确定和考核来实现的，很少干涉具体的业务活动，业务单元则相应拥有较大的自我管理空间。

重组者类型的总部和组合管理者基本类似，不同的是，它更大程度上介入业务单元的运作，并通过改善业绩来提高业务单元的价值，而后通过出售已经创造出业绩的业务单元来获得价值。

协同效应管理者类型的总部是指其管理的业务单元直接能够共享总部的资源，管理的业务单元之间有着共同的管理技巧或者能力，并且能够有相互合作的意愿和机制，公司总部也具备这样的能力通过协同来增值。比如，像联想电脑这样的公司，既生产电脑，同时也生产手机、服务器等其他产品，电脑、手机或者服务器都是总部管理下的业务单元，它们共享地区平台（比如上海平台）、分销渠道，而且彼此在生产、销售、市场等方面有许多可以共享的经验和技巧，通过总部的协调可以在不同业务单元之间共享。

能力培育者类型的总部管理则是指：业务单位利用总部的核心能力挖掘自有资源（人、财等）、培育新的能力（科技、品牌等）。具体来讲，总部和政府部门在打交道当中形成的公关能力、强大的资金能力以及统一品牌的使用能力、国际化管理者的培育能力等都是这种能力的体现。

上述四种形式的总部，某种程度上讲，前两者实际上并不是我们传统意义上的总部，而是一种商业模式的表现形式，或者说是一种非常松散的总部。后两种形式则是我们应该予以关注的，因为大多集团化的企业都采取了协同效应管理者和能力培育者的总部形式。

资料来源：百度百科．公司总部［DB/OL］．https：//baike. so. com/doc/2710579－2861663. html.

公司总部是公司战略决策的中枢，其核心作用是增加总部价值。公司总部在经营管理过程中，增加价值表现在“提高效率”“拥有专长”“融资和投资能力强”“创新精神的培养”“降低风险”“树立公司形象”“协调合作”“战略决策”“用长远眼光做事的能力”等方面。

公司层战略（公司总部的战略），对于公司总部如何使多业务运营作为一个整体来创造价值十分关注。通过对公司业务组合中的业务施加影响创造价值，确保各业务单元比其作为独立实体时表现得更好。公司总部能否制定、实施合理的公司层战略将关系到企业的价值创造。合理的公司层战略将创造高额的企业价值，糟糕的公司层战略则经常导致价值毁损，甚至使公司面临毁灭性打击。

为实现业务组合收益最大化，关键的问题，不在于要不要总部的管理，而在于总部如何进行管理。总部有了明确的定位，而后根据企业的经营布局，寻找合适的组织构架，并通过合理的管理措施，在战略方面以及重要资源方面进行集中管理，同时将战术决策及管理授权给业务单元。如是，则既能将企业决策层从日常事务当中解脱出来，有时间、信息和责任感去制定长期规划并进行评估，对于重要资源进行适时配置，同时对于那些承担了日常管理责任，且享有了必要权力的业务单元管理者来说，管理效率会大幅提高，管理责任感也会大大增强，企业的整体效益将会随之提高。

一、公司总部创造价值的四种类型

(一) 业务影响

业务影响是指公司总部对其每一个业务单元的战略和绩效施加的影响，这些业务单元往往被视为独立的利润中心（见图5－2）。公司总部往往会在基本业绩目标的制定和监督方面、重大资本支出的批准方面以及业务单元经理更迭方面对下属业务单元施加影响，甚至会对业务单元的产品——市场战略、定价决策和人力资源的开发等加以干预，以提高各业务单元的绩效。

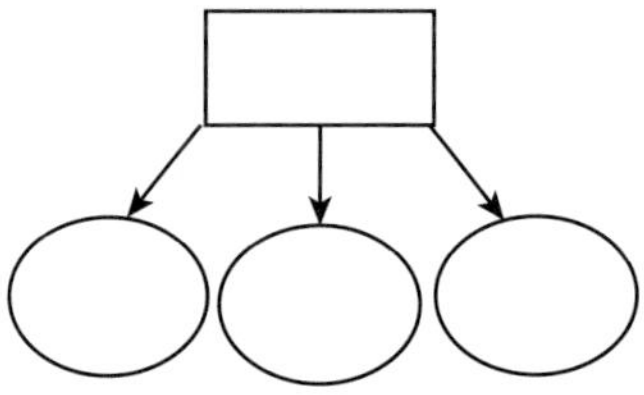

图5－2 业务影响

(二) 联结影响

联结影响是指公司总部通过加强不同业务单元之间的联系来创造价值。通过公司总部制定的决策、政策，转移价格的机制以及企业治理方面的压力等，管理和优化各业务单元之间的联系，如技术、财务、物流或者人事方面的联系，从而追求在企业整体范围内实现战略上的协同效应（见图5－3）。

图5－3 联结影响

(三) 职能和服务影响

职能和服务影响是指公司总部通过下设的一系列参谋职能和服务部门为下属业务单元提供的职能方面的领导和具有成本有效性的服务，以及协助直线经理实施其业务或联结影响来创造价值（见图5－4）。公司总部的职能部门，如人力资源、财务、营销等部门必须能够有效地服务于下属业务单元，为各业务单元提供职能性的专业指导，制定各业务单元应遵循的政策，同时协助公司总部的高级直线经理管理各业务单元或者建立各业务间的联结影响等。当然，职能部门给业务单元带来的收益必须能够补偿其自身的维持成本以及对业务单元产生的负面影响时，才能够被视作是具有价值性和建设性的。

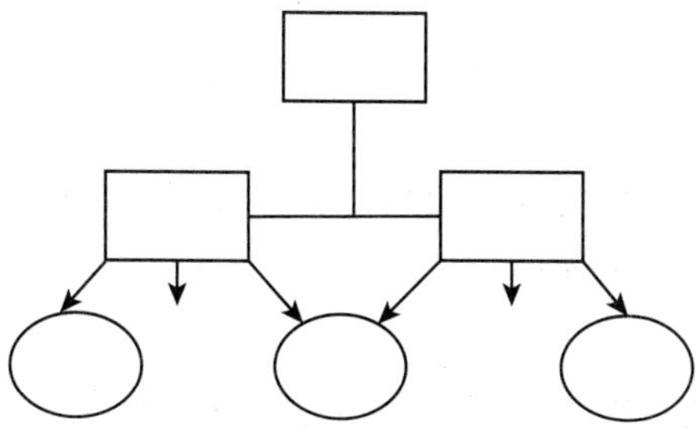

图 5-4　职能和服务影响

（四）企业发展活动影响

企业发展活动影响是指公司总部在对现有业务组合中的业务单元施加影响的同时，有权直接决定业务组合的构成（见图 5-5）。通过详细周密的战略规划，公司总部可以收购或出售其现有部分业务，也可以创建或兼并新的业务，还可以通过业务单元的合并重组重新定义其业务组合。

企业总部价值的创造方式实际上具有路径依赖的特征，即企业总部的形成过程及其类型对其价值创造方式具有实质性影响。

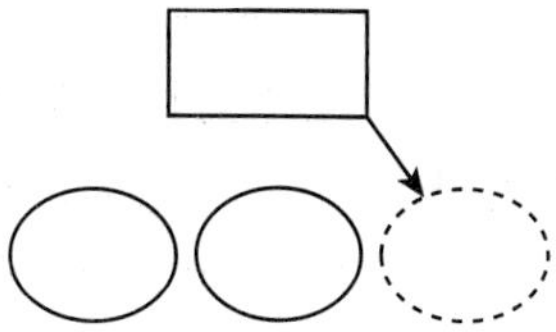

图 5-5　企业发展活动影响

二、公司总部价值创造的条件

有些企业在创造价值方面做得相当失败，很大程度上要归咎于公司层战略的制定或实施不力。例如，许多公司总部发起的并购、新业务以及现有业务的重组没有考虑到下属业务单元的实际情况而导致最终失败。那么，在什么条件下公司总部才能够创造价值而不是毁损价值呢？

首先，必须存在公司总部能够改进其业务组合中业务绩效的机会，而且公司总部能够发现这种机会并加以利用。这就要求公司总部必须保持与下属业务单元一样的市场敏感性，而不是仅凭主观认识想当然地制定战略。

其次，必须存在公司总部控制的某种核心竞争力以实现这些机会。公司总部应具有分部或业务单元不具备的专长，能够为业务单元提供支持，创造价值。这种核心竞争力提供了某些专门的共享特征，既可以是一种文化、结构、系统、技术或者流程，也可以是一种资源甚至是专门的人才。只要核心竞争力能够与机会相匹配，就能够进行有效的价值创造。

最后，必须随时改变所有可能导致价值毁损的公司总部的特征与行为。例如，有些企业过于集权，影响了下属业务单元的积极性和主动性。公司总部必须有效地处理好集权与分权的关系。

总之，通过科学、系统的决策过程，公司总部可以通过不同管控模式有效配置集团资源，充分发挥子公司的优势与自主性，形成与子公司情况相匹配的监管模式，实现公司整体价值最大化。

第二节　公司战略态势选择

战略态势是指在目前的战略起点上决定企业整体以及各个战略经营领域在战略规划期内资源分配和业务拓展的方向。一般而言，企业的战略态势有四种：增长型战略、稳定型战略、紧缩型战略和混合型战略。

一、增长型战略

增长型战略

增长型战略，又称发展型战略或扩张型战略，是指企业在现有战略起点上向更高一级目标发展的一种战略态势，它不是去适应外界的变化，而是试图通过创新和创造以前未存在的新的需求，来使外界适应它们自己。

实施增长型战略的企业不一定比整体经济发展的速度快，但确实要较产品销售市场的发展要快。一般是企业在良好的经营态势下，试图延缓甚至消除其行业中价格竞争的危险，以发展为导向，引导企业不断开发新产品、新市场、新工艺及老产品的新用途，采用新的生产方式和管理方式，以扩大企业的产销规模，获得高于行业平均水平的利润率，增强竞争实力。

（一）增长型战略的适用条件

从德鲁克有关企业总体战略态势的调查看，增长型战略是企业最倾向于采用的战略态势。值得注意的是，有时企业采用增长型战略并不是简单地从经营方面考虑，有可能与管理者自身的利益相关。因此，选择增长型战略应满足一定的条件。

1. 较为有利的外部环境

企业实施增长型战略旨在从环境中获得更多的资源，以期更好地抓住外部环境中存在的机会，这就要求企业必须客观分析战略规划期内的宏观形势和产业经济状况。如果战略规划期内的宏观形势和产业环境较为有利的话，企业就更容易获得相应的资源，从而降低实施该战略的风险和成本；从需求的角度看，如果宏观形势和产业环境都较为乐观，消费者和投资者也会预期其未来的收入较为稳定或提高，这就从需求上确保了增长型战略能成功实施。良好宽松的环境条件往往是增长型战略获得成功的重要保证。

▶课程思政案例

党的二十大前后企业发展有利机遇

2022年4月10日《中共中央　国务院关于加快建设全国统一大市场的意见》（以下简称《意见》）中各方向、各领域所细化的具体政策逐步落地，企业将迎来以下五大发展机遇：

机遇一：加快建设全国统一大市场的核心目的是实现中国经济内部的“小全球化”。各地区将趋向于形成“主体功能区”为特征、优势互补的区域经济布局，企业需要围绕各区域具备比较优势的产业做长期布局。

机遇二：加快建设全国统一大市场将有利于企业市场边界扩大，但区域品牌价值会不断下降。

加快建设全国统一大市场，将使交易与制度性成本下降，有利于企业市场边界扩大。但是，各地区过去所形成的价格保护机制将被逐步打破，行业集中度上行，头部品牌市场将会更广，区域性品牌企业需力争成为行业头部，不可“偏安一隅”。

机遇三：“线上数据”与“线下物流”迎来发展机遇。

“线上数据”与“线下物流”作为建设全国统一大市场的“基础设施”，首先要实现畅通无阻，所以会率先迎来发展。

机遇四：对于出口企业而言，加快建设全国统一大市场将使中高端产品出口竞争力得到提升，并非市场一直以来所误解的出口市场将大幅减少。

机遇五：《意见》也对加快发展统一的资本市场作出了具体安排，资本市场将更好地支持创新型企业实现融资发展，提升投资者资产配置效率。

资本市场的核心功能是服务于实体经济，即在资产端帮助优秀的企业实现融资发展，在资金端使投资者实现资产配置效率与效益的最大化。注册制改革以来，资本市场正在加速补足核心功能的缺失，但当前资本市场依旧存在资本无序扩张等乱象。

统一的资本市场是全国统一大市场的重要组成，也是关键的要素和资源市场，与土地、劳动力、技术等要素价值并列，只有资本市场实现良性发展，各要素之间才能实现更加良性的“互动”。

此外，党的二十大报告也指出，“健全资本市场功能，提高直接融资比重”。可预计，资本市场全面注册制改革，以及监管等方面的统一整合将会提速。

对于企业而言，通过资本市场实现融资发展的成本将会大幅降低；对于投资者而言，“由大向强”转变的资本市场也将大幅提升资产配置效率。

资料来源：福布斯官方搜狐号．重磅！二十大报告学习：企业的10大机遇［EB/OL］．搜狐．http：//news. sohu. com/a/593404941_100246910，2022-10-17.

2. 充足的资源投入与保障

“大军未动，粮草先行”，资源投入与保障是实施企业战略的基本条件。由于采用增长型战略需要企业在战略规划期内持续不断地实现规模和效益的增长，因此企业必须有能力获得和投入充分的资源来满足增长型战略的要求，必须依托自身综合实力，充分发掘、调配各方资源。这些资源包括充足的资本资源和物力资源，更重要的是满足企业扩张与发展所需的人力资源、信息资源以及市场资源等无形资源。例如2023年3月22日，腾讯公司发布的2022年第四季度及全年财报显示，腾讯正在投资于人工智能和云基础设施建设，将AI能力不仅应用于工业质检、智能制造等产业场景，还应用于医疗、助老、生物多样性保护、农业等多个社会领域，解决社会痛点。

3. 符合政府的管制与政策法规

企业实施增长型战略必须符合政府管理机构的政策法规，例如，在推进乡村振兴、大力推进农业农村现代化和加快建设农业强国的一系列重大理论和实践问题中，制种行业和头部养殖企业更具成长性，种植产业链和养殖产业链发展前景向好。所以一般而言，此类企业可以考虑采用增长型战略，比如制种龙头隆平高科、大北农，关注粮食安全主题受益标的北大荒、苏垦农发等；生猪养殖龙头牧原股份，动物疫苗企业生物股份、普莱柯、科前生物等。

而如果处于国家管制范围内的行业，如石油、银行、通信、电力、钢铁、运输、烟草等行业，会面临较高的政策威胁与风险，企业就应该考虑转换经营思路，开辟新的发展方向甚至采取多元化战略。

▶课程思政案例

加快从农业大国向农业强国迈进

国必先强农，农强方能国强。党的二十大报告强调，“加快建设农业强国”。在2022年12月召开的中央农村工作会议上，习近平总书记着眼全面建成社会主义现代化强国的全局大局，系统阐释了建设农业强国、加快推进农业农村现代化、全面推进乡村振兴的一系列重大理论和实践问题，为当前和今后一个时期“三农”工作明确了目标任务、战略重点和主攻方向。农业强国是社会主义现代化强国的根基，人民幸福、社会稳定、国家安全都离不开农业发展。我国现阶段的基本国情和历史积淀决定了我们建设农业强国必然有着与其他国家不同的特征。人多地少的资源禀赋、农耕文明的历史底蕴、人与自然和谐共生的时代要求，都对加快建设体现中国特色的农业强国提出了鲜明要求。

立足我国国情建设农业强国

全面建设社会主义现代化国家，最艰巨最繁重的任务仍然在农村。当前和今后一个时期是各类矛盾易发期，各种可以预见和难以预见的风险因素明显增多，必须立足我国基本国情，加快建设体现中国特色的农业强国，筑牢社会主义现代化强国的根基。

完成好艰巨的历史任务

加快建设农业强国是新时代新征程做好“三农”工作的战略部署，也是一项长期而艰巨的历史任务，这一过程必然面临诸多风险挑战，必须保持战略定力、久久为功。

一是要充分发挥制度优势。发挥我国社会主义制度能够集中力量办大事的显著优势，进一步将思想和行动统一到习近平总书记重要讲话精神和党中央关于“三农”工作的决策部署上来，加强顶层设计，保持战略定力，科学谋划和推进“三农”工作。

二是要不断夯实物质基础。党的十八大以来，我国农业现代化建设取得长足发展，具备了由农业大国向农业强国迈进的基本条件，要进一步夯实物质基础，充分释放农业生产要素活力，建设供给保障强、科技装备强、经营体系强、产业韧性强、竞争能力强的农业强国。

三是要重视汲取历史经验。中华五千年农耕文明积累了丰富的历史经验，要从中汲取智慧力量，循序渐进、稳扎稳打，加快建设农业强国，为全面建设社会主义现代化国家、全面推进中华民族伟大复兴提供强有力支撑。

资料来源：经济日报社. 深刻理解当前经济工作中的重大问题［M］. 北京：人民出版社，2023-06-30.

▶案例

苏垦农发

2011年11月，江苏省农垦农业发展有限公司成立。2012年12月，江苏省农垦农业发展有限公司改制成江苏省农垦农业发展股份有限公司（以下简称“公司”）。公司是江苏农垦于“十二五”开局之年，实施农业资源战略重组，按照现代企业制度建立的全新农业企业。2017年5月15日，公司在上交所主板挂牌上市（股票简称：苏垦农发；股票代码：601952），是中央农垦改革发展文件出台后的全国农垦首家上市企业。公司获得多项国家、省市级荣誉，其中被中央文明委授予“全国文明单位”，被农业农村部授予“全国农业先进集体”，被省文明委授予“江苏省文明单位”，被省总工会授予“江苏省五一劳动奖状”，被省委评为“江苏省先进基层党组织”，被省国资委党委评为“江苏省先进基层党组织”。

公司是目前省内规模、现代化水平都位于前列的农业类公司和商品粮生产基地，具有明显的规模、资源、技术、装备、管理及绿色产品优势。公司规模化经营的耕地面积超过120万亩，覆盖全省多个地级市。公司目前下辖东辛、黄海、新洋等19家分公司，以及江苏省大华种业集团有限公司、江苏省农垦米业集团有限公司、江苏农垦农业服务有限公司、金太阳粮油股份有限公司、苏州苏垦现代农业发展有限公司、江苏省农垦农业发展股份有限公司现代农业研究院、中德作物生产与农业技术示范园5家子公司、1家农科院、1

家中外合作示范园。

今后一个时期，公司将瞄准“建立一流现代农业上市公司”战略目标，切实推动企业高质量发展，力争在“现代农业建设的示范区、保障粮食安全的国家队、农业对外合作的排头兵”建设上走在前列，做强、做大、做优国资控股现代农业上市公司，为实施乡村振兴战略，为服务经济社会发展大局，为全面建成小康社会作出积极贡献！

资料来源：江苏省农垦农业发展股份有限公司官网．http：//www. skiad. com. cn/.

牧原集团

牧原集团位于河南省南阳市，始建于1992年，历经30余年发展，现已形成以生猪养殖为核心，集饲料加工、种猪育种、生猪养殖、屠宰加工等于一体的综合型现代化企业集团，总资产1900亿元，员工15万人，子公司300余家。

企业介绍

1. 深耕养猪主业，守护食品安全

牧原集团始终聚焦养猪主业，采用“全自养、全链条、智能化”养殖模式，实现了生猪养殖工业化生产、信息化管理，并逐步迈向智能化，大大提高了生产效率，实现了从场址选择、原料采购、饲料加工到生猪饲养全链条的食品安全管理，充分保证了食品安全；公司拥有多个在国家出入境检验检疫局备案的“出口猪肉备案场”，备案规模居全国前列。

2. 加快技术创新，推进养猪生产智能化

牧原将大数据分析、预测及物联网等新技术与产业相结合，搭建了覆盖饲料加工、生猪育种和生猪销售等产业链的智能化数字平台。小环境精准控制系统、猪群健康管理系统、智能化猪舍报警系统等创新科技的应用，提升了生产效率，在产品质量控制、规模化经营、生产成本控制等方面具备领先优势。

企业责任

担当历史使命，践行社会责任。牧原集团成立专门的社会责任部，搭建社会责任体系，在战略层面规范社会责任工作，全面推进可持续发展，最终实现经济效益、生态效益、社会效益的有效统一。

截至2020年，牧原“5+”扶贫模式复制推广全国13省份57县，帮扶142226户贫困户371766人脱贫，合作社收益13.01亿元，贫困户增收7.82亿元；在全国102个贫困县投资515亿元，带动用工68960人，带动9600余家合作商，吸纳30余万人。教育扶贫方面累计捐助2.01亿元，资助贫困大学生30097名，中小学生301251人次，奖励基层教师23463人次；在基础设施扶贫方面投入9363万元，提升农村人居环境135543户，455643人受益；牧原集团还开发了“聚爱优选”电商平台，帮扶8503户贫困户25132人脱贫。

企业文化

身份：高品质猪肉的生产者；社会进步的推动者。

使命：为大众生产安全健康的猪肉食品；推进行业健康发展。

愿景：让人们吃上放心猪肉，享受丰盛人生；让企业成为一家受人尊重的公司。

核心价值观：创造价值，服务社会，内方外正，推进社会进步。

牧原文化主题：严以自律、勇于担当、追求极致、服务社会。

挂牌上市

2014 年 1 月 28 日，牧原食品股份有限公司（首发）通过证监会发审会，在深交所挂牌上市。

2022 年 12 月 12 日，牧原股份公告，公司拟发行全球存托凭证（GDR），并申请在瑞士证券交易所挂牌上市。

资料来源：牧原集团公司官网 . http：//www. muyuanfoods. com/#/.

4. 与企业文化及管理者的价值观相一致

判断增长型战略的适合性还必须分析公司文化与管理者的价值观。如果一个企业的文化是以稳定甚至保守为主旋律的话，那么实施增长型战略就要克服相应的文化阻力，增长型战略的成功实施应匹配进取性的企业文化。管理者尤其是决策层个人的价值观、信念和意志会对战略的选择产生极其重要的影响。当企业决策者将企业的发展同个人的利益或者社会价值结合起来时，会更加努力地去追求企业持续发展。

（二）增长型战略的形式

为了获得持续不断的成长，增长型战略要求企业扩大原有经营业务的规模，向新的地理区域迈进，开拓新的经营领域，其战略核心是通过建立和巩固企业的竞争优势谋求企业的发展和壮大。可通过三种分析角度来进行增长型战略形式的确定，见表 5－1。

表 5－1　**增长型战略的形式**

<table>
<tr><th>分析角度</th><th colspan="2">战略形式</th></tr>
<tr><td rowspan="5">从经营领域的数量与结构分析</td><td colspan="2">集中战略（密集发展战略）</td></tr>
<tr><td rowspan="2">一体化战略（整合战略）</td><td>横向一体化战略</td></tr>
<tr><td>纵向一体化战略</td></tr>
<tr><td rowspan="2">多元化战略</td><td>相关多元化战略</td></tr>
<tr><td>非相关多元化战略</td></tr>
<tr><td rowspan="4">从实现增长的方式与途径分析</td><td colspan="2">内部发展战略（直接投资战略）</td></tr>
<tr><td rowspan="3">外部发展战略</td><td>组建战略联盟</td></tr>
<tr><td>实施并购</td></tr>
<tr><td>资本运作</td></tr>
<tr><td rowspan="4">从增长跨越的地理范围分析</td><td colspan="2">本土战略</td></tr>
<tr><td rowspan="3">国际化战略</td><td>多国战略</td></tr>
<tr><td>区域战略</td></tr>
<tr><td>跨国战略</td></tr>
</table>

1. 从经营领域的数量与结构分析

根据企业战略经营领域的数量与结构，增长型战略可以分为集中战略、一体化战略和多元化战略。其中，集中战略又称为密集型发展战略或集中一点战略，强调企业仅涉足一个经营领域；一体化战略又称为整合战略，可以分为横向一体化（水平一体化，横向整合）战略和纵向一体化（垂直一体化，纵向整合）战略；多元化战略又分为相关多元化战略和不相关多元化战略。

2. 从实现增长的方式与途径分析

实现企业增长可通过内部发展和外部发展两种途径。内部发展又称为直接投资战略，是指企业通过自身的资金积累，逐渐扩大现有的生产规模，并通过建立新厂、分公司或子公司实现增长的过程。外部发展则更关注对外部资源的整合和利用，主要包括组建战略联盟、实施并购战略以及资本运作等，其中并购战略又分为收购和兼并（上述内容会在本书第九章企业战略途径与战略控制一章中进行详细阐述）。

3. 从增长跨越的地理范围分析

企业经过较长时间的积累与发展，可能会谋求打破国内市场或资源的限制，在更为广泛的国际视野中寻求更高层次的成长，这时企业就需要采取国际化战略。相对于本土或本地经营战略，国际化战略又可以分为多国战略、区域战略和跨国战略（上述内容会在本书第八章国际化战略及实施一章中进行详细阐述）。

▶案例

小米宣布科技战略升级，未来五年技术投入1000亿元

2023年8月14日晚，小米新品发布会在北京国家会议中心举行。小米集团创始人、董事长兼CEO雷军第四次做年度公开演讲，分享了他在过去36年的经历和感悟。在发布会上，雷军正式宣布小米科技战略升级。他表示，小米将持续选择对人类文明有长期价值的技术领域，坚持长期持续投入，未来五年技术投入1000亿元。

在本次发布会上，小米发布了新一代折叠屏旗舰小米MIX Fold 3、Redmi K60至尊版两款新品手机以及超大平板小米平板6 Max 14、小米手环8 Pro，全新仿生四足机器人CyberDog2也惊喜登场。同时，小米还正式宣布，将以“轻量化、本地部署”作为小米大模型技术主力突破方向。

面对新一轮产业与技术变革带来的时代巨变，小米正式宣布进行科技战略升级。雷军表示“我们着眼长期价值，坚持长期投入。只有这样，才能构建核心竞争力和护城河，才能真正成为一家伟大的科技企业”。他谈道，小米的科技探索，不仅要对人类现在的生活有价值，更要对人类未来的创造、进步和发展有贡献。

资料来源：上游新闻．小米宣布科技战略升级，未来五年技术投入1000亿元［EB/OL］．souhu. https：//www. sohu. com/a/711956946_120388781. 2023－08－15.

二、稳定型战略

稳定型战略

稳定型战略是指企业在内外部环境条件的约束下，在战略规划期内使企业的资源分配和经营状况基本保持在目前状态和水平上的战略。

稳定型战略并不是不发展或不增长，而是希望带来稳定的、非快速的持续发展。

实施稳定型战略往往意味着企业对过去的经营业绩很满意，企业在战略规划期内准备提供与过去相同或相似的产品和服务，甚至在资源投入和经营目标上与过去保持基本一致。

（一）稳定型战略的适用条件

实施稳定型战略可以使企业在基本维持现有的产销规模、市场占有率和竞争地位的情况下，调整生产经营活动的秩序，强化管理，进步提高企业素质，积累资源力量，为发展做好准备。一般而言，企业在如下情况下可能会采取稳定型战略：

1. 相对稳定的外部环境

外部环境较为稳定，企业所面临的竞争挑战和发展机会都相对较少，会使企业更趋向于采用稳定型战略。

（1）宏观经济总量保持不变或低速增长。如果宏观经济在总体上保持总量不变或总量低速增长，这就势必影响到该企业所处行业的发展，使其无法以较快的速度增长。因此，由于宏观经济的慢速增长会使得某一产业的增长速度也降低，这就会使该产业内的企业倾向于采用稳定型战略，以适应外部环境。

（2）产业的技术创新度较慢。如果企业所在的产业技术相对成熟，技术更新速度较慢的话，企业过去采用的技术和生产的产品无须经过较大的调整就能满足消费者的需求和与竞争者的抗衡，这样使得产品系列及其需求保持稳定，从而使企业采纳稳定型战略。

（3）消费者需求偏好的变动稳定。这一点其实是决定产品系列稳定度的一个方面，如果消费者的需求变动较为稳定的话，企业可以考虑采用稳定型战略。

（4）产品生命周期或行业生命周期处于成熟期或衰退期。对于处于行业或产品的成熟期的企业来说，产品需求、市场规模趋于稳定，产品技术成熟，新产品的开发和以新技术为基础的新产品的开发难以取得成功，因此以产品为对象的技术变动频率低，同时竞争对手的数目和企业的竞争地位都趋于稳定，这时提高企业的市场占有率、改变市场的机会很少，因此较为适合采用稳定型战略。

行业或产品处于生命周期的衰退阶段时，则资源丰富的企业可以采用稳定型战略；资源不够充足的企业，如果它在某个特定的细分市场上有独特的优势，也可以考虑采用稳定型战略。

（5）竞争格局相对稳定。如果企业所处行业的进入壁垒非常高或由于其他原因使该企业所处的竞争格局相对稳定，竞争对手之间很难有较为悬殊的业绩改变，则企业采用稳定型战略可以获得最大的收益，因为改变竞争战略所带来的业绩增加往往是不如人意的。

2. 满足于现有的竞争地位

企业对过去的经营业绩感到满意，满足于现有的竞争地位，都有可能导致企业决定追求与过去相似的战略目标，即采用稳定型战略。例如，企业过去的战略目标是在行业竞争中处于市场领先者的地位，稳定型战略就意味着在今后的战略规划期内依然保持稳定的领先地位；挑战者或追随者对过去的业绩感到满意，同时又受限于自身实力及资源投入很难向领先者发起挑战或进攻，也会更倾向于采取稳定型战略。

3. 企业内部实力的考量

当外部环境较好，行业内部或相关行业市场需求增长，为企业提供了有利的发展机会，但这不意味着所有的企业都适于采用增长型战略。如果企业资源不充分，如资金不足、研发力量较差或人力资源有缺陷，无法满足增长型战略的要求时，就无法采用扩大市场占有率的战略。在这种情况下，企业就可以采取以局部市场为目标的稳定型战略，以使企业有限的资源能集中在自己有优势的细分市场，维护竞争地位。

当外部环境相对稳定或不利时，资源较为充足和资源较为稀缺的企业都应当采取稳定型战略，以适应外部环境，但两者的做法可以不同。前者可以在更为广阔的市场上选择自己的资源分配点，而后者应当在相对狭窄的细分市场上集中自身的资源，以求稳定型战略。

4. 相对保守的企业文化

处于较为传统或相对保守的企业文化中，企业管理层可能不希望承担增长或战略变革带来的风险。战略变革需要资源配置的转变以及企业技能的创新，会对原有的组织架构及管理模式等形成一定的冲击和威胁。此外，较为保守的管理层倾向于认为过去行之有效的战略在未来仍然有效，因此无须进行战略变革。

（二）选择稳定型战略的原因与优缺点

1. 选择稳定型战略的原因

实施稳定型战略，企业的出发点可能基于以下几方面考虑：①管理层可能不希望承担较大幅度地改变现行战略所带来的风险；②战略的改变需要资源配置的改变；③发展太快可能导致公司的经营规模超出其管理资源，进而很快发生低效率的情况；④企业的力量可能跟不上或不了解可能影响其产品和市场的变化。

2. 稳定型战略的优点

稳定型战略的优点包括：①利用原有的生产经营领域、渠道，避免开发新市场和新产品所必需的大量资金投入、激烈的竞争抗衡和巨大风险；②无须改革资源的分配方式，减少资源重新组合所必然造成的巨大浪费和时间上的损失；③保持人员安排上的相对稳定；④保持企业经营规模和经营资源、能力的平衡协调，有助于防止过快、过急而导致的重大损失。

3. 稳定型战略的缺点

稳定型战略的缺点有：①企业只求稳定地发展，可能会丧失外部环境提供的一些可以快速发展的机会。如果竞争对手利用这些机会能加速发展的话，则企业处于非常不利的竞争地位。②环境发生动荡会打破战略目标、外部环境、企业实力三者之间的平衡，使企业陷入困境。③稳定型战略一般以局部特定细分市场为目标，当企业对某一特定市场的需求把握不准时，企业可能全军覆没。④容易使企业的风险意识减弱，甚至形成惧怕风险、回避风险的企业文化，从而大大降低企业对风险的敏感性、适应性和抗拒风险的勇气，增加稳定型战略的风险。⑤可能会导致管理者墨守成规、因循守旧、不求变革的懒惰行为。

（三）稳定型战略的形式

按照战略目标与战略起点的偏离程度，可以将稳定型战略划分为无增长战略和微增长战略。

无增长战略是指企业对内外环境分析后所制定的战略目标基本保持在现有战略起点的水平上。整个战略规划期内，不仅企业的战略活动不偏离原有的经营领域，而且企业在同行业中所处的竞争地位、产销规模和效益水平等也都尽量保持在现已达到的水平上。无增长战略一般是为了度过暂时性的难关，往往在经济不景气时采用，以维持现状，实现稳定发展，但可能忽略了长期利益。

微增长战略是指企业在保持稳定的基础上略有增长与发展的战略。其中既包括稳定而小幅提高战略目标，扩大产销规模，也包括谨慎地推出新产品、扩大市场份额以及提高竞争地位。值得注意的是，某些企业实施微增长战略，在战略规划期内追求经营业绩按大致相当的比例递增，这种增长是一种常规意义上的增长而非大规模的或非常规的发展。例如，在市场占有率保持不变的情况下，随着总体市场容量的增长，实现企业销售规模的递增，这种情况可以视为稳定型战略而非增长型战略。

▶案例

中航沈飞的稳定发展战略——聚焦主责主业 军贸业务是未来重点推进方向之一

2022 年 9 月 8 日，中航沈飞（600760）副总经理薛洪宇在公司 2022 年半年度业绩说明会上，表明“面向十四五及中长期发展战略目标，中航沈飞将聚焦主责主业，坚持向航空为本、主业突出、产融结合、业绩可期、值得信赖的军工龙头上市公司迈进”。

中航沈飞是以航空产品制造为主营业务的股份制公司，集科研、生产、试验、试飞、维修与服务保障为一体，是中国航空工业集团有限公司核心骨干企业之一。2017 年，沈飞公司 100% 股权注入中航沈飞，实现了核心军工资产整体上市，被誉为“中国战机第一股”。

2022 年半年报显示，中航沈飞上半年实现营业收入 198.1 亿元，同比增长 23.4%；实现归母净利润 11.19 亿元，同比增长 20.7%；实现扣非归母净利润 10.97 亿元，同比增长 23%。

中航沈飞证券事务代表耿春明介绍说，从中航沈飞整个生产经营和内部管理来看，近两年公司产品结构没有大的变化，成本构成、利润率水平也没有大的变动，毛利率水平一直稳定在合理区间。后续公司将持续通过成本管控，降低运营成本以提升毛利率水平。另外，公司具备做军贸产品的基础，军贸业务是公司未来重点推进方向之一，公司会持续探索、积极推进军贸业务。

资料来源：寇冉．航空制造业上市公司社会责任信息披露研究——以中航沈飞股份有限公司为例［D］．石家庄：河北地质大学，2022.

三、紧缩型战略

紧缩型战略

紧缩型战略是指企业从目前的战略经营领域和基础水平收缩和撤退，且偏离起点战略较大的一种经营战略。当企业处在不利的环境中，自身实力又比较弱时，企业失败的概率显然大大增加。此时比较明智的选择是退出或放弃这个战略经营领域，转而进入其他的战略经营领域。紧缩型战略的目的一般是使企业度过危机后转向其他战略选择。其手段是以退为进，避开环境中存在的威胁，迅速实现自身资源的最优配置。

（一）紧缩型战略的特征

（1）对企业现有的产品和市场领域实行收缩、调整和撤退战略，比如放弃某些市场和某些产品线系列。因而从企业的规模来看是在缩小的，同时一些效益指标，比如利润率和市场占有率等，都会有较为明显的下降。

（2）对企业资源的运用采取较为严格的控制和尽量削减各项费用支出，往往只投入最低限度的经管资源，因而紧缩型战略的实施过程往往会伴随着大量的裁员，一些奢侈品和大额资产的暂停购买等。

（3）紧缩型战略具有明显的短期性。与增长型和稳定型两种战略相比，紧缩型战略具有明显的过渡性，其根本目的并不在于长期节约开支，停止发展，而是为了今后发展积蓄力量。

（二）紧缩型战略的适用条件

紧缩型战略是企业在特定情况下所采取的一种应对战略，通常是企业现有的经营状况、资源条件以及发展前景不能应对外部环境的变化，难以为企业带来满意的收益，甚至威胁到企业的生存发展时，所采用的以退为进的战略。通常在下列情形出现时企业可以采用紧缩型战略：

1. 追求主业清晰，增强企业核心竞争力

企业的扩张尤其是多元化发展往往使其业务涉及不同行业，当多元化扩张过度时，企业的资源配置以及各个部门的相互协调就会出现问题，负协同效应就会显著增强，降低企业的经营效率，进而导致企业核心竞争力的模糊和失位。业务收缩的一个很重要的动机就是消除这种负协同效应，转面向核心业务集中，增强企业的核心竞争力，对企业的产品和市场重新进行战略定位。企业在收缩的过程中可以寻求更有潜力的市场，退出低增长、低利润的市场，进入高增长、高利润的市场。企业资产剥离还可以消除对经营不善单位的补贴，从而增加保留下来的经营单位或业务的价值。许多学者和投资银行家都认为企业收缩可以有效提高公司股价，也会推动管理层采用收缩的方式进行重组。

2. 提高管理效率，降低组织成本

多元化经营的企业往往由于存在以下原因而效率低下：首先，企业进入一个新的业务领域时，之前的成功经验和管理模式往往会不适用于新的业务领域，以致管理效率下降；其次，子公司的经营业绩和发展目标与母公司的不一致，导致协调成本上升；最后，当一个公司的某些业务与其他业务尤其是核心业务的关联度太低，公司各业务间就会产生负协同效应。业务收缩的另一个主要目的是减少管理者的代理成本，避免过度投资，从而增加企业的价值。

3. 剥离不良资产，扭转困境

剥离不良资产也是公司收缩的一个重要动因。在多元化经营过程中，人们往往会发现某些业务对公司的长远发展缺乏价值，或者该项业务根本没有竞争优势而长期亏损。为了避免这些不良资产对整个企业持续成长造成负面影响，只有把这些业务从现有企业中剥离或分立出去，才能避免产生更多的沉没成本。

4. 满足公司现金需求

企业有时需要大量现金来扩张主营业务或减轻债务负担。当通过借贷和发行股票的方式来筹集资金受阻时，很多企业会通过出售公司部分非核心资产或非相关业务来满足现金需求。即采用资产剥离来获取现金。比如，在杠杆收购中，收购方可能会出售被收购公司的部分资产或业务来满足对现金流的需求。

5. 满足经营环境和企业战略目标改变的需要

任何企业都是在动态的环境中成长与发展的。政府导向、经济发展、技术进步等因素的变化都有可能导致行业环境发生有利或不利的变化。企业为了适应经营环境的变化，经营方向和战略目标也必须随之做出调整和改变。紧缩型战略则是实现这一改变的有效手段。

▶案例

万科收缩型战略

2022年11月16日，万科总部下发了一份主题为《关于万科集团总部“节衣缩食”和打造“战时氛围”的倡议》的文件。

该《倡议书》指出，地产黄金时代已经过去，房企赚钱的逻辑已经发生变化，从挣大钱变挣小钱，从挣快钱到挣慢钱。因此，所有员工在工作和决策中要贯穿经营理念，明确要实现的目标，形成行动方案并坚决执行，对不产生价值的动作和开支做减法，花小钱办大事。

总的来说，万科要求公司员工“节衣缩食”“勤俭节约”。

有业内人士指出，万科做事风格属于先做再说。早在前几年，万科就提出行业管理转型、精细化管理、向管理要红利等政策，勤俭、节约就是这些政策最基础的表现形式。

勤俭节约的同时，万科也鼓励员工帮助一线解决实际问题，助力业务度过寒冬。

根据倡议，各员工眼睛向下、身子下沉，真正了解业务痛点难点。对于当前工作的难点和推进方向，从管理层到员工个人要目标一致；对各类协同推进的项目和工作，部门之间要目标一致。

资料来源：环球社．万科收缩型战略（万科紧缩型战略案例）[EB/OL]．123导航网．https：//www.123dhw.com/post/419.html，2022-02-17.

（三）紧缩型战略的形式

企业实行紧缩型战略往往具有不同的目的，比如摆脱困境，度过危机；对现有产品/市场领域实行收缩、调整和撤退，逐步实现整体退出。根据不同的划分标准，紧缩型战略可以划分为不同的类型。

1. 按促使企业采取紧缩型战略的基本原因划分

（1）适应性紧缩战略。这是指由于外部环境的变化，企业经营陷入衰退，企业为了避开环境的威胁、摆脱经济困境而采取的战略。如国家政策法规变化、行业进入衰退期或者行业竞争结构发生了变化等，都可能使企业不得不采取适应性紧缩战略。

（2）失败性紧缩战略。这是指由于企业经营失误造成企业竞争地位削弱，经济资源短缺，财务状况恶化，只有撤退才能最大限度地保存企业实力而被迫采取的战略。与适应性紧缩战略不同，失败性紧缩战略完全是由企业自身经营失误造成的。

（3）调整性紧缩战略。这是指企业为了谋求更好的发展机会，实现更长远的目标，需要集中并更有效地利用现有资源和机会，为此对企业中部分经营领域采取收缩或放弃的方法。采取此类紧缩型战略，既不是由于外部环境不利，也不是由于自身经营失误，而是企业调整自身产品和业务结构，谋取更为有利的发展机会和条件。

2. 按实现紧缩型战略的基本途径划分

（1）选择性收缩战略。这是指企业在现有的经营领域不能维持产销规模和市场地位，不得不缩小产销规模和市场占有率的紧缩型战略。这种情况下，企业将选择性地退出某一个或几个战略经营领域，集中于其他或新的战略经营领域。

（2）转向战略。这是指当企业现有经营领域的市场吸引力减小，失去发展活力而趋向衰退，或者发现了更好的发展领域和机会时，从原有领域脱身转移阵地，另辟发展路径而选择收缩。例如，面对计算机行业的激烈竞争和公司的巨额亏损，IBM在2004年将个人电脑业务剥离，以17.5亿美元的总价卖给了中国的联想集团，退出PC硬件业，公司转型为“向客户提供从战略咨询到解决方案的一体化服务公司”。自 2012 年始，IBM 针对大数据、云计算时代的到来，又进一步剥离了服务器业务，开始了新一轮转型，致力于将公司转变为“云计算为平台，认知计算为解决方案，专注于行业的企业”。

（3）放弃战略。这是指企业采取选择性收缩战略和转向战略无效时采取的紧缩型战略。放弃是指将一个主要部门转让、出卖或停止经营。例如，通用电气公司每年都要卖掉价值几十亿美元的业务，原因是这些业务不能达到总公司的盈利标准。通用电气的标准是不能成为行业中数一数二的业务就要放弃，其形式一般是出售。

（4）清算战略。这是指企业受到全面威胁，濒临破产时，通过将企业的资产转让、出售成停止全部经营业务来结束企业的生命。例如，首批通过中国机器人检测认证的上海紫宝机器人有限公司因资金链断裂于 2018 年 7 月倒闭。

四、混合型战略

混合型战略

混合型战略是稳定型战略、增长型战略和紧缩型战略的组合。事实上，当企业发展到一定规模，实行的往往不止一种战略，而是将以上战略结合。例如，企业在同一时期内对不同业务有针对性地采用增长型、稳定型和紧缩型战略。一般而言，大型企业拥有较多的战略业务单元，这些业务单元很可能分布在完全不同的行业和产业群中，它们所面临的外界环境、所需的资源条件不同，混合型战略便成为其必然选择。

混合型战略的特征：

（1）从采用情况来看，一般是较大型的企业采用混合型战略较多，因为大型企业相对来说拥有较多的战略业务单位，这些业务单位很可能分布在完全不同的行业和产业群中，它们所面临的外界环境、所需要的资源条件完全不相同，因而若对所有的战略业务单位都采用统一的战略态势的话，就有可能导致由于战略与具体的战略业务单位不相一致而使企业的总体效益受到伤害。

（2）从市场占有率等效益指标来看，混合型战略并不具有确定变化的方面，因为采用不同的战略态势的不同战略业务单位市场占有率的变化方向和大小并不一致。所以，从企业整体市场占有率、销售额、产品创新率等指标反映出来的状况并没有一个一般的结论，实施混合型战略的企业只有在各不同的战略业务单位之间才体现出该战略业务单位所采用的战略态势的特点。

（3）在某些时候，混合型战略也是战略态势选择中不得不采取的一种方案。例如，企业遇到了一个较为景气的行业前景和比较旺盛的消费者需求，因而打算在这一领域采取增长型战略，但如果这时企业的财务资源并不是很充分的话，可能无法实施单纯的增长型战略。此时，就可以选择部分相对不令人满意的战略业务单位，对它们实施抽资或转向战略，以此来保证另一战略业务单位实施增长型战略所需的充分资源。由此，企业从单纯的增长型战略转变成了混合型的战略态势。

对企业战略态势选择的研究具有重要意义。合理的战略态势选择是战略有效执行的保证，企业应在相关动态能力的基础上分析战略态势，选择时应考虑系统性、创新性、自发渐变性以及层次性。

第三节 一体化战略

一家企业的成长历程，是从点到线到网的演化过程。点是指企业的所有资源和能力都集中于单一业务，通常采用一般竞争战略（第六章进行详细阐述）；线是对点的连续拓展，通常称为一体化战略（整合战略），可以进一步分为纵向一体化与横向一体化两类战略；网是指在现有企业中增加新的产品或事业部，使企业能向更为广泛的业务领域拓展，通常为多元化战略。

一体化战略即从点到线，企业充分利用自己在产品、技术、市场上的优势，根据物资流动的方向，沿着业务链条的纵向或横向，向经营领域的深度和广度发展的一种战略，包括纵向一体化和横向一体化。

一、纵向一体化战略

纵向一体化战略是企业在现有业务的基础上进行纵向扩展，实现产业链前后方向的延伸，在一定范围内把技术上不同的生产、分销和其他经济过程结合起来。一个企业所从事的产业链中的环节越多，其纵向一体化程度就越高，反之则越低。当企业增加所从事的产业链环节并且它们更加靠近产品或服务的最终用户时，就是前向一体化；更加靠近原材料供应方面时，就是后向一体化。

（一）纵向一体化战略的形式

1. 前向一体化

纵向一体化战略的形式与实施动因

（1）前向一体化概念及内涵。前向一体化是企业获得分销商或零售商的所有权或加强对它们的控制，也就是指企业根据市场的需要和生产技术的可能条件，利用自己的优势，将经营领域向产品或服务的最终用户发展，把成品进行深加工，或对资源综合利用，或建立自己的销售组织和渠道销售产品或服务等的战略。

例如，ZARA 连锁店门店，其前向整合的常规操作是，各门店店长负责订单跟进、顾客喜好获取和数据上传，通过互联网，西班牙总部进行相关反应，设计师可持续设计出顾客喜欢的产品。

雅戈尔公司通过向商业、零售、连锁方向发展，组建了庞大的分销网络；还向上游的纺织面料进军，建立自己的纺织面料城，形成了完善的纵向一体化体系。

京东也是前向整合战略的突出代表。刘强东认为，创造价值才能得到回报，这是所有商业模式的基础。为此他提出消费品行业的“十节甘蔗”理论：零售、消费品行业的价值链包括创意、设计、研发、制造、定价、营销、交易、仓储、配送、售后十个环节，其中前五个归品牌商，后五个归零售商。那么如何在固定的利润水平上发掘更大的价值呢？京东的做法是：吃掉更多的甘蔗节数。即不只做交易平台，还要将业务延伸到仓储、营销、配送和售后环节。将物流、商流、资金流和信息流有机结合，实现企业与客户的互信共赢。京东物流通过全国建造自建仓配物流网络，为商家提供一体化的物流解决方案，实现库存共享及订单集成处理，可以说京东是通过纵向整合实现了竞争优势的有力提升。

（2）前向一体化的选择要点：

①企业现有的销售商或成本高昂或不可靠或不能满足企业的销售需要。

②企业现有可利用的高质量销售商数量有限，采取前向一体化后，企业有可能获得竞争优势。

③企业具备销售自己产品所需要的资金和人力资源，可以是剥离富余人员的替代。

④当稳定的生产对企业十分重要时，通过前向一体化战略，企业可以更好地预见对自己产品的需求。

⑤企业现有的经销商或零售商有较高的利润时，这意味着通过前向一体化战略，企业可以在自己销售产品的过程中同样获得高额利润，并可以为自己的产品制定更有竞争力的价格。

2. 后向一体化

（1）后向一体化概念及内涵。后向一体化是企业利用自己在产品上的优势，向为它目前的产品或服务提供原料的行业扩展，把原来外购的原材料、零件及配套体系改为自行生产的战略。

后向一体化战略实施时，物流从反方向移动，通过获得供应商的所有权或增强对其控制来求得发展。采用这种战略，一般是把原来属于后向的企业合并起来，组成联合企业或总厂，以利于统一规划，保证企业顺利发展。

因此，后向一体化的实质就是获得供方的所有权或对其加强控制。当原材料、外购件供应跟不上或成本过高而影响企业的进一步发展时，企业可以利用其产品在市场上拥有的明显优势，自己投资生产原材料或配套零部件，也可以兼并供应商或与供应商成立合资企业、组成联合体，从而保证原材料与零配件的供应，从而继续扩大生产、增加销售。

例如，在 2004 年，格力成功收购珠海凌达压缩机有限公司、珠海格力电工有限公司、珠海新元电子有限公司和珠海小家电有限公司；2006 年 3 月，成功收购珠海凯邦电机有限公司。以上动作都是格力开始整合上游资源，完善空调产业链，充实营销网络的表现，为企业进一步做精做强做大奠定良好基础。

乳企的后向一体化战略更为突出，如飞鹤集团，其在掌控奶源、控制食品安全方面大多是通过后向一体化战略实现的，通过自建牧场，飞鹤乳业已拥有万头自主掌控的奶源，确保原奶安全可靠，成为三聚氰胺事件后能独善其身的乳企之一。

（2）后向一体化的选择要点：

①企业当前供应商或供货成本很高或不可靠或不能满足企业对零件、部件、组装件或原材料的需求。

②供应商数量少而需求方竞争者数量多，企业需要尽快地获得所需资源。

③企业具备自己生产原材料所需要的资金和人力资源。

④价格的稳定性至关重要，通过后向一体化战略，企业可稳定其原材料的成本，进而稳定其产品的价格。

⑤企业现有供应商利润丰厚，这意味着供应商所经营的领域值得进入。

（二）纵向一体化战略的实施动因

企业推行纵向一体化，通常希望加强其在原先的或核心业务方面的竞争地位，创造出更多的附加价值，希望建立起强大的规模生产能力来获得更高回报，并通过面向销售终端的策略获得市场各种信息的直接反馈，从而促进不断改进产品和降低成本，来取得竞争优势的一种方法。

但不是所有领域都适合纵向一体化，或者说纵向一体化的前向或后向整合需要审时度势，必须依据企业的实际和竞争环境来确定其是否适合在此时、在此行业开展此战略。例如，至今为止，并未看到伊利乳业在全国设立的专卖店体系，可见乳制品企业并不适合建立直面消费者的专卖店模式，不适合前向整合，反而适合在超市中销售。

企业是否适合实施纵向一体化战略，一般会从技术、经济等多方面进行衡量。

1. 获得经济性

实施纵向一体化战略，会使企业在联合生产、销售、采购和控制方面具有较强的协同效应，这种协同效应会使企业获得比较满意的经济效益。

2. 有效缓解供需矛盾

纵向一体化能确保企业在产品供应紧缺时得到充足的供给，或在总需求很低时有一个畅通的产品输出渠道，因此，纵向一体化能减少企业随意终止交易的不确定性。但是，纵向一体化能保证的需求量以下游企业所能吸收上游企业的产量为限。

此外，纵向一体化在解决供需矛盾时也富有成效。虽然纵向一体化企业的内部会出现协调问题，但更困难的协调问题出在独立企业之间的交易中。这是因为在纵向一体化企业内部进行某项活动时，可以通过集权控制进行协调，在市场上，独立企业间不存在这种控制。

3. 削弱供应商和顾客的价格谈判能力

如果一个企业在与它的供应商或顾客做生意时，供应商或顾客有较强的价格谈判能力且投资收益超过了投资的机会成本，那么即使纵向一体化不会带来其他益处，它也值得做。一体化削弱了对手的价格谈判能力，这不仅会降低采购成本（后向一体化）或者提高价格（前向一体化），还可以通过减少谈判的投入提高效率。

4. 抵御竞争对手的攻击

纵向一体化可以提高行业的进入壁垒，建立防范竞争对手进入的屏障。通过向后纵向整合获得对关键原材料或零部件的控制；或者向前纵向整合获得对产品分销渠道的控制，能够在产业内建立起防范新进入者的壁垒。

同时纵向一体化还可以保护企业原有经营范围、扩大经营业务、限制所在行业竞争程度，使企业具有更大的自主定价权，从而使企业获得较大利润进而获得某些战略优势。例如，控制最佳或主要的原材料来源、占据最有利的地理位置、控制或掌握现有的分销渠道、形成更强的学习效应等，以使企业比竞争对手更快甚至独享行业信息，从而达到抵御竞争对手攻击的目的。

5. 提高差异化能力

纵向一体化可通过在管理层控制的范围内提供一系列额外价值来改进本企业区别于其他企业的差异化能力。例如，这种差异化能力可以较好地控制销售渠道以提供最优服务，或者通过内部生产专有零件提供区别于其他企业的产品等。

6. 有利于开发技术

纵向一体化提供了进一步熟悉上游或下游经营相关技术的机会。企业更容易增强对上下游的控制，对各个层次产品的品质保障更有力度；同时也可以更加熟悉上中下游相关技术，这些技术对于产品质量保证和服务提升更有保障。这种技术信息的获取对基础经营技术的开拓与发展非常重要。如许多领域的零部件制造企业发展前向一体化体系，就可以了解零部件如何装配的技术信息。

7. 促进对增强效率的专用性资产投资

专用资产是为完成特定任务设计的，可能是一件专门用途的设备，或是个人或是企业通过训练和经验获得的诀窍和技能。专用性投资是支持某项特定交易的投资。正因为实施了纵向一体化，企业更愿意在针对效率提高方面的专用资产上投资。而若不进行纵向一体化，上下游的厂商为保持在战略上的灵活，往往不愿意在该专用资产上投资，因而可能减少创造价值的总量。

现实生活中，一个根本性转变的例子就是汽车制造商与其零部件供应商之间的关系。装配厂通常采用招标方式来确定外部供应商，装配厂招标的标的为短期供货合同（一般为一年），这些合同会规定价格、质量和交货程序。尽管在缔约之前存在许多潜在的投标人，但一旦缔约，各自的专用性投资就会将双方紧密结合在一起，形成相互依赖的关系。对于某些零部件，装配厂必须在生产设备上进行大量的专用性投资。供应商也必须在设备上投资，使设备适合装配厂零部件的技术指标。由于资产的专用性，供应商和装配厂都清楚，双方建立的不是一年而是延续多年的合作关系。

8. 防止被竞争对手排斥

企业采用纵向一体化战略可以占有许多供应资源或拥有许多称心的顾客或零售机会，能够有效地避免被竞争对手排斥的处境。

9. 改善作业调度

纵向一体化可以强化上下游业务流程彼此间的规划、协调与作业调度，可以提升战略优势。例如，20 世纪 30 年代的福特公司，向后整合进入铸铁、铁矿石运输、铁矿石开采等行业，铸钢仓卸货铁矿石之后，24 小时之内转化为发动机组，因此福特通过消除不必要的多余库存大大降低了成本结构。这种由纵向整合而带来的作业调度改善，使企业能够应对一些突如其来的变化，或者使产品更快进入市场。

（三）纵向一体化战略的实施

企业必须制定实施纵向一体化战略的步骤，确定企业纵向一体化的边界。具体实施步骤如下：

纵向一体化战略的实施与成本分析

1. 分解行业价值链

首先，对行业价值链或产业链进行分解，行业价值链的分解既不能过于宽泛，也不能过细，应充分考虑到行业的技术水平和资源状况。其次，需要对行业价值链上每一项活动内在结构吸引力进行分析。在识别出某一行业中彼此分离的各个环节以后，企业还要为各个环节制定一个期望的平均利润空间或潜力。最后，企业判定是否该在某一阶段展开竞争。企业在每一阶段的这些决策将最终决定企业在产业链中涉足的范围。

2. 分析企业竞争优势

企业是否从事某项活动是由该项活动的吸引力和企业是否拥有某项竞争优势决定的，这种竞争优势必须能够使企业以比外部供应商更有效率的方式生产产品或提供服务。如在个人计算机行业，微软公司和英特尔公司并没有通过垂直整合亲自去制造和销售个人计算机产品，它们仅仅通过分别提供软件（操作系统）和硬件（微处理器），就占有了该行业的绝大部分利润。

3. 分析市场失灵的原因

在前两步分析中，假设在行业的各个阶段都存在有效市场，但如果这种假设不成立，企业很可能不得不垂直整合并涉足那些市场失灵的领域。为了判定何时有必要进行纵向整合，企业必须系统地分析可能导致较高的控制成本和市场失灵的原因。

4. 研究需要协调的环节

把许多职能活动保持在企业内部的理由是需要持续地进行协调。例如，在开发出新产品之后，营销部门可能需要不断改变其营销策略并重新分配资源。市场组织模式的有效性迫使企业必须对这些明显的协调需求进行认真的评价。

5. 明确诱因的重要性

在企业内部获得协调利益时常常伴随着一种权衡活动，即企业必须将内部协调利益与市场诱因的力量进行比较。如果员工的技能与努力程度对某活动的有效性至关重要，就应该建立强有力的行政协调；如果某种供应关系、市场渠道或基于合作的品牌效应更为重要，则应该建立起某种形式的市场关系，以便利用动力强大的市场诱因。事实上，企业范围的组织限制最终常常是由组织协调与市场诱因之间的权衡决定的。例如，在个人贡献不太重要且容易监控的情况下，诱因的重要程度一般不大，但协调很重要，企业此时应该进行垂直整合。

6. 确定企业纵向一体化的边界

上述步骤表明，在进行是否纵向整合的决策时存在一个有序的流程。如果对这一流程中某一阶段的回答是“需要进行纵向整合”，那么就需要确定纵向一体化的边界；如果对这一阶段的回答是“不需要进行纵向整合”，那么分析将转向下一个问题，如图 5－6 所示。

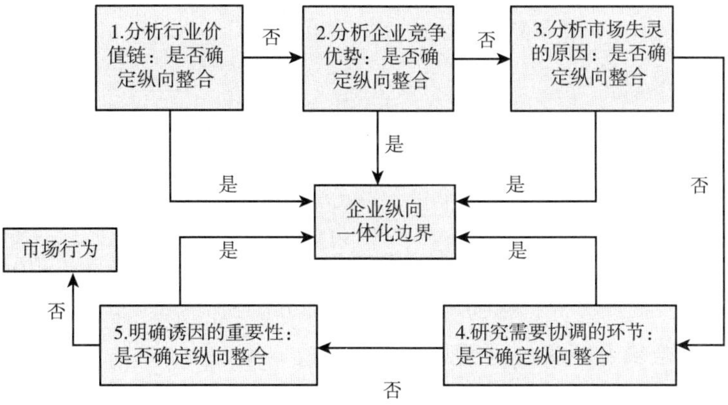

图 5－6 确定企业纵向一体化的边界

（四）纵向一体化战略的成本分析（局限性）

纵向一体化战略尽管能为企业带来一系列好处，但也会导致企业管理难度增大，对管理者素质要求提高等问题。具体而言，实施纵向一体化战略的成本主要体现在以下方面：

1. 克服退出壁垒的成本

企业在上游产业或下游产业竞争，会提高企业在行业中的投资，提高退出壁垒，有时甚至会使企业不能将其资源调往更有价值地方。因此纵向一体化要求克服退出壁垒，克服规模经济、资本需求以及专有技术或合适的原材料而具有的成本优势引起的壁垒等。

2. 增加经营的固定成本

企业实施纵向一体化战略时，迫使企业依赖自己的内部活动而不是外部的供应源。久而久之，随时间的推移，可能变得比外部资源还要昂贵。因为即使产品的需求因某些原因降低，企业也必须承担生产过程中的固定成本。由于上游单位的销售量衍生于下游单位的销售量，两项业务中任何一个引起波动的因素都会在整个价值链中引起波动。因此，纵向一体化增加了企业经营的固定成本，在一定程度上增加了企业经营风险。

后向整合进入零配件的生产可能会降低企业的生产灵活性；延长对设计和模具进行变化的时间；延长企业将新产品推向市场的时间。所以从外部购买零配件通常比自己制造便宜一些，使企业能够更加灵活、快捷地调整自己的产品以满足购买者的需求偏好。

3. 降低改换伙伴的灵活性

纵向一体化意味着企业的命运至少部分地由其内部供应者及顾客的竞争能力来决定。技术和产品设计的变化、战略的失败或者管理问题等都会使内部供应者提供高成本、低质量或者不合适的产品和服务，或者内部顾客或销售渠道失去了应有的市场地位。

相较于和某些独立实体签约，纵向一体化提高了改换其他供应商及顾客的相关成本。价值链上各个活动最有效的生产运作规模可能不大一样，这就使得完全整合很不容易达到。对于价值链上某一点的内部生产能力不足于下一个阶段需求的话，就需要从外部购买不足的部分；如果内部生产能力过剩，就必须为过剩部分寻找顾客，如果生产了副产品必须进行处理。

4. 较高的全面退出壁垒

资产专门化的进一步增加，战略上的内部关系或者与某一企业的感情联系等，将会提高纵向一体化企业的总体退出壁垒。

5. 资本投资需求较大

纵向一体化需要耗费资本投入，这就存在机会成本的问题，与一个独立实体打交道则是应用外部的资本投资。另外，纵向一体化还会降低企业分配其投资资金的灵活性。

6. 封阻获得供应商及顾客的研究及技能的通道

纵向一体化可能会切断来自供应商及顾客的技术流动。例如，如果企业不实施后向一体化，供应商通常愿意在研究、工程等方面积极支持企业，反之亦然。

7. 弱化激励

纵向一体化意味着通过固定的关系来进行购买与销售。上游企业的经营激励可能会因为是在内部销售而不是为生意竞争有所减弱。在一体化企业内部向另一个单位购买产品时，企业不会像与外部供应商做生意时那样激烈地讨价还价。

8. 不同的管理要求

在纵向一体化企业中，尽管存在纵向关系，企业的各个部分在结构、技术和管理上也有所不同。因此，熟悉如何管理具有不同特点的企业是纵向一体化的主要成本之一。

二、横向一体化战略

横向一体化战略

横向一体化战略，又称为水平一体化战略、横向整合战略，是指与处于相同行业、生产同类产品或工艺相近的企业实现联合，实质是资本在同一产业和部门内的集中，目的是实现规模经济、减少竞争压力和增强自身实力以获取竞争优势。

横向一体化是在现有业务基础上进行横向扩展，实现规模的扩大和竞争实力的提升。横向一体化战略往往是以兼并处于同一生产经营阶段的企业为长期方向，以促进企业实现更高程度的规模经济和迅速发展。

例如，互联网领域行业佼佼者合并的案例不在少数：58与赶集网、美团与大众点评、滴滴与Uber，以及携程与去哪儿、优酷和土豆、法国电信收购英国第三大移动运营商Orange公司的横向整合等。

青岛啤酒在横向整合方面可谓力度空前，收购五星、三环，陕西的汉斯、渭南、汉中，廊坊啤酒厂、上海嘉士伯等17个省市47家啤酒企业，通过承债、破产或控股等形式收购，形成北有黑龙江兴凯湖、北京五星；西有西安汉斯；南有深圳青岛啤酒朝日有限公司、珠海和三水公司；东有上海、芜湖、马鞍山、湖北黄石、应城等青岛啤酒市场版图。

（一）横向一体化战略的适宜性

（1）企业可以在特定的地区或领域获得垄断，同时又不会受到政府法令的干预；

（2）企业在一个呈增长态势的产业中竞争；

（3）可以由此借助规模经济效应的提高为企业带来较大的竞争优势；

（4）企业拥有成功管理业务规模得到扩大的企业所需要的资金和人力资源；

（5）竞争者因缺乏管理人才，或者因为需要获得其他企业拥有的某些特殊资源而陷入经营困境之中，而刚好进行横向整合的企业具有这样的管理才能、专业性或资源时，则适合进行横向整合。

（二）横向一体化战略的实施动因

横向一体化战略是企业在竞争比较激烈、自身实力较强的情况下进行的一种战略选择。横向一体化既可能发生在产业成熟化的过程中，成为增强自身实力的重要手段，也可能发生在产业成熟化的过程后，成为避免过度竞争和提高效率的手段。横向一体化战略的实施动因主要有以下几个方面：

1. 获取规模经济，增强竞争优势

在规模经济明显的产业中，横向一体化战略可以使企业充分获取规模经济，从而大大降低成本，增强竞争优势。规模经济是适度经济规模所带来的经济性，它是以经济规模的变化为基础降低企业成本。一般而言，规模的扩大可以使单位产品的成本变得更低，也会带来产量的显著增加，产量的上升往往带来销售和效益的增加。此外，规模的扩大有利于发挥专业化生产优势，获得专业化协作的低成本收益。

2. 利用经验曲线，促进企业创新

经验曲线或学习曲线是指随着过去工作量和经验的积累而使未来成本逐步下降的机制。实施横向一体化战略可以将由学习和经验积累而获得的提高效率、降低成本的技能传递给其他企业，从而形成群体学习的溢出效应。如果企业之间能够共享彼此由学习和经验积累而获得的提高效益、降低成本的技能，就有可能转化为企业创新的能力和机制。

3. 实现优势互补，提高经济效益

横向一体化可以促进资源的合理配置，使企业取长补短，充分发挥各自的竞争优势，增进企业合作，减少由于竞争带来的不必要损失，还可以起到分散风险、提高组织效率的作用。

4. 扩大对外联系，利用两种资源

从长期来看，实施横向一体化战略不仅要求企业打破地区、所有制和隶属关系的界限，按照经济规律发展各种经济联合关系，而且要求有条件的企业走出国门，和国外企业建立广泛的协作与联合，学习与交流先进的技术和管理办法，提升资源配置效率。企业发展到一定阶段后，在经济环境比较有利时，通常借助资本经营，实施横向一体化战略进行外部扩张，使企业获得超常规发展。如国际上多数有色金属采、选、冶、加工联合企业都通过组建更大规模的跨国公司实现规模化运营，扩大市场份额。

（三）横向一体化战略的实施

企业实施横向一体化战略是通过并购与自己有竞争关系的企业或与之联合实现的，能否实现预期的目标，需要从多个方面进行权衡。

1. 明确公司的核心业务和非核心业务

进行横向一体化之前，公司管理层必须就核心业务活动达成一致意见。对于基于核心竞争力的核心业务，公司应在独立或充分自主的条件下进行开发和培育；对于非核心业务，公司可以通过外包或者其他联盟方式与外界合作。对公司而言，实施横向一体化战略，要保持和加强自己的核心知识和技能，防止关键技术和诀窍的流失。

2. 慎重选择横向一体化的内容和伙伴

在明确核心业务的基础上，公司应确定哪些业务需要通过横向一体化以充分利用外部资源，并根据需要来确定合作伙伴。在合作伙伴的选择上可以是产品零部件供应商、科研机构、咨询公司甚至是竞争对手，在确定之前必须对实施横向一体化战略的对象进行资格审查，包括公司文化、业界信誉、技术实力和投入程度等。

3. 合理选择横向一体化战略的实施途径

横向一体化战略的实施途径主要包括联合、并购和组建集团等。其中，联合是指两个或两个以上相互竞争的企业在某一业务领域进行联合投资、开发或经营，共同分享盈利，共同承担风险；并购是指一个实力雄厚的企业兼并或收购目标企业；组建集团是指由业务相互关联、有竞争关系的一群企业共同一定的契约形式组成具有经济实体性质的联合体。在这个联合体内部，经济关系的密切程度不一样，集团公司的主要任务是协调关系，进行资源的合理调配，确定集团的发展方向等。

（四）横向一体化战略的成本分析（局限性）

横向一体化战略的实施也会给企业带来一定的风险，如因规模过于庞大而出现机构臃肿、效率低下等。具体而言，主要表现在以下几方面：

1. 在同一产业中持续投入导致风险增大

实施横向一体化战略要求在原有产业的基础上，整合经营处于同一水平或阶段的相关企业，这意味着将会在同一经营领域中投入更多的资源，不断扩大企业的经营规模。横向一体化成功的重要前提是该经营领域必须是不断成长、存在较大增长空间、满足政策许可以及符合消费者的需求变动趋势。一旦这些前提不能成立或出现了其他的非可控因素，横向一体化战略就会给企业带来巨大的经营风险，并导致企业退出壁垒显著提高。

2. 由于规模过于庞大而出现规模不经济

只有适度的经营规模才能形成规模经济，规模扩张过度也会给企业带来不利影响，导致效率低下和管理费用增加。

很多合并和收购并没有创造出价值，也有很多实际上破坏了价值。

大型审计和咨询企业毕马威（KPMG，成立于1897年，总部位于荷兰阿姆斯特丹，是一家在全球156个国家拥有15.2万名员工、网络遍布全球的专业服务机构，专门提供审计、税务和咨询等服务）在考察1996—1998年700宗大型收购发现：39%的收购企业几乎没有影响，30%的收购企业获得了价值，31%的收购企业破坏了价值。

同时，在原材料供应紧张的情况下，规模扩大可能使原材料价格上涨，会产生采购中的规模不经济；经营规模的扩大改变了产品供求关系，甚至转变为供过于求时，将会使产品不得不以低价销售，从而产生销售的规模不经济；随着规模的扩大，企业协调的复杂性和成本不断增加，也可能会导致管理的规模不经济。此外，规模的不经济特别容易存在于对市场需求比较敏感的产品和专业服务部门，这些经营领域在很大程度上依赖于快速应变能力而不是单纯由横向一体化产生的规模经济。

◈ 贴士

合并和收购不能生产出预期收益的原因

- 合并后因企业文化差异极大所产生的问题。
- 在恶意收购来的企业中管理人员的更替。
- 经理们往往低估营运合理化、消灭重复的资产并实现规模经济的费用。
- 经理们往往高估来自合并或收购的收益，收购企业往往对收购来的企业的资产付费过多。

3. 容易造成产业垄断的结构

横向一体化战略容易形成一个巨无霸型企业结构，这是产业垄断的信号之一。诸多国家推出相关政策反垄断，如美国联邦反托拉斯政策等。

▶案例

去哪儿并入携程（2015年10月）利润可观？

自与去哪儿合并后，携程的财务报表中，很长一段时间去哪儿的表现仍是拖后腿的板块，原本是OTA届的强强联姻，却反而影响了携程的整体表现。合并当年去哪儿就开始亏损（2015年携程净利润高达25亿元，去哪儿当年亏损73亿元），直到现在携程还在消化合并去哪儿所带来的一系列问题。

一是航空公司集体封杀去哪儿。去哪儿网遭遇航空公司集体封杀缘起2015年12月31日。当天，南航率先发布公告称，收到多起用户投诉，涉及在去哪儿网购买南航机票时的“价格公正及退改权益”；随即海航发表公告，表示大量旅客投诉去哪儿网多收退改签费用、加价销售机票、未及时通知不正常航班信息等。声明断交的航企包括：国航、东航、南航、海南航空、首都航空、四川航空、重庆航空、祥鹏航空、天津航空等。

在票务业务方面，去哪儿并不能为携程带来业务增长，反而需要携程出面来收拾烂摊子，接管去哪儿的票务业务，整顿之后逐步恢复和各航司之间的合作，两家公司合并后，票务业务方面携程没有获得1+1>2的效果。直到2016年10月17日，去哪儿网才与海航、国航、南航、东航等多家航空公司恢复合作。

二是合并后，去哪儿的核心团队大量流失，造成股价大跌，不少媒体用合并之后只剩空壳来形容去哪儿的价值。

资料来源：互联网普惠金融研究院．携程与去哪儿合并已一年：是领路人，还是拦路虎？[EB/OL]．搜狐．https：//www.sohu.com/a/127132807_439151，2017-02-24.

第四节　多元化战略

当单一经营的公司面临萎缩的市场机会和停滞的主营业务时，多元化战略通常会成为企业关注的重点。合理的多元化战略可以使企业脱离困境，稳定持续地发展。如果多元化战略决策不当或实施不力，不仅会使企业的新事业遭受失败，还有可能影响现有事业乃至整个企业的前途。

一、多元化战略的含义

多元化战略的含义与实施动因

据统计，美国最大的500家工业公司中，有94%的公司采取多元化经营战略；日本制造业中有74.7%的企业，商业、服务业中有58.7%的企业实施了多元化战略；我国很多企业在90年代前后也开始实行多元化战略。

多元化战略属于公司层战略，公司层战略主要关心两个问题：

一是公司需要进入哪些新的行业或经营领域？

二是公司的管理机构怎样管理和引导经营单位？

多元化战略相对企业专业化经营而言，是指一个企业同时在两个或更多行业从事经营活动，同时向不同的行业市场提供产品或服务。

因此，可以这样来概括多元化战略——多元化战略又称多角化战略、多样化战略和多边经营战略，是指企业为了更多地占领市场和开拓新市场，或避免经营单一事业的风险而选择性地进入新的事业领域的战略。一般意义上的多元化经营，多是指产品生产的多元化。

多元化与产品差异是不同的概念。所谓产品差异是指同一市场的细分化，但在本质上是同一产品。而多元化经营则是同一企业的产品进入了异质市场，是增加新产品的种类和进入新市场两者同时发生的。所以多元化经营是属于经营战略中的产品——市场战略范畴，而产品差异属于同一产品的细分化。同时，对企业的多元化经营战略的界定，必须是企业异质的主导产品低于企业产品销售总额的70%（赖利·鲁迈特．事业部制与多元化[D]．哈佛商学院，1970）。

多元化战略的实现可从四个方向进行尝试：产品多元化、市场多元化、投资区域多元化和资本的多元化。

产品的多元化，是指企业新生产的产品跨越了并不一定相关的多种行业，且生产多为系列化的产品；市场的多元化，是指企业的产品在多个市场，包括国内市场和国际区域市场，甚至是全球市场；投资区域的多元化，是指企业的投资不仅集中在一个区域，而且分散在多个区域甚至世界各国；资本的多元化，是指企业资本来源及构成的多种形式，包括有形资本和无形资本诸如证券、股票、知识产权、商标和企业声誉等。

二、多元化战略实施的动因

一般而言，企业由于经营环境、拥有的资源、自身能力以及所处的发展阶段不同，因而其多元化战略的实施动因就不同。企业实施多元化战略往往会有多种考虑，归纳起来主要有以下几种：

（一）充分挖掘内部资源潜力

绝大多数企业实施多元化战略是为了增强整个企业的竞争优势。适度的多元化能使企业的剩余资源得到有效利用，从而提高资源的利用效率，其中，如何有效地利用企业的内部资源至关重要。一般而言，经营较为成熟的企业可以利用自身强大的资本实力、投资能力、技术研发和产品开发能力及庞大、有效的营销渠道等优势实施多元化战略。

（二）不确定的未来现金流（战略性行业转移）

当一家公司的产品线已经成熟或受到威胁时，多元化战略就可能成为一种重要的防御手段。处于已经成熟或即将成熟行业的企业有时会发现，为了长期生存，实施多元化战略是有必要的。例如，随着汽车行业的衰退，行业中的供应商在慢慢地开发充满潜力的其他业务，如节能环保业务和医疗供给。向其他产品市场或其他业务发展可以降低企业未来现金流的不确定性。

同时，当企业从事的现有行业处在衰退期阶段，企业为了避免“死亡”就必须进行多元化经营，这种情况下的战略目标是实现战略性行业转移，即通过进入新的行业，企业逐步从现有行业中撤出，并将“生命线”（见图5－7）建立在新行业领域中。例如，采掘、烟草、白酒、纺织、钢铁企业等。

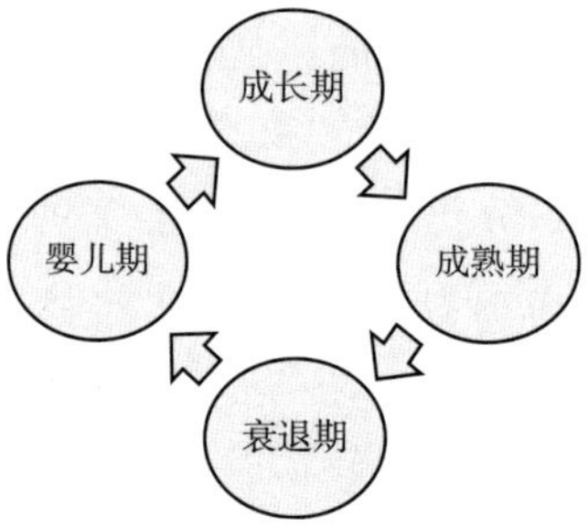

图5－7 企业生命线

（三）通过范围经济来获得协同效应

范围经济是指由于企业的经营范围扩大而带来的经济性，即各个业务单元放到一起经营的成本低于各个业务单元独立经营的成本之和，其实质在于多个业务单元可以共享资源和能力。范围经济与规模经济有相似之处，它们的本质区别是规模经济来自产品产量的增长，范围经济则来自经营多种产品或业务，通过共享有形资源和无形资源实现效益的提升。典型行业：石油化工、普通化工、冶金工业等，一体化程度较高，有利于实现范围经济。

宝洁公司的范围经济表现如图5－8所示。

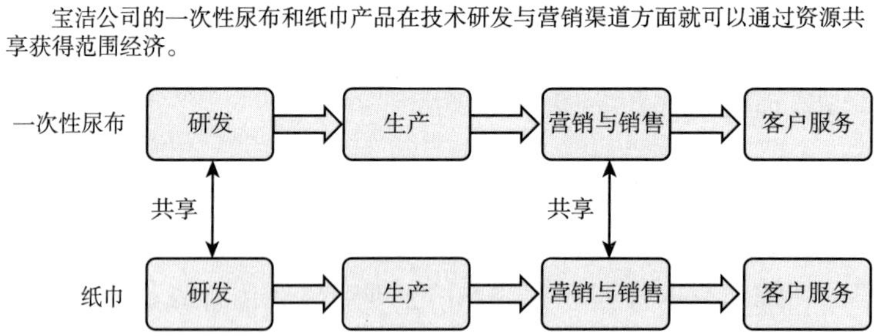

图5－8 宝洁公司的范围经济表现

（四）分散企业经营风险

多元化的风险规避作用一般是指把企业的资产分散到相互独立且利润流彼此不相关的多项业务当中。企业面临的经营风险分为可分散风险和不可分散风险，其中不可分散风险主要是指市场风险，反映了整个市场的波动。可分散风险和市场波动无关，可以利用多元化来降低。当各业务之间的利润流不相关时，随着多元化程度的提高，风险就相应降低了。

但是多项研究表明，多元化经营与风险的降低并没有直接关系，把鸡蛋放在多个篮子里造成的安全感往往会造成心理疏忽，同样会使鸡蛋全部被打破，有时还不如放在一个篮子里，全力以赴看住篮子效果更好。

（五）追求成长目标

当企业现有市场容量达到饱和或产品竞争力不强时，企业只有通过多元化经营方可实现其成长的目标。

如 20 世纪 90 年代，四川长虹集团为追求成长，于 1997 年实行多元化经营，大胆进入 VCD、空调和电脑行业。因为长虹产品自 1995 年以后一直占据中国彩电市场首位，全国彩电市场容量虽然没有到饱和状态，但长虹仅依靠彩电产品是不可能实现其成长目标的。通过长虹的多元化发展战略，使其规模和效益都有明显提高，距离多元化战略的初衷更近了一步。

三、多元化战略的分类与实施

多元化战略的分类与实施

（一）多元化战略的分类

根据现有经营领域与未来经营领域之间的关系可以把多元化战略划分为横向、纵向、多向和复合四种类型。

1. 横向多元化战略

横向多元化战略也叫水平多元化战略，即以现有的产品为中心，向生产工艺相近的相关产品领域拓展的战略。例如，以现有的产品为基础，增加产品的附加值、增加产品的卖点，开发新的市场；以现有市场为主要对象，开发与现有产品同类的产品等。生产婴儿纸尿裤的企业向生产纸尿裤的配套产品（如婴儿训练裤、一次性内裤和婴儿游泳纸尿裤等）发展，实行的就是横向多元化战略，新进入的领域和原经营领域相比，其最终产品或者相同，或者相似程度很高，或者关联程度很高。

2. 纵向多元化战略

纵向多元化战略是指以现有产品和市场为基础朝垂直方向扩大经营领域的战略，也叫垂直多元化战略。纵向主要是指以现有的产品、市场为基础，朝上下游的垂直方向扩展经营领域。以轧钢为原生产阶段，整个生产过程有采矿、运输、炼铁、炼钢、轧钢、深加工和产品销售，如果向上游发展，即向炼铁、炼钢发展，甚至投资采矿、运输等；如果向下游发展，即向深加工发展。需要指出的是，纵向多元化战略在理论界和实务界一直存在广泛争议，很多学者主张将其称为纵向一体化战略，归入一体化战略而不是多元化战略。

3. 多向多元化战略

多向多元化战略是指以企业现有的技术和设备为基础，拓展与现有产品或服务完全不同的新产品或新服务的战略。例如，制药企业利用原有的制药技术生产护肤美容产品、运动保健产品等。这种多向多元化产品虽然与现有的产品、市场领域有关系，却是通过开发完全异质的产品、市场来使经营领域多元化。多向多元化战略主要包括以下三种类型：

（1）技术关系多元化。这是以现有经营领域中的研究技术或生产技术为基础，以异质的市场为对象，开发异质的产品。其优点在于能够发挥技术上的协同效应：在技术开发和新产品的研发方面存在潜在的成本节约、新产品进入市场的时间更短、产品间存在互补，相关业务间存在技术转移潜力，可以使相关技术活动更加高效。例如，本田公司本来是生产发动机的，经过周密的市场分析后决定将这一专长延伸到生产摩托车、割草机、汽车等产品上，大大增强了企业的竞争优势。

（2）市场营销关系多元化。这是以现有经营领域的市场营销活动为基础，进入完全不同的产品市场。其优点在于当不同业务的价值链活动高度交叠，它们的产品有相同的顾客，通过共同的中间商和零售商销售，或者以相似的方式进行营销和促销时，这些业务间就存在与市场相关的战略匹配。

（3）物料资源多元化。这是以现有经营所拥有的物料资源为基础进入异质的产品、市场领域，求得资源的充分利用。其优点在于当不同的业务在原材料采购、元件生产、成品装配或行政支持功能方面存在合并活动或转移技术和生产能力的机会时，就存在战略匹配和协同效应。例如，生产棉纺织品的企业转而生产西服、衬衫以及手工艺品等。

横向多元化战略、纵向多元化战略以及多向多元化战略又合称为同心多元化战略，亦称相关多元化战略。相关多元化战略充分利用企业原有业务中可以共享的生产技术、原材料和生产设备等，从而获得生产技术、营销渠道等方面的协同效应。这种战略风险比较小，也更容易获得成功。

迪士尼的相关多元化战略版图如图 5－9 所示。

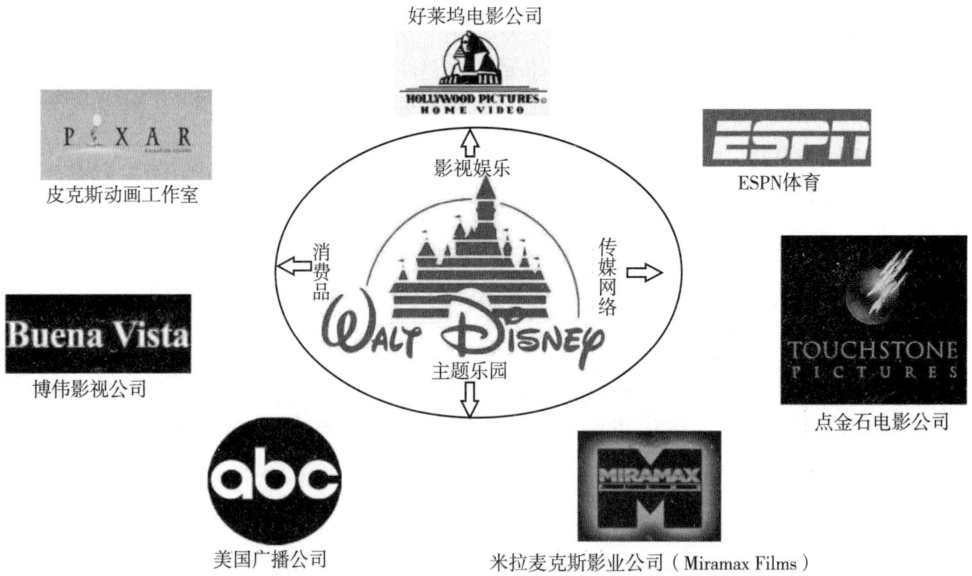

图 5－9 迪士尼的相关多元化战略版图

值得注意的是，实行同心多元化战略生产出来的新产品有时在销售渠道、促销方面等与原有产品有所不同，在竞争中会使企业处于不利地位。例如，有些女性色彩较浓的品牌被用在了体现力量和速度的产品上，效果亦不明显，甚至可能影响原有的品牌和产品。

▶案例

阿里的相关多元化发展战略

对于淘宝网来说，阿里巴巴网站在B2B领域内的运作经验、技术积累和经营理念，为淘宝网的诞生和顺利运作提供了坚强后盾，其品牌的影响度更是扩大了淘宝网的可信度和受青睐度。

对支付宝来说，由于阿里巴巴网站和淘宝网的用户规模为支付宝的市场占领提供了绝对的优势，同时由于品牌和客户服务理念上的一贯秉承，其客户黏度更是居国内支付之首。

阿里巴巴的相关多元化发展非常成功。马云说，让天下没有难做的生意，所谓三流企业家做产品，二流企业家做服务，而一流企业家做的是层次最高的，叫"为你的服务而服务"。阿里巴巴集团公司已经有几十家旗下公司，分别是：阿里巴巴、淘宝、天猫、支付宝、阿里软件、阿里妈妈、口碑网、阿里云、中国雅虎、一淘网、淘宝商城、菜鸟网络、蚂蚁金融服务集团、中国万网等，收购美团、快滴、高德地图、虾米音乐、优酷土豆、恒大足球、天弘基金等，构建庞大的服务型阿里生态圈。

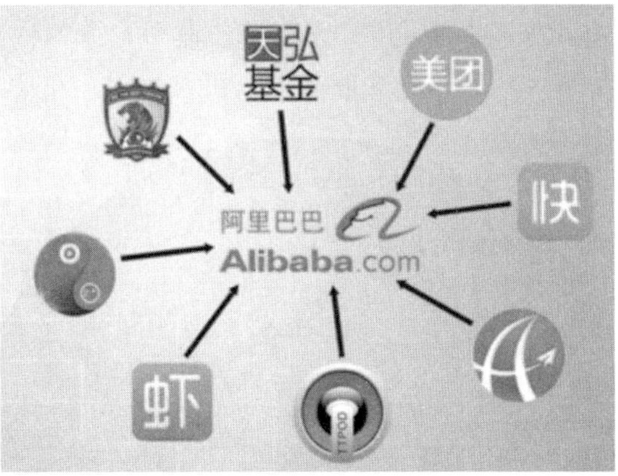

服务型阿里生态圈

从阿里巴巴到淘宝，再到淘宝大学，这一系列的平台就是在把普通人打造成会赚钱的商人。没有产品，我给你供货；没有渠道，我给你搭建平台；不懂做生意，我教你如何营销。我不费尽心机赚你的钱，而全心地教你赚钱。

资料来源：尚志勇．阿里巴巴多元化之路［J］．北方经贸，2019（03）：55－56.

4. 复合多元化战略

复合多元化战略也叫非相关多元化战略，是指从事与现有经营领域没有明显关系的产品开发和生产，向多种经营领域拓展的战略。企业所开拓的新事业与原有的产品、市场毫无相关之处，技术、经营方法、销售渠道必须重新取得。例如，海尔从家电业向金融业、服务业、制药业发展就属于这种情况。又如，美国通用汽车公司除了主要从事汽车的生产外，还生产冰箱、洗衣机、飞机发动机、潜水艇、洲际导弹等。这种战略通常适用于规模庞大、资金雄厚、市场开拓能力强的大型企业。

复合多元化战略可以通过提供不同的产品或服务向不同的市场渗透来分散企业经营风险，增加利润，使企业获得更加稳定的发展；也可以使企业迅速利用各种市场机会，逐步向更具市场潜力的行业转移，从而提高企业的应变能力。但是，如果企业不顾自身条件的限制，盲目追求复合多元化，则可能导致组织结构膨胀，加大管理难度，甚至导致企业在各类市场上都丧失领先地位。

▶案例

小米生态链

小米生态链入口主要以智能音箱、智能电视为核心，未来盈利主要依靠大数据精准营销以及互联网变现，打造“硬件—内容—互联网”的生态链闭环。同时，小米手机的低毛利导致的极致性价比以及小米社区保障了小米产品拥有高用户黏性。截至2019年Q2，小米生态链已支持近2000款设备，智能设备连接数超过1.96亿台，环比2019年Q1的1.71亿台，增幅高达14.6%，覆盖全球超200个国家和地区。米家App月活跃用户在2019年Q2达到3040万人，其中在中国大陆，非小米智能手机用户占比达一半以上。小米将持续打造AI赋能的IoT开放平台，吸引更多第三方及用户加入。小米口号是“专注、极致、

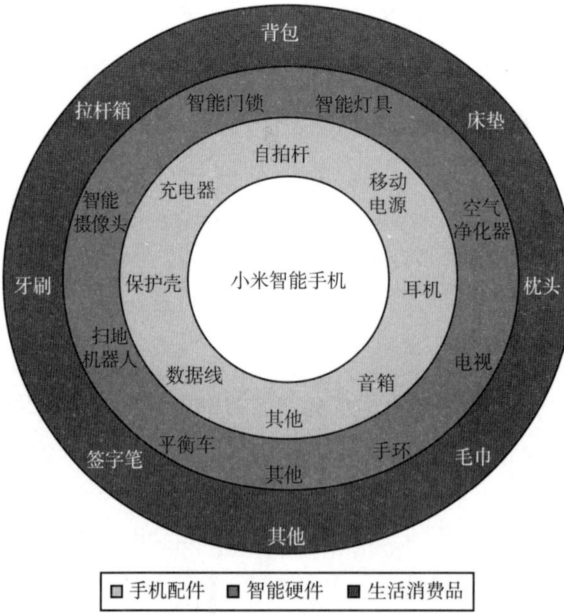

小米生态链（资料来源：融中研究）

口碑、快速”，小米已经把产品线扩展到了空调、电视、机顶盒、路由器、移动电源、耳机、手环、平衡车、平板、电饭煲、净水器、净化器等领域。

不能把小米看作只卖手机的公司，雷军强大的地方在于他发现小米通过卖手机积累了很多用户，也就是所谓的流量，但手机是低频消耗品，即买一部手机后，可能一年或两年不会再次购买。所以如何让流量不跑走，而且还能买其他东西呢？就设计了一个小米生态链架构，疯狂投资了很多其他行业的品牌。

比如紫米——生产移动电源；智米——净化器；云米——净水器；绿米——智能家居；纯米——电饭煲；青米——插线板；润米——拉杆箱；极米——投影仪；同时还投资了很多不叫米的产品，例如 yeelight 台灯、最生活的毛巾、贝医生的牙刷、米家扫地机器人、九号平衡车等，上述都是小米生态链旗下的产品和品牌。

所谓小米生态链旗下，即小米有流量，负责流量，其他企业负责生产，小米投资这些企业，企业踏踏实实在行业中做出最好最性价比高的产品，然后小米负责销售。所以这种生态链模式对于行业内的许多小玩家造成了巨大冲击，因为小米的生态链形成了价格屠夫效应，价格很低，销量很大，销量越大，价格越低，所以一般的玩家就很难跟小米集团军抗衡。

所以小米生态链最后要达到的效果就是，消费者要买某种产品，比较众多同类产品犹豫不决，干脆选择小米。

资料来源：朱国军，周妙资．智能制造核心企业如何通过创业孵化实现价值涌现——来自小米生态链企业的嵌入式案例研究［J］．软科学，2023，37（05）：77－86.

（二）多元化战略的实施

企业在实施多元化战略时需要从多个方面进行选择，包括多元化经营方式的选择、多元化战略的路径选择以及实施多元化战略后的整合。

1. 多元化经营方式的选择

企业实施多元化经营的方式有三种：一是进入相关业务，可供选择的方式主要有技术转移、分担成本、通过获取战略匹配利益增加股东价值；二是进入不相关业务，既要注意通过业务组合管理增加股东价值，也要注意通过多种经营分散业务风险；三是同时进入相关和不相关业务。

2. 多元化战略的路径选择

企业实施多元化战略的路径主要有并购、自建业务体系、合资或战略联盟三种。

并购是企业进入另一个行业时通行的一种方式，因为与从头开始一项全新业务相比，这是一条进入目标市场的捷径，而且它提供了跨越进入壁垒的有效方法。当然，要寻找并选择合适的并购目标公司也是一种挑战。

自建业务体系的优点是：新业务单元的文化相容以及空间布局的合理性，但需要企业克服进入壁垒，投资形成新的生产能力、发展供应源、雇用和训练雇员、建立销售渠道等。

合资公司通常需要组建新的公司实体，该实体由合作者共同拥有。战略联盟可以在任意一方参与者退出时终止。当然，合资公司经常会产生如何在合伙人之间分工和谁持有有效控制权等复杂问题。战略联盟则可以协调不同的合作者，比合资公司更适应快速变化的技术和市场环境，因此，成为更多公司实施多元化战略的重要进入方式。

3. 实施多元化战略之后的整合

公司实施多元化战略后，需要经常对现有的业务组合进行检查，择机采取必要措施，确保实现战略目标和提升企业竞争实力。一般而言，多元化企业可以采取的措施有如下几种：

（1）进行新的并购（或者兼并合伙人）。当企业内外某些因素发生变化，使得并购某个具有较好潜质的企业变得有吸引力，或者是出现了把资源和能力转移到其他相关或互补行业的可能性，企业进行新的并购就具有重要意义。另外，通过在相关或不相关的新行业里建立地位，可以强化企业在现有行业中的市场地位和竞争力。

（2）剥离或关闭一些业务单元。从业务组合中去除一些运营不佳的业务或者不适合企业发展的业务。例如，曾经有吸引力的行业已严重衰退，或在行业中处于弱势地位，投资收益越来越低等，就需要及时进行剥离。当然，还有些无法出售的亏损业务，需要及时进行清算/关闭。

（3）重构整个业务组合。当新技术的出现威胁到公司的一些业务或者公司管理层决定改变公司的发展方向时，就需要进行业务重组。重组时可以有选择地出售某些业务单元，运用剥离所得的资金去减少债务或者进行新的并购。在重组过程中，考虑去除的业务应是实力比较差、经营不稳定或者没有吸引力的，而且没有保留这项业务的战略渠道，或者会消耗太多的资金并缺乏其他的资金渠道。去除个别业务后，公司就可以重新组合保留的业务，以提升公司的竞争力。

（4）成为一个跨国多元化企业。通过跨国的多元化战略获取战略匹配利益，赢得跨国竞争优势。例如，有些业务要实现全部的规模经济和规模利润，需要很高的销售额，这些销售额经常会超过在一个国家市场可以达到的量，此时，跨国经营就成为一个很好的选择。

（三）多元化战略的实施时机

多元化战略时机到来的标志，表现在五个方面：

（1）所在行业的增长潜力已经达不到公司的期望。

（2）企业现有核心能力和资源转移到新行业的吸引力更高。

（3）企业进行相关多元化时，业务共享能节约大量成本。

（4）企业拥有多元件经营所需的各类资源。

（5）企业具备多元化战略所要求的管理技能。

由于多数情况下，上述五个标志表现不是十分清晰，所以，企业可通过对现有业务的竞争地位和潜在市场增长率的把握来考核实施多元化与否，如图 5－10 所示。

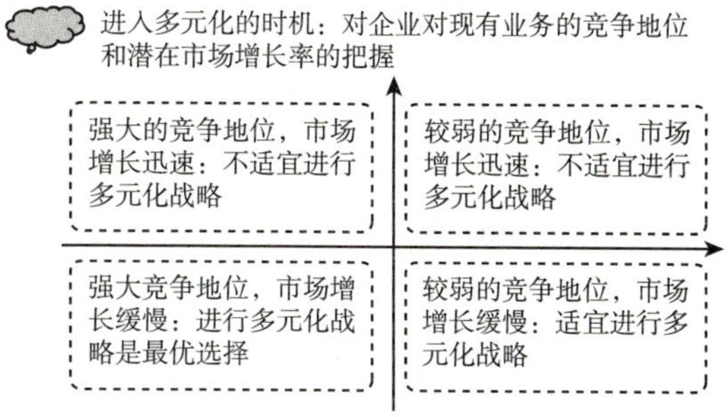

图 5－10　多元化战略实施的时机

所以多元化战略可以叫作森林战略，企业的目标是营造一片多元化的壮美森林，不能采取飞机播种的方式，而应采取种一棵活一棵的方式。这样种活一棵树，便有了成活之木；再种活一棵树，双木变成林；又种一棵树，三木组成森，所以只有一步一个脚印扎扎实实地搞多元化，才能最终实现企业的远大追求。

第五节　业务组合分析

多元化公司中各个业务的市场潜能不同，对资源和能力的要求也不同。对这些业务进行组合管理以实现企业总体效益最大化具有十分重要的意义。业务组合分析是通过定性和定量分析，对企业现有业务进行战略定位，进而根据业务定位规划并管理企业的业务结构，确保公司战略目标的实现。

公司战略经营领域及其确定原则

一、公司战略经营领域及其确定原则

（一）战略经营领域的概念

战略经营领域（strategic business area，SBA）是企业生存发展的特定微观环境，是企业投放资源，提供特定产品或服务，满足特定市场需求，制定特定战略，追求理想效益的经营场所。

战略经营领域结构是指企业拥有两个或两个以上的 SBA 时，相应地投入了不同的经营资源，带来了不同的经济效益，所形成的不同 SBA 之间质的组合和量的比例关系。

（二）战略经营领域结构的确定原则

SBA 是企业进行投资、生产和经营的具体微观环境，选择什么样的 SBA 将决定企业的业务组合。合理确定战略经营领域结构应遵循以下原则：

1. SBA 的关键成功因素与企业的战略优势平衡

企业的战略优势必须建立在综合判断 SBA 关键成功因素的基础上。任何一个 SBA 都从属于某个具体的行业，行业的五种竞争力量决定了企业在该行业的关键成功因素。例如，消费品行业的关键成功因素是营销渠道以及提高消费者忠诚度，高科技行业的关键成功因素则是对关键技术人才的把握、将关键技术产业化的能力以及吸引风险投资的能力。

2. 企业内部集合性与外部适应性的平衡

这种平衡是指企业内部集合性必须与外部适应性保持一致。内部集合性是指企业各个组成部分有机结合为具有特定功能的整体的特性。外部适应性是指企业作为一个有机整体，适应外部环境而健康成长的特性。例如，如果企业拥有的 SBA 较多，可以获取更多的机会，有助于分散风险，但缺点是难以把握复杂的环境特征，容易造成企业资源分散、内部管理复杂的不利局面。因此，企业应该根据自己的资源特点和外部环境，合理地选择适合自己的 SBA 结构，制定成功的战略并付诸实施。

二、业务组合的三种分析工具

三种分析工具——波士顿矩阵

(一) 波士顿矩阵

波士顿矩阵，又称为增长份额矩阵，是进行多种经营的企业在规划其多种业务组合时分析各种业务的地位及相互关系的一种工具。它是由波士顿咨询集团在对企业的战略经营领域结构进行分析时提出的。这种分析的主要目的在于把企业中高盈利、低发展潜力业务的资金投向具有长远发展潜力和盈利能力、更有吸引力的业务。

1. 波士顿矩阵的划分方法

波士顿矩阵需要综合分析横轴和纵轴两个维度，其划分方法如下：

(1) 横轴。该矩阵的横轴代表企业实力，以相对市场占有率作为标志。相对市场占有率是指企业市场占有率与最大的或最主要的竞争对手的市场占有率的比值。以 1 为标位，将企业实力划分为大与小两个区间。

(2) 纵轴。该矩阵的纵轴代表市场引力，以该行业（市场）增长率作为标志，以销售增长率 10% 为标位，将市场引力划分为大和小两种。

值得注意的是，在具体应用波士顿矩阵分析时，应根据具体情况来确定区分横轴和纵轴高低区域的数值。例如，纵轴可以选择特定时期、特定区域的 GNP（国民生产总值）平均增长率作为标志，高于该值的行业为高增长行业，低于该值的为低增长行业。

根据波士顿矩阵可以发现任何一个 SBA 都是市场引力与企业实力的一种组合。可以把企业的业务划分为金牛、明星、问题、瘦狗四类，如图 5 - 11 所示。

明星类 SBA 是指市场引力大、企业实力大的业务；问题类 SBA 是指市场引力大、企业实力小的业务；金牛类 SBA 是指市场引力小、企业实力大的业务；瘦狗类 SBA 则是市场引力小，企业实力小的业务。

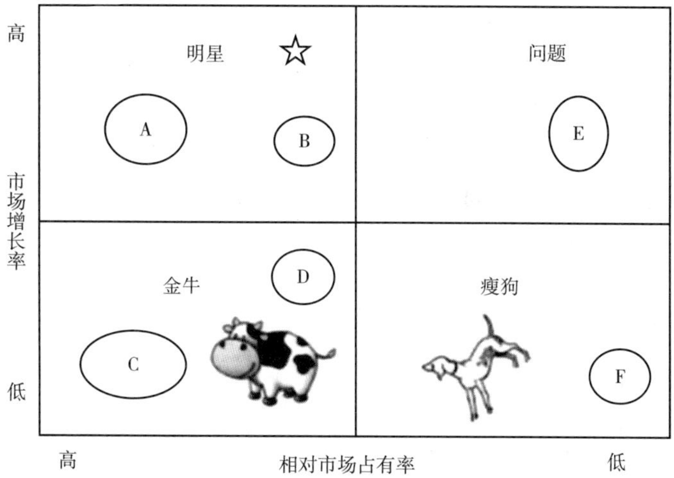

图 5-11　波士顿矩阵

在四类业务中，只有明星类 SBA 实现了理想的引力和实力平衡。瘦狗类 SBA 虽然实现了引力和实力的平衡，却是一种失败的平衡。问题类 SBA 的企业实力与市场引力呈现逆差，如果这种逆差扩大，则 SBA 消亡；如果这种逆差减小，最终实现平衡，则有可能转化为明星类 SBA。金牛类 SBA 的企业实力与市场引力呈现顺差，如果顺差减小，则这种 SBA 向明星类 SBA 过渡，但这种可能性极小，反之，也可能会转变为瘦狗类 SBA。

2. 波士顿矩阵的应用

企业针对特定的 SBA，在投入与产出之间需要合理配置，SBA 结构的安排必须保证企业的收入大于投入。处于不同象限的 SBA 具有不同的特点，其投入产出应遵循以下原则：

（1）问题类 SBA。问题类业务是指高市场增长率、低市场占有率的企业业务。大多数业务都是从问题类 SBA 开始的，即企业力图进入一个已由市场领先者占据的高速增长的市场。由于企业必须增加投入才能跟上迅速发展的市场，还要赶超竞争对手，因此问题类业务需要大量资金，该类业务基本上处于亏损状态。

（2）明星类 SBA。如果问题类业务成功了，它就变成了一项明星类业务。成长期的 SBA 固然有较高的利润率，但是由于市场增长迅速，产品处于导入期或成长期，研发、广告宣传费用较高，因此明星类业务不一定会给企业带来效益。明星类业务的优势是投入与收入基本上相抵，但很有可能成为企业未来的金牛类业务。

（3）金牛类 SBA。当市场的年增长率逐步下降（如 10% 以下）时，行业利润率也趋于下降，但由于企业实力雄厚，产品销量较大，企业盈利水平仍然相当高。在这种情况下，明星类业务就转化成金牛类业务，为企业带来大量财源。由于市场增长率下降，企业不必花费大量资金扩大市场规模，同时因为企业在该业务上是市场领先者，还享有规模经济和高边际利润的竞争优势，企业能够继续在该业务上获取大量资金。比较明智的企业往往未雨绸缪，用金牛类业务支持明星类和问题类业务，因为这些业务常常需要大量的现金支持。总的来看，金牛类业务投入水平下降，但收入水平较为稳定甚至有所提高。

（4）瘦狗类SBA。瘦狗类业务是指市场增长率低、市场占有率也低的企业业务。企业在这样一个战略经营领域中经营，不仅利润微薄，而且处于竞争劣势，企业应减少投入甚至选择退出。

根据各种业务的特点，可以归纳出不同的战略方针，如表5－2所示。

表5－2　不同业务的战略方针

业务类别	市场占有率方针	业务盈利能力	投资需要	净现金流
明星	保持或扩大	高	高	近于0/小负数
金牛	保持	高	低	大正数
问题	扩大、利用或退出	无或者亏损	很高/回收	大负数/小正数
瘦狗	利用或退出	低或者亏损	回收	大负数

综上所述，对一个企业而言，明星类业务、金牛类业务、问题类业务以及瘦狗类业务在资金以及地位上各不相同，如图5－12所示。

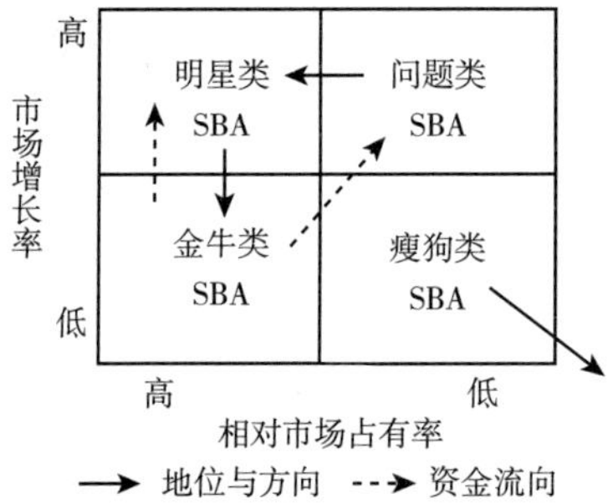

图5－12　波士顿矩阵各类SBA的资金流向与地位

优化业务组合的关键在于使企业的SBA之间达到一种令人满意的平衡。企业必须有金牛类产品，还要有明星类产品和问题类产品，同时要尽可能淘汰或革新瘦狗类产品，形成一个令人满意的半月牙结构，如图5－13所示。

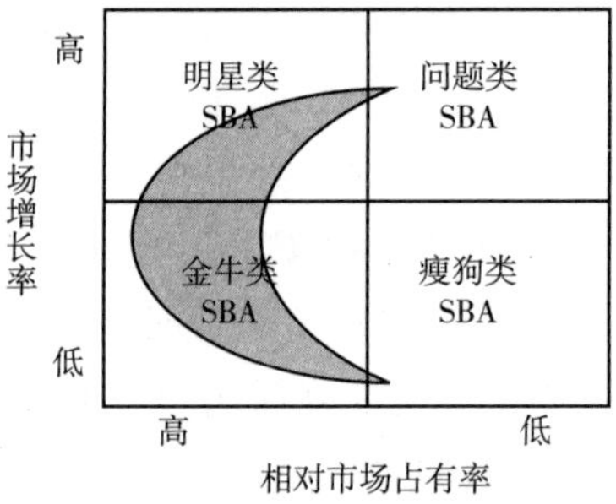

图5－13　波士顿矩阵的月牙布阵法

3. 不足与改进

20 世纪 70 年代以来，很多管理学家在肯定波士顿矩阵基本方法的前提下指出了其局限性：首先，代表企业实力的指标（相对市场占有率）过于单一，只反映了企业经营现状，不能说明企业的发展潜力；只反映了企业经营现状的一个指标，不能说明企业的综合经营实力，评价企业实力可以采用综合指标。其次，代表市场引力的指标（市场增长率）同样过于单一，容易混淆市场的本质特性和行情变化，可以使用行业生命周期等指标来代替市场增长率。

（二）GE 矩阵

三种分析工具——GE 矩阵

GE 矩阵（通用电气矩阵），又称行业吸引力竞争能力分析法，是由美国通用电气公司和麦肯锡咨询公司在波士顿矩阵的基础上共同开发出来的。GE 矩阵克服了波士顿矩阵仅以市场增长率和相对市场占有率两个指标来决定业务投资分配的不足，增加了在复杂市场条件下决定投资分配需要考虑的其他相关因素。根据行业吸引力和战略经营领域的竞争实力，用矩阵来分析各经营领域在总体经营组合中的位置，进而决定相应的业务投资战略。

1. GE 矩阵的划分方法

GE 矩阵需要综合分析横轴和纵轴两个维度，并分别划分为高、中、低三个层次，具体划分方法如下：

（1）横轴。横轴代表战略经营领域的竞争能力，由影响企业生存和发展的一系列内部因素构成，并按竞争能力的大小分为高、中、低三个层次。根据实际情况，对每一个因素进行量化评价并赋予一个权重系数，代表该因素在战略经营领域中的重要程度，所有因素的权重系数之和为 1。将所有因素与其权重系数相乘后，把所有因素的得分进行累加，得出该战略经营领域的竞争能力数值。

现实中，影响战略经营领域竞争能力的因素有很多，需要企业根据实际情况判断选择。一般而言，影响因素有：生产规模、生产效率、市场占有率、盈利性、技术研发能力、产品质量、品牌知名度、分销渠道、融资能力、人力资源情况。

（2）纵轴。纵轴代表战略经营领域所处行业的吸引力，由影响该战略经营领域的一系列外部因素构成，并按影响强度分为高、中、低三个层次。同样，根据实际情况，对行业的每一个因素进量化评价并赋予一个权重系数，代表该因素在行业吸引力中的重要程度，所有因素的权重数之和为 1。将所有因素与其权重系数相乘后，把所有因素的得分进行累加，得出该战略经营领域所在行业的吸引力数值。

决定战略经营领域所处行业吸引力的因素有很多，需要企业根据实际情况判断选择。一般而言，影响因素有：行业规模；市场增长速度；行业进入壁垒；行业盈利性；行业的政治、法律、社会、技术环境；行业人才可获得性；行业的竞争情况；行业生命周期。

由于横轴和纵轴各分为高、中、低三个层次，由此构成 3×3 的九象限矩阵，如图 5－14 所示。

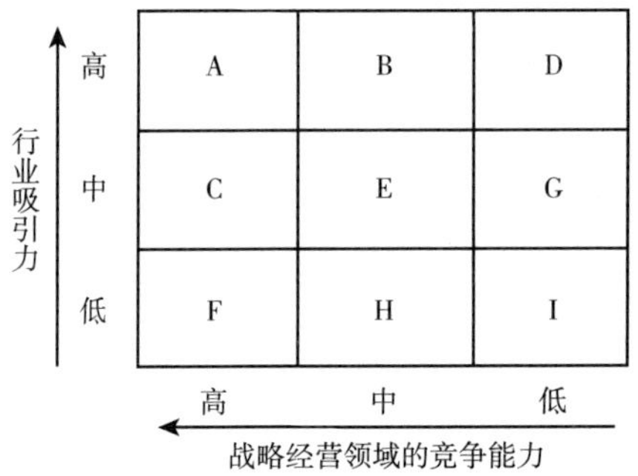

图 5－14　GE 矩阵

2. GE 矩阵的应用

行业吸引力的三个层级和战略经营领域竞争能力的三个层级构成了具有九象限的 GE 矩阵，公司的每一个战略经营领域都可以放置于矩阵中的某一个位置。

GE 矩阵可以提供更多的信息，总体而言，公司中的所有战略经营领域都可以归结为三类，对不同类型的战略经营领域，公司应采取不同的业务投资战略。

（1）发展类。这类包括处于 A、B 和 C 位置的 SBA。这类行业很有前途，公司的 SBA 具有较强的竞争地位，应加大投入，以巩固 SBA 在行业中的地位。

具体而言，落入 A 区域的 SBA 处于行业领先地位，应保证该区域的 SBA 所需的各种资源，以维持其有利的市场地位；落入 B 区域的 SBA 处于不断进化的地位，公司应该通过投入更多资源，努力增强该 SBA 的竞争实力，使其向领先地位区域转移；落入 C 区域的 SBA 处于发展地位，通常处于该位置的 SBA 一般会遇到几个强有力的竞争对手，因此，可以选择细分市场并持续投入，以确保该 SBA 的优势地位。

（2）选择性投资类。这一类包括处于 D、E 和 F 位置的 SBA。对于这类 SBA，公司的投入要有选择性，选择具有良好发展前景的 SBA 进行投入，其他的 SBA 则采取收获或放弃战略。

落入 D 区域的 SBA 处于加速发展或放弃地位。该区域的 SBA 具有良好的发展前景，但公司刚进入该领域或者目前投入不足，使得该业务还处于竞争实力不强的地位。如果公司有相应的资源和决心发展该业务，就需要加大投入，使其往 B 区域移动，进而发展为 A 区域业务。落入 E 区域的 SBA 处于密切关注地位，该区域的 SBA 通常都有为数众多的竞争对手，行业发展前景和企业自身的竞争实力均一般。公司可以采取维持状况的战略，使其能带来尽量多的现金收入，但不必进一步投入。落入 F 区域的 SBA 处于资金源泉的地位。该类 SBA 所处行业前景一般，但企业的竞争实力较强，因此可以采取维持住领先地位的战略，将来自该 SBA 的现金收入投入到其他快速发展的 SBA，作为公司发展的资金源泉。

（3）收获或放弃类。这一类包括处于 G、H 和 I 区域的 SBA。该类 SBA 所处行业的吸引力和自身的竞争实力都较低，应采取不予发展或放弃的战略。对于一些还有利润的

SBA，可以采取逐步回收资金的收获战略；对于不盈利而又占用资金的 SBA，则应采取放弃战略。

具体而言，落入 G 和 H 区域的 SBA 处于分期撤退地位。这两个区域中的 SBA，要么行业前景黯淡，企业竞争实力一般；要么行业前景一般，企业竞争实力太弱。因此，公司应该采取的战略是缓慢退出，以收回尽可能多的资金，投入到发展前景和盈利能力更强的 SBA 中。落入 I 区域的 SBA 处于不再投资地位。该区域的 SBA，无论是行业前景还是企业自身的竞争实力都很差，公司应该采取放弃战略，将该 SBA 进行转让或关停，将回收的资金投入到其他更有利的 SBA 中。

当然，在应用 GE 矩阵时也需要注意保持灵活性，不要陷入僵化的误区。例如，GE 矩阵给出的仅仅是 SBA 在某一个时点的竞争情况，因此，持续监控变量动态变化就非常必要。另外，GE 矩阵给出了三类基本战略，有可能给管理者带来思维上的约束。现实中，对新兴行业吸引力的评估和对新市场中企业竞争实力的评估有可能是错误的或不准确的，会误导公司做出错误决策。

（三）麦肯锡三层面模型

三种分析工具——麦肯锡三层面模型

麦肯锡三层面模型是由美国麦肯锡咨询公司提出的。麦肯锡公司对全球不同行业增长最快的 30 家企业进行了跟踪调查，完成了一个长达 3 年的企业增长研究项目，提出了企业增长的三层级理论，通常称为三层面理论（见图 5－15）。

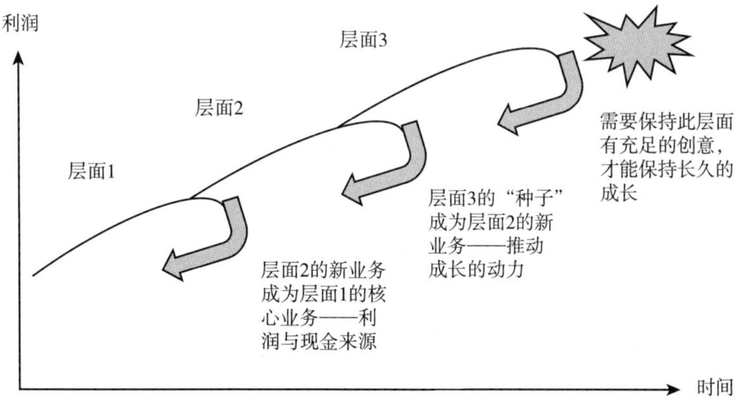

图 5－15　麦肯锡业务三层面理论

三层面理论把企业业务的持续发展进程分解为三个阶段。该理论认为，企业必须不断地开展业务增长的各种活动，以对现有业务的同等关注来关心企业未来的发展方向，需要在当前业务、新建业务和未来可选业务之间进行协调。事实上，三层面理论所提出的内容与波士顿矩阵中的金牛、明星以及问题类业务所构成的企业业务组合不谋而合。

三层面理论从三个层面来理解和规划企业的业务进程，每个层面代表了开创和发展业务的不同阶段，每个阶段分别要求不同的业务策略和管理技能与之相适应。该理论认为，所有国际一流企业的强劲增长并不是莽撞的跃进，而是依靠一系列胸有成竹和循序渐进的步骤。这些步骤依靠管理者的精心策划，连接成一架阶梯，逐级增长，由此获得持久的成功。当然，如何针对业务组合的三个层面进行有效配置至关重要。

第一层面：主要是指处于企业心脏位置的核心业务，带来大部分利润和流动现金。在成功的企业中，这些业务占全部业务的20%，通常能为企业带来80%的利润和流动现金。这一层面业务与企业财务业绩关系重大，它们提供现金、培育技能，作为实现企业持续成长最重要的资源保证。第一层面的业务对企业的近期业绩影响重大，尽管还有一些增长潜能，但是在逐步衰退。因此，企业管理的重点是维持住竞争地位，并尽量挖掘核心业务的所有潜力。

第二层面：主要是指正在崛起的新兴业务，是公司持续发展的引擎。这些业务带有快速发展和创新性的特质，经营概念已趋成熟，并且具有高成长性。第二层面的业务通常突出表现为追求收入和市场份额的扩张，需要持续追加投资，代表着现有业务的拓展方向或者企业新兴业务的发展方向。与第一层面相比，第二层面好比开拓新的收入渠道，将逐步替代目前核心业务。

第三层面：主要是指未来业务或种子业务，是实现企业未来更长远发展的方向和业务选择的种子。它可能是企业的研究课题、市场试点、联盟项目或少量投资，也可能是企业为加深对行业理解所做的种种努力和其他尝试。第三层面是对未来业务的研究和尝试，失败的概率很高，但只有通过不断尝试，才能为企业的可持续发展找到合适的增长点。

麦肯锡指出，三个层面的业务会在不同时期给企业带来相应回报。无论它们的成熟度如何，三个层面的活动都要并行开展。成功的业务组合要求企业拓展和守卫第一层面的当前核心业务，同时，要未雨绸缪建立成为新的经济增长点的第二层面业务，此外，还要在第三层面孕育企业未来长远发展的新兴业务。

关键词

一体化战略　多元化战略　波士顿矩阵

复习思考题

1. 如何理解公司总部价值创造的方式？
2. 试述公司态势的不同类型。
3. 怎样理解一体化战略？
4. 试述一体化战略的实施动因。
5. 怎样理解多元化战略？
6. 试述多元化战略的内涵与实施。
7. 试分析波士顿矩阵模型。

第六章　业务层战略及实施

学习目标

□ 掌握三种基本竞争战略的含义、优势、适用条件及可能面临的风险

□ 重点掌握成本领先战略、差异化战略及集中化战略的获取途径及优势的打造

□ 理解动态环境下企业竞争的驱动因素及其竞争战略

□ 综合分析不同产业环境对业务层战略选择的影响

□ 理解不同生命周期的业务层战略选择

□ 理解不同行业集中度的业务层战略选择

□ 理解不同市场地位下的业务层战略选择

☞ 引例

鲜食玉米——黑土地上的特色高定

2023年中央一号文件提出，构建多元化食物供给体系，树立大食物观，加快构建粮经饲统筹、农林牧渔结合、植物动物微生物并举的多元化食物供给体系，分领域制订实施方案。

黑龙江省地处世界“黄金玉米带”，龙江鲜食玉米的品质与口碑远传国内外，鲜食玉米也成了无数种植户的增收“摇钱树”。如何更大效益地发挥龙江鲜食玉米潜力，如何打造鲜食玉米全产业链集群，走出一条鲜食玉米产业发展与乡村振兴有效结合的现代化新路子，黑龙江省农业投资集团旗下的鲜玉良田农业发展有限公司通过“金谷农场”和“鲜玉良田”品牌作为品牌农业优秀代表，已逐渐探索出“高端定制”特色产业发展模式，并成效显著。

鲜食玉米种植选取黑龙江省东、中、西部不同积温带，在哈尔滨、齐齐哈尔、大庆、绥化、双鸭山等地进行资源整合，以全程农业生产托管、联合种植等方式进行产业布局，充分发挥自然区位优势，凝聚鲜食玉米发展潜力，推动鲜食玉米产业更快更好发展。良好的区位优势，使得生产的鲜食玉米具有较高的营养和较好的适口性，受到市场和消费者追捧。

将鲜食玉米产业的“蛋糕”越做越大，既能满足全国消费者的食用需求，又能保证玉米的高标准品质，成为了鲜玉良田主要攻关目标。

目前，鲜玉良田已在全省布局鲜食玉米基地达10万亩，其中自有基地8.5万亩，合

作基地1.5万亩，奠定了良好的鲜食玉米生产基础，打破了原有鲜食玉米企业“散而不精”“多而不强”的状态。作为牵头企业，鲜玉良田联合当地多家鲜食玉米企业抱团经营、精准对接客户，形成“鲜玉良田+基地+合作社+加工厂”的“1+3”模式，以金融赋能、科技赋能、管理赋能、品牌赋能等方式解决鲜食玉米企业面临的各种问题，有效解决了企业各自为战、销路不畅、品牌不强等瓶颈问题，推动当地鲜食玉米产业发展，保障玉米种植户的应有收益。

作为全省鲜食玉米产业项目投资和运营公司，鲜玉良田是以产业整合为出发点，依托寒地黑土、绿色有机和黄金玉米生产带等资源优势，通过科学先进的标准化种植技术，建设高端品质的种植基地。种植标准是经过广泛调研及多方请教专家，结合黑龙江省鲜食玉米生产状况制定的，合作社和种粮大户用鲜玉良田标准化种植技术种植鲜食甜糯玉米，产品品质得到了充分的保障。

从产品的标准化、品牌化和高端化入手，将传统农业与特色农产品开发、品牌打造和科技赋能相结合，实现从种到销具有“龙江高定”特征的特色产业发展模式，力争将龙江鲜食玉米端上四季餐桌。

鲜玉良田的销售渠道以线上线下相结合为主，线下已与大北农集团、黄羊河集团、河北田园食品、广东宏安集团、辽宁川顺食品等企业开展长期合作，同时在电商平台进行销售，鲜食玉米脱皮玉米果肉已稳居抖音电商平台鲜食玉米产品日销售量前三的位置。

2023年7月鲜玉良田的“龙江高定”鲜食玉米上市。为保证生产品质，鲜玉良田鲜食玉米的生产实现了八统一：统一土地种植、统一农资供应、统一生产加工、统一组织营销、统一优化物流、统一品牌策划、统一新媒传播、统一全链品控。公司以鲜食玉米生产为核心，专心研究鲜食玉米的种植技术，采用科学田间种植管理，严格按照省农科院耕作栽培所在有机种植、隔离种植、栽培季节控制、合理密植、肥水管理、适时采收等关键环节要求开展田间作业。将鲜食玉米加工厂建在鲜食玉米种植基地的中心地带，鲜食玉米从采收到加工完成严格控制在1小时以内，保证鲜食玉米的口感和品质。

未来，鲜玉良田将继续依托于省内优势资源和国企背书，整合鲜食玉米产业种植、生产、技术、品牌、渠道等资源，盘活优化存量资源，精准服务龙江鲜食玉米产业发展，打造龙江鲜食玉米公共品牌。“龙江高定”鲜食玉米的未来发展前景无限，通过金融资本+种植基地+生产企业+标准化管理+品牌和科技赋能的鲜食玉米产业发展模式，逐步向产业链上下游延伸布局，发展成为鲜食玉米行业领军企业，培育国家级鲜食玉米产业龙头企业。

资料来源：黑龙江省农业投资集团有限公司官网咨询中心整理. http：//www.longjiangnongtou.com/c/zxzx.html.

企业所采用的战略应该能够打破正常的产业发展进程，并创造不利于竞争者的新的产业条件。

——美国宾夕法尼亚大学沃顿商学院教授　伊恩·C.麦克米伦

企业在确定公司层战略后，便选择了将要从事的经营领域。每个厂商都会根据具体的行业和形势采取竞争战略，但是如果我们从各个战略的具体细节中上升一步，会发现各个竞争战略之间最大最重要的区别在于：

一是公司的市场目标是宽还是窄；

二是它所追求的竞争优势是与低成本相关还是与差异化相关。

因此如何在所选定的经营领域内展开竞争并取得竞争优势，便是制定业务层面战略需要思考的内容。一般而言，业务层战略属于竞争战略，是指一整套相互协调的使命和行动，旨在为客户提供价值，并通过对某特定产品市场的核心竞争力的利用获得竞争优势。

本章学习内容为业务层战略。业务层战略是企业总体战略的具体化，其核心问题是确定在企业所经营的产业或行业内，该业务应如何取得竞争优势。本章以波特的三种基本竞争战略为主线来讨论企业业务战略及实施。迈克尔·波特的三种竞争战略理论是在分析企业所处的行业和行业结构的基础上提出的，虽然遭到一些批评，但至今仍是企业业务战略选择的重要指南，对企业业务单元制定和实施业务战略有重要的理论指导作用。本章首先介绍波特的基本竞争战略，进而分析动态环境下企业的竞争战略及其选择，最后分析各种行业环境下企业的竞争战略选择。

第一节 波特的基本竞争战略

企业实施竞争战略的目的是比竞争对手更好地提供给顾客所需的产品和服务，使公司赢得某种竞争优势，取得卓越绩效。企业首先要识别外部环境中的机会与威胁，进而选择一种与自身的资源和能力相匹配的竞争战略。

必须注意，运营绩效的改善是管理的重要环节，但并不是战略。管理者必须区分运营绩效和战略。迈克尔·波特认为，可以从两个维度对企业实施的竞争战略进行区分。第一个维度是企业竞争优势的来源。企业在竞争中获取优势的方式有两种：“比竞争对手更低的成本或差异化，即有能力收取一种较高的价格以超过为产生差异化所付出的额外成本。”第二个维度是企业展开竞争的领域。企业有两种类型的竞争领域可供选择，即宽泛的目标市场或狭窄的目标市场。选择宽泛的目标市场意味着企业寻求以行业范围为基础利用竞争优势，选择狭窄的目标市场则意味着企业致力于满足特定目标市场中顾客群体的需要。基于这两个维度，波特提出了三种可以为企业提供成功机会的基本战略：成本领先战略、差异化战略和聚焦战略（或称集中化战略），其中聚焦战略又可以按竞争优势来源不同分为聚焦成本领先战略和聚焦差异化战略。如图 6－1 所示。

企业可以在上述三种竞争战略中进行选择，每一种竞争战略都有助于企业建立并利用在某一特定竞争领域的竞争优势，以建立和维护想要的战略位置。需要指出的是，在这三种争战略中并没有哪种战略一定比其他的好。每种战略的有效性都取决于企业外部环境存在的机会和威胁以及企业自身所拥有的独特资源、能力和核心竞争力。

图 6－1 迈克尔·波特的基本竞争战略

一、成本领先战略

成本领先战略（上）

成本领先战略（下）

成本领先战略在三种竞争战略中使用最为普遍，在一定程度上说，成本领先战略是竞争战略的核心内容和基础条件，是价值创造过程中的上游环节，是确定竞争领域和构筑竞争优势的首要战略。成本领先战略是以成本为建立竞争优势的基础，具有优先性、模仿性和关联性，能在企业获取竞争优势、建立进入壁垒等方面发挥重要作用。

（一）成本领先战略的含义

成本领先战略是指企业通过一切可能的方式和手段，把企业成本降低到行业平均成本以下或低于竞争对手的成本，以成本领先获取竞争优势、实现效益最大化的战略。这里的成本不仅是指企业生产成本，也包括市场营销、服务、研发、管理等各方面的费用。因此，成本领先不仅要求企业建立起高效的生产规模、在经验曲线的基础上抓紧成本与管理费用的控制，还要求企业最大限度地降低服务、营销、研发等方面的成本费用。

虽然，成本领先战略要求企业低成本运营，但这并不意味着彻底削减各种成本，一味地进行价格战，而是要求企业在努力削减成本构成的同时，增加顾客的使用价值，即成本领先战略的着力点并不是产品的低性能、低质量，而是为了拥有更多的消费者和更高的市场占有率，企业提供消费者认可、成本更低的产品或服务。

（二）成本领先战略的特性

从成本领先战略在业务战略中的地位及与其他关键成功因素的关系可以总结出以下三个方面的特性：

1. 优先性

采用成本领先战略，企业就必须尽可能地降低成本，其他任何措施、计划和行动都要服从成本节约的这个先决条件。企业任何环节的成本膨胀都会抵消成本领先的效果，使企业无法达到预期的价值目标。

2. 模仿性

成本领先战略是一种常用战略，在竞争激烈的市场环境中，通过成本领先而获取竞争优势的企业将会被规模相当、目标一致的企业很容易地模仿。从这个角度来讲，成本领先的企业要尽可能地延长企业的成本优势，就必须采取相应的信息封锁和防范手段。

3. 关联性

在企业整个价值创造过程中，原材料、研发、生产、管理、营销、服务乃至员工的素质等任何一个环节或因素都将影响成本领先战略的实施效果。同时，成本领先战略是优先的，但不是孤立和排他的；成本领先战略是重要的，但不是唯一的，它的领先要建立在共同优秀的基础上和相互推动的前提下。

（三）成本领先战略的优势

实施成本领先战略具有获取竞争优势、形成进入壁垒、延缓替代品的出现、提高对供应价格变动的承受能力、增强讨价还价能力、使企业形成良性循环等作用。

1. 获取竞争优势

处于成本领先的企业，即使面临着强大的竞争力量，仍可以在本行业中获得竞争优势。这是因为在与竞争对手的博弈中，如果企业处于低成本地位，就可以采取更多的价格策略，例如，使价格与竞争对手持平——这样在保持相对较低的销售量和市场份额的情况下，获取比竞争对手更高的利润率；价格低于竞争对手——这样可以吸引大量对价格敏感的消费者，提高市场占有率，依靠薄利多销，稳定企业的利润总额。同时，处于成本领先的企业，相对于竞争对手来说，对原材料价格上涨等宏观因素具备较强的承受能力，能够在较大的边际利润范围内承受各种经济不稳定因素所带来的影响。

2. 形成进入壁垒

获得成本领先的企业在规模经济或成本优势方面形成了新的进入壁垒，削弱了新进入者的竞争威胁。因为任何新进入者只有花费大量的投资和大量的时间才能赶上成本领先企业的成本水平，在此之前，新进入者不可能赚到高于平均水平的利润，这也会大大降低对新进入者的吸引力。

3. 延缓替代品的出现

与竞争对手相比成本领先企业在应对替代品的威胁方面具有更大的灵活性。为了争取和稳定现有顾客，低成本企业可以足够低的价格和消费者愿意接受的质量增加消费者的购买可能，使之不被替代产品所替代。当然，如果企业要较长时间地巩固现有竞争地位，则还必须在产品及市场上有所创新。

4. 提高对供应价格变动的承受能力

处于成本领先的企业，对原材料或零部件的需求量大，对供应商具有很强的议价能力，因而可以得相对廉价的原材料或零部件供应，同时也便于和供应商建立稳定的协作关系。即使行业内原材料成本上涨，成本领先企业也可以比竞争对手具有更大的空间去消化成本危机而继续获得超过平均水平的利润。当然，如果成本优势主要来自供应商的低价，则很容易受到价格浮动的影响。

5. 增强讨价还价的能力

一些强有力的购买者可能要求降低产品价格而对企业形成威胁，但这一价格通常不会低于行业内排名第二位有效率的竞争者可以赚到的平均利润的水平，因而，处于成本领先的企业仍可以有较好的收益。

6. 使企业形成良性循环

具有成本优势的企业一般具有较高的市场占有率，同时可以拥有较高的边际收益率，获得较高的利润；而高额的收益将会促使企业加快投资新设备及采用新技术、新工艺的步伐；这种再投资会进一步强化企业的成本领先地位，由此形成一个良性循环。反之，则可能形成一个恶性循环。

（四）成本领先战略的影响因素及适用条件

实施成本领先战略有诸多影响因素，如规模经济、学习曲线、地理位置等，企业必须根据其适用条件进行选择。

1. 成本领先战略的影响因素

（1）规模经济。规模经济是指某种产品的单位生产成本随着产品的增加而下降的现象，规模经济意味着满负荷运行的活动在较大的规模上会有更高的效率。具体来说。规模经济会影响到如下方面：

企业固定成本的分摊。随着产量的增加，固定成本被更大的产量所分摊，使单位产品的平均成本降低，这是规模经济的最主要收益来源。

劳动生产率的提高。随着企业规模的扩大，企业内部的专业化分工会更加细密，工人专门从事单一工作，效率将会显著提高。

平方—立方法则。建造大型生产设施的企业，单位产能的建设投资成本低于建设小型生产设施的企业，符合容积与表面积之间呈现的平方—立方关系。

存货成本。企业为把缺货可能性维持在可接受的水平，必须保持一定量的存货，大规模企业的相对存货成本要低于小型企业。

（2）学习经验曲线和知识溢出效应。随着持续的学习和经验的不断累积，某种产品的平均成本会随着产品累积产量的增加而下降。经验随时间推移而使成本降低的机制主要包括进度改进、工艺改进、劳动生产率提高、流程设计等。知识溢出是指企业的知识和经验通过供应商、销售商、雇员等渠道向其他企业扩散。知识溢出效应的积极作用是可以使企业了解竞争对手的情况，加速企业对知识、经验的学习，有助于实施成本领先战略。

（3）地理位置。不同的地区在工资水平、原材料价格、税收、基础设施、竞争环境等方面都存在差异，会影响企业的运营成本。

（4）技术状况。技术实力、技术创新是企业获得竞争优势的重要前提，能将硬技术和软技术有效结合的企业可以更加有效地降低成本。

（5）市场竞争环境。市场竞争的激烈程度、企业在竞争中的地位，都会显著地影响企业成本，从而影响实施成本领先战略的效果。

（6）企业政策的选择。企业的自主政策选择反映了企业的战略走向，各项政策的实施都会对企业的整体成本产生直接或间接的影响。

（7）时机因素。企业采取行动的时机将会对企业累积成本产生影响。

2. 成本领先战略的适用条件

企业采取何种竞争战略不是凭空设想的，而是根据企业所处的经营环境，比较企业的优势和劣势后慎重决定的，而且一旦付诸实施，既定的战略就不能轻易改变。

成本领先战略的理论基础是规模效应和经验效应，因此，较高的市场占有率是实现该战略的重要条件。一般认为，在下面几种情况下，采用成本领先战略会更有效力：市场中存在大量的高价格敏感性消费者；企业所经营的大多是标准化的通用产品，价格竞争可以在一定程度上决定企业的市场竞争地位；企业具有较大的生产规模和较高的市场占有率；很难进行特色经营以实现产品的差异化；大多数消费者以相同的方式使用产品；消费者购物时改变销售商不会发生转换成本，因而倾向于购买价格最优惠的产品。

（1）当产品的差异化较小，或者品牌间的差异对顾客没有实质意义时，顾客就会对产品价格高度敏感。此时，能够以较低价格向顾客提供产品的企业就会具有竞争优势。

（2）行业内产品基本是标准化的。当行业中的企业所提供的产品没有本质差别时，消费者看重的就是价格。企业如果能够以相对较低的价格提供类似产品就能够获得竞争优势。在出现价格战时，成本高的企业遭受的损失更大，在竞争中处于不利地位。

（3）行业内价格竞争激烈。当市场上竞争对手间的竞争主要围绕价格展开时，相对的低成本就是非常重要甚至是唯一的竞争优势。企业可以利用自身的低成本优势制定具有吸引力的低价格来夺取竞争对手的市场份额，从而在价格战中存活下来并获得高于行业平均水平的利润。

（4）顾客的转换成本低。当转换成本低时，顾客可以灵活地转而购买其他产品，那些性价比高的产品更具有吸引力。此时，成本领先企业可以通过低价策略获取更有利的竞争地位。

（5）顾客的谈判力强。当顾客具备很强的谈判力时，企业就必须向顾客让渡一部分价值。但是，即使是最有谈判能力的顾客也不太可能将售价谈到行业中最低成本厂商的价格之下。

▶案例

恒逸石化成本领先战略打造竞争优势

恒逸石化股份有限公司（以下简称“恒逸石化”或“公司”，证券代码：000703）是全球领先的精对苯二甲酸（PTA）和聚酯纤维制造商。公司依托长三角地区发达的产业集群效应，率先实现了产业转型升级，形成了精对苯二甲酸和聚酯纤维上下游产业链一体化和产能规模化的产业格局，其产能规模、装备技术、成本控制、品质管理和产品差异化等方面在同类企业中处于领先地位。公司致力于发展成为全球领先的石化和化纤综合服务商。

2020 年 7 月，2020 年《财富》中国 500 强，恒逸石化股份有限公司排名第 128 位。

恒逸石化实施了一条战略制胜的发展路线，是国内首家掌握大容量直纺技术和 200 万吨级 PTA 生产技术的企业。公司的前身为 1974 年成立的织袜厂，随后发展拥有织造、印染、面料和加弹业务，并于 2000 年以后逐步剥离了织造、印染、面料等低技术业务。公司于 2001 年第一条熔体直纺线投产，是首家进入聚酯领域的民营企业，国产化大容量熔体直纺技术的应用开创了国内聚酯行业先河，是中国聚酯行业革命性突破发展的里程碑。2005 年公司第一套 PTA 装置投产，是首家进入 PTA 领域的民营企业；2011 年全球首家应用 PTA 单套装置 200 万吨级技术，PTA 单体规模化实现了技术性突破，PTA 单位生产成本实现了低成本领先。

如今，恒逸石化参控股 PTA 产能达到 565 万吨，自有权益产能 292 万吨，位居国内第一位；PET 产能 210 万吨，位居国内第一位；首家与中国石化合作在建全球最大单体 CPL 产能 20 万吨；产业链综合产能连续 5 年位居国内化学纤维制造业第一位。公司资产规模和营业收入实现了年均复合增长率超过了 50% 的快速增长，净利润实现了年均复合增长率超过了 50% 的高速增长。

恒逸石化拥有持续的技术创新冲动和创新资源整合能力，在石化化纤装置产能规模化和技术国产化方面，多次参与重大技术攻关，取得了重大突破。公司是 2006 年度国家科学技术进步奖二等奖得主，是中国纺织技术创新学术奖企业，设有恒逸研究院、国家级博士后工作站、国家级企业技术中心。同时公司积极拓展对外交流，形成产学研一体化的战略合作，分别与浙江大学、东华大学等高等学府密切合作，始终站在石化化纤领域的前沿。

展望未来，面对后危机时代更加复杂的全球经济环境，以及国内产业转型升级的机遇，恒逸石化继续坚持“巩固、突出、提升主营业务的竞争地位”，创新产业发展模式，推动产业走向高端化，逐步占领产业链制高点，增强企业综合竞争力，实现企业的可持续增长，创造股东价值最大化。

资料来源：恒逸石化公司官网 . http：//www. hengyishihua. com/.

（五）成本领先战略的战略风险及认识误区

与其他所有战略形式一样，实施成本领先战略具有一定的战略风险。同时，人们在成本领先战略的认识上也存在不少误区。

1. 成本领先战略的战略风险

技术上的创新或突破将抵消企业先前的投资，使企业积累的经验失效。企业所在产业的技术体系一旦发生质变或者部分质变，企业先前在此技术领域的投资和积累的经验都将贬值，企业所具有的成本优势也将不复存在。例如柯达公司曾是胶卷业的老大，全国曾有近 8000 家柯达冲印店，可是随着数字技术的出现，柯达领导者的地位没落了。

产业的新进入者通过模仿，或采用先进的生产设备，或以更低的成本进行学习和经验的累积，以更低的成本起点参与竞争，将使企业丧失成本领先地位。

成本降低的空间趋于狭小。随着技术与产业的成熟，企业降低成本的空间会日益狭小，同时，竞争对手之间的相互模仿使企业之间在技术水平和管理水平等方面的差距日渐缩小，企业的成本优势将很难维持。

过于强调削减成本可能会导致公司忽视顾客需求或对有关问题的担心。企业生存的前提是所提供的产品或服务能够满足消费者的需求，一旦消费者的需求偏好发生变化，企业提供的产品或服务不能满足消费者的需求，则成本领先也就失去了意义。例如，福特公司在 20 世纪 30 年代以单一品种的流水线生产方式造就了 T 型车的神话，但是在第二次世界大战后受到了严重的挑战。通用公司抓住了 20 世纪 50 年代时代潮流的机会，迎合消费者需求，从而坐上了头把交椅。

成本优势难以弥补差异化劣势。处于成本领先地位企业的优势是能够提供低价的标准化的产品或服务，但当企业产品的价格优势无法弥补其差异化的劣势时，企业将会失去其竞争优势。

2. 成本领先战略的认识误区

人们对成本领先战略的认识误区集中体现在对成本领先和成本优势内涵的理解上，具体有以下表现：

（1）误认为成本领先就是降低企业价值链上各个环节的成本。价值链是企业内外部相互依存的一系列价值增值活动所构成的一个系统。认为降低成本就是要降低每一项活动的成本的做法忽视了每一项价值活动与价值链中其他活动的依存关系，忽视了通过价值活动之间的相互联系来降低成本的机会，从而导致累积成本的升高，或者造成成本的浪费。另外，这种看法还有可能使企业放弃一些虽然某一项成本增加，却会使其他相关活动成本降低的情况。总之，用系统的观点看待每个价值活动在创造成本优势过程中的作用是非常重要的。

（2）误认为成本优势就是单纯地降低生产成本。生产成本往往只是总成本的一部分，在重视降低生产成本的同时，需要考虑整个价值创造活动，要跳出本企业的范畴，在整个价值链的上游环节（如采购）和下游环节（如销售）寻找降低成本的途径。此外，衡量成本优势的基本原则是在保证与竞争对手提供同等的顾客价值的前提下，降低企业相对于竞争对手的成本。不考虑顾客价值，盲目降低生产成本的企业，绝不可能获得成本领先优势。

（3）误认为削减成本的策略就是成本领先战略。成本领先战略的核心是建立持久成本优势，只有为企业带来长久性竞争优势的成本削减政策才是成本领先战略。而以削减成本为目标的策略，如价格战，具有短期性，容易导致企业利润的流失或使企业陷于被动，不属于成本领先战略的范畴。从战略的角度建立企业持久的成本优势，是成本领先战略的实质，也是企业经营管理者战略决策的关键所在。

（4）误认为成本领先优势一旦形成就会永远存在。在现代市场经济条件下，企业所具有的成本优势是很容易被模仿，或被后来者赶上并超过的。企业成本领先优势不可能一劳永逸，更不可能永远存在。因此，企业应该动态地分析成本，预测价值活动的成本驱动因素可能发生什么样的变化，哪些价值活动的绝对或相对成本的重要性会上升或下降，把握建立成本优势的绝好时机，并迅速采取相应行动使自己处于成本领先地位，保持成本优势地位的持久性。

（六）成本领先战略的实现路径

总体来说，实现成本领先战略的目标有两条路径：控制成本影响因素、改造企业价值链。

1. 控制成本影响因素

企业价值链上紧密联系的每一个价值活动都要消耗资源、发生成本，因此，企业必须搞清成本结构，严格控制成本影响因素，构造比竞争对手更为有效的价值链管理活动。从战略层次上分析成本的影响因素，可分为结构性成本因素和执行性成本因素。

（1）结构性成本因素的控制。结构性成本因素控制就是分析企业规模、业务范围、经验、技术、多样性和厂址等因素对价值链各环节成本的影响，可归纳为一个“选择问题”。

第一，企业规模选择。企业规模主要是通过规模经济效应来对成本产生影响的，企业在利用规模经济效应降低成本时应注意两个方面：首先是要对市场进行充分分析。如果扩充的市场规模足以容纳扩张所带来产量的提高，规模经济将是有效的。反之，就会带来产品的滑价，造成表面成本降低而实际利润下降的现象。其次是关注竞争对手的行为，如果竞争对手也要通过规模经济来建立成本优势，就有可能导致行业内生产能力过剩，行业内的竞争强度加剧，从而无法体现规模经济效应。

第二，学习与溢出效应控制。学习包括内部经验积累和外部学习。内部经验积累就是通过员工多次反复的工作，学会如何更有效地完成他们的工作任务和使用新的技术；外部学习是通过从企业外部寻找些有价值的学习利益。但学习和知识溢出效应也有负面影响，知识的溢出会缩小企业专有信息的范围和持续的时间。学习只有在没有溢出或者是专有学习的条件下，企业才可能通过学习来实现和保持企业的成本优势。

第三，技术的选择。先进设备、新技术、新工艺等硬技术的升级和创新可以有效地降低材料消耗、能源消耗等成本，管理水平、治理结构、劳资关系等软技术的创新也可以为企业带来成本优势。但采用越先进的技术，资本、精力等投入就越大，因此，只有在运用该技术能够使产品产销数量达到一定规模时才更经济。

第四，地理位置的选择。地理位置对企业成本的影响是多方面的，一是对企业未来成本改善造成约束性影响，比如对购进材料运输成本的影响；二是对企业的变动成本产生影响，比如对职工工资、税收支出成本的影响。所以，企业地理位置的选择要综合考虑企业的长期与短期收益、现在与未来的发展前景。

第五，最佳时机的选择。通常情况下，占得先机的企业会因为占据了最佳地段、优先取得技术专利、得到了优秀的供应商或销售商、率先雇用了优秀的员工、建立强势品牌等容易获得成本领先优势。因此，企业要认真分析所处的竞争环境，结合自身的资源条件，慎重决策，果断行动，抓住时机，抢占优势。

（2）执行性成本因素控制。执行性成本因素是在企业基础经济结构既定条件下，要求从战略成本管理的视野来强化企业的人员管理、全面质量管理、生产能力管理、效率性等各方面的安排，提高各种生产执行性因素的能动性，并优化它们之间的组合，从而使价值创造活动的各环节实现最优化，进而降低价值创造活动的总成本。

首先，人员管理。如果企业中人人都具有节约意识，以降低成本为己任，则企业成本可以持续改善，成本领先战略目标就容易实现。因此，企业要建立各种激励制度，鼓励员工的参与，培养员工以企业为家的归属感和荣辱感，同时建立以成本管理为内容的企业文化。

其次，全面质量管理。在稳定提高产品质量的同时降低产品成本是实现成本领先战略必须遵循的原则，但提高质量和降低成本常常会发生矛盾，因此，要充分分析质量成本动因，从质量和成本两个层面来定位企业应该采取的战略，既要保证企业产品质量和用户利益，又要从企业价值活动的实际出发，寻找降低成本的有利时机。

最后，生产效率。充分利用现有生产能力，扩大产销量，降低单位产品的固定成本，是降低成本的现实途径。提高生产效率可从以下几个方面入手：提高员工的科学技术文化水平和劳动熟练程度；采用新工艺、新技术、新材料，缩短产品的加工时间；改善劳动组织，强化劳动管理，合理调配人力资源，压缩劳动时间；处理好劳动生产率提高与平均工资增长的关系，即保证劳动生产率提高幅度要大于平均工资增长幅度。

2. 改造企业价值链

改造企业价值链，进行价值链重构以跨越一些高成本的价值活动环节，或省略一些非价值增值环节，以降低企业总体成本水平，对实施成本领先战略具有重要意义。改造企业价值链主要从企业内部和外部两个方面进行。

（1）企业内部价值链改造。具体方法是通过企业内部价值链分析，找出最基本的价值链，然后分解为独立的作业，计算该作业所占综合成本的比重，判明哪些是增值作业，哪些是非增值作业，重点寻求提高增值作业效率的方法，以达到降低成本的目的。该方法包括价值工程分析和作业成本分析。

（2）企业外部价值链改造。企业外部价值链改造可以从行业、竞争对手、客户和供应商四个方面展开。

行业价值链分析。行业价值链分析就是明确企业在行业中所处的位置，调整企业在行业价值链中的位置与势力范围，把握成本优势并找到与自己从事相同价值活动的竞争对手的比较成本优势。

竞争对手价值链分析。摸清竞争对手产品或服务的成本水平、成本构成及成本项目的支出情况，然后将其与本企业产品或服务的成本对比，找出差距，分析原因，采取针对性的措施，并据此确定自己的价格策略，把握竞争主动权。

客户价值链分析。客户价值链分析，一方面可以通过对客户的销售活动和需求状况的了解，合理安排交货时间、数量，品种，避免盲目生产造成的积压成本；另一方面可以通过与分销商建立战略联盟或者直接通过整合的方式来避免中间交易成本和销售费用，把握降低成本的主动权。

供应商价值链分析。通过企业供应商价值链分析，选择合适、稳定的供应商，并与供应商建立合作联盟来节约材料采购成本，保证原材料质量，避免采购风险，确保交易时间，降低或避免各种不必要发生的交易成本。

▶案例

价格屠夫——格兰仕

格兰仕是业内有名的价格屠夫，也是一名创新者。

格兰仕以低成本、低价格作为基本竞争战略，形成了极高的市场占有率，并且有效地阻止了竞争对手的进入，成为世界上第一大微波炉生产企业。

下面我们来分析一下，格兰仕如何成功地使用了低成本战略成为了成本的领先者。

（1）行业。微波炉属于家电制造业，目前家电制造业呈现的特点是：市场容量大、替代风险小、标准化、产品成熟等。这些都符合成本领先战略的应用条件。

（2）劳动力成本。欧美企业在劳动力制造成本上很难与中国相比，法国员工平均年龄在40岁以上，每天工作6小时，每周工作4~5天，工作时可随意休息。

格兰仕员工的平均年龄在30岁以下，每天三班制，24小时连续开工。整个格兰仕就像一个巨大的蜂房，员工1天的工作时间等于法国工人1周的工作时间。格兰仕1条生产线等于欧美企业6~7条生产线，双方在工资水平、土地使用成本、水电费、劳动生产率等方面的差别也非常大。

比如劳动生产率高出欧美的8~10倍，单位产品的工资含量比欧美低几十倍，在全球产业链中，格兰仕的制造成本优势突出。

综上所述，格兰仕成功的原因：

（1）规模化优势。格兰仕年产1200万台的产量使得其单位产品总成本实现了行业最低，而挑战者要突破格兰仕构筑的成本壁垒很困难。

（2）上游资源的打造。格兰仕以绝对优势的产量、第一品牌的光环迫使供应商以超低的价格供货，建立起了有形和无形控制力极强的完整产业链条。

（3）终端市场打造超低价格，并通过价格战“清理门户”。

资料来源：格兰仕官方网站品牌资讯整理. https：//www. galanz. com. cn/.

二、差异化战略

差异化战略

德国哲学家莱布尼茨说：世界上没有两片相同的叶子。

莎士比亚说：一千个人眼中有一千个哈姆雷特。

世界呈现给我们的是多元化、差异化的、个性化的景象。

差异化优势是企业竞争优势的重要来源之一，差异化战略也是重要的业务战略之一，为企业构建并保持长期可持续的竞争优势提供了重要方向和思路。

（一）差异化战略概述

差异化战略就是通过产品或服务上的差异使企业获得某种垄断性要素，进而建立有利的竞争优势，实施差异化战略对提升企业在某一业务领域的竞争力起着重要作用。

1. 差异化战略的含义与实质

（1）差异化战略的含义。差异化战略是指在产品（服务）的形成要素上，或在提供产品（服务）过程的诸多条件上，设计一系列有意义的差异，以便使本公司的产品（服务）同竞争者的产品（服务）相区分，造成足以吸引消费者购买的特殊性，从而获得溢价收益，取得竞争优势的一种战略。

一般而言，实施差异化战略的企业所提供的是与竞争对手不同的产品或服务，顾客认可这些独特性并愿意为之支付更高的价格。差异化战略的基本逻辑就是企业致力于塑造产品或服务的独特性以满足客户的需求，并以顾客能够接受的、超过企业为获取该独特性所花费成本的价格出售该产品或服务，进而通过独特性使顾客产生忠诚，获取竞争优势。

（2）差异化战略的实质。产品或服务的差异化意味着可替代产品的减少和替代程度的降低，而完全的不可替代性，实际上就是垄断。由于任何企业几乎都不可能在市场上维持全部的或长期的垄断，所以只有通过差异化才有可能维持部分垄断要素，进而保持长期的竞争优势。因此，差异化战略实质上就是追求垄断性要素的一种方式。企业实施差异化的程度越高，消费者的购买偏好就越强，需求价格弹性也就越低，从而使企业在边际成本之上的定价能力提高，而价格与边际成本的差额越大，企业的相对垄断力量就越强，企业就可以获得超额利润，保持竞争优势。

实施差异化战略的关键是以竞争对手无法模仿或抗衡的方式创造顾客认可的价值，因此，企业必须深入了解顾客，找到企业产品或服务的差异化方向，培育并保持能够为顾客创造独特性的能力。需要注意的是，强调产品的差异化并不是说企业可以忽略产品的成本，企业仍然需要控制一切对差异化优势没有贡献的成本，只不过此时的主要战略目标不是降低成本而已。

▶案例

农夫山泉有点甜——农夫山泉的差异化战略

在2016年G20杭州峰会期间，主会场茶歇区各大新闻中心接待处及国宴餐桌上，农夫山泉作为会议指定用水和指定饮料进入G20峰会。

世界那么大，瓶装水品牌众多，为何G20杭州峰会只选用农夫山泉呢？当然会议地点在杭州，肯定优先选择本土的企业，除此之外，也与农夫山泉的独特性相关。农夫山泉的差异化在哪里呢？在了解差异化战略的相关内容之后我们再来分析农夫山泉有点甜。

农夫山泉成立于1996年9月26日，是一家专业饮用水公司，1998年凭借“农夫山泉有点甜”的广告获得飞速发展，市场占有率迅速上升至全国第三。2000年宣布停止生产纯净水全部生产天然水，开创“天然水”这一概念。定位精准，继续保持行业领先地位。

农夫山泉差异化的实现——品牌差异化、广告差异化、定价差异化。

1. 品牌差异化

农夫山泉的logo鲜明醒目，品牌亲和力很强，它的产品定位精准，首创了“天然水”概念。

三大理念树立了它的品牌形象：第一是环保理念——农夫山泉从不使用城市自来水，每一滴农夫山泉都有源头，并致力于水源的保护；第二是天然理念——坚持水源地建厂，水源地灌装；三是健康理念——天然的弱碱性水，不含任何添加剂。

2. 广告差异化

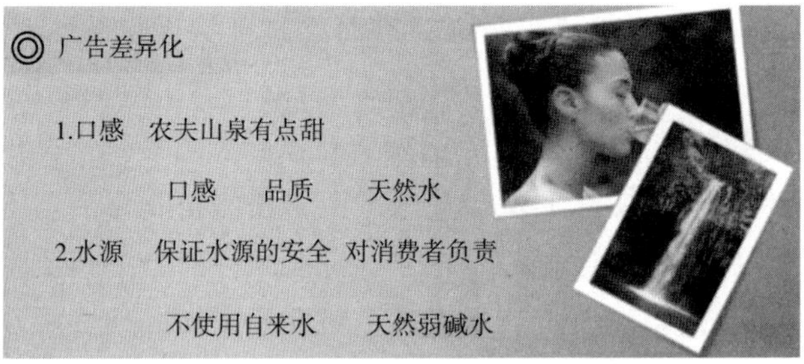

农夫山泉广告差异化

严格选取水源地，拥有了浙江千岛湖、吉林长白山、湖北丹江口、四川峨眉山、贵州武陵山等八大优质水源基地，突出了天然、健康、安全的理念。

农夫山泉的广告语牢牢抓住了现代工业社会的人们对自然的向往、对水源安全的担忧，以天然健康为核心诉求，向社会大众宣传真正的优质水源，给人留下了自然、绿色的印象。

3. 定价差异化——两个阶段

高价高质阶段：开拓市场期奠定了农夫山泉在水市场的高档、高质的形象；

低价高质阶段：市场防御性策略，降价使得市场占有率迅速上升，形成了低价高质的品牌化差异。

直到今天，农夫山泉也一直在进行产品的创新，比如推出了茶π、自成一π以及婴儿食用饮用水。

资料来源：根据农夫山泉官网资料整理．http：//www.nongfuspring.com/.

2. 差异化战略的作用

企业在某一业务领域实施差异化战略可以起到以下作用：

（1）防止竞争者的侵害。通过实施差异化战略，企业可以树立起一个有效的壁垒，使竞争对手在一段时间内无法填补差异空白，使企业建立起稳固的竞争优势地位，获得高于行业平均水平的收益。

（2）形成进入壁垒。实施差异化的企业，由于产品或服务具有吸引消费者的特殊性，消费者对该企业具有一定的偏好和忠诚。新进入者要加入该行业并与之竞争就要克服因产品或服务的差异化而形成的进入壁垒。

（3）避免替代品的威胁。由于产品或服务具有特殊性，赢得了消费者的信赖，因此替代品只有具备更强的吸引力才能使消费者改变购买偏好，要做到这一点，替代品厂商需要付出更大的代价。因此，差异化可在一定程度上阻止和延缓替代品的威胁。

（4）增加对供应商的应对能力。实施差异化战略可以产生较高的边际收益，使企业获得超额利润，从而可以轻松应对供应价格的波动，稳定与供应商的长期合作关系。

（5）削弱消费者的讨价还价能力。因为企业提供的产品或服务难以替代和模仿，使消费者几乎没有比较选择的机会，从而降低对产品或服务价格的敏感性；同时，企业提供差异化的产品或服务可以提高消费者的转换成本，增强消费者的消费依赖性。这些都可以削弱消费者的讨价还价能力。

（二）差异化战略实施的影响因素及适用条件

差异化战略的实施受到企业政策选择、价值活动的联系、时间意识、企业规模、业务流程和地理位置等因素的影响，同时必须符合一定的适用条件。

1. 差异化战略的影响因素

企业差异化战略的实施受到以下因素的影响：

（1）企业政策选择。企业的政策选择决定企业将要进行的行动及行动的特点。企业的政策选择不仅包括企业的长期发展方向、企业的核心目标等战略性问题，也包括企业在研发、采购、生产、销售、管理等过程中的实施原则和具体操作问题。形成企业差异化的政策选择是多种多样的，关键是企业的决策层要有强烈的差异化意识、明确的政策导向和超强的执行能力。

（2）价值活动的联系。价值链上的任何项价值活动都可能是独特性的一个潜在来源，同时，各个价值活动并非孤立存在，每一项价值活动的效率都受到其他活动的支持与协作程度的影响。实施差异化战略，应在整体价值链上寻求与竞争对手不同的特色，并且与其他相关企业价值链相互匹配、相互促进。

（3）时间意识。企业经营的时间意识主要包括进入市场的时机选择和生产经营的反应速度。作为市场的率先进入者，通常会在声誉、技术、渠道、资源等方面形成后来者难以比拟的差异化优势。另外，把时间作为获取差异化优势的关键资源，还体现在缩短产品开发周期、快速回应顾客需求、柔性制造等管理时间的运营方式上。

（4）企业规模。企业规模不同往往意味着其可以利用的资源的差异，差异化的资源是形成差异化战略的基础。同时，随着企业规模的扩大，其一体化程度通常也会提高，一体化有助于增加企业经营及产品的独特性。这是因为，一体化可以形成新的价值活动，新的价值活动与企业原有价值活动的相互协调是企业差异化的主要来源。

（5）业务流程。形成满足消费者特殊需求的差异化优势不仅要经常协调相关的价值活动，还需要不断优化这些活动。相关活动间的资源共享、优势互补可以增加企业的独特性。

（6）地理位置。企业地理位置的不同，决定了企业可以利用的土地、资源、劳动力、市场、信息、理念等要素存在很大的差异。一般来说，选择不同的地理位置可以形成企业经营的差异化。

2. 差异化战略的适用条件

并非所有企业在所有情况下都能够实施差异化战略。差异化与高市场占有率之间往往存在矛盾，企业实施差异化战略必须在顾客购买力的基础上强调独特性，还需要适当关注市场占有率。通常企业在下列情况下实施差异化战略更易取得成功：

（1）差异化的途径多且有价值。如果塑造产品独特性的方式很多，企业有能力实现其中的一种或几种，而且能够有效地将该差异化传递给顾客，使顾客感知并认可其价值，企业就可以成功地向顾客索取较高价格，获得高于差异化成本的收益，实现超额利润；否则，企业的差异化战略就会失败，例如企业提供水泥、小麦和化学试剂等难以实现差异化的产品就会失败。

（2）顾客需求多样性。当顾客需求呈现出个性化和多样化特点时，单一的同质化产品与服务就很难满足顾客需求，此时，企业就更有机会选择实现产品或服务整体定位上的独特性，而不必局限于对产品或服务的某个单一方面寻求差异点。例如，在乘用车市场，有些顾客偏爱价格低廉，有些顾客追求驾乘乐趣，有些顾客看重驾驶安全，有些顾客讲求品质身份，不同的汽车制造商就可以选择满足顾客一个或几个方面的需求，使自己的产品具有某种独特性，从而与其他厂商区别开来。

（3）采用差异化战略的竞争对手少。当市场上大多数竞争对手没有采取差异化战略而顾客又有差异化需求时，采取差异化战略就容易成功。当企业的差异化特性源于品质、服务、可靠性和品牌声誉等无形因素时，竞争对手难以模仿或复制，实施差异化战略就容易取得持久竞争优势；反之，则难以保持优势。

（4）技术变革和产品迭代快。当企业所在行业的技术变革非常迅速，市场竞争主要集中于快速推出具有特色的新产品时，不断推出各具特色的新一代产品就会对购买者产生很强的吸引力。此时，企业可以寻求不同的途径来实现产品或服务的差异化，从而创建并保持自身的竞争优势。

▶课程思政案例

和粮农业集团的差异化之路

一、企业基本情况

黑龙江省和粮农业有限公司是一家集种植、生产、加工、销售为一体的粮油企业。公司注册于2008年9月，坐落在黑龙江省哈尔滨市香坊区公滨路成高子收费站旁和粮工业园区，公司注册资金12657万元，现公司固定资产达3.2亿元，是中国农业银行AA级企业用户。

二、企业区位优势

哈尔滨市地处世界三大黑土带之一的中国东北平原东北部地区，下辖9区9县，是中国重要的商品粮生产基地，适合种植各种粮食作物，粮食种植总面积近3000万亩。绿色食品、有机农产品认证面积1000余万亩，绿色食品标识认证610个，农产品地理标志登记33个，国家绿色食品原料标准化生产基地840万亩。

三、企业种植优势

公司自2014年起，先后成立哈尔滨和粮农作物种植专业合作社，五常市和粮水稻种植专业合作社，哈尔滨市溢田农作物种植专业合作社，建立订单合作社25家，定点扶贫合作社两家，将种植体系彻底纳入公司发展战略当中。

四、企业生产优势

在生产加工环节，先后投资5000余万元用于扩大规模以及更新设备，增加深加工生产车间，先后配备增设50条全自动标准化流水线作业生产线，设备精良、工艺先进，日加工能力达1500吨，日仓储能力15000吨，满足24小时运输需求。

五、企业品控优势

公司先后设立有机种植基地50000余亩，有机认证产品24个；绿色种植基地40000余亩，绿色食品认证产品26个，通过了ISO9001食品安全管理体系认证、ISO14001环境管理体系认证、ISO22000质量管理体系认证、HACCP关键控制点体系认证、ISO45001职业健康管理体系认证、诚信管理体系认证、售后服务管理体系认证等，同时引入欧盟、USDA、俄罗斯等国际有机认证，扩大境外高端市场的销售竞争力。完善农产品质量追溯系统，依托核心竞争力，走差异化路线。建立一物一码的农产品质量追溯系统，独有的质量溯源体系，每块基地、每袋大米都有唯一可溯源识别码，可时时监控基地种植状况、病虫害在线监控、生产日期和保质期、用料等，保证产品的品质。

六、企业品牌优势

公司在品牌建设上，实现9个统一模式，即统一视觉识别、统一物流配送、统一货品采购、统一供货价格、统一服务支持、统一经营管理、统一人员培训、统一宣传理念、统一信息管理。公司“溢田”品牌主打综合性产品品牌，“父亲河”品牌主打大米终端产品，“美裕”品牌主打高端五常大米，另有“比特丽丝”“乌拉那拉”等即食产品及深加工等系列产品牌，藉此打造和粮农业企业品牌强势进驻国内市场，为公司品牌化路线奠定强劲基础。

七、企业销售优势

在销售环节，不断丰富销售渠道，实现线上线下齐头并进，多点开花。

在公司发展历程中，不断创新渠道拓展，充分利用“互联网＋农业”直通车，通过线上横向多领域电商模块运营、纵向多板块项目拓展业务深度的模式，与线下KA、大客户团购等多种销售渠道相融合，借助370余家和粮好客全国连锁加盟店，真正达到O2O、线下实体店和线上电商平台、新媒体相结合的全渠道营销版图。

八、企业社会责任履行

企业在不断发展的同时不忘回馈社会，先后拿出700余万元的资金用于教育事业、卫生以及修路、建桥、支持农村水利事业、扶贫、慰问福利院。多年来精准扶贫，产业扶贫，以产业带动323户贫困户至2020年全面脱贫。

多年来先后与东北农业大学、黑龙江八一农垦大学、香港树人大学等建立校企实训基地，每年为几十期、超过1500人的在校大学生提供实习、实训机会。

今后，和粮农业将继续时刻牢记习近平总书记“14亿中国人的饭碗，我们有能力也务必牢牢端在自己手中”的嘱托，为省委省政府压实“米袋子”工程继续发挥民营企业的作用，保持与政府的高度互动，坚定发展思路，坚持在政府部门的领导下，将以习近平新时代中国特色社会主义思想为指导，利用企业自身优势，助力民营经济发展，为龙江全面振兴全方位振兴贡献坚定力量。

资料来源：和粮农业集团官网．http：//heliang. com. cn/a/about/.

（三）差异化战略的风险

差异化战略是企业获取竞争优势的有效方式，但它不能保证一定能为企业带来有价值的竞争优势，这是因为差异化战略也存在很多战略风险，主要表现为以下两个方面：

1. 差异化不当带来的风险

差异化不当带来的风险是指企业在差异化过程中没有选择好差异化的方向或以不当的方式进行差异化，其具体表现有：

（1）过度差异化。过度差异化即企业提供了消费者承受不起的或不值得购买的过分的差异化产品或服务。虽然企业对产品或服务的某一方面实施了差异化，但从消费者的角度来看，这种差异化可能太过夸张，或者差异化的成本与其他竞争对手的成本差距过大，导致产品价格过高，从而使消费者觉得承受不起或不值得购买，那么企业进行的差异化就不能被市场所认可，更不可能从这种差异化中获益。

（2）盲目差异化。差异化是为了更好地满足消费者某方面的需求，但是如果错误地为了差异化而差异化，盲目地为产品或服务创造特殊之处，以图得到消费者的青睐，而这些特殊之处因为消费者的不懂或不便使用，并没有使消费者获得相对较多的收益，这种差异化就不会得到消费者的接受和认可。

（3）顾此失彼。产品或服务某一方面的差异化可以引起消费者的关注，但如果在某一方面差异化的同时，忽略了产品的其他重要方面，或在其他方面存在缺陷，差异化的效果就会被消费者否定，差异化战略最终会归于失败。

（4）宣传不足。只有消费者理解并接受了企业创造的差异化的价值，市场才可能接受这种差异化，否则，再好的差异化也等于不存在。如果企业没有及时向消费者宣传差异化的价值，那么企业提供的差异化就无法被消费者所理解和接受。因此，企业一定要做好差异化价值信号的传播，务必让消费者理解并认同，这样，差异化战略才能发挥作用，为企业带来丰厚的回报。

▶案例

更好的方案为什么会遭遇强烈抵制——从可口可乐更换新口味失败谈起

这个时代唯一不变的就是变化。

当罗伯特说出这句话的时候，他肯定没有想到，人们对不变化的偏好，远远超过了对变化的喜欢。

20 世纪 80 年代，大名鼎鼎的可口可乐公司遇到了它成立以来的最大挑战，它的对手百事可乐的市场占有率节节攀升，直逼可口可乐的市场份额，当时两家公司市场份额的差距缩小到不足 3%。

时任可口可乐公司 CEO 的罗伯特，召集可口可乐的管理层开会研究对策。大家发现，百事可乐之所以能够迅速占领市场，一个关键的原因是他们生产出的口味偏甜的可乐，很受年轻一代的欢迎，相比之下，可口可乐的配方已经是一百多年前的老配方，时代在变，而可乐的配方却丝毫没有改变。可口可乐的管理层认为，未来是属于年轻一代的，只有抓住年轻人，可口可乐才有可能在未来的竞争中立于不败之地。于是，罗伯特果断决定，研制新的可口可乐配方，目标就是这种新口味必须迎合年轻一代。

于是，在新口味研制成功后公司决定向市场大规模投放新口味的产品。1985 年可口可乐公司向市场正式宣布，推出新口味的可口可乐，老口味的可乐正式退出历史舞台。一开始风平浪静，但是到了第二周，意想不到的事情发生了。可口可乐公司从全美各地收到了各式各样的谴责信和投诉电话，更有甚者，有些客户将可口可乐公司告上了法庭。与此同时，大量的粉丝自发地从各地赶到可口可乐总部的大楼前，进行集会示威，要求只有一个：撤销新口味，保留“真货”，我们只要经典口味的可乐。

面对此情此景，可口可乐的管理层感觉实在是超乎想象，就这样新口味的可乐刚投放市场不到 10 周，就在广大粉丝的口诛笔伐下夭折了。可口可乐公司郑重向全美粉丝宣布：撤销新口味，重新推出他们的百年老配方——经典可乐。于是乎，天下太平，一切又归于平静。

可口可乐更换新口味失败已经成为经典的营销案例，专家们主要将它归因为“品牌效应”+“盲目差异”+“心灵缺失”。

经典可乐在美国几代人的心中，已经不是简简单单的一种饮料、一种味道，更是一种情感寄托和精神享受。这种可乐的口感与人们的情感、记忆、认知混杂在一起，形成了一个极富个性的品牌符号，一想起或者一尝到可乐的味道，就会瞬间关联到一种感觉、情绪或者体验。这种感觉、情绪、体验因人而异，不可替代。这就是可口可乐公司历经百年沉淀出的品牌效应，更改口味失败也是理所应当。

资料来源：我没有故事 L. 更好的方案为什么会遭遇强烈抵制——从可口可乐更换新口味失败谈起［EB/OL］. 简书 . https：//www. jianshu. com/p/ee18968b521b，2019-12-07.

2. 竞争带来的风险

竞争对手的竞争行为也会为企业的差异化战略实施带来战略风险，具体表现为如下方面：

（1）竞争对手的模仿。企业所提供的差异化产品或服务的优点被竞争对手模仿，削弱了产品或服务的差异化优势，价格势必会随着产品或服务的趋同而降低，使企业利润降低，甚至会使企业丧失竞争优势。例如 1961 年可口可乐推出的非酒精类饮料——雪碧，广告语“晶晶亮透心凉”红极一时，但是很快隶属百事可乐的七喜启动宣传，主打非可乐，口味和价格基本类似，构成了雪碧的主要竞争对手。

（2）竞争对手更大的差异化。随着竞争的加剧，竞争对手可能推出差异化程度更高的产品或服务，掩盖了企业的差异化优势；或者消费潮流转移，使本企业的差异化优势变成了劣势，而使竞争对手的劣势变成了优势，这就会使企业的经营陷入困境。

（四）差异化战略的实施原则与成功关键

实施差异化战略必须遵循盈利性、明晰性、优越性、可接受性及不易模仿性等原则，并抓住预测市场动态、识别消费者购买标准和有效创新等关键问题。

1. 实施差异化战略的原则

实施差异化战略并不意味着企业产品或服务的一切都要差异化，也并非所有的差异化都有意义或价值，根据菲利普·科特勒的见解，有效的差异化应遵循以下原则：

（1）盈利性。企业在制定差异化战略时必须做好费用预算，考虑实施的风险有多大，能够给企业带来多大的利润，因为盈利是企业生存发展的基本需要。

（2）明晰性。以突出、明晰的方式提供其他企业没有的差异化，并能让顾客明显意识到这种差异化的存在。例如“1925 不是啤酒”这个品牌，主打女性酒精饮料，不是啤酒却混在啤酒货架上销售，因定位的不清晰反而没有得到消费者的注意，反响一般。

（3）优越性。优越性即企业差异化的产品或服务给消费者带来的好处明显优于通过其他途径而获得相同的利益，同时，这种差异化也应该比其他企业具有明显的优势。例如遇茶这个重庆区域品牌，在奶茶市场品牌众多的市场格局下，遇茶以“鲜”为特色，为优越性，对抗全国市场，用“鲜奶茶，喝暹茶”的宣传口号突出鲜果、新鲜的特色。

（4）可接受性。要通过一定的方式与消费者进行沟通，让消费者接受和认可企业所提供的差异化。同时，企业还要考虑差异化与价格之间的关系，不能忽视消费者经济上的承受能力。例如，常坐飞机出行之人对携带行李的重量都会比较敏感，各地航空公司对登机和托运的行李重量都有着严格规定。法国独立设计师 Selma Durand 设计了一款能够称重的旅行箱提手“weighing handle”（图 6－2），可以在每一次提起旅行箱时提醒行李是否超重或处在超重边缘。在此基础上，UNQ 智能行李箱兼具了全球定位＋智能称重功能，产品品质和科技赋能更加突出，这些设计非常迎合出行者的需要，即使价格不菲，也销量可观。

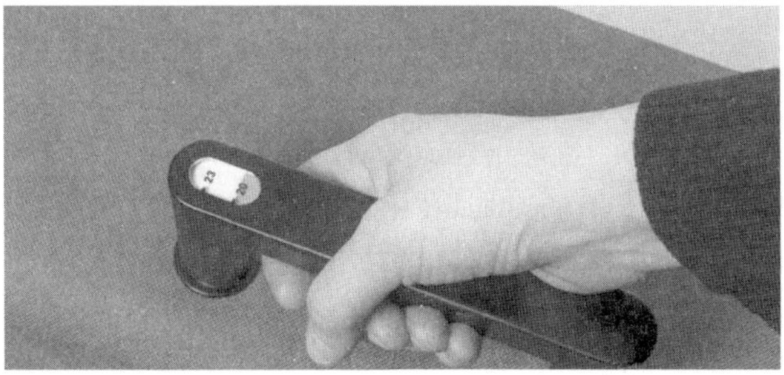

图 6－2　自带称重功能的行李箱提手

（5）不易模仿性。企业要在影响差异化战略实施的关键因素上下功夫，建立差异化壁垒，使竞争者难以模仿，或模仿的代价巨大。例如烧水壶这种家用产品，如果单纯就烧水时间上的缩短，2 分钟到 15 秒的变化，这不是差异化；而做成可折叠的放进包里，就是差异化，这是开辟了一个新的使用场景——在细分市场里做到唯一和第一。

2. 差异化战略成功的关键

成功实施差异化战略必须准确预测市场动态、识别消费者的购买标准并不断进行卓有成效的创新：

（1）准确预测市场动态是实施差异化战略的基础。差异化战略与成本领先战略相比较，它的思维方式有明显的不同。成本领先战略是一种以企业利润为导向的竞争战略，而差异化战略是以市场为导向的，它通过满足消费者的个性化需求以及追求与竞争对手的差异来获得竞争优势。

因此，实施差异化战略，企业必须准确地预测消费者偏好的定位及变化。企业必须分析研究消费者的各种需求，尤其要特别关注并提早把握潜在消费意识的变化，从而根据不同的需求变化来选择和决定企业在市场上围绕什么来展开竞争，明确差异化诉求的基本点。

差异化战略就是将自己的产品和服务塑造成与竞争对手不同的形象。因此，企业必须对竞争对手的产品或服务在市场上所处的位置以及营销策略等进行周密的调查、分析和研究，以了解竞争对手的经营特色，找出竞争对手的薄弱环节，以高超的质量、创新的设计、非凡的服务、独具一格的销售渠道来区别于竞争对手，确立本企业在消费者心目中的独特地位，进而获得竞争优势。

（2）识别消费者的购买标准是实施差异化战略的前提。差异化不是简单标新立异，而是符合消费者购买标准的标新立异。从某种意义上说，识别消费者的购买标准是实施差异化战略的必要前提。消费者的购买标准分为使用标准和信号标准。

使用标准是指企业在满足消费者需求过程中创造价值的具体尺度。信号标准是指顾客借以判断产品是否符合其使用标准的一组信号。

使用标准和信号标准之间不一定存在必然的联系，原因是消费者不可能运用复杂的技术手段对产品的一些使用标准进行鉴定，而只能借助于信号标准。信号标准主要包括以下内容：企业的商誉、规模、历史、产品的包装和外观、产品的市场占有率等。

（3）创新是差异化战略走向成功的动力。创新是企业保持差异化的关键，是提高企业市场竞争力的原动力。企业必须推陈出新，时时刻刻保持与对手的不同，才能使差异化战略走向成功。企业的创新应是多方面的。技术创新可以使企业生产出有别于竞争对手的产品，成为行业中的领先者，从根本上增强市场竞争力；服务理念的创新可以提供有特色的服务，使自己的经营有别于竞争对手；管理创新和组织创新，可以使企业产生新思路、新方法，从而树立良好的市场形象，创造有竞争优势的企业商誉。

（五）差异化战略的实现路径

实施差异化战略的路径是多种多样的，既可以在形成产品的要素上实现差异化，也可以在向消费者提供产品的过程中实现差异化，具体来说，主要有产品差异化、品牌差异化、服务差异化和渠道差异化四种。

1. 产品差异化

根据市场营销学对产品的定义，产品主要包括核心产品、形式产品和附加产品三个层次。核心产品是指产品的有用性和使用价值，它是消费者购买产品所追求的利益所在；形式产品是指产品的核心价值得以实现的载体，即产品与服务的形式或外观；附加产品是指产品包含的附加服务和利益。

显而易见，同类竞争性产品的核心产品部分是难以区分的，因此，核心产品差异化的难度是非常大的。而它们的形式产品和附加产品部分却给企业提供了很大的产品差异化空间。企业可以利用各种宣传手段或者其他创新活动来实施企业的产品差异化，主要有以下几种方式：

（1）产品概念差异化。产品概念实质上是产品层次中的核心产品的外在表述。概念差异化要求企业用通俗、简洁和高度概括性的语言来定义产品的含义，并通过产品定位的强化，来体现产品层次中的核心价值。产品概念的差异化可以保持企业的差异化优势，方便消费者的购买。

产品概念的差异化应遵循概念定位、概念集中、概念专有的原则。其中，概念定位原则是指企业应集中于产品定位和消费观念的竞争，而不迷信于“只有最好的产品才能取得胜利”。概念集中原则是指企业应明确而有效地将概念集中于诉求产品的核心价值上，不要泛泛而论。概念专有原则是指企业应该提出与竞争对手截然不同的产品概念，并且要独占这一概念。

一般来说，企业可以通过如下策略实现产品概念差异化：第一，针锋相对策略。为了创造自己专有的概念，企业可以针对竞争对手的产品概念，结合自己的独有特征，总结出与竞争对手完全对立的概念。第二，继承创新策略。在原有产品概念的基础上进行创新，取其精华、去其糟粕是一条产品概念差异化的捷径。第三，超越创新策略。否定原有产品核心价值，树立全新的产品概念，这是概念竞争和概念差异化的最高形式。

（2）产品属性差异化。每种产品都有着不同的属性，比如质量、档次、特色、样式、功能以及款式等，产品属性差异化是最直接的产品差异化途径，也是我们一般意义上的产品差异化。产品属性是企业在开发产品时建立起来的，产品进入市场以后，企业会不断改进和改变产品属性，以对付竞争对手和产品生命周期带来的挑战。具体来说，产品属性的差异化主要有以下几种：

第一，产品特色差异化。特色是指产品具有的内在质量、功能、样式、包装等方面表现出来的独特性。在竞争激烈、产品同质化严重的市场格局中，极力打造差异化产品特色，迎合消费者的个性化需求，才能强化竞争力，获得竞争优势地位。

第二，产品质量差异化。产品质量的竞争要以消费者的可认知质量为标准，如果以性能质量为竞争基准，就很容易陷入质量过剩的陷阱。因此，在确定产品质量等级和水平的时候，要考虑几个方面的因素：质量的提升能否使顾客觉察出产品价值的提高；产品质量与企业获利之间并不总是表现为线性相关的关系；竞争对手的模仿可能会生产出成本更低的高质量产品。

2. 品牌差异化

品牌是指用以识别一个或一群产品的名称、术语、象征、记号或设计及组合，以和其他竞争对手的产品和劳务相区别。品牌差异化是指通过适当的传播媒体，传播和扩散产品信息，树立起产品的良好形象，与市场同类产品实现有效的区隔。

品牌一般包括四个基本要素：品牌知名度、品牌认知度、品牌联想度以及品牌忠诚度。企业的整个品牌差异化管理活动都是围绕着实现这四个基本要素而展开的。

品牌知名度是指消费者想到某一类产品时脑海中想起或联系到某一品牌的程度。品牌知名度由低到高可分为无知名度、提示知名度、未提示知名度和第一提及知名度。企业应利用各种能接触到消费者的机会，向消费者传递品牌的相关信息，可以提高品牌知名度。

品牌认知度是指消费者对某一品牌在品质上的整体印象，如功能、可信度、耐用度、外观等。企业加强产品质量控制，提高产品创新力度，同时通过各种传播渠道，将各种能够表达产品品质的综合信息及时传递给消费者，全面提升产品的品质形象是品牌差异化的基础。

品牌联想度是指消费者通过品牌而产生的有关产品的归属、使用的场合、生产企业、品牌个性和符号等的联想。品牌联想是品牌定位和与消费者不断沟通的结果，它是品牌延伸的依据，也是消费者购买的理由。

品牌忠诚度是指消费者购买决策过程中所表现出来的对某个品牌的倾向性的而非随意性的行为过程。品牌忠诚度是品牌价值的最终体现，消费者对一个品牌的忠诚度越高，该品牌的品牌资产也就越大。

（1）品牌差异化的定位。品牌差异化定位是指企业有意识地通过建立功能性差异和情感性差异来形成与竞争品牌相区隔的定位策略。品牌定位不是一种短期的战术行为，定位的目的就是要让自己的品牌与市场同类别品牌建立有效的区隔，建立与消费者长久稳定的关系，企业必须从战略的高度来认识品牌定位差异化的重要性。

在对品牌进行差异化定位的过程中，要注意以下两个问题：第一，品牌定位差异化是企业有意识建立的；第二，品牌核心价值主要表现在品牌功能性价值、品牌情感性价值和品牌自我表现性价值三个方面，而形成差异化品牌定位的目的是最终能够提升品牌价值。

（2）品牌差异化的开发。品牌的差异化可以从品牌的功能性、情感性和自我表现性三个方面进行开发。

品牌功能性差异化。企业对消费者和市场进行深入研究，开发出能满足特定目标消费群的具有新功能或附加功能的产品，同时在品牌识别中突出和强调产品的特色功能，就可以成功地建立品牌的功能性差异。例如纳爱斯透明肥皂，在中国家庭使用肥皂一统天下的时代，运用独特的技术开发去污力更强的透明皂，与传统肥皂形成明显的功能性差异，这充分体现了对市场和消费者的深入了解，同时也扩大了品牌功能差异。

品牌情感性差异化。建立品牌的情感性差异化可以从以下几个方面努力：第一，刺激目标消费者头脑中已经存在的“感情结”，并使之与企业的品牌融合在一起。第二，对目标消费群体表现出某种热切的憧憬。例如在 80 后心目中“南方黑芝麻糊”的情感性品牌差异效果极强；神采飞扬中国郎的“郎酒”，红花郎凭借其喜庆、热烈等元素，与春晚产生了强烈的情感共鸣，迅速被全国观众所认可。第三，对目标消费者的生活方式表现出理解和认同。

品牌自我表现性差异化。品牌自我表现性差异化是一种对目标消费群体个性化主张的渗透和融合。品牌的自我表现性差异化可以从以下几个方面来考虑：第一，通过一个简明扼要、不合常规的信条来标榜自己的品牌，让这信条赋予消费者一种明显的身份；第二，有的放矢地传递目标消费者最渴望拥有的那种性格。例如，阿联酋航空作为世界上覆盖面最广，影响力最大的航空公司之一，其 A380 头等舱荣膺“极品之选”，凭借其机上创新服务及全方位的卓越表现享誉世界——它拥有全球首创的两间设计独特的机上淋浴水疗设施，让乘客在 43000 尺高空也能享受极致的轻松和愉悦；更有令乘客感觉置身于私人会所的头等舱、商务舱专属社交区域和酒吧；以及精心打造的头等舱私人套间。乘客可尽享无与伦比的静谧和量身定制的服务。

一般来说，这三个方面的差异在不同品牌的差异化中表现程度是不同的，功能和品质同质性较强的产品，品牌的功能性差异表现得相对较弱，情感性和自我表现性差异则相对较强；产品技术更新较快的产品，品牌功能性差异就可以唱主角。但总体来说，无论是功能性差异、情感性差异还是自我表现性差异，都可以作为开发品牌差异化的重要源泉。

3. 服务差异化

服务差异化主要体现在附加价值的竞争上。服务的无形性、服务的不可分离性、服务的可变性、服务的易消失性等特点对服务差异化有重要的影响。其中，服务的无形性是指消费者在接受服务之前看不到服务的成效，因此，服务具有较大的购买风险，降低购买风险是企业服务差异化策略的主要途径。服务的不可分离性是指服务的产品与消费者的消费是同时进行的。服务的可变性是指服务效果的不可确定性，这使服务质量的评级极其困难，因此，服务质量的稳定也是服务差异化的重要方面。服务的易消失性是指服务不能保存及消费过程的快捷等，服务的这一特性使得服务的供求矛盾突出，企业如果能够在服务供求的有效平衡方面做出差异，不仅可以实现差异化，也可以获得成本优势。

（1）服务人员差异化。人员是服务的提供者，是服务的主体，服务人员差异化一般通过人员的综合素质来体现。无形服务占的比重越大，消费者对产品和服务质量进行评估就越困难，人员差异化就越发重要。

（2）消费过程差异化。消费过程的差异化在本质上是消费行为个性化在营销中的体现，它主要是通过提高服务产品消费过程的可进入性来实现。服务产品消费过程的可进入性主要是通过消费者对某项服务的熟悉程度和对某个消费过程控制程度的差异而产生的风险感和距离感来衡量。例如“海底捞”是以服务态度好著称的新型餐饮方式，网络上戏称“没有海底捞做不到的事”，美甲、手部护理、擦鞋、洗头、婴儿床、代练游戏等，再加上各种餐饮服务，无所不用其极，对于顾客复购和满意度的提升是极大的加分项。

（3）服务质量差异化。保持服务质量的差异化比创造服务质量的差异化更困难。因为服务的无形性使服务质量很难为消费者认可和正确评价。所以，服务质量最大的问题不是如何实现差异化，而是如何保持差异化。如果能使服务质量的差异始终保持，并向消费者传递这一差异，那么服务的质量差异便可为企业带来竞争优势。

（4）服务流程差异化。由于服务不像一般有形产品，能以客观标准来进行衡量，而消费者对服务质量的感知，通常在很大程度上是由心理因素决定的。由于一般企业在服务产品上很难做到标准化，从这个意义上来讲，企业如果能够在服务流程上有效地实现标准化，那么该企业就在同行业中实现了有效的服务竞争策略差异化。

4. 渠道差异化

渠道差异化是通过销售渠道差异而形成的差异化。由于设立和维持营销渠道通常是一个长期行动，所以渠道的差异化也具有长期性。虽然实施代价巨大，但一旦实施成功，竞争对手就很难在短期内模仿，因此在获取竞争优势方面，这种方式比其他方式更能为企业提供潜在竞争力。

（1）渠道差异化的形式。在渠道设计上企业会有很多种渠道结构的选择，通常渠道的差异化主要体现在以下三方面：第一，渠道的级数，对企业来说，实际考虑的方案范围通常是2级或3级；第二，渠道的密度，是指在渠道的每个等级上的中间商数量；第三，中间商的类型。综合考虑以上三个方面，企业可以得到可供选择的渠道结构。例如戴尔DELL在电脑整机销售市场内率先打破门店常规，采用直销的独特方式，20世纪90年代一举成为全球五大PC公司第二位，这已成为渠道成功的传奇案例。再例如，“虎邦辣酱”是当前线上外卖渠道酱料第一品牌，该品牌经历了由线上线下共同发展到舍弃线下、避开线下海天和李锦记强势品牌，专供线上的渠道差异化的道路，不但扩大了销量，收获口碑，还提升了品牌价值。

（2）渠道差异化的决策变量。包括企业变量、产品变量和市场变量。

企业变量。企业规模、财务能力、管理经验以及目标和战略是影响渠道差异化的最主要因素。

产品变量。产品变量是影响渠道差异化决策的另一个重要因素，它主要包括以下因素：体积、重量、单位价值、标准化程度和技术含量等。

市场变量。在开发和评估营销渠道时，决定性的因素就是目标市场，市场变量的地理布局、市场规模、市场密度、市场行为四个子变量尤为重要。

▶案例

全聚德烤鸭的垂直差异化战略

世界上最出名的鸭子有两只：一只是美国迪斯尼的唐老鸭，另一只是中国的全聚德烤鸭。唐老鸭象征了美国式的诙谐幽默，全聚德烤鸭则代表了典型的中华美食。

全聚德的烤鸭是名副其实的“金鸭子”，一只能卖到上百元，可仍然很火。根本原因在于全聚德烤鸭的选料、配方、工艺等远胜于其他竞争对手。这就是垂直差异化。

全聚德烤鸭的选料是非常讲究的，它强调的是要用北京填鸭，这个鸭子在长到一个月以后要人工喂食，喂食定时定量以迅速增加肌肉和脂肪。供应给全聚德的养鸭厂需经过考察以后定点专供，对于鸭苗、饲养时间、饲料、宰杀方法都有严格的筛选，在重量上统一定为2.5公斤，鸭的表皮不得有淤血和划伤。烤鸭烤制过程中从原料到所有的生产工艺直到最后把烤熟的鸭子送到顾客的餐桌上都有明确的工艺要求。

全聚德采取的是挂炉烤法，不给鸭子开膛，只在鸭子身上开个小洞，把内脏拿出来后往鸭肚子里注入开水，然后把小洞系口后挂在火上考。这种方法既不让鸭子因被烤而失水，又可以让鸭子的表皮胀开而不被烤软，烤出的鸭子皮脆薄可口，成为鸭子最好吃的部分。严格意义上讲，只有这种烤法才叫北京烤鸭。

全聚德的烤鸭通体枣红、外酥里嫩，素来以入口醇香、油而不腻著称，而自打140年前竖起这块牌匾以来，全聚德制作烤鸭之讲究依旧，这套工序包括：宰杀、烫毛、吹气、洗膛、烫皮、打糖再晾皮等制坯工序，然后是堵塞儿、灌水、入炉、燎档、转体、出炉等烤制程序，而每道工序在具体的操作中还有不少独特的诀窍。

在全聚德厨师的手中，鸭子全身都变成了宝贝。历代厨师在制作烤鸭的同时，利用鸭膀、鸭掌、鸭心、鸭肝、鸭胗等原料，精心创制了各种美味的冷热菜肴。经过多年的积累，形成了以芥末鸭掌、火燎鸭心、烩鸭四宝、芙蓉梅花鸭舌、鸭包鱼翅等为代表的“全聚德全鸭席”。

资料来源：全聚德官网 . https：//www. quanjude. com. cn/.

三、聚焦战略（集中化战略）

聚焦战略
（集中化战略）

（一）聚焦战略的含义

聚焦战略，又称集中化战略、专一经营战略，是指通过设计一整套行动来生产并提供产品或服务，企业把目标集中于特定顾客、特定产品或者特定区域的一种战略。与成本领先战略和差异化战略不同的是，实施聚焦战略的企业不是围绕整个行业而是面向某一特定的目标市场开展生产经营和服务活动，以期能比行业内的其他竞争对手更好地服务于这个特定的细分市场。

这里的特定竞争性细分市场，可以指某一特定的购买群体，比如老年、青年、婴幼儿等；也可以指某一地理统计变量，如珠三角、长三角等。

聚焦战略的案例非常多，比如 24 小时便利店，晚上玩的年轻人、上夜班的人都是它的顾客群体。

采用聚焦战略的逻辑依据是：企业能比竞争对手更有效地为某些特定顾客群体服务或生产某种产品。所以，一般而言，聚焦战略可分为两种形式：聚焦成本领先战略和聚焦差异化战略。

聚焦成本领先战略取得成功的前提是存在这样一个细分市场，即企业在满足该细分市场的需求时，所付出的代价比满足整体市场其他部分的需求所付出的代价要小，在目标市场上具有成本优势。

聚焦差异化战略能否成功取决于企业在特定的细分市场上能满足对于产品或服务的独特性需求，取得在目标市场上的差异化优势。

实施聚焦战略的企业尽管在整个市场范围内没有取得成本领先优势或差异化优势，但可以通过聚焦于某一狭窄的细分市场而获得竞争优势。因此，企业既可以通过聚焦战略来满足某一特定目标群体的需要，也可以通过成本领先战略服务于该目标群体，或者两者兼而有之。

所以聚焦战略的目的是很好地服务于个特定的目标市场，它的关键在于能够比竞争对手提供更为有效和效率更高的服务。

▶案例

九阳的聚焦战略

很多人认识和使用九阳都是因为豆浆机，九阳豆浆机的成功因素有很多，但聚焦战略绝对功不可没。

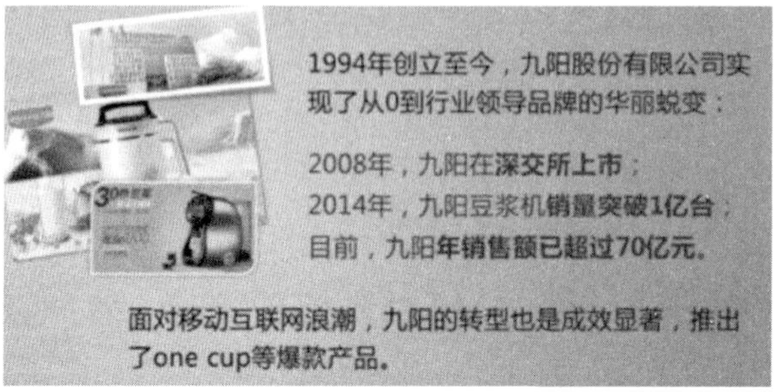

九阳及其产品

首先，技术先进，设计领先。九阳豆浆机作为九阳公司的核心经营产品，从1994年开始取得自动家用豆浆机的专利至今，在行业中可以说有着丰富的经验，其设计水平一流，较同行业的其他豆浆机，技术更为成熟，每一次在技术的革新上都早先一步，可以说，市面上现有的豆浆机宣传的大部分功能都是九阳率先开发研制的。

其次，作为老牌的豆浆机生产商，九阳常年都保持较高的市场占有率，并且获得了相当不错的口碑。从2010年5月的统计数据来看，在众多的豆浆机产品中，九阳豆浆机零售额占62.9%，零售量占58.8%，均价远高于其他品牌的豆浆机。

再次，九阳公司大胆投入电视广告，突出其产品的特点，给消费者留下深刻印象，并且，以“豆浆文化”为主的九阳，在努力把一直所致力于的“健康饮食文化”更好地渗入到榨汁文化中，并使之成为新的“风向标”。其独特的文化推广方式以及精确的消费目标锁定进一步推动了九阳的成功。

随着豆浆机行业的蓬勃发展以及带来的丰厚利润，越来越多的大公司加入豆浆机市场，例如苏泊尔、美的、飞利浦等企业，并且在进入后的短时间内夺取了原本九阳豆浆机所占领的市场。豆浆机行业终究有一天会饱和，因此，如何实现九阳公司的长期规划和发展，战略的选择很重要。

资料来源：张清秀．九阳股份有限公司发展战略研究［D］．北京：首都经济贸易大学，2016.

（二）聚焦战略的适用条件

聚焦战略的关键是对目标细分市场的选择。企业应该对行业市场进行仔细研究和划分，尽量选择那些竞争对手较弱或不易受替代品冲击的小市场作为目标市场，并努力保持在该市场中的竞争优势。此外，企业在下列情况下实施聚焦战略容易获得成功：

1. 目标细分市场有一定的规模和成长空间

企业选定的目标细分市场必须具有一定规模，使得企业能够持续向该市场提供产品或服务，并获取理想的收益。目标细分市场还应该具有良好的发展潜力，以确保在实施聚焦战略的企业不断发展壮大的过程中，目标市场有同步增长的消费需求来吸纳企业提供的产品。比如，本田摩托进入美国市场时，美国流行的是排量500cc以上的大中型摩托，本田创造性地建立了小型摩托车市场。借助“Nicest People”的大力宣传，其品牌“超级幼兽”畅销，产生了压倒性的优势。依托小型摩托车的成功，本田最终在大中型摩托车市场也扩大了自己的优势。

2. 目标细分市场不是主要竞争厂商争夺的重点

企业要确保所选择的目标细分市场不会引起主要竞争厂商的兴趣，或者不是其竞争的重点。一种可能的情况是，目标细分市场对于行业内的主要竞争厂商的竞争成功无关紧要，是否进入该市场不会影响这些企业的战略竞争，因此，它们没有足够的意愿进入该市场。另一种可能的情况是，行业内的主要竞争厂商在满足其主要目标客户需求的同时，很难有足够的资源或精力来满足目标细分市场的专业化需求或特殊需求，或者如果满足这些专业化需求，付出的成本较高，这些企业也不愿意参与该市场的竞争。

3. 拥有服务于目标细分市场的资源和能力

拥有相应的资源和能力，一方面可以使企业有能力提供低成本或差异化的专业化产品或服务，另一方面也是企业成功地与竞争对手展开竞争的可靠基础，否则，即使识别出目标市场上的独特需求，企业也难以开展经营运作来满足这些需求。

4. 能有效防御挑战者

在选定的目标市场上，企业能针对目标客户开展更好的调查和研究，研发和提供更有效地满足客户需求的产品和服务，并且更快地响应客户的需求与市场变化，从而培育顾客对其产品或服务的忠诚，甚至形成较高的转换成本。这样，企业就可以有效地防御行业中的挑战者，并建立起进入壁垒。

需要指出的是，实施聚焦战略的企业尽管能在选择的目标市场上保持一定的竞争优势，获得较高的市场份额，但由于其目标市场相对较小，该企业的市场份额的总体水平较低。因此。企业在选择聚焦战略时，应该在产品的获利能力和销售量之间进行权衡和取舍，有时还要在产品差异化和成本之间进行权衡。

（三）聚焦战略实施的优势

实施聚焦战略的企业，如果能够成功在目标市场上实现低成本战略或差异化战略，则容易获取超过行业平均利润水平的超额利润，并建立起有效抵御五种竞争力量的优势。

（1）便于集中使用整个企业的力量和资源。聚焦战略可以更好地服务于某一特点的细分市场，能够比在广泛市场上展开竞争的企业更接近顾客和服务顾客，从而更高效地满足顾客需求；同时由于产品或服务比竞争对手的成本更低或更具差异化，能够有效形成对现有竞争者的抵御作用和潜在进入者的壁垒作用，并通过累积起来的企业声誉和顾客忠诚塑造企业的竞争优势。

（2）便于企业更好地调查研究与产品有关的技术、市场、顾客以及竞争对手等各方面的情况，做到知己知彼。

（3）战略集中，管理更简便。

（四）聚焦战略实施的风险

实施聚焦战略的企业也同成本领先战略和差异化战略一样，具有一定的风险。这些风险一般表现在竞争对手反聚焦、其他厂商进入、目标市场的份额与需求变化、市场间的差异缩小等几方面。

1. 竞争对手反聚焦

当实施聚焦战略的企业所选择的目标细分市场具有较强的盈利能力且该市场可以进一步细分时，竞争对手就可能选择进入该市场中一个更加狭窄且最具盈利能力的细分市场，并利用自身的资源和能力专门服务于该市场的特殊需求，从而赢得竞争优势并获取超额利润。此时，原来实施聚焦战略的企业就会因其市场相对宽泛，导致资源不再集中而失去竞争优势。

例如，美国的 Confederate 公司在认真研究了哈雷—戴维森公司服务的高端摩托车市场以后，选择了该市场中更为高端的狭窄市场，致力于生产“全新的、高度美国化的摩托车”，利用数字技术设计产品，采用纯手工打造，使得所有的产品都有独一无二的外形。定价在 6.2 万美元以上，成功地吸引了那些确实想要一辆非常不同的摩托车的顾客。

2. 其他厂商进入

如果目标市场具有很强的盈利能力和良好的发展前景，就会引起行业内其他厂商的注意，有的厂商会进入该目标市场参与竞争。这些企业可能会找到与实施聚焦战略的企业相匹敌的途径来服务于目标市场。例如，提供更具吸引力的产品或服务，或具备更具优势的专业知识和能力，从而吸引目标市场上的原有客户，并瓜分细分市场的利润。

3. 目标市场的份额与需求变化

目标市场的规模可能变小，产品或服务的需求不断变化。但生产中使用的往往是非标准的专业设备，这就导致企业的生产费用增加，从而削弱或抵消企业为目标市场服务的成本优势或差异化优势，使企业的聚焦战略失效。

4. 市场间的差异缩小

由于技术进步、替代品的出现、顾客偏好的转变等各种原因，目标市场与总体市场之间在产品或服务上的需求差别变小，导致企业赖以形成聚焦战略的基础丧失，企业的经营受到冲击。例如，随着人们收入的增加，过去针对高收入阶层的一些产品或服务（如手机、航空运输等）目前已成为大众化商品。

第二节 动态竞争战略

传统的业务层战略研究是从相对静态的角度分析企业竞争战略的选择，通过提升管理的有效性来建立并维持竞争优势，以获取超额利润。然而，管理学者从 20 世纪 90 年代开始，就在总结七八十年代过分多元化错误的基础上，注意到了竞争动态化的特点。随着技术进步和竞争环境的变化，全球经济一体化、全球信息化进程的加快，企业间的竞争日趋激烈与复杂，竞争优势很难获取和维持，企业的竞争过程表现出较强的动态性和互动性。如何在动荡的环境中制定和选择战略，对企业能否赢得竞争至关重要。

一、动态竞争战略的内涵

动态竞争战略的内涵与驱动因素

20世纪90年代以来，企业经营环境日趋动荡以及企业间的竞争互动引起了学者的关注，他们展开相应的研究，提出了动态竞争战略理论。

（一）动态竞争的理解

目前，人们对动态竞争的理解有广义和狭义之分。

广义上有三个层次：第一层次，动态竞争是指企业在动态的经营环境中竞争；第二层次，竞争互动的动态化，是指企业之间多点和快速互动的趋势越来越明显，竞争对手之间的博弈、学习、模仿和创新已经导致企业竞争优势的发挥和保持受到了威胁；第三层次，竞争动力学，是指创新和速度正在代替规模而成为企业竞争优势的主要来源。

狭义上，动态竞争是指“在特定行业内，某个（某些）企业采取的一系列竞争行为，引起竞争对手的一系列反应，这些反应又会影响到原先行动的企业，这是一种竞争互动的动态过程（图6－3）。可以看出，这主要是针对第二和第三层次来理解和分析动态竞争。

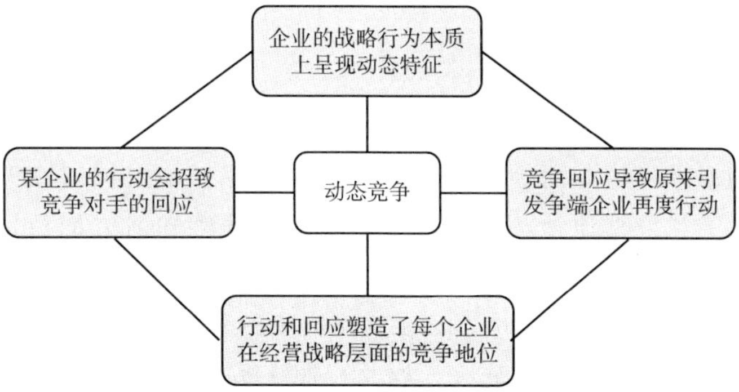

图6－3　动态竞争的狭义理解

（二）动态竞争的特征

动态竞争理论直接将竞争者之间的行动倾向、竞争性响应度、行动执行速度和明显程度等纳入研究框架来系统研究竞争者之间的战略行为，而不仅仅是单独分析某个企业的静态战略。动态竞争的效果可以马上得以表现，例如曾经的摩托罗拉和诺基亚公司传统的电话通信和短信通信都迅速地被智能手机所取代，这就是互联网行业动态竞争的经典体现。

总之，在国际化的市场背景、技术进步导致的竞争对手之间难以形成默契和消费者取向及需求日益复杂的多种因素综合影响之下，动态竞争战略的地位和重要性日益突出。

综合而言，动态竞争的特征表现在如下几个方面：

（1）动态竞争的高强度性。在动态环境下，企业间的竞争异常激烈，每个竞争对手都不断地建立自己的竞争优势，并根据竞争对手的反应来调整自己的战略，努力在竞争中削弱竞争对手。

（2）竞争互动的高速度性。在动态环境中，竞争的必要性使得竞争对手的战略互动明显加快，只有根据对手的战略及时调整自身的战略行动才能应对得当，胜算更大。

（3）竞争优势的暂时性。由于竞争的高强度和高速度，任何企业的竞争优势都是暂时性的，正因为竞争对手会迅速调整战略，进行反击或超越，从而使企业的竞争优势难以保持长久。

（4）静态竞争条件下建立的竞争优势在动态竞争环境下很容易被击破。在静态竞争条件下竞争战略的主要目的是建立、把持和发挥竞争优势，主要对成本与质量、时间与专有技术、进入障碍的构建和规模优势等领域形成竞争优势有直接贡献；但在动态竞争环境中，上述竞争优势很容易被打破，战略的有效性不仅取决于时间上的先后，更取决于对竞争对手反应的预测、能否及时建立新优势和改变需求或竞争规则的能力。

二、动态竞争的驱动因素

可以将动态竞争的驱动因素归结为三个方面：意识、动机和能力。

（一）意识

意识是指企业能察觉并判断由于市场共性和资源相似性所导致的自己与竞争对手之间相互依存的程度如何。当企业所拥有和使用的资源高度相似且同时在几个市场展开竞争时，意识就是最大的竞争驱动力。此时，双方都能准确感知对方的行动，实力也较为接近，会为了争夺市场份额而激烈竞争。另外，企业能否准确理解竞争性行动及反应结果的重要性，将会影响企业的判断和反应。如果缺乏必要的意识，就可能误判竞争对手及其行动，导致企业之间过度竞争，最终造成竞争者的业绩普遍下降。

◈ 贴士

企业家的战略思维

德国著名的军事战略家克劳塞维茨曾说过：在双方军队参战之前，战争的胜负已经可以从双方的战略家身上看出来了。我国古代也有“将帅不济，累死三军”的说法。这都说明企业战略管理者尤其是企业家的战略能力和水平高低决定着企业战略管理的成败。

思维是人脑的机能，是在实践基础上人脑对客观世界的能动反应，正确的思维是物质与精神、主观与客观、理论与实际、知和行的统一。战略性思维，是指管理者站在企业总体的高度，综合运用所掌握的企业内外部信息，创造性地制定企业战略、进行战略决策的思维能力和思想方法。战略思维过程就是对客观事物——企业及其内外部环境的各种信息经过归纳，综合、分析、推理、判断等思维加工，最后形成主观认识——战略思想的过程。企业首脑或领导集团的使命感和战略思维，往往是企业发展的核心推动力量。因此，企业家必须具备战略思维能力，只有这样才能在错综复杂的环境中把握正确的发展方向，制定正确的企业战略，发展壮大企业。

从战略思维的形成过程来看，现代领导者的战略思维主要有超前性思维，系统性思维、创造性思维及动态性思维四方面内容。

1. 超前性思维

“凡事预则立，不预则废”。战略管理自始至终都贯穿着超前和预见，预见未来的能力是领导者战略思维能力的突出表现，因此，超前性思维是战略思维的核心。

2. 系统性思维

系统思想作为一种从整体上解决复杂问题的科学方法，为人们提供了一整套用宏观战略眼光分析问题的世界观和方法论，所以特别适用于进行战略和战略思维的研究。系统性思维的本质在于根据战略思维对象自身所具有的系统性质考察事物。

3. 创造性思维

企业家的本质在于创造，没有创造性就不能称为企业家，而企业家的创造性又突出体现在企业的战略管理活动中。如果说超前性思维是战略思维的核心，系统性思维是企业家战略思维的基础，那么创造性思维则是战略思维的灵魂所在。

所谓创造性思维，就是在思维过程中，冲破各种思想障碍和束缚，寻求“独到”和“超越”。在常人、前人的基础上，有新的创见、新的发现和新的突破。它表现在企业家的活动中，就是制定和实施异乎常人与前人的，并且符合事物发展规律的企业战略。创造性思维相对于传统思维而言，是一切具有创新性质的整体性思维过程。

4. 动态性思维

21 世纪的企业生存于一个复杂动荡的环境，环境中各方面的因素都在变化，因此，战略领导者在动态的环境中开展工作，就必须具备动态的思维方法，善于在企业和环境都处于运动、变化的情况下进行动态的战略管理，领导企业对内外部环境的变化做出正确的反应。

资料来源：贾旭东．现代企业战略管理——思想、方法与实务［M］．北京：清华大学出版社，2020.

（二）动机

动机是指面对竞争对手的攻击，企业根据感知到的收益和损失情况而做出是否反击或其他反应的意向。如果企业感觉自己的市场份额或收益会因竞争对手的攻击而受损，就有采取反击行动的动机，进而付诸实施；反之，当企业感觉到自己的地位不会因对抗而得到改善，或者认为即使不采取行动，自己的市场份额也不会动摇时，就没有参与竞争性对抗的动机。

而企业一旦在某个市场采取进攻行动，竞争对手可以选择避开在这个市场的正面交锋，转而在另一个共同的市场上展开反击。显然，这种你来我往的攻击与反击行动会导致竞争双方很难集中精力于核心市场，甚至会将本来应该用于其他目的的资源被迫用于在这种对抗中，最终两败俱伤。

（三）能力

能力是指企业运用资源来完成一项任务或活动的才能，能力的大小通常与所拥有的资源以及资源供给的灵活性相关。如果企业没有可利用的资源（如人力资源和财务资源），就没有能力攻击竞争对手或者对竞争对手的攻击做出反击。有些情况下，企业尽管意识到与竞争对手共享市场，也有对竞争对手的攻击做出反应的动机，但由于缺乏资源和能力，它仍然难以实施真正的攻击行动。同样，如果企业和竞争对手拥有相似的资源，双方的进攻与反击能力就会非常相近，这种情况下企业是否应向竞争对手发起攻击，需要认真研究，权衡利弊，因为竞争对手同样有能力采取反击行动，而且很可能会采取有针对性的反击行动。

三、动态竞争的战略选择

动态竞争的战略选择

在动态环境下，企业的竞争战略及其演进实际上是一个与竞争对手之间攻防交织的过程。企业不仅要强化自己的核心竞争力，明晰定位，优化利用自身的资源和能力，还要观察、预判竞争对手的战略动态，据此及时调整和优化自己的竞争战略，以获取相应的竞争优势并不断发展。

（一）进攻战略

进攻战略是指企业利用自身的资源优势和核心竞争力等率先向竞争对手发起攻击，以建立或巩固竞争优势，并提高市场地位的战略。时机的适当与否是进攻战略能否成功的重要因素。

同时需要注意的是，企业率先发动进攻，进入某些市场或推出新的产品，会在某种程度上形成先动优势。但是如果企业采取的行动与自身拥有的资源不够匹配、对竞争对手反击的预估和准备不够充分，企业也可能会陷入被动，甚至形成劣势。

（二）反击战略

反击战略是指企业为了维持竞争优势，降低被竞争对手攻击的风险，或减少竞争对手的竞争行动所产生的影响而采取的应对战略。

一般而言，企业需要采取反击战略，主要受到以下几方面因素的影响：当企业创造和保持竞争优势的能力受到威胁；企业的市场地位受到冲击；竞争对手的竞争行动可以显著增强其竞争优势或提高其市场地位。

企业是否采取反击行动，需要对三个方面的因素进行评估：竞争行动的类型、行为者的声誉和市场依存度。

1. 竞争行动的类型

通常可以将竞争对手发动的攻击分为两种类型：战略性行动和战术性行动。战略性行动的投入多，影响大，实施较为困难，调整较为缓慢且损失较大。例如，企业的兼并收购、新产品研发等。战术性行动的投入少、影响小，实施较为容易，调整较为迅速且损失小。例如，企业的广告促销、产品价格降低等。竞争对手发动攻击的类型不同，企业的应对措施和需要的时间、资源等也不一样。一般而言，竞争对手的战略性行动需要企业慎重对待，也可以采取其他方式来应对；竞争对手的战术性行动则需要企业以同样的方式迅速应对。例如，竞争对手通过增加产能的方式发起攻击，如果企业经评估后认为扩大产能有风险，就不会跟进扩产来应对。如果竞争对手采取降低产品价格的方式发起攻击，企业为保持市场份额，就会立即跟进降价来反击。

2. 行为者的声誉

声誉就是“竞争者以过去的竞争行为为基础，对另一个竞争者做出的正面或负面的评价”。良好的声誉对企业具有重要的战略价值，不仅会影响企业的盈利能力，还会影响其他企业对其竞争性行为的判断。一般而言，一个声誉良好的企业，其竞争性行为更容易被跟进和模仿；反之，声誉不好的企业，其竞争性行为（如风险高且结果难以预测的行为）就不会被其他企业跟进或模仿。因此，企业可以通过自己的声誉来影响竞争对手的竞争性反应行为，当然，也可以根据竞争对手的声誉来决定是否对其竞争性行动作出反应。

3. 市场依存度

市场依存度是指一个企业从某一特定市场中获取收入或利润的程度。一般而言，如果一个企业高度依赖某个市场，那么该市场受到攻击时，企业就会迅速做出反击；反之，企业有多个市场，当在其中一个市场上受到攻击时，企业一般不会立刻在该市场上做出反击，更有可能在其他市场上采取行动进行反击。例如，当一个全国性企业对某个区域性企业发动攻击时，该企业为了自身的生存会迅速做出反击。企业可以根据其市场依存度来决定是否对竞争对手的行为做出反击，以确保自身的市场地位和竞争优势不会受到冲击。

▶案例

华为的绝地反击

5G初期，华为凭借通信、半导体等技术优势，在国内手机市场占据了半壁江山，全球销量也超过了苹果直逼三星。但是自从华为被断供开始，已经有3年时间了。华为经历了谷歌安卓授权被断供，海外市场急转直下；自主研发的处理器和闪存芯片被终止代工服务，整体出货严重受限，一时间华为手机销量被扔进了“others”行列，腾出来的市场大部分流进了苹果的腰包，外加电子消费行业低迷，这段时间可谓是华为的至暗时刻；“昔日王者何时归来”也成了众人茶余饭后的话题。

华为为了生存下去，想尽了各种方法。经过几年的摸索和沉淀之后，随着P60系列的发布，华为表示开始吹响战略突围的号角。任正非表示，3年时间华为完成13000+零器件替代开发，4000+电路板的反复换板开发。

正如比尔·盖茨担心的那样，中企是不会被技术封锁压倒的。除了华为开始反击之外，其他国内手机厂商也在不断的成长。

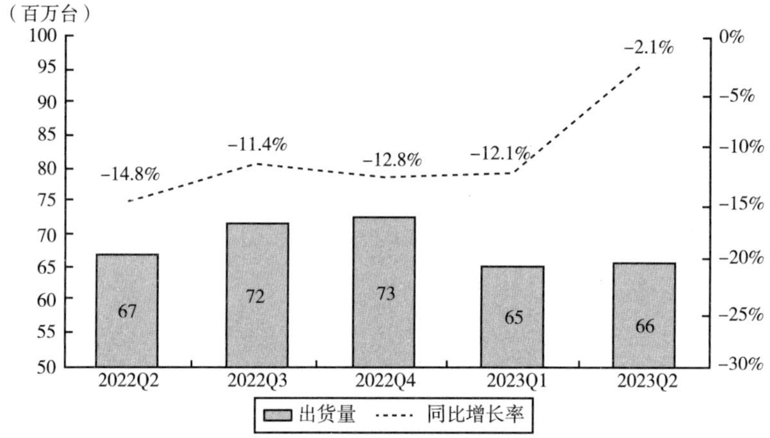

2022—2023年中国智能手机出货量与增长率

资料来源：IDC中国，2023.

值得注意的是，这一拐点似乎要出现了！2023年7月，市场调研机构IDC公布的报告显示，我国第二季度手机市场出货量为6579万台，同比下降2.1%。与去年下滑12.1%的幅度相比，明显有回暖的趋势。更意外的是，华为又出现在了中国手机市场前五名的榜单中，并且实现了76.1%的暴涨。

2023年第二季度中国前五大智能手机厂商——市场份额、同比增幅

厂商	2023年第二季度市场份额	2022年第二季度市场份额	同比增幅
1. OPPO	17.7%	17.7%	-2.1%
2. vivo	17.2%	19.2%	-11.9%
3. HONOR	16.4%	19.5%	-17.9%
4. Apple	15.3%	14.1%	6.1%
5. Xiaomi	13.1%	15.6%	-17.5%
5. HUAWEI	13.0%	7.3%	76.1%
其他	7.3%	6.8%	5.6%
合计	100.0%	100.0%	-2.1%

来源：IDC中国季度手机市场跟踪报告，2023年第二季度

注：数据均为初版，存在变化的可能，数据均为四舍五入后取值；如果两家或两家以上厂商的营收份额或单位出货量相差0.1%或更少，IDC将宣布这些厂商在中国智能手机市场上排名并列。

为什么华为能实现逆势增长呢？

首先，高端手机市场，消费者及友商公认的两大品牌就是苹果和华为，从市场保值率、研发投入、科研成果等多方面的角度来看，华为一直是国产高端的代表，这是让消费者买单的重要理由。即便麒麟芯片无法量产，但也能通过软件创新和局部小而美的设计弥补其技术市场空白，比如自主研发的Xmage影像系统、捅破天的卫星通信能力，基于多场景布局的鸿蒙系统，外加核心零部件的国产替代，让华为走出了一条漂亮的“上扬曲线”！

其次，华为是5G时代最大的“摇旗手”，也是率先发布5G芯片及手机的企业，不少人认为5G时代没有5G功能显得鸡肋。不可否认的是，就目前来看5G并没有给手机带来质的改变，而且大部分用户的5G套餐是被限在300Mbps，反而5G还有比4G更耗电的副作用。而且5G的应用已经早已成熟，但目前5G—App难求，缺乏5G生态也是消费者没有将5G功能放在首位的关键。

另外，虽然华为手机缺少麒麟芯片，但工业设计却能轻松读懂人心，尤其P60Art背后独特的“湾湾”后盖设计，在各社交平台掀起了一次又一次的热潮，备受用消费者追捧。而且在国内折叠屏市场，华为Mate X系列连续三年占据了半壁江山。

可以预料的是，随着华为5G芯片的回归，中芯国际核心技术的自主可控，在接下来的手机市场，我们或许依旧能看到华为手机份额的持续暴涨。而且此前华为还将2023年的手机出货量上调至4000万部，可见华为做了充分的准备。

资料来源：一个有灵魂的作者．绝地反击！华为销量重回前五，外媒：一切都结束了［EB/OL］．网易．https：//www.163.com/dy/article/IAO9MN57054679X8.html，2023－07－28.

第三节 产业环境与业务层战略选择

企业的发展受行业环境的约束，不同的行业环境意味着不同的机会和威胁，企业在行业中的地位不同，面临的经营问题也会不同。企业的业务层战略必须适应环境的变化，并与自身地位相契合，才能使企业保持竞争优势，并获得可持续发展。

一、不同行业生命周期的业务层战略选择

不同生命周期的业务层战略选择

根据行业生命周期理论，行业的发展可以划分为新兴（或初创）、成长、成熟和衰退四个阶段（见图6－4）。在行业发展的不同阶段，市场需求状况和竞争形势并不相同，企业的竞争战略也必须做出相应的调整与变化。

（一）新兴行业的竞争战略

新兴行业是指通过某些因素新形成的或重新形成的行业，这些因素包括技术创新、新

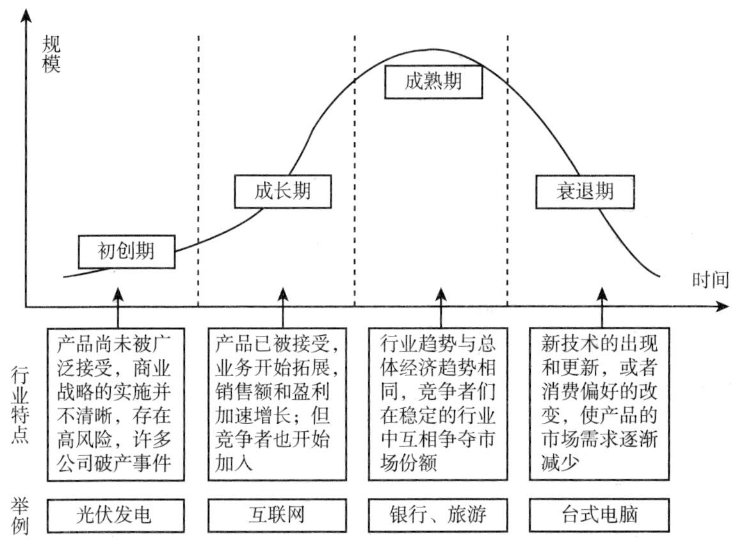

图 6-4 行业生命周期曲线

消费需求或其他社会和经济方面出现新的变化等。随着社会经济的发展，新兴行业总会不断出现，例如网上购物、共享汽车、在线教育等。这些新兴行业在很多方面还不确定，企业的战略选择也面临挑战。

一般来说，影响新兴行业中的企业确定自身的竞争战略的因素大致包括：

（1）目标市场的选择。在新兴行业中准确选择目标市场至关重要。企业在选择和开发市场时需要考虑如下几个因素：顾客的利益诉求；顾客使用新产品的谨慎程度；产品的转换成本和顾客价值的增加。

（2）入行时间选择是否恰当。进入太早，企业承担的风险和成本会比较高，但也意味着较低的进入障碍、较早建立市场声誉和可能获得较多的收益。一般而言，如果行业中存在原材料、零部件等短缺的状况，或者新产品的经验曲线效应比较明显，或者消费者比较重视企业的市场形象和声誉等，企业越早进入市场越有利。

（3）是否参与行业标准的制定。在新兴行业中，如果企业能够主导或参与行业标准的制定，就会获得行业发展的话语权，有利于企业的快速发展。

（4）进入壁垒的构筑。新兴行业的开拓者往往拥有技术专利、原材料和零部件采购渠道等优势，但这些壁垒会很快消失。随着行业规模的扩大和技术的成熟，原有进入壁垒会逐渐降低，新竞争者将大量涌入。因此，企业需要不断利用规模、市场、创新等方面的能力来构筑新的壁垒，以保持自己的竞争优势。

（二）成长行业的竞争战略

在成长行业中，企业实施竞争战略的关键是确保企业产品的销售增长速度跟上或赶超行业市场增长的平均速度。因为行业进入成长阶段后，市场需求增长迅速，技术变革加快，产品成本和价格迅速下降，进入行业内竞争的企业增多，竞争日趋激烈。这一系列变化给企业竞争战略的调整和应对带来了极大挑战。

为此，企业可考虑以下战略选择：

（1）聚焦研发提升实力。根据顾客的需求状况，结合自身的优势，将企业的研发投入集中于一些关键领域而不是过度分散，可以增强企业的独特竞争力，从而在某一领域或产品市场保持竞争优势并快速发展。

（2）提升产品吸引力。企业可以通过改进产品的性能、增加产品的特色和式样来增强产品对顾客的吸引力。同时，利用广告或口碑营销吸引并说服消费者接受和购买企业产品。另外，在适当的时候采取降价促销的方式吸引那些对价格敏感的潜在购买者。

（3）建立战略联盟。企业通过强化自身在价值链中的竞争优势，不断巩固自身的市场地位的同时，可以通过与优秀上下游企业建立合作联盟，拓展和提升竞争优势。

（三）成熟行业的竞争战略

这种情况下，企业的竞争战略将围绕如何降低行业竞争和维持本企业的市场地位展开。因为行业进入成熟期以后，市场环境发生了很大变化。此时，行业通常由少数几家实力较强的大企业统治，虽然还存在很多中小企业，但行业的竞争由大企业主导。

（1）提升产品技术革新能力。在行业的成熟阶段，新产品研发日趋困难，此时，企业应该加强产品生产工艺改进和技术革新能力，通过优化生产工艺、降低产品成本、改善产品质量、缩短从产品设计到投入市场的周期等措施，来保持自身的竞争优势。

（2）集中优势资源于特定领域。行业进入成熟期后，产品日益同质化，价格竞争日趋激烈，企业可以采取优化产品结构的方式，将优势资源集中于那些利润高、市场需求大的产品，以增强企业的获利能力。

（3）提升产品的渗透能力。在成熟行业中，企业争取到新顾客的难度很大，此时，最有效的战略就是维持已有的顾客群并增加对他们的销售量。例如，企业可以通过提高产品质量、增加产品系列、提升服务质量，甚至是降低价格等方法，增加现有顾客的购买数量。

（4）实施国际化战略。国内市场趋于饱和后，有条件的企业可以采用开拓国际市场的方式提升企业的生存空间。通常在国内处于成熟期的行业，在有些国家很可能还处于导入期或成长期，竞争者较少，很容易获得竞争优势并获取相应的利润。

（四）衰退行业的竞争战略

行业进入衰退期的原因有很多，例如，技术变革、社会潮流的变迁或者消费态度的变化等。对处于衰退行业的企业而言，发展迟缓、停滞乃至萎缩，此时如何进行战略抉择将会影响到企业的生存。

对于处于衰退期的业务板块，企业通常实施收缩、放弃或淘汰的措施，但有些情况下，这类业务仍然能维持生存并取得利润，因此，企业应根据自身情况，结合环境变化，选择相应的战略。

（1）领导战略。如果企业拥有独特的竞争力，能够满足衰退行业的市场需求，并获得退出企业的市场份额，那么企业就可以采取成为衰退行业中的领导者的战略，成为衰退行业中少数甚至是唯一的企业。这样，企业就可以通过积极的营销措施和适度低价策略来获取相应的利润和持续发展。例如，在烟草行业中，美国的菲利普·莫里斯公司就是采用这种战略提升了市场份额，并获取了丰厚的利润。

（2）利基战略。按照菲利普·科特勒在《营销管理》中给利基下的定义：利基是更窄地确定某些群体，这是一个小市场并且它的需要没有被服务好，或者说“有获取利益的基础”。虽然衰退行业总体呈下降趋势，但行业中仍会有一个或几个细分市场的需求较为稳定，甚至具有增长潜力。企业可以利用自身独特的竞争力集中为这部分市场服务。如果应用得当，利基战略能为企业带来收入和利润的增长，并取得目标市场上的竞争优势。

（3）收割战略。当企业意识到行业衰退加剧且企业缺乏继续在某一特定市场上竞争的能力时，企业就可以停止研发投入、设备投资和广告投放等，通过降低成本增强获利能力，直至现金流出现衰竭，再进行清算，以彻底回收资金。

（4）剥离战略。当行业衰退的趋势较为明显，或者在能够保留下来的利基市场中企业没有竞争优势，或者企业有更好的发展方向时，企业可以尽快将相关业务出售，实现净资产回收的最大化。

二、不同行业集中度的业务层战略选择

不同行业集中度的业务层战略选择

行业集中度也叫市场集中度，是指市场上某个行业内若干家企业的产量、销量或资产总额等对该行业的支配程度，一般是用这几家企业的某个指标（通常用销售额指标）占该行业总量的百分比来表示。

（一）集中行业的竞争战略

集中行业中通常会有一家或若干家规模和影响力较大的企业，其竞争战略会对行业的发展产生重要影响，因此，其战略的选择、实施和调整都需要慎重对待。

1. 集中行业的特征

一般而言，较为集中的行业在享有规模经济的同时还可能会有垄断现象等问题。其主要特征表现为：规模经济效应明显；进入壁垒高；垄断性强。

2. 集中行业中的竞争战略选择

（1）积极的进攻战略。通常集中行业中的企业应该维护好三大利益：社会利益、市场利益和消费者利益。在采取进攻战略时应注意以下几个方面：首先，不谋求独占市场，集中行业中的企业进行市场扩张时，应考虑是否涉嫌垄断。通常垄断被认为会损害消费者利益并影响行业的竞争和发展，若企业成为反垄断诉讼的首选目标，就有被强行分拆的可能。其次，不谋求价格控制。谋求价格控制也是一种垄断行为，会阻碍市场竞争，也会损

害消费者的选择权益，因而也会受到法律制裁。最后，不谋求整个行业链上的扩张。这是谋求企业发展的同时不会触及垄断的有效战略，否则也可能会招致消费者的指责或诉讼。

（2）紧缩的防御战略。在集中行业中，企业采取紧缩战略是为了保持自己的市场地位，主动放弃某些不具有竞争优势的业务。集中行业中的企业通常存在垄断和竞争两种形态的业务，企业应该区别对待。对于垄断性业务，可以实行集中性经营，如电力设施的架设；对非垄断性业务应该剥离出去，实行竞争性经营，以提高效率，如电力的生产和销售。

（二）分散行业的竞争战略

按照贝恩分类法，分散行业是指行业集中度低于30%的行业。该行业由许多中小企业组成，没有哪一个企业能占有行业市场的绝对份额，即不存在垄断性企业。

1. 分散行业的特征

分散行业的特征包括：进入壁垒较低；缺乏规模经济效应；运输和库存成本高。

2. 分散行业中的竞争战略选择

分散行业中缺少有影响力的领导企业，没有企业能主导行业的发展，因此，企业可以根据行业环境和自身资源状况，灵活选择成本领先、差异化和聚焦这三种基本战略之一，以提升自身的竞争优势。

（1）成本领先战略。例如，零售行业的沃尔玛成功的主要原因之一就是采取了全面成本领先战略，努力实现价格比其他零售商更便宜的承诺。

（2）差异化战略。企业可以通过增加产品附加值的方式，利用新工艺提高产品性能或为产品增加某些特征，使产品具有针对性和实用性，形成对顾客的特殊吸引力。

（3）聚焦战略。如果行业分散是由于产品品种过多，企业可以集中力量生产少数具有特色的产品；如果行业分散是由于顾客需求多样化，企业可以集中满足特定顾客的需求而获利；如果行业分散是由于区域分布，企业可以深耕特定的地理区域，努力成为该区域最具竞争优势的企业。

三、不同市场地位下的业务层战略选择

不同市场地位下的业务层战略选择

通常根据在目标市场上竞争地位的不同，可以将企业分为四种类型：市场领导者、市场挑战者、市场追随者和市场补缺者。

（一）市场领导者的竞争战略

市场领导者是指在行业中居于主导地位的企业。通常该企业在相关产品市场中占有最大份额，并在新产品开发、价格调整、分销渠道和促销等方面处于主导地位。市场领导者的地位通常是在竞争中形成的，成为市场发展的风向标，但也可能会受到攻击。为了维护自己的竞争优势，保持领导地位，企业必须时刻保持警惕，并采取适当的竞争战略。

（1）扩大市场需求总量。一般而言，当一种产品的市场需求总量扩大时，受益最大的是处于市场领导地位的企业，因此，市场领导者总会主动寻求扩大市场需求量。

（2）保护市场份额。市场领导者还必须注意保护自己现有的业务，防范竞争者的攻击。防御战略是经常采用的战略，它可以有效地降低市场领导者受到攻击的可能性，将攻击转移到对企业威胁较小的地带，并削弱对手的攻势。

（3）提高市场占有率。该种战略是在市场总需求量既定的情况下，尽量提高自身的市场占有率。企业在提高市场占有率时要注意，市场占有率超过一定限度时可能会引起反垄断诉讼；另外要注意成本与收益的比较，无论是提升市场占有率还是实施营销策略组合，都要确保实际收益大于成本支出。

（二）市场挑战者的竞争战略

在行业中排名第二、第三或更次要地位的企业称为亚军公司或者追赶公司，这些亚军公司对自己面临的竞争态势有两种态度：一是向市场领导者和其他竞争者发动进攻，以获得更高的市场占有率，这时它们被称为“市场挑战者”；二是维持现状，避免与市场领导者和其他竞争者对抗，这时它们被称为“市场追随者”。对于市场挑战者而言，首先必须确定自己的战略目标和挑战对象，再选择适当的进攻战略。

发起攻击的基本原则是集中优势资源于关键时刻和关键地方。

（1）攻击竞争对手的主要市场。企业集中资源向竞争对手的主要市场发动攻击，挑战其强项而不是弱点。这种竞争的胜负取决于谁的实力更强，谁的耐力更持久。

（2）攻击竞争对手的薄弱市场。也就是集中优势力量攻击竞争对手相对薄弱的市场，或者攻击竞争对手在细分市场上的薄弱环节，以获得自身的发展。

（3）全面攻击竞争对手。这是一种全方位、大规模的进攻战略，市场挑战者同时在几个市场上发动攻击，迫使竞争对手在相应市场上全面防御。

（4）抢占竞争对手的空白市场。这种进攻避开了竞争对手的现有市场，向竞争对手的空白市场拓展，较容易成功。

（5）游击攻击竞争对手，这种战略主要适用于规模较小、力量较弱的企业，通过在不同的地区发动小规模的、间断性的攻击来刺激竞争对手，使之疲于奔命，最终达到削弱竞争对手实力的目的。

（三）市场追随者的竞争战略

市场追随者的战略可分为以下三类：

（1）紧密追随。这是指市场追随者尽可能在各个细分市场和业务领域仿效市场领导者。

（2）有距离的追随。这是指市场追随者在目标市场、产品创新、价格水平和分销渠道等方面都追随市场领导者，但仍与市场领导者保持若干差异。这种市场追随者易被市场领导者接受，同时它们也可以通过兼并同行业的弱小企业而使自己发展壮大。

（3）有选择的追随。这是指市场追随者在某些方面紧随市场领导者，但在另一些方面又自行其是。它们不是盲目追随而是择优追随，在追随的同时发展自己的独创性，但避免直接竞争。这类市场追随者由此可能发展成为市场挑战者。

（四）市场补缺者的竞争战略

几乎在每个行业中都有些小企业经营着市场中被大企业忽略的某些细分市场，通过专业化经营来获取最大限度的收益，这种有利的市场位置称为“利基市场”。市场补缺者就是指致力于获取利基市场的企业。

市场补缺者要赢得竞争优势，获得可持续发展，其主要战略就是专业化：在市场、顺客、产品或渠道等方面实行专业化。当然，市场补缺者也要承担较大风险，因为利基市场可能会枯竭或受到攻击。因此，在选择利基市场时，市场补缺者通常会选择两个或两个以上的利基市场，以确保企业的生存和发展。

关键词

成本领先战略　差异化战略　聚焦战略

复习思考题

1. 如何理解三种基本竞争战略的含义？
2. 试述成本领先战略的优势与适用条件。
3. 试述差异化战略的优势与适用条件。
4. 试述聚焦战略的优势与适用条件。
5. 怎样理解动态环境下企业竞争的驱动因素？
6. 试述不同产业环境对业务层战略选择的影响。
7. 试述不同生命周期的业务层战略选择内涵。
8. 试述不同市场地位的业务层战略选择内涵。

第七章　职能层战略及实施

学习目标

□ 理解企业职能型战略的分类与整体框架

□ 了解生产运营型、资源保障型和战略支持型职能战略的概念、含义与基本理论要点

□ 掌握各类职能战略实施的关键问题

□ 理解各职能战略实施的解决方案

☞ 引例

阿里巴巴“达摩院”

阿里巴巴达摩院（The Academy for Discovery，Adventure，Momentum and Outlook，Alibaba DAMO Academy）是一家致力于探索科技未知，以人类愿景为驱动力的研究院，是阿里在全球多点设立的科研机构，立足基础科学、颠覆性技术和应用技术的研究。

马云表示：在金庸小说中，达摩院代表着武学机构。“因为我们相信，未来一定是技术带来利润，未来市场规模的取得，是靠创新。”构建世界第五大经济体，为世界解决1亿就业机会，服务跨国界的20亿人，为1000万家企业创造盈利的平台。“达摩院”正是为达到此目的解决问题而创立。

2017年10月11日，在阿里云栖大会阿里巴巴CTO张建锋宣布阿里巴巴成立全球研究院——达摩院。阿里巴巴达摩院由三大主体组成，一是在全球建设的自主研究中心；二是与高校和研究机构建立的联合实验室；三是全球开放研究项目——阿里巴巴创新研究计划（AIR计划）。三大主体涵盖量子计算、机器学习、基础算法、网络安全、视觉计算、自然语言处理、人机自然交互、芯片技术、传感器技术、嵌入式系统等，涵盖机器智能、智联网、金融科技等多个产业领域。

第一部分，在全球实验室领域，阿里巴巴达摩院将构建亚洲达摩院、美洲达摩院及欧洲达摩院三大全球分部，并在北京、杭州、新加坡、以色列、圣马特奥、贝尔维尤、莫斯科等地设立不同研究方向的实验室，初期计划引入100名顶尖科学家和研究人员。

第二部分，通过建立联合实验室，阿里巴巴得以与高校建立紧密联系，依托高校的研究实力与阿里巴巴丰富的数据资源推动产学研合作。已建立了包括浙江大学——阿里巴巴前沿技术联合研究中心、RISELab（UC 伯克利）、中国科学院——阿里巴巴量子计算实验室、清华大学——蚂蚁金服数字金融科技联合实验室在内的多家高校联合研究所。

第三部分，结合阿里巴巴创新研究计划，联合13个国家、99所高校科研机构234支科研团队，达成产学研开放协作，构建全球学术合作网络。

资料来源：达摩院官网．https：//damo. alibaba. com/about/.

战略制定者要在所获取信息的广度和深度之间做出某种权衡。他就像一只在捉兔子的鹰，鹰必须飞得足够高，才能以广阔的视野发现猎物，同时它又必须飞得足够低，以便看清细节，瞄准目标和进行攻击。不断地进行这种权衡正是战略制定者的任务，一种不可由他人代理的任务。

——麦肯锡前董事总经理　弗雷德里克·格卢克

职能战略是企业总体战略和业务战略的基础，也是培育企业竞争优势的基础。本章将全面讨论企业职能战略的实施问题，按照生产经营型、资源保障型和战略支持型的分类分别进行讨论。

学习本章，同学们应着重了解企业职能战略的分类与整体框架，了解各种职能战略的概念、含义与基本理论要点，掌握各职能战略实施的关键问题和解决方案，提高战略执行力。

第一节　生产运营型职能战略

职能层战略及实施

生产运营型职能战略是企业的基础性职能战略，涉及企业生产运营的主要方面，包括研究与开发战略、筹供战略、生产战略、质量战略、营销战略和物流战略。

一、研究与开发战略

企业的研究与开发活动对树立和增强企业的竞争优势，保持技术垄断或突破技术壁垒，开拓全球市场，保障企业的可持续发展具有重要意义。因而研究与开发战略（简称“研发战略”）在企业的职能战略中越来越居于特别重要的地位。

（一）研究与开发战略概述

研究与开发战略是在企业总体战略或业务战略的指导下所制定的职能战略，制定了企业研发活动的目标及实现该目标的战略措施，以指导企业的研究开发活动，支持企业战略的实现。

研发战略是人们不断探索、发现和应用新知识的过程，具体包括三个阶段：基础研究阶段、应用研究阶段与试验开发阶段。

基础研究是针对人们关注的某些界限不太清晰的领域和关于生产及生产部门的各类问题的知识；应用研究的目的在于运用基础研究中获得的知识成果解决特定技术问题。而进入试验开发阶段，则要求采取必要的步骤将新工艺或新产品予以实现。于是，一项发明便出现了，将这一发明商业化并成功推向市场，就圆满结束了技术创新过程。

▶案例

华为十年研发费用达近万亿元

由华为主办的“跨越创新边界——2023创新和知识产权论坛”2023年7月13日在深圳举行。论坛上发布的数据显示，截至2022年底，华为在全球共持有有效授权专利超过12万件，主要分布在中国以及欧洲、美洲、亚太、中东和非洲。其中在中国和欧洲各持有4万多项专利，在美国持有2.2万项专利。华为历史上累计支付的专利许可费约是许可收入的3倍，2022年专利许可收入为5.6亿美元。

华为首席法务官宋柳平说，华为持续加大研发投入，2022年研发投入达到1615亿元人民币，占全年收入的25.1%，处于历史高位，近十年累计研发投入已接近万亿元。在本次活动上，多位专家分享了适用于家庭、交通和工作等领域的多项创新技术，其中包括5.5G、音视频技术、用于手机的十档可变光圈、可以协助车辆识别非“白名单”异常物体的通用障碍物检测网络以及实现智能生产调度和优化的算法等方面的领先研究。

华为还在此次论坛上公布了其4G和5G手机、Wi－Fi6设备和物联网产品的专利许可费率，华为是这些领域标准必要专利最多的持有企业之一。

华为对4G和5G手机设置的许可费率上限分别为每台1.5美元和2.5美元，对Wi－Fi6消费类设备设置的许可费率为每台0.5美元。对于以物联网技术为核心的设备，华为设置的许可费率是净售价的1%，每台费率最高不超过0.75美元，而对于通过物联网增强联接的设备，许可费率则为每台0.3～1美元。

资料来源：陈姝．华为10年研发费用近万亿元［N］．深圳商报，2023－07－14（A03）.

（二）研究与开发战略的分类

研究与开发战略主要有领先型、追随型和模仿型三种。

1. 领先型研发战略

领先型研发战略是指企业寻求成为技术变革的创始者和新产品营销者的一种研发战略。

其战略利益是：领先者将具有良好的声誉；可以优先选择市场定位和产品种类；可以提高消费者的忠诚度，提高消费者改用其他企业产品的转换成本；可以优先选择销售渠道和供应商；能够产生较大的经验曲线效应；能够获得制定标准的主动权；取得技术专利，提高竞争地位；获取高额的早期利润，等等。

▶课程思政案例

我国领先世界的科技成就大盘点

回首改革开放这40年我国科技方面的发展，在科学技术以及工业生产等改变人们生产生活的诸多领域，我们都有了长足的进步。党的二十大报告提出，加快实施创新驱动发展战略，加快实现高水平科技自立自强，以国家战略需求为导向，集聚力量进行原创性引领性科技攻关，坚决打赢关键核心技术攻坚战。说到领先世界的科技，下面盘点我国一些重点科技成果：

1. 超级计算机。天河一号、天河2号、神威太湖之光，超算技术这十多年来在我国取得了长足的进步，总体上超算领域世界第一当之无愧。

2. 特高压输电技术。我国的特高压输电技术是当之无愧的世界第一，目前是世界上唯一全盘掌握特高压输电的国家，在特高压行业领域处于绝对领先地位。

3. 量子技术。量子技术被认为是下一代技术革命的推动者，如今我国已经发射了世界第一颗量子卫星，世界首个存储单光子量子存储器也是在我国诞生的，并且在量子通信和量子计算方面取得了显著的成就，部分技术成果已经开始应用，这在其他国家基本上还是没有的，而当量子技术可以大规模应用的时候，我国将占有发展的先机。

4. 高铁技术。高铁技术被认为是我国技术出口的一张名片。作为这方面技术的后起之秀，如今我国在高铁领域的很多方面都已经做到了世界领先，我国如今运营着长达2.2万公里的高速铁路，占世界高铁总里程的2/3倍。

5. 核能发电技术。核能发电被认为是我国技术出口的又一张名片，比如华龙一号的打造，其安全性在全世界同领域首屈一指，我国的核电中很多相关技术都取得了世界领先。

6. 水电站建设技术。我国建设了很多大型水电站，并且这种技术也一直在出口，在水电站建设基础上毫无疑问我们也是领先的，每一个大型水电站的建设和使用，都在其中的不少领域刷新着世界纪录。

7. 造桥技术。我国的路桥建设在近20年取得了飞速的进步，几乎包揽了全世界“最牛”大桥的建设，比如世界最高桥梁的前10位几乎都是中国的。

8. 隧道技术。和造桥技术一样，我国的隧道开凿技术也同样先进，世界上的隧道建造排行表上我们的表现也很霸气。

资料来源：颜欢，许海林．中国技术助力全球可持续发展［N］．人民日报，2023-03-03（017）．

2. 追随型研发战略

追随型研发战略亦称“后发制人”的战略，是指迅速创新性地模仿领先者的技术或产品，并将自己的创新产品快速推向市场的一种战略。

采用这种战略的企业紧紧追随在领先企业的后面，采用新技术，并对别人已经采用的技术加以改进和提高，特别是在降低产品成本和完善产品质量上付出更多的努力。

采用此战略不需要强大的研究力量，也不需要开发消费者的初始需求，只要善于总结领先者的经验和教训，力求开发出更符合消费者偏好的产品，扩大需求量，吸引原有领先者的拥护，即可获得一定的竞争优势。

3. 模仿型研发战略

模仿型研发战略是指大规模地生产与新产品性能类似但价格更便宜的产品，从而成为低成本的一种战略。

采用此种战略的企业其研发模仿竞争者提供的产品或服务，主要是不占优势资源的企业通过学习模仿来实施快速发展的目的。该战略要求企业在厂房和设备上进行大量的投资，要求企业擅长低成本运营，同时要具有较为完善的销售渠道和高超的营销水平。

（三）研发战略的实施

研发战略的实施主要涉及研发产品的技术选择及研发技术、研发组织、研发风险、研发质量、研发人员等方面。

1. 研发产品的技术选择

技术选择要思考如下问题：树立正确的技术创新观，以增强企业的竞争力为目的；充分考虑创新成本和市场需求，重视技术积累；开发系列化、多规划和相关性的新产品；注意知识产权保护。

2. 研发技术管理

技术管理主要涉及研发整体规划、划分研发阶段和定义研发过程等问题。

3. 研发组织管理

企业在产品研发过程中，不可能所有的技术都自行开发，一切要从底层做起，要更多采用当前成熟技术，大量吸取别人成功的经验，同时要注意把人力资源、设备资源和资金放在关键技术的研发上，并对研发人员的技术等级和专业分工定义清楚，明确各技术人员的权利与责任，各尽其能、各尽其职。

4. 研发风险管理

研发风险大致分为三类：技术风险、财务风险以及市场风险。技术风险包括新产品的技术可行性、新产品的硬件软件能否满足要求，是否有相应的技术来解决产品应该实现的目标等；财务风险包括企业承担该产品研发的能力，研发人员对财务预算的信心，新产品是否能为企业带来足够的经济效益，企业的资金来源渠道等；市场风险包括新产品能否销售出去，消费者对该产品的接受程度以及竞争对手能否更快、更好地研发新产品等。

5. 研发质量管理

研发质量管理要做到：做好质量计划编制；加强产品测试和重视产品的安全性设计。产品的功能不仅要在理想工作情况下可以实现，在恶劣的工作环境下也应该能够实现；新产品不仅在正确操作下能够完成功能，在误操作下也应该能正确完成功能。

6. 研发人员管理

企业实施研发战略时，必须充分认识到研发人员的选拔和激励的重要性，并根据自身实际情况制定出合理的人员选拔和激励机制。

二、筹供战略

企业的生产经营活动和战略的实施离不开各种物资和资源的支持，筹供战略的核心内容就是为企业提供资源保障，保质保量及时地筹措和供应各种资源，支持企业发展。在第四章企业基本能力部分中已进行了筹供能力的分析，本部分主要针对筹供战略的实施展开重点阐述。

（一）筹供战略的含义与内容

筹供战略包括“筹”和“供”两方面含义，筹就是筹措，指从企业内外部环境中如何低成本、高质量、高效率地筹措生产经营所需的各种物资和资源；供即供应，是将筹集的资源在准时、准确、保质、保量的基础上供应到企业相关单位。

此战略的主要任务就是在恰当的时间，从合适的供应商那里购买数量、质量恰当的物资和服务，并将物资和服务高效地供应给所需部门，以最低的投资、最短的时间、最快的速度和最高的效率来确保企业物资供应的充分性、连续性、及时性和高效性。

（二）筹供战略的实施

筹供战略的实施主要包括五个方面，分别是确定应购项目、寻找供应源、评定供应商、建立合作关系和使筹供流程增值最大化。

1. 确定应购项目

实施筹供战略的首要问题是决定企业应该采购哪些物资或服务。首先，企业要明确，对技术含量低、市场成熟的产品或服务可选择外购；对涉及核心技术的产品，则应尽量选择自制。其次，企业可按照市场的供需状况、风险程度和物资的成本价值比重对所采购的产品进行分类，对供应紧张，高风险、高成本的物资和服务进行重点管理。最后，合理安排采购成本。采购成本可分为两类：直接成本和间接成本。直接成本是指采购时的直接支出，如支付采购产品的价格、储存费用等；间接成本是指采购过程中的间接支出。如管理费用、业务费用、花费的时间等。对于直接成本，可通过引入竞争、采用经济订货批量等方式来降低；对于间接成本，可通过优化采购流程、实施电子采购、减少人力消耗等方式来控制。

2. 寻找供应源

一旦确定了采购项目，企业就必须设法获取供应商的信息，对其进行分析和评价，为采购供应做好准备。供应商信息可以从互联网、国际贸易或产业指南、贸易展览、贸易公司、广告媒体等渠道获得，也可从现有供应商中选择供应源。

3. 评定供应商

掌握可能的供应源信息之后，企业要通过一系列的分析和评价来选择适合的供应商。评定供应商通常有三个基本标准：价格、质量和交货情况。更精细的评定标准主要有：产品和服务质量与水平；供应商的成本结构、地理位置和历史纪录；生产、技术、管理能力；员工素质；财务和信誉状况，等等。此外，还要考察供应商遵纪守法的情况、信息系统的水平以及供应商所在国的法律政策环境等内容。

4. 建立合作关系

实施等供战略，企业应该改变与供应商之间的“零和”竞争关系，建立“无缝”的战略伙伴关系。这种关系主要呈现出以下四个特点：企业和供应商的关系是一种长期稳定的合作伙伴关系，供应商的数量减少，而且地理位置上尽可能靠近；这种关系是以合约的形式确定的，通过电子数据交换系统，企业与供应商之间各个层次都有相应的沟通；交易双方有着共同的目标且相互信任、共担风险、进行全方位的配合。

5. 使筹供流程增值最大化

企业实施筹供战略的主要意义就是以最小的代价来获取生产经营所需的各种资源，同时确保供应的连续性、准确性、高效性、及时性和适用性，以满足企业生产经营和长远发展的需要，因而必须使自身的筹供流程实现增值最大化。可以通过简化工作程序、加强内部信息沟通和改变库存管理模式来达到这个目的。

实施筹供战略，要求企业必须树立供应链意识，一般认为，企业从原料和零部件采购、运输、加工制造、分销直至最终送到顾客手中的这一过程被看成一个环环相扣的链条，这就是供应链。通过供应链各环节的有机结合实现整体效率最高，未来的供应链管理将向着基于电子商务的供应链、全球化供应链网络、供应链网络安全、需求链、绿色供应链等方向发展。

三、生产战略

生产是一个企业生产和发展的基础，生产战略是企业职能战略中的基础性战略，直接决定着企业如何向社会提供产品和服务，决定着企业以怎样的方式、如何生产和发展。

（一）生产战略的含义

生产战略是指在企业总体战略或业务战略的指导下，制定企业生产活动的战略目标及实现该目标的途径和手段，指导企业生产活动，以实现企业的战略目标，获取竞争优势。

（二）企业总体战略和业务战略对生产战略的影响

生产战略是企业总体战略或业务战略的细化，必须在总体战略或业务战略的指导下制定和实施，同时，生产战略支持和保障总体战略或业务战略目标的实现，相互之间存在很强的联动关系，见表7－1。

表7－1 企业总体战略或业务战略对生产战略的影响

企业总体战略或业务战略类型	实施条件及对生产战略的影响
成本领先战略	• 需要更长的生产周期和更少的产品编号 • 需要专用生产设备和生产设施
以高质量为核心的差异化战略	• 需要作出更大的努力以保证产品质量，会导致生产成本提高 • 需要更加先进也更加昂贵的生产设备 • 需要更加熟练的技术工人，会导致工资总额和培训费用的增加
以优质服务为核心的差异化战略	• 需要更多、素质更高的服务人员 • 需要质量更高的服务设备和服务设施 • 需要对消费者需求或偏好作出更快的反应 • 需要更高效、更准确的信息系统以及更周密的协调 • 需要更大的库存投资
以产品创新为核心的差异化战略	• 需要更通用的设备和人员 • 会导致更高的研究和开发费用 • 会导致更高的再培训费用和更频繁地安装生产设备
纵向一体化战略	• 需要控制更长的生产链 • 可能导致某些生产环节的规模不经济 • 需要超出企业现有能力的更高的投资、技术和技能

四、质量战略

质量管理的理论和实践伴随着企业生存和发展的全过程，企业越来越认识到质量是决定企业发展的战略性因素，也是企业赖以生存的战略基础。企业的一切生产经营活动都围绕着向市场提供符合客户质量要求的产品，因此，质量战略是企业职能战略的核心和关键。

（一）质量战略概念及类型

1. 质量战略概念

质量战略是关于如何保证和提高企业质量水平，满足顾客需求的关键职能战略。质量是企业的生命，从这个意义上来说，质量战略关乎企业的生死存亡。

所谓质量战略是以企业总体战略或业务战略为指导所制定的职能战略，是关于企业质量管理活动的战略目标及实现该目标的途径和手段，以指导企业开展质量管理活动，提高产品质量，实现客户满意。

2. 质量战略的类型

领先型质量战略——技术力量雄厚，研发、管理能力强的企业，为了保持自身的领先地位，持续进行技术研发，不断进行产品创新，同时将产品或服务定位于高端市场，提供高质量的产品和服务，保持与竞争对手之间的距离。

进攻型质量战略——根据主要竞争对手的产品质量状况，找出本企业同类产品的质量差距，采取针对性的战略措施，迎头赶上并力争超过，吸引竞争对手的忠诚消费者，以扩大自己的市场占有率，提高企业在竞争中的地位。

模仿型质量战略——分析行业领先者的产品质量、产品档次和市场定位，模仿领先者的产品，并保持与领先者之间的距离，避免与领先者发生直接竞争。

防御型质量战略——在企业大体保持原有产品质量水平和风格的前提下，提高进入壁垒，阻止或避免新进入者或竞争对手的竞争。

（二）质量战略实施中应注意的问题

质量战略实施中应注意四方面问题：设置专门机构、建立完善的控制系统、培育质量文化和运用计算机技术。

▶案例

海尔质量文化的营造

海尔质量文化的营造主要分为五个步骤：

第一步：树立质量理念，制定严格的质量管理规范。

海尔的第一个质量理念是“有缺陷的产品就是废品”；第二个质量理念是“谁生产不合格的产品，谁就是不合格的员工”；第三个质量理念是“质量改进是个没有终点的连续性活动，停止就意味着开始倒退”。

第二步：用行动传播质量意识，通过管理工具创新确立质量意识，靠组织机构贯彻质量意识。

海尔传播质量意识的第一个行动就是曾轰动全国、而后被广泛传为佳话的砸冰箱事件。此外还有“现场质量代价”行动、供应商评比行动等。

为了实现质量管理这一企业的核心职能，海尔建立了全面质量审核体系，各个事业部都设立了具有国际先进水平的质量审核机构——质量分析室，质量管理保障工作不仅是质管处、质检处等职能部门的工作，而且贯穿于整个业务流程中，由各相关部门通力合作。

第三步：通过国际上通行的标准认证强化质量意识。

海尔为了取得国际市场上的通行证，创出世界一流的国际品牌，严格执行ISO9001认证标准，把它贯彻到从生产到销售的各个环节中去。

第四步：形成自己特有的质量管理哲学和质量文化。

海尔质量文化由三个部分组成：

1. 大质量理论。在海尔的质量文化体系中，“质量”不仅指实物产品的质量，也指无形产品——服务产品的质量，提出了“零距离服务”的理念；不仅包括狭义的质量——达到检验标准，还包括广义的质量——达到用户的满意，海尔人称之为“大质量”。

2. OEC管理模式。O代表Overall（全方位），E代表Everyone（每人）、Everything（每事）、Everyday（每天），C代表Control（控制）、Clear（清理）。OEC的汉语意思是每天的工作每天完成、清理，并且每天都要有提高。海尔人将其提炼为“日事日毕，日清日高”八个字，可谓简洁的语言、深刻的内涵。

海尔的OEC管理模式是对全面质量管理的发展和提升，标志着海尔的质量管理已走在世界前列，也标志着海尔质量文化体系的形成。

3. 6S现场管理办法和6个希格玛质量管理办法。6S管理法的内容包括6项：Seiri（整理）、Seiton（整顿）、Seiso（清扫）、Seiketsu（清洁）、Shitsuke（素养）、Safety（安全）。

6个希格玛质量管理办法是运用统计数据测量产品的质量情况，看其接近质量目标的程度，通过减少和消除缺陷来降低成本，提高顾客满意度。希格玛代表标准差，它前面的数字表示达到的等级。6个希格玛代表99.999997%的产品达到了要求，可以说是一种完美状态，它意味着每100万件产品中只有三四件次品。

第五步：质量文化的应用性扩散。

经过十多年的卓绝努力和苦心经营，如今，海尔文化，尤其是其核心——质量文化已成为海尔珍贵的无形资产。海尔实现了这一无形资产的应用性扩散。海尔兼并企业时首先派去的是文化官员，海尔利用企业文化这个有力武器已经成功地兼并了几十家企业。

资料来源：百度百科．质量文化［DB/OL］. https://baike.so.com/doc/5722170-5934901.html.

五、营销战略

营销战略是企业竞争性最强、与环境关系最密切、对环境变化最敏感的职能战略，也是直接决定企业能否得到市场认可从而生存发展的职能战略，越来越受到企业的重视。

（一）营销战略概述

企业营销战略是决定企业如何开展市场营销活动，使自己的产品和服务价值得以体现的重要职能战略，具有系统性、可行性、动态性和风险性等特点。

营销战略是指在企业总体战略或经营单位战略的指导下，制定企业市场营销管理活动的战略目标及实现该目标的途径和手段，指导企业开展市场营销活动，以实现企业的战略目标，获取竞争优势。

（二）营销战略实施中应注意的问题

第一，企业在制定市场营销战略时，必须对战略环境中对企业营销有较大影响的环境因素进行全面系统的分析，其中，行业环境分析和竞争对手分析是制定企业营销战略的关键环境。

第二，营销战略的核心问题包括：市场细分、目标市场选择和市场定位三个方面。

第三，在激烈的市场竞争中，企业必须对营销环境的改变做出及时而正确的反应，提高市场营销反应速度。

最后，营销战略控制与评价，包括年度控制、盈利能力控制、效率控制、策略控制四个方面。

六、物流战略

从20世纪60年代开始，企业的物流问题逐渐受到企业界和理论界的重视，物流被管理大师彼得·德鲁克等学者称为经济增长的“黑暗大陆”“降低成本的最后边界”，是降低资源消耗、提高劳动生产率之后的“第三利润源”。

（一）物流战略的含义

物流战略是指在企业总体战略或业务战略的指导下，制定企业物流活动的战略目标及实现该目标的途径和手段，指导企业物流活动与物流管理，以实现企业的战略目标，获取竞争优势。

物流战略的内容包括物流战略的目标、物流战略的定位、物流战略设计、物流战略类型、物流战略态势以及物流战略措施和物流战略步骤等。

（二）物流战略的分类

1. 按照实施方式划分

按照实施方式，物流战略可划分为：

（1）自营物流战略——由企业投资购置物流设施，组建物流部门承担企业物流职能。比较适合大型企业，特别是实施跨国经营战略的超大企业和大型连锁超市等。

（2）协同物流战略——由几家企业联合起来共同完成物流活动，包括纵向协同和横向协同两种。纵向协同即在流通渠道不同阶段的企业相互协调与配合；横向协同是指相同业态或不同业态的企业间为了有效开展物流服务、降低多样化和即时配送产生的高额物流成本而相互协同。总体而言适合于中小企业。

（3）第三方物流战略——是把企业的物流业务外包给供需双方以外的第三者即专业物流企业实施的物流活动，它提供了一种集成化、专业化的物流作业模式，使供应链的小批量库存补给变得更加经济，而且还能够创造出比供方和需方采用自我物流服务更高的物流效益。

2. 按照实施过程划分

按照实施过程，物流战略可分为：

（1）内部一体化物流战略——是企业管理者将物资管理和物资配送看成一个有机整

体，是企业内部物流职能的整合，将为企业带来竞争优势。

（2）外部一体化物流战略——是供应链与物流职能的整合，会为供应链带来增值。

3. 按照发展方向划分

按照发展方向，物流战略可分为：

（1）规模经营导向物流战略——是以营业成本的降低和规模效益的提高为利润增长点的大型企业物流战略。例如，连锁经营的核心是商家凭借数量巨大的订货合同，从厂家拿到相当高的利润返还，再辅以集约化的管理，实行低价薄利经营。

（2）服务导向物流战略——是指除了考虑规模经营外，差异化、高水平的服务也是其考虑的重点因素。

此外，企业物流战略还可以按照服务范围划分为市域型物流战略、区域型物流战略和国际型物流战略等。

第二节　资源保障型职能战略

资源保障型
职能战略

资源保障型职能战略是从资源方面为企业总体战略和业务战略的实施提供支持和保障的职能战略，包括财务战略、人力资源战略、信息化战略和知识管理战略。

其中财务战略和人力资源战略是企业比较熟悉也比较重视的职能战略，但是随着知识经济的深入发展，为企业提供信息资源和知识资源保障的信息化战略与知识管理战略越来越成为企业塑造竞争优势的来源和重点。

一、财务战略

财务战略是战略理论在财务管理方面的应用与延伸，它既具有一般战略的某些共性，又具有自己的特性。科学地界定财务战略的本质，既要反映其“战略”共性，又要揭示其“财务”个性。由于资金是决定企业生存发展最重要的驱动因素之一，企业总体战略与其他子战略的实施均离不开资金的流转和资本的运营，作为企业职能战略有机组成部分的财务战略必然会影响到企业战略的方方面面。因此，财务战略是资源保障型职能战略的中坚，它既从属于企业战略，又制约和支持企业战略的实现。

（一）财务战略概述

财务战略为企业财务管理工作提供了战略性的指导，包括资金筹集战略、资金运营战略和收益分配战略三方面内容，一般有扩张、稳健和紧缩三种战略类型。

1. 财务战略的含义

财务战略是为了实现企业的战略目标，以企业总体战略或业务战略为指导，以价值分析为基础，以保证企业未来长时期的资金均衡、有效流转和配置为标准，以维持和提高企业长期盈利能力为目的而制定的企业财务管理的战略性方针和原则。

企业财务战略将传统的财务管理工作划分出两个不同的层次：财务战略管理层次和财务执行管理层次。具体内容见表7－2。

表7－2 财务管理工作的层次

管理层次	管理主体	管理内容
财务战略管理层次	董事会及总经理	1. 根据企业总体战略，进行财务战略分析，制定、评价企业财务战略并监督其实施，必要时进行调整 2. 在企业总体战略和财务战略指导下做出影响企业未来发展和总体战略、业务战略实现的重大财务决策 3. 审议和批准企业财务预决策 4. 聘任或解聘财务经理
财务执行管理层次	总经理及其领导的财务部门	1. 实施企业财务战略并进行控制和反馈 2. 日常财务决策 3. 实施财务预算

2. 财务战略的基本内容

现代企业财务活动包括资金筹集、使用和回收分配等环节。筹集资金是企业财务活动的起点，使用资金是财务活动的关键，回收和分配资金是财务活动的归宿。因此，企业财务战略主要包括资金筹集战略、资金运营战略和收益分配战略三方面内容。

（1）资金筹集战略。资金筹集战略主要解决长期内与企业战略有关的企业筹集资金的目标、原则、规模、渠道、工具和结构等重大问题。例如企业重大的首次发行股票、增资发行股票、发行大笔债券、与银行建立长期合作关系等战略性筹划，属于筹资战略问题。

（2）资金运营战略。资金运营战略即资金运用与管理方面的战略，主要解决长期内与企业战略有关的资金投放以及运营管理的目标、原则、规模、方向、结构等重大问题，包括投资策略、成本策略、信用政策等。例如企业重大的营运资本策略、与重要的供应商和客户建立长期商业信用关系等战略性筹划，属于运营战略问题。

（3）收益分配战略。收益分配战略主要解决长期内与企业战略有关的企业纯收益，特别是股利的分配与发放等重大问题。

3. 财务战略的类型

依据财务战略在竞争中所体现出的总体特征，可以将其划分为以下三类：

（1）扩张型财务战略。扩张型财务战略是以实现企业资产规模扩张为目的的一种财务战略。为实施这种财务战略，企业往往需要将大部分利润留存，同时大量进行外部融资，更多地利用负债，充分发挥财务杠杆效应。实施这种财务战略的企业，其显著特征表现为高负债、高收益、少分配。

（2）稳健型财务战略。稳健型财务战略是指以实现企业财务绩效的稳定增长和资产规模的平稳扩张为目的的财务战略。实施这种财务战略的企业，一般尽可能把优化现有资源的配置和提高现有资源的使用效率作为首要任务，将利润积累作为实现企业资产规模扩张的基本资金来源。为避免财务成本过高，企业对举债经营十分谨慎。所以，实施这种财务战略的企业的一般特征是适度负债、稳定收益、适度分配。

（3）紧缩型财务战略。紧缩型财务战略是指以预防出现财务危机、求得生存、取得新发展为目标的财务战略。实施这种战略，一般将尽可能减少现金流出和尽最大力量增加现金流入，并通过精简机构，盘活存量资产，节约成本开支，集中一切力量用于主导业务，以增强企业主导业务的市场竞争能力。实施这种财务战略企业的主要特征是低负债、低收益、高分配。

▶案例

字节跳动巨额营收和巨额亏损的战略解读

字节跳动 2021 年收入达到 617 亿美元，同比增长 80%。这个增幅真的是值得高兴。在各方面业绩下滑甚至负增长的情况下，字节跳动有这样的业绩，确实是令业界感到精神一振，为头条的进步点赞。但是另外一个数据又叫人难以理解，字节跳动 2021 年的净亏损额达 849 亿美元，大概亏损 6000 亿人民币。

毫无疑问，字节跳动一方面高速增长取得了 617 亿美元的营收，另一方面是巨额亏损，亏损了 849 亿美元。这要是传统企业基本上是难以承受。面对亏损，字节跳动的解释是因为字节做财务调整导致的，而且字节 2022 年也回购一部分股票，大概股价是 177 美元。按照这个价格字节跳动估值是 3000 亿美元，实际估值大概接近 4000 亿，这是对字节跳动的总体分析。

字节跳动的业务板块包括今日头条、西瓜视频、抖音、tiktok。

从某种意义上讲，字节跳动是一个以做视频为主的公司，而且现在更加倾向于做抖音。Tiktok 也开始做网络直播带货。头条的主要的收入是来自于广告收入，据说半年的广告收入差不多有 3000 多亿。

字节跳动发展速度证明其未来的发展空间很大，目前出现的亏损情况，应该是内部的战略性调整，属于财务范畴，是为了获得高速增长而不断扩大各项类目支出，这些支出与上一年同期相比增长了 76% 以上，不是我们一般人理解的亏损。从长远来看，字节跳动有非常好的发展空间，而且有好的发展前景，所在的赛道还是视频赛道。同时，发展前景可以和直播带货深度结合。

据说字节正在准备进军教育行业、人工智能等领域。

因为有巨大的市场，巨量粉丝量，字节跳动今后的发展空间应该说非常之大。这是全球最大的独角兽企业，也是最有发展潜力的独角兽企业。

资料来源：李江涛．字节跳动目前面临好事儿还是坏事儿？［EB/OL］．腾讯网，https：//new.qq.com/rain/a/20221011A05U6L00，2022 - 10 - 11.

（二）财务战略的影响因素

企业在规划财务战略时，需要结合不同方面的影响因素来进行相关的制定，这些相关因素包括以下几点：

1. 经济和金融环境影响

影响财务战略的环境因素来自诸多方面，然而对企业财务战略的制定和实施起决定性作用的，还是经济环境。经济环境是影响企业生产经营活动最直接的外部因素，也是企业赖以生存和发展的基础。

不同国家，即使同一国家在不同历史发展时期，其经济环境也是不尽相同的。金融环境是企业进行财务活动所面临的金融政策和金融市场，是企业财务活动的重要外部条件。

2. 企业内部组织结构的影响

通常认为，对企业财务战略的威胁往往存在于外部。肯定外部变化的作用是毫无疑问的，但是，对战略的更大威胁往往来自于企业内部。企业的组织结构不仅在很大程度上决定了目标和政策是如何建立的，而且还决定了企业的资源配置。

因此，战略指导下的企业行为演变的同时，其组织结构也应相应地发生变化，以新的组织结构实施新的战略，以使企业行为达到目标最大化。

3. 生产经营规模影响

企业生产经营规模的大小也会影响到企业财务战略的制定。一般而言，企业经营规模越大，财务战略制定越复杂，实施也越困难。若企业经营规模小，则企业的财务战略规划制定和实施也相对简单很多。

企业应根据自己的实际情况制定适合自己的企业财务战略，以更好地支持企业的公司层战略和业务层战略。

（三）财务战略实施的关键问题

实施财务战略要注意以下几个关键问题：

1. 编制财务预算

财务预算是以货币形式对企业未来一定时期内财务活动和财务成果的综合反映，主要包括现金预算、预计资产负债表、预计利润表、预计现金流量表等内容。从财务战略角度讲，财务预算是财务战略目标的具体化、系统化和定量化，是财务战略行动方案及相应措施的数量说明。

2. 确定工作程序

在确定财务战略实施的工作程序时，企业必须合理安排人力、物力、财力，使之与财务战略目标的要求相适应。为了制定最佳工作程序，可以借助计算机和计划评审法、关键线路法、线性规划、动态规划、目标规划等一系列科学工具和方法。

3. 完善财务管理信息系统

财务管理信息系统是企业重要的决策支持系统。企业内部的财务管理信息同样应当遵循对外报告的真实性、时效性、重要性和决策相关性等原则。以财务信息系统为核心建立“企业资源计划系统”（ERP）是推进财务战略实施的重大战略举措。

4. 建立长期有效的内部约束与激励机制

如果缺乏有效的内部约束与激励机制，财务战略的实施就无法得到保证。有效的内部约束机制包括领导者对财务战略实施的监督，财务部门对其他部门的监督以及领导者、财务部门和其他部门间权责关系的确定。此外，企业还可利用各种方式激励员工，使他们乐于配合和推动财务战略的实施。

5. 建立高素质的财会人员队伍

财务战略的制定和实施离不开高素质的财会人员，企业在财会人力资源的开发上要注意以下问题：要为财会人员的任用和选拔创建一个公平、公正和公开的竞争环境；加快财务岗位之间的轮岗锻炼，以轮岗代培训；创造机会让财会人员在生产、基建等其他专业上锻炼，培养复合型财会人员；鼓励财会人员加强本专业和相关专业的学习，提升专业水平，适应财会制度与国际接轨的迫切需要。

二、人力资源战略

在日益激烈的市场竞争中，人力资源已成为企业的第一资源，人力资源管理经过三个阶段的发展，已经进入了人力资源战略时代。人力资源战略对企业战略的实现起着巨大的推动和支持作用，对企业整体战略及研发、筹供、生产、营销、财务等所有职能战略的制定和执行都发挥着越来越重要的影响，是实现企业战略目标的根本保障。

（一）人力资源战略概述

人力资源战略是在企业总体战略或业务战略指导下，以保证企业当前及未来人力资源配置的均衡、有效为标准，以维持和提高企业长期发展能力为目的而制定的企业人力资源管理的战略性、方向性规划。人力资源战略是连接企业战略与人力资源管理活动的纽带，它决定企业如何从战略高度通过一种合理的、一致的过程去进行人力资源开发与管理。

（二）人力资源战略的内容

人力资源战略的主要内容包括企业人力资源管理基本思路、方向和原则，以及甄选策略、开发策略、任用策略、考核策略和激励策略。

1. 人力资源管理基本思路、方向和原则

企业人力资源战略最重要的内容就是通过战略分析掌握企业内外部的人力资源信息和资料，预测企业未来战略期内所需的人力资源种类和数量及企业内外部的人力资源供给，在对需求和供给进行比较的基础上提出企业人力资源开发与管理的基本思路、方向和原则。这是企业人力资源管理工作的总纲领，决定了甄选、开发等子战略的基本方向。

2. 甄选策略

甄选的第一步是职务分析，即对某个职务所包含的任务、活动进行详细的描述，说明要做好这项职务所必需的员工技能、知识和各种能力；第二步是招聘，即通过内部招聘和外部招聘的各种手段，吸引足够多的优秀的应聘者；第三步是选拔，即通过笔试和面试等各种方法从应聘者中选拔出符合企业要求的优秀人员。

3. 开发策略

开发策略是指通过岗前培训、案例研究、情景模拟、现场竞技、角色扮演、研讨会等多种方式，不断培养人力资源的能力，开发人力资源的潜力，增强员工的归属感和工作积极性，缩短员工的适应时间，降低人员的流动率，提高工作效率，使全体员工能够为了企业目标的现实而共同努力。

4. 任用策略

人力资源的任用是指有关部门按照工作岗位的具体要求，结合人力资源的特点，将其分配到相应的岗位上，赋予其具体的职责和权利，使其为了组织目标的实现而发挥应有的能力。任用策略的目标是把适当的人才安排到适当的岗位上，做到人尽其才。

5. 考核策略

考核策略是指对企业员工、团队以及整个组织的绩效结果做出客观公正的测量、考核和评价，以判断不同人员的努力程度、劳动付出和贡献大小，有针对性地支付报酬，并及时向员工反馈信息，促使其调整努力方向和行为方式，为实现组织目标而持续努力。

6. 激励策略

激励策略是指企业综合运用工资、奖金、福利、工作条件、精神鼓励等各种物质或非物质的激励措施，设计完善的报酬和激励方案，以充分调动员工的工作积极性，为实现企业的战略目标提供支持和动力。

（三）人力资源战略实施中的关键问题

企业应把人力资源管理作为企业战略实施的保证、企业优势发挥的基础、企业文化建设的依托和企业适应性的来源，将人力资源管理职能看作战略性的经营单位，将其他部门作为人力资源管理部门的服务对象，建立客户需求为导向的人力资源管理。

在实施人力资源战略中应注意以下关键问题：

1. 树立人力资源观念

制定和实施人力资源战略的重点就是创造一个良好的环境。让每位员工充分发挥所长，取得更大的绩效。所以，企业必须树立双赢的理念，将企业与员工看作互利的共同体，在企业经营中必须以双赢的结果为追求目标。在观念上要彻底破除“资本家意识”和“官本位意识”，在整个企业营造一种浓厚的“尊重知识、尊重人才”的风气。

2. 开展科学的绩效考评

企业建立和实施绩效考评制度应注意以下问题：首先，制定科学合理的考核标准；其次，逐步实现从“终点式考核模式”向“动态绩效管理模式”的转变，将考评不仅仅看作年终最后时点的一项工作，而是作为一个动态、持续、上下互动的绩效管理过程；再次，既要重视员工个人绩效的考评，更要重视团体绩效的考评，以通过考评提高员工的团队意识和合作精神；最后，要公开、公平、公正、严肃、合理地进行考评。要加强对考评者的职业操守教育，建立考评小组，防止将考评权力集中于个人。

3. 薪酬管理以人为本

要想真正留住企业需要的优秀人才，建立以人为本的薪酬管理观念和体系至关重要。首先，无论确定薪酬数量还是选择薪酬类型，都应遵循公平原则。其次，薪酬制度要有竞争力。只有有竞争力的薪酬才能够吸引和留住优秀员工并提高其工作满意度。

4. 提高人力资本投资效益

企业应最大限度地利用财务金融知识对人力资源价值进行计量和管理。如对人力资源投资进行立项，利用量本利、现金流量分析法等对人力资源投资经营决策进行规划和控制。通过人力资本的投资收益分析、员工激励机制的设计，把人力资本投入作为激励员工的重要措施，并通过风险管理来实现组织绩效提升和员工福利改善的双赢局面。

▶课程思政案例

构建人才强国战略支撑体系，打造全球人才集聚高地

党的二十大报告提出，深入实施科教兴国战略、人才强国战略、创新驱动发展战略。教育为人才成长提供系统培养体系，人才为创新提供可持续增长能量极。教育、人才、创新三者相辅相成，共同推动经济社会高质量发展。当前，世界百年未有之大变局加速演进，地缘冲突持续升级，人才日益成为大国博弈的关键要素，更是全面建设社会主义现代化国家的重要支撑。

积土成山，积水成渊。当前，中国人才总量位居世界第一，科技人力资源数量达 1 亿人，专业技术人才超 8000 万人，大专以上学历人口达 2.18 亿人。各类研发人员全时当量达到 480 万人年，居世界首位；研发经费投入居世界第二；化学、材料、工程科学、生命科学等学科领域进入世界前列；建成世界上规模最大的高等教育体系。2021 年，人力资本对中国经济增长的贡献率达 36.8%，其中人才贡献率达到 34.5%。目前，中国已经拥有了一支规模领先全球、质量具备比较优势的人才队伍，人才工作已经站在新的历史起点上。

安而思危，治而谋乱。客观来看，要实现打造新时代全球人才集聚高地的宏伟目标，中国依然面临着人才平台、人才政策、人才服务等多方面短板。在传统发展模式下人才引进、培养、评价、使用、激励等体制机制不能满足推动原始性创新、对标世界一流的要求，部分领域亟待出台突破性和创新性政策和进行改革；具有国际影响力的高精尖人才数量偏少，顶尖人才、领军人才和创新人才的数量、质量与发达国家相比还具有显著差距；产业骨干适用人才供给不足，工程科技人才培养与使用相脱节，科技发展还存在“卡脖

子”问题等。

道阻且长，行则将至。中国要解决这些问题，必须以党的二十大报告精神为引领，构建符合新时代发展要求的人才强国战略支撑体系和人才工作体系，坚持尊重劳动、尊重知识、尊重人才、尊重创造，瞄准人才吸引、评价、使用、激励保障等发展关键环节和重点行业领域，围绕人才集聚平台建设、人才发展政策供给、人才体制机制改革等突破口和着力点，创新顶尖人才引进、青年人才支持、基础学科拔尖人才培养等方面的创新思路和改革举措，持续提升人才国际竞争吸引力，更高水平打造新时代全球人才集聚高地，把各方面优秀人才集聚到党和人民事业中来。

资料来源：王明姬．把握“五大差异”落实“五个坚持”全面推进人才高地和人才平台建设［J］．中国经贸导刊，2023（07）：82－85.

三、企业信息化战略

信息资源是企业在网络时代获得成功不可或缺的重要资源，建立先进、合理、高效的信息系统也是企业实施战略管理的重要基础，这都有赖于企业信息化战略的制定和实施。

（一）企业信息化战略概述

企业信息化战略是在企业总体战略和业务战略的指导下，为适应激烈的环境变化，通过集成聚合现代信息技术，开发应用信息资源，并能够聚合组织制度以期获取未来竞争优势的长远运作机制和体系。

信息化战略制定了企业的信息技术应用与发展的整体思路与指导体系，确定了信息化战略目标、原则、策略和步骤，以获取持续竞争优势的职能战略。企业信息化战略的目的在于推动企业信息化建设，以现代信息技术为基础提高企业信息系统的水平，更好地服务于企业总体战略和业务战略的制定与实施。

哈佛商学院教授小詹姆斯·卡什等人指出，“现在任何组织几乎都有购买任何 IT 的能力，但 IT 本身并不能促成企业的任何优势，它只是企业运行的必要条件，关键是 IT 的应用如何与企业的战略、组织、流程和管理控制系统结合起来”。这实际上也就指出了信息化需要从企业战略的角度出发进行整体规划和设计。

（二）信息化战略的类型

信息化战略主要包括两个构成要素：第一，建立什么样的信息系统（IS），即 IS 需求战略；第二，如何应用信息技术（IT），即 IT 供给战略，以及二者的结合方式。因此，企业信息化战略也可称为 IS/IT 战略。

1. IS 需求战略

根据企业信息化所涉及的业务范围和对企业现有业务处理活动的改变程度，可以将需求战略划分为三个阶段六种类型。

（1）局部信息集成阶段。在此阶段，企业信息化仅在内部价值链中的一个或几个环节进行，承认并保留旧的内部价值链设置，保持信息在各环节的流动顺序不变。此阶段包括两种类型的 IS 需求战略：一是单一业务自动化战略，信息系统相互独立地应用于企业的各个部门，信息不能共享，改造的目的是实现单项业务计算机管理的自动化，提高工作效率。二是多项业务集成化战略，即将多个独立运行的系统整合为一个大系统，数据信息能在各子系统间自动传递，实现共享。

（2）内部信息集成阶段。在此阶段，企业重新研究内部价值链的原有设计，并对信息在内部价值链上各环节流动的顺序进行调整。此阶段包括两种类型的 IS 需求战略：一是业务流程改进战略，即针对内部价值链中少数几个环节进行改造；二是业务流程重组战略，即对内部价值链多个环节进行改造，它可以突破原有组织部门的界限，以用户为中心重新设计信息在内部价值链各环节内的流动顺序。

（3）外部信息集成阶段。在此阶段，企业开始重新审视外部价值链，将企业外部资源与内部资源协同考虑，在更广阔的范围内调配资源。此阶段也包括两种类型的 IS 需求战略：一是业务网络再造战略，即对企业外部价值链各环节与内部价值链各环节进行统一的分析和研究，根据企业的核心能力重新设计和选择资源的投入重点，加强附加价值高的环节，弱化低附加价值的次要环节；二是业务范围再定战略，即打破原有的外部价值链界限，寻找新的企业利润增长点，与新的供应商、新的顾客建立价值链连接关系，同时，对企业内部价值链进行相对应的调整。

2. IT 供给战略

IT 供给战略有三个构成要素：第一，信息技术的服务质量和范围；第二，信息技术所用资金的效益；第三，信息技术的投入、转换、产出的效率与成本。

（三）企业信息化战略实施过程中应注意的问题

企业信息化战略的实施主要分成两个阶段：首先在对企业业务运作模式和对信息技术的需求进行分析并在对引入信息技术的影响进行评估的基础上，制订出针对性的企业信息战略计划；继而在此基础上引入先进的信息技术，制订企业信息技术解决方案，如 ERP、CRM、SCM 等，包括机构设置、业务模式、运作流程，财务计划等并加以实施。

企业信息化战略的实施过程非常复杂，在战略实施中必须注意以下几方面问题：

（1）统一领导。企业必须组建一支信息化领导小组，负责统一规划、实施、监督和考核等工作，以在工作中形成合力。

（2）人员与配合。实施信息化战略应特别慎重地选择项目承担人员和系统维护人员，包括永久或临时的员工、客户或咨询人员等，同时还应得到其他业务部门的同意和配合。

（3）流程变革。信息化战略实施的过程，往往也是企业流程调整的过程，实施过程中必须与企业的管理人员、业务人员充分协商，共同确定新的流程。

（4）开发组织信息资源。开发组织信息资源是信息化战略实施的重要环节，最重要的是抓好数据重组工作，即落实信息资源管理基础标准，重新规划设计共享数据库，建立稳定的全城数据模型，重组原有的信息资源，改造杂乱无序的数据环境。

（5）重视信息化战略控制。信息化战略的控制过程需要对 IS 战略和 IT 战略综合考虑，其根本目的在于保证建立起满足企业经营发展需要的信息系统，也必须时刻关注用户的反馈。

（6）培养信息化战略管理者。企业信息主管（Chief Information Officer，CIO）是伴随着全球信息化进程的加速而出现的一个全新职务，负责制定企业的信息政策、标准、程序和方法，并对企业的信息资源进行管理和控制。

四、知识管理战略

知识经济时代，企业内外部的知识是最重要的资源。针对这些资源进行管理的一系列战略、策略和管理方法的集成，以提高组织的知识创新能力，形成并保持企业的核心竞争力，最终实现企业的价值，即为企业的知识管理战略。21 世纪企业竞争就是企业间拥有和运用知识能力的竞争，知识管理已经成为现代企业的重大战略问题，需要知识管理战略来指导和规划。

（一）知识管理战略的含义与内容

企业知识管理战略（Enterprise Knowledge Management Srategy，EKMS）是在企业总体战略指导下制定的关于企业知识管理的职能战略，即在分析企业内部知识存量、结构与环境的基础上，对知识的总量与结构、知识管理过程、知识管理的环境条件做出长远、系统的谋划，以指导知识管理过程、有效配置资源、谋求企业可持续的竞争优势。

企业知识管理战略主要包括知识获取策略、知识保持策略和知识运用策略三方面内容。

（1）知识获取策略指导企业如何获取知识，以满足企业持续发展的需要。通常，企业获得知识的途径有两条：从外部获取知识，包括购买知识资源、聘请外部专家和特许生产等；从内部创造知识，包括研发活动等。

（2）知识保持策略指导企业如何保持业已获取的知识，形成企业知识体系，包括知识的储存、交流和传播等方面。显性知识与隐性知识在存储、交流和传播方面存在显著差异。一般来说，显性知识比隐性知识更易储存、交流和传播。因而知识保持策略的重要挑战是企业内部知识的显性化，即将隐性知识转化为可以交流和共享的显性知识。

（3）知识运用策略指导企业如何使用业已拥有的知识，以实现企业价值的最大化。知识运用策略的关键在于发现运用知识的最有效途径，包含应用现有知识持续改进企业系统和流程，以获得更高的组织绩效。

（二）成功实施知识管理战略的关键

企业实施知识管理战略应当在人本思想的指导下，注意选择适宜的知识管理战略实施方式、构建组织体系、开发支撑技术、完善内部网络和知识库、加大资金投入、培育企业文化、建立创新激励机制和知识管理评估体系等问题。

（1）树立“以人为本”思想。隐性知识存在于员工头脑中，员工积极性的高低直接关系着企业对隐性知识的运用和共享，因而隐性知识的开发和运用是知识管理的核心和难点。所以企业必须树立“以人为本”的指导思想，鼓励员工进行知识的交流、学习与共享。

（2）选择适宜的知识管理战略实施方式。从业务的相互依赖水平和工作的复杂程度两个维度可以将知识管理战略的实施方式分为四种，分别是集成方式、协作方式、事务方式和专家方式。集成方式的最大特点在于整体最优，关键在于跨部门、跨组织的统一协调。协作方式所面临的重要挑战是如何实现企业核心业务活动的突破性变革。事务方式的最大特点是知识的规范，即通过核心业务知识的规范化、标准化，确保核心业务活动持续稳定地开展。专家方式通常注重从专家的工作中获取核心业务发展的推动力。借助上述分类，企业就能够针对不同特征的核心业务活动采取不同的知识管理战略实施方式，有助于企业将注意力始终集中于竞争优势的培养。

（3）构建知识管理组织体系。知识管理具有责任分散的趋向，因而企业要建立一套有效的组织体系支持知识管理活动。在这一体系中，企业首先应当设立知识主管（Chief Knowledge Officer，CKO）职位，由其承担知识管理工作；其次企业应成立专门的知识管理机构，承担与知识管理有关的活动任务；最后企业要建立与知识管理有关的基础设施，如统一的信息技术平台、显性的企业知识库、图书馆等。

（4）开发知识管理支撑技术。知识管理战略的实现必须以应用恰当而先进的信息技术为前提，其运行也必须以信息技术为基础。在知识管理所涉及的信息技术中，需要特别重视内部网、外联网和群件技术。

（5）完善企业内部网络和知识库。通过完善的内部网络和知识库，建立知识管理基础平台，使企业能够对内外部各种知识资源进行采集、加工和处理，实现知识挖掘并集中统一地存储和管理，避免知识流失。

（6）加大对知识管理的投入。企业要保证对知识管理战略实施的资金支持，为员工学习创造机会和条件，还要鼓励员工从资金和时间上加大对学习的投入。

（7）培育有利于知识管理的企业文化。这是知识管理战略的高层次要求，在这种企业文化中应当有以下要素：

相互信任——这是知识共享与交流的基础；

开放式交流——每个人都应当为企业的知识库做出贡献；

学习——每个人都有义务汲取更多的知识；

共享与开发——每个人都有义务推进知识库机制的良好运转；

享受知识管理——从传播、获取、创造、应用新知识中得到快乐。

（8）建立知识共享与创新激励机制。企业要针对知识共享与创新对员工进行评价，对积极参与知识共享和建设的员工进行奖励，体现出对员工知识劳动的尊重，激励员工对知识管理的热情。具体方法有职务提升、产权激励和知识产权激励等。

(9) 建立合理的知识管理评估体系。为了推动知识战略的实施，绩效考评的指标不仅仅包括其自身拥有多少知识，更应当包括他为其他员工传播和共享了多少知识；从知识创造的角度看，不仅应包括个人的创造成果，更应当包括他如何协调、组织和提供知识与思想。

▶案例

中国第一位 CKO 高建华——从惠普（中国）CKO 到知识管理的布道者

高建华是中国第一个 CKO（首席知识官），原中国惠普公司助理总裁，国内著名的实战派营销战略专家，中国经营报专家顾问团高级顾问。曾在中国惠普公司先后担任战略规划总监、华北区总经理、助理总裁、首席知识官、公司决策委员会（EC）成员，同时也是中国电子学会测量仪器分会常务理事、中国电子学会高级会员，对外经济贸易大学国际工商管理学院客座教授。1982 年毕业于北京广播学院电视工程系并留校任教。

1986 年 3 月高建华进入中国惠普公司，先后担任市场开发工程师，市场开发高级工程师。1990 年 11 月开始担任市场部经理、销售部经理、业务发展经理，是最早一批进入跨国公司管理层的本土员工之一。1994 年 10 月加入美国苹果电脑国际公司担任中国市场总监，成为极少数跨国公司中国区总监级的本土员工之一。1996 年 9 月回到中国惠普公司，先后在惠普中国测量仪器分部、安捷伦科技公司（惠普分家后的公司）测量产品分部担任市场总监，负责该分部的全球市场业务。2001 年 1 月，先后担任中国惠普公司战略规划总监、北方区总经理、首席知识官（CKO）、助理总裁等职。

高建华认为："一个好的管理者必须是一个好的老师，必须会讲课才行，必须要积极给员工做培训，分享知识是管理者的美德。而管理者角色是'造钟'而不是'报时'，即启发部下找到解决问题的途径和方法，而不是简单地告诉部下如何去做。

知识管理的目标最重要的一点就是要使得员工在战略认识上和管理层可以保持相对的一致，从而有目的地改善自己的工作方式，分享成功的经验，并最终实现公司的战略规划。

知识管理的核心部分正是要充分发挥知识工作者的创造力，使得他们能够富于激情和想象力地更好地投入自己的工作。这一切的基础正是建立在一个人性化的环境之内。知识管理可以改变员工的工作、学习方式和价值观，那么推行知识管理的企业内部也必须首先营造出尊重人才、积极创新的良性文化氛围，否则一切不过都只是看上去很美罢了。"

资料来源：邓纯雅．高建华：从惠普（中国）CKO 到知识管理的布道者［EB/OL］．搜狐．https：//business. sohu. com/20060815/n244809730. shtml. 2006－08－15.

第三节 战略支持型职能战略

战略支持型职能战略包括组织结构战略、企业文化战略、品牌战略和公共关系战略。

之所以如此归类，是由于它们能够为企业总体战略和业务战略的实施提供具有战略意义的全面支持。组织结构战略决定着承担战略任务的具体机构和人员，是企业战略运行的载体和“硬件”；企业文化战略创造了促进战略实施的内部文化氛围，是企业战略实施的环境和“软件”；品牌战略指导企业在现有和潜在消费者的心目中树立良好的品牌形象；而公共关系战略直接与企业使命相关，通过塑造良好的企业形象为企业创造了有利于战略实施的外部环境。

战略支持型职能战略是一类特殊的职能战略。一方面，它们从属于总体战略或业务战略，其制定和实施都要以企业总体战略或业务战略为指导；另一方面，它们对企业总体战略或业务战略的制定与实施具有重大影响和关键作用，企业在制定和实施总体战略与业务战略时必须考虑相关因素，否则可能导致战略失败。

一、组织结构战略

组织结构战略

组织结构战略是从组织结构方面为企业提供战略支持的重要职能战略，是在企业总体战略或业务战略的指导下，为保证组织结构对战略的适应和支持而制定的有关组织结构调整与变革的战略目标及实现途径和手段，以指导企业组织结构的维护、调整和变革，为实施企业战略、实现战略目标服务。

企业战略与组织结构之间存在“结构追随战略，战略兼顾结构”的关系，制定和实施组织结构战略是企业战略实施的关键问题，而组织结构战略也在企业职能战略中具有特殊地位，它与企业文化战略一起，从“软”“硬”两个方面为企业战略的顺利实施保驾护航。

一般来说，与企业总体战略或业务战略相适应的组织结构战略包括三方面内容，见图 7－1。

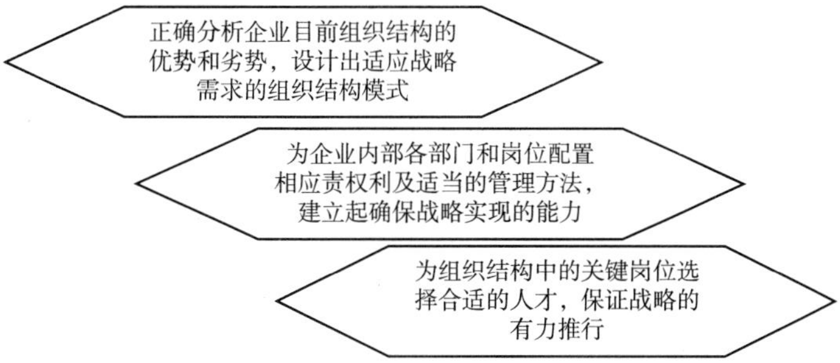

图 7－1　组织结构战略的内容

组织结构战略为企业组织工作提供了原则和指导，一般包括战略与结构的匹配、组织变革与组织创新等方面的问题。

选择适宜的组织结构是保障战略顺利实施的重要前提，企业在选择组织结构时，不仅要考虑战略的内在要求，而且要综合考虑其他影响组织结构的因素。

（一）总体战略与组织结构的匹配

总体战略对组织结构的要求主要体现在如何以不同的组织设置处理不同类型的业务活动。因此，总体战略实施对组织结构的选择，实质上就是要求企业设置的多部门结构能够顺应业务活动之间的内在关系。与此相应，公司层的部门化结构有三种模式：合作形式、事业部形式和竞争形式。

一般来说，实施纵向一体化战略的企业适宜采用合作形式的多部门结构；实施横向一体化战略和相关多元化战略的企业适于采取事业部形式的多部门结构；实施无关多元化战略的企业适宜采用竞争形式的多部门结构。具体如图 7－2 至图 7－4 所示。

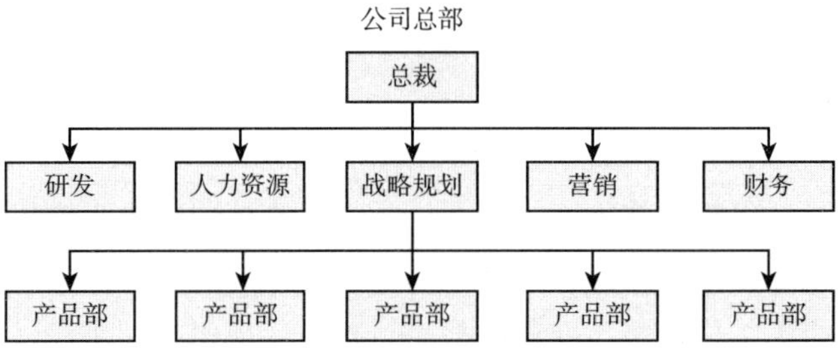

图 7－2 合作形式的多部门结构示意图

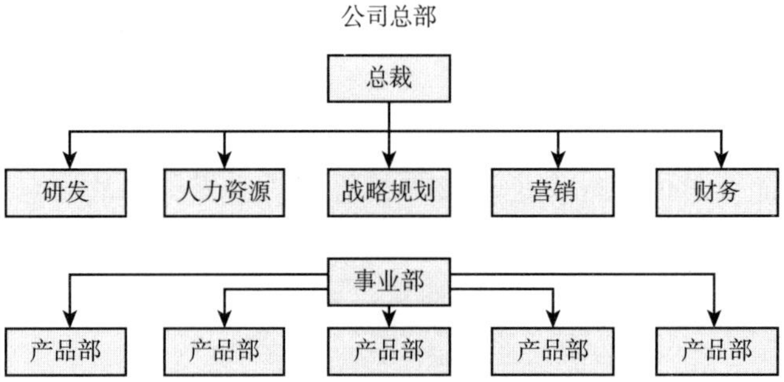

图 7－3 事业部形式的多部门结构示意图

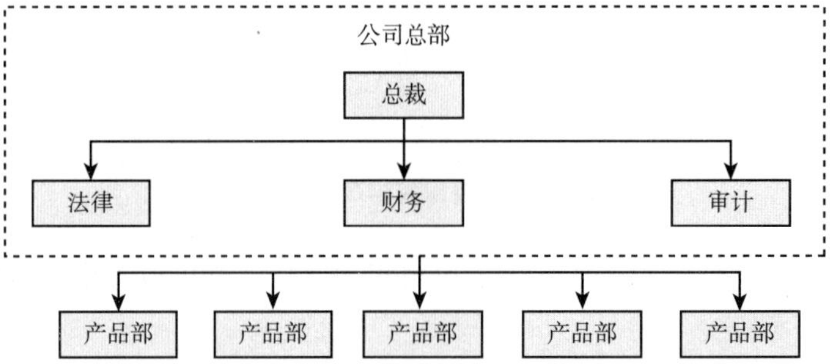

图 7－4 竞争形式的多部门结构示意图

（二）业务战略与组织结构的匹配

业务战略主要围绕在某一特定的业务领域如何获取竞争优势，因此业务战略对组织结构的基本要求就是整合业务领域内与竞争优势相关的活动。基本的业务战略主要有两种：成本领先和差异化。集中化战略可以看成这两种战略的运用和结合。一般情况下，成本领先战略主要依赖于单一专业的工作产生的高效率和生产经营过程的优化来获得成本节约，对组织结构的专业化、集权化和规范化要求较高，因而企业往往采取比较典型的职能制结构。实施差异化战略依赖于市场细分和产品差异的开发，营销与研发非常重要，因此业务单元的职能机构是横向协调的中心。成本领先战略与差异化战略都需要采用职能制，但后者在专业化、集权化、规范化方面的要求较低，有时也会转化为事业部制。

二、企业文化战略

企业文化战略

企业文化战略是在企业使命、愿景与战略的指导下，为实现企业使命与愿景，顺利实施企业战略所制定的关于企业文化建设与变革的战略目标、途径和手段，以形成和维持与战略相适应的企业文化，为实现企业战略服务。

（一）企业文化战略过程

一个完整的企业文化战略过程由文化战略的制定、实施和反馈三个环节组成。如图 7－5 所示。

首先，制定企业文化战略。在企业内部环境分析中，我们对企业文化进行了分析，通过分析可以确定当前企业文化的类型和主要特征。而后对企业文化与企业内外部战略环境的适应性进行分析，如果基本适应，就应当以此文化为基调制定企业的各项战略，那么企业文化战略的重心就是如何保持和发挥现有文化的优势，使之为企业战略的实施服务。如果企业文化与战略环境和企业的战略意图不适应，那么企业文化战略的核心就是文化变革，企业要按照文化变革计划对企业当前的文化实施渐进式变革。与此相对应，企业在战略的制定中也应当以文化变革计划不断变化的文化为基调。

在战略实施过程中，企业要运用各种战略控制手段对实体过程进行监控，及时发现战略实施中存在的失控和失效问题，通过企业自身的微小追随调整将微小的失控或失效消灭于萌芽状态，对严重的失控和战略失效要及时分析，弄清楚根本原因在于企业文化还是在于企业战略本身，如果根本原因在于企业文化，就要对企业文化再进行分析，找出文化不适应外部环境和内部条件的症结所在，并采取对症下药的文化变革措施进行文化变革，通过变革使文化与内部环境和外部条件适应起来，与企业实施的战略匹配起来。

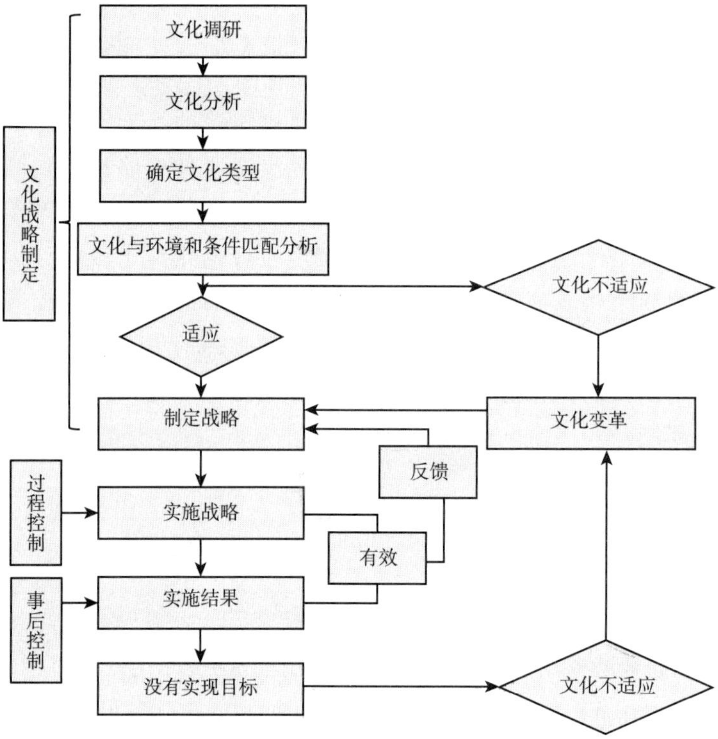

图 7－5 企业文化战略实施过程

资料来源：贾旭东．现代企业战略管理［M］．北京：清华大学出版社，2018.

如果战略目标顺利实现，要找出文化中对其实施有利的因素，通过反馈对该文化进行强化，使企业战略的实施能力进一步增强。如果战略目标没有实现，就要进行战略和文化分析，如果原因在于文化，也要找出文化不适应的症结，拟订文化变革计划，进行文化变革。

（二）企业文化变革

企业文化变革的根本原因在于，企业文化对外部环境和内部条件的不适应，并且这种不适应已经影响到了企业战略目标的实现，以及企业的可持续生存或发展问题。

企业文化的一些特性对企业文化的变革会产生直接的影响，第一，企业文化具有一定的延续性和继承性。这要求企业文化变革过程中必须对现有文化进行分析，才能进行有的放矢的变革。第二，企业文化是在员工相互沟通的基础上形成的。在企业文化变革过程中要营造种有利于增进员工沟通的氛围，建立员工交流的平台。第三，企业文化对企业员工的行为具有导向作用。要求企业文化变革时一定要慎重，以防对员工行为产生误导。第四，企业文化具有系统性。要求企业文化变革不仅要考虑物质层面，更要斟酌制度层面和精神层面因素。

（三）建立学习型的企业文化

21 世纪是知识经济时代，企业建立学习型的文化至少有三点好处：第一，可以为企业战略的制定创造良好的文化机制和氛围；第二，通过增强企业的柔性，可以加强企业对外部环境和内部条件变化的调整适应能力，使企业尽量避免采取文化变革等过激行动，减少因文化变革而引起的混乱与无序；第三，通过导入学习型文化，可以增强企业的战略实施能力，从而进一步保证企业战略目标的完成。

▶案例

学习型企业建设，这家企业很“像话”——广西桂物机电集团

2023 年的“世界读书日”，广西桂物机电集团又掀起了阅读学习的热潮。近年来，该集团把学习品牌创建与文明单位创建结合起来，通过打造“象话大讲堂”“象话读书会”等系列学习品牌，搭建起线上线下互动学习社群，坚持每两周一期集中培训，每月阅读一本新书、每季一期读书分享会，把员工日常学习纳入常态化管理，大力推进学习型企业建设、书香企业建设，加速人才成长，提升队伍凝聚力，助力企业跨越发展，让老国企焕发勃勃生机。

广西桂物机电集团是广西现代物流集团（中国 5A 级物流企业）下属全资二级子集团，其历史可追溯到 1953 年，是区内外最早经营汽车及机电业务的国有企业，长期承担广西汽车流通主渠道职能。2019 年以后，企业逐步破解汽车行业下行、历史包袱沉重等制约因素，走上健康持续快速发展道路。

2020 年，随着五象汽车生活广场的建成运营，机电集团实现了由销售型企业向平台型企业的转型。企业立足新发展阶段、践行新发展理念、融入新发展格局、推动高质量发展，打造的新场景、新业态、新模式、新品牌，对人才提出了全新要求。2021 年，机电集团启动了全面人才培养计划。

该集团按照提升思想境界、提高管理水平、培养专业技能、推进转型发展能力和关爱员工身心健康五个维度的立体矩阵式培养要求，启动“象话大讲堂”，探索“五象”课程体系，分红象、蓝象、白象、橙象、粉象系列课程。其中红象系列课程，以党的教育类课程为主，主要包括党史、党建、党风廉政建设、意识形态等方面的课程内容，目的是打造永远跟党走的企业；蓝象系列课程，以推进企业转型发展类课程为主，包括企业管理的新业态、新观念、新思维等内容，目的是打造创新型企业；白象系列课程，以综合管理类课程为主，包括目标管理、绩效管理、队伍管理等内容，目的是打造管理科学规范企业；橙象系列课程，以业务技能提升类课程为主，包括各种应用的类技能，如汽车检测、评估，日常工作中的写作技能、PPT 制作技能等内容，目的是打造高效运行企业；粉象系列课程，主要以关爱员工身心健康类课程为主，包括身体保健、常见病防治、心理健康、家庭和谐等内容，目的是打造有爱有温度的企业。

资料来源：人民资讯．学习型企业建设，这家企业很“像话”［EB/OL］．网易，https：//www.163.com/dy/article/I36EI5A70530QRMB.html，2023－04－25.

三、品牌战略

品牌战略

品牌战略是企业竞争性最强、关乎企业长久生存、与企业核心竞争力息息相关的职能战略，也是直接决定企业能否拥有足量客户而获得市场份额、实现企业目标的职能战略，越来越受到企业的重视。

（一）品牌战略概述

品牌形象的差异使不同企业间的产品或服务价值独具特色，品牌认知是指消费者及公众对企业产品或服务的名称、包装、价格、功能、声誉等复杂要素整合之后，在心理上、生理上产生的综合性的感受和评价。品牌战略就是通过对建立、维护和巩固品牌认知全过程的管理，有效监控和促进品牌与消费者关系的发展，通过品牌管理实现品牌愿景。品牌战略决定了一个企业在现有和潜在消费者心智空间中的位置和形象，关系着企业战略目标的实现，具有独特性、唯一性、动态性和风险性等特征。

（二）品牌战略的类型

常见的品牌战略类型有如下几种：

1. 单一品牌战略

单一品牌战略又称统一品牌战略，是指企业所生产的所有产品都使用同一个品牌，并把所有资源都集中于这一特定的品牌之上。最典型的特征就是一个品牌名称、一个品牌定位、一种核心竞争力。单品牌最大的优势就是集中企业所有资源，打造一个品牌，这样既可以使企业品牌超前发展，也可以减少企业的管理压力，分散注意力。单一品牌也可缩减品牌宣传的成本，更能集中体现企业的核心价值观，形成核心竞争力。当然，实施单一品牌也存在一定的风险，正所谓“一荣俱荣，一损俱损”，如果一件产品或一类产品出现了问题，那么该品牌下的所有产品都会受其牵连。

2. 多元化品牌战略

多元化品牌战略是把企业的目标分别赋予两种或两种以上的品牌，把资源分别配置于不同品牌之上，且各品牌间相互独立，彼此间没有过多联系。多元化品牌战略最大的好处就是满足不同消费者的差异化需求，增加市场的总体占有率，同时能够保证每个产品都拥有自己的品牌定位和独特的个性发展空间，并降低单个品牌影响整个企业的风险。

当然多元化品牌也有其不足之处：研发成本高昂，宣传成本高昂，一个知名品牌的打造更需要各种资源的支持。多品牌之间存在既相互合作又自我竞争的关系，增加了品牌管理成本。

（三）品牌战略实施的内容

实施企业品牌战略包括品牌化决策、品牌战略选择、品牌识别界定、品牌延伸规划、品牌管理规划与品牌愿景设立六个方面的内容。

品牌化决策是指企业是否一定要给产品加注品牌名称的决策，这是在品牌创立之前就要解决好的先决问题。

品牌战略选择是指企业应当选择单品牌战略还是多元品牌战略，是采用联合品牌还是主副品牌。

品牌识别界定即从品牌的理念、行为和符号识别三方面来界定品牌的内在意义和外观表示，也包括以核心价值为中心的核心识别和基础识别——以品牌承诺、品牌个性化等元素组成。

品牌延伸规划，即对品牌未来发展的规划，以判定品牌应该在哪些领域、哪些行业进行延伸发展，以谋求品牌价值的最大化。

品牌管理规划和品牌愿景设立是从组织机构和管理机构上为品牌建设保驾护航，在上述规划的基础上为品牌的发展设立愿景，并明确品牌发展各阶段的目标与衡量指标。

▶案例

大国品牌 TCL 用科技“智”敬美好生活

试想某一天，我们感受沉浸式的回家体验，家居物联网已开启全屋智能模式，进门就响起喜欢的音乐，适宜的温度和灯光已调节好……眼下，数字技术正全面融入每个人的日常生活之中，如何让每个普通人都能享受便捷的智能生活，这是许多科技企业一直思考、不停求解的终极命题。

在这一命题面前，作为全球领先的智能科技企业 TCL 实业也在不断变革创新，以看不见的智慧，将所有看得见的美好延伸到家的每一个角落。

TCL 实业聚焦智能终端产品及服务，旨在以全品类智慧科技产品服务全球用户。为了将想象变成现实，公司以智慧显示为核心，并全面深化全品类智能物联生态布局，从而打破单个硬件壁垒，实现资源共享和能力互助，为用户提供多屏实时互动、全场景智慧感知的产品与服务。

以电视、空调、冰箱、洗衣机这些智能家电为例，一方面，TCL 不断打磨提升产品的核心功能优势，例如 TCL 领曜 QD－Mini LED 电视的出色画质，还原画面真实场景，呈现极致细节；TCL 新风空调小蓝翼的双向大新风，让好空气看得见；TCL 格物系列冰箱的自由分区能力和极致的分子保鲜水平，守护鲜活营养；TCL 双子舱复式分区洗衣机 C16，给用户带来贴心分类洗护体验。另一方面，TCL 通过 AI 等技术赋能产品，给用户带来更便捷更具连接感和分享感的生活体验，大大减少烦琐的操作时间，把省时高效还给用户。

以人类有限的想象力，面对未来无限的应用场景，我们无法预知未来的真实模样，唯有以开放的姿态相互连接，真正做到无界，智能设备才能有阵地，方能有未来。

资料来源：雷科技．品牌大片再登央视，大国品牌 TCL 用科技“智”敬美好生活［EB/OL］．快资讯，https：//www.360kuai.com/pc/978cebf054694cddc？cota＝3&kuai_so＝1&sign＝360_57c3bbd1&refer_scene＝so_1，2023－06－14.

四、公共关系战略

公共关系战略

企业形象是企业的产品、服务、人员素质、经营作风等在社会公众中留下的总体印象。良好的企业形象是企业最宝贵的资源、最富有的财富和最有效的促销方略，为塑造和维护良好的企业形象，企业就需要制定和实施公共关系战略，开展公共关系活动。

公共关系战略是在企业总体战略或业务战略的指导下，制定企业公共关系活动的战略目标及实现该目标的途径和手段，指导企业开展公共关系活动，以塑造和维持良好的企业形象，为实现企业战略目标服务。

（一）企业形象的塑造

企业的形象主要通过知名度和美誉度两个指标来衡量。知名度是指一个企业被公众知晓、了解的程度，以及社会影响的广度和深度；美誉度是指一个企业获得公众信任、赞美及社会影响好与坏的程度。对于一个企业而言，知名度和美誉度必须达到鱼和熊掌兼得。

（二）企业形象的维护

塑造企业形象固然重要，但无论多么美好的形象都需要精心维护，否则企业辛苦多年树立起来的形象可能在一夜间轰然倒塌，使企业的投入付之东流。因此企业形象的维护同塑造一样重要。现实中对企业形象可能产生损害的主要情形是企业遇到的各种危机。

1. 企业危机

企业危机是指各种使企业遭受严重损失或面临严重损失威胁的突发事件。这些突发事件在很短时间内会波及很广的社会层面，对企业或品牌产生极为恶劣的影响。

2. 企业危机公关模式

面对危机，企业必须及时进行危机公关，维护和挽回危机事件对企业造成的不良影响。企业危机公关模式主要包括：

第一，防御型公关模式。防御型公关模式是指企业为防止自身的公共关系失调而采取的一种公共关系活动方式。预防的目的是在企业与公众之间出现摩擦苗头的时候，及时调整组织的政策和行为，消除摩擦苗头，始终将与公众的关系控制在期望的轨道上。

第二，矫正型公关模式。矫正型公关模式是指企业在发生危机时，为了扭转公众对企业的不良印象或已经出现的不利局面而开展的公共关系活动。其目的是对严重受损的企业形象及时纠偏、矫正，挽回不良影响，重新树立组织的良好形象。

3. 处理危机应坚持的原则

在处理企业危机事件的过程中，应当坚持以下五个原则：

第一，速度原则。企业应当机立断，快速反应，果决行动，与媒体和公众进行沟通，尽可能将不利的因素消灭在萌芽状态。

第二，系统原则。在应对一种危机时，不应忽视另一种危险的存在，绝不可顾此失彼。

第三，承担责任原则。危机发生后，首先企业应该勇于承担责任，同时企业应该站在对方的立场上表示同情和安慰，并通过新闻媒介向公众致歉，解决深层次的心理、情感关系问题，从而赢得公众的理解和信任。

第四，真诚沟通原则。企业处于危机旋涡中时，是公众和媒介关注的焦点。企业的一举一动都将被质疑，因此千万不要有侥幸心理，企图蒙混过关，而应主动与新闻媒介联系，尽快与公众沟通，说明事实真相，促使双方互相理解，消除疑虑与不安。

第五，权威证实原则。在危机发生后，企业不应自己通过各种方式辩解或叫屈，最好让具有足够权威性的客观的第三方发声，使消费者解除对自己的警戒心理，重获他们的信任。

4. 企业危机信号识别

许多危机事件都不是从天而降的，往往有迹可循。企业如果能够敏感地识别危机信号，就可以未雨绸缪。危机信号可以分为潜在的危机信号和外显的危机信号。潜在的危机信号主要表现在：少量高级人才流失；市场份额逐渐萎缩；盈利能力偏弱；执行力较差；信息沟通、传递不畅；创新能力弱；缺乏发展后劲等。外显危机信号主要表现在：人才流失率高；销量或产值急剧下降；生产设备老化；面临或处于亏损；流动资金短缺；公共关系紧张；领导人迷失经营方向等。

▶案例

北京奥运会：一次成功的国家形象公关

2008 年 8 月 8 日—24 日，第 29 届奥林匹克运动会在北京成功举办。来自 204 个国家及地区的 11438 名运动员参加了 28 种运动、302 个项目的比赛。共有 32278 名中外记者参加北京奥运会报道，创造了历届奥运会记者人数之最。

本届奥运会秉持“更高、更快、更强”的奥运精神，突出体现了“新北京、新奥运”的主题和“绿色奥运、科技奥运、人文奥运”的三大理念，“同一个世界同一个梦想”(one world one dream) 的奥运会口号集中体现了奥林匹克精神实质和普遍价值观——团结、友谊、进步、和谐、参与和梦想，表达了全世界在奥林匹克精神的感召下，追求人类美好未来的共同愿望。

北京奥运会的成功举办，充分展示了中华民族百年奥运圆梦，见证了一个古老国度走向伟大复兴。全世界几十亿双眼睛通过北京奥运会的信息传播，共同感受到了古老中国和现代中国的非凡魅力。

北京奥运会是一次成功的国家形象公关，是一场传播活动的盛宴，为世界留下了一份宝贵的物质和精神财富。

案例点评：

北京奥运会通过奥运元素的全方位、立体式的广泛传播，全面展示了一个开放的中国、诚信的中国、创新的中国、奉献的中国，完美再现了现代传播在公共关系活动中的独特魅力。

资料来源：张帆．形象传播与组织公关——国家体育总局形象建构研究［D］．北京体育大学，2012.

淄博烧烤走红背后的公关考量

2023 年春夏季中国最火的话题，淄博烧烤绝对算一个。

除了竞相奔“淄”的烧烤客，企业、地方政府和组织机构的决策者和品牌老总们，可以从淄博烧烤现象中总结出怎样的公关与品牌传播启示呢？

启示一：公关传播，已从内容为王的 1.0 时代、渠道至上的 2.0 时代，进入到平民出圈的 3.0 时代。

自现代公关 100 多年前诞生以来，其核心手段一直没有变，始终沿着“内容 + 渠道”，或者“策划 + 渠道”，即“制造新闻→吸引媒体→传播落地”的方式在发展。

（1）在公关传播的 1.0 时代，制造新闻、媒体报道是主要特点。

（2）在公关传播的 2.0 时代，渠道一度为王，内容相对弱化。

（3）在公关传播的 3.0 时代，精心策划，系统准备，靠平民化传播出圈。

启示二：平台平民化、传播平民化，是公关传播 3.0 时代企业传播的抓手。

策划依然是公关和品牌传播的核心功力之一，但在算法时代，其重要性在下降，造成这一现象的最主要原因，就是算法的出现，或者说，是今日头条和抖音现象。可以说，是字节跳动平台的永不停更和算法推送功能，推动公关传播进入了“平民为王”的 3.0 时代。

淄博烧烤没有请什么明星和代言人，其最大牌的代言人就是淄博的市委书记和文旅局长，但他们不可能产生任何的出场费。书记和局长出镜后，加上主流媒体的报道和自媒体的传播，形成了传播效应，各路“烤客”在抖音和视频号上直播亮相后，进一步带火了淄博烧烤。

淄博烧烤有策划没有？当然有！地方政府做的任何一件事，都是经过慎重考虑的。拉动消费，打造地方品牌，这是书记和文旅局长的职责和工作。

淄博烧烤有代言人没有？有。那就是地方官员（服务者）和平民百姓。是无数底层烟火的老百姓、自拍客，推动、带火了这一出圈现象。

淄博烧烤有传播渠道没有？当然有。那就是各路媒体和自媒体的竞相探访。但如果不形成新闻事件，媒体报道就会成为付费广告，又有哪一家企业能承受得起呢？

启示三：企业要依然重视事件、新闻和策划的撬动作用。

前面说过，纵观 100 多年的公关传播史，其核心本质从来没有改变，即“内容策划 + 传播渠道”。随着传播技术的演进，其侧重点会有左右或纵横的变化，但万变不离其宗——传播的机理。

淄博出圈、明星代言或算法推送，无论是哪种成功的传播现象，其最核心的传播要素只有两个：内容和渠道。企业要想获得传播的成功，只能两手抓，两手都要硬。

启示四：传播策划和传播事件，须系统考量，避免把好事变坏事。

对于大型企业、政府机构和公共组织来讲，传播策划一定要注意系统性，避免好事变成坏事，即有预防性思维。

企业聘用品牌代言人，须详细了解代言人的品行和操守，制定合作规则，既共享红利，又能及时止损。

企业组织大型品牌活动，最好打通营销和公关的部门界限，请资深公关人或专业顾问看一眼，把把关，尽量排除各种“不正确”带来的隐患。

政府和公关部门组织活动，更要及早、充分、充足地做好预案，避免引发群体性事件。须知，任何群体性事件，都会对品牌传播形成一票否决权。

成功的传播案例，只能被学习，无法被复制。

对于企业的品牌主官来说，谋定而后动是非常重要的。企业的公关和品牌决策者们，既要成为内容的行家，又需要成为渠道的里手。而在公关传播的3.0时代（平民传播时代），渠道的重要性，可能更重要那么一点点。

资料来源：微信公众号“田辉说公关”. 淄博烧烤走红背后的公关考量［J］. 公关世界 .2023（10）：35－38.

关键词

生产运营型职能战略　资源保障型职能战略　战略支持型职能战略

复习思考题

1. 如何理解企业职能型战略的分类与具体框架？
2. 阐述质量战略的概念与类型。
3. 试述信息化战略的类型以及企业信息化战略实施过程中应注意的问题。
4. 请阐述完整的企业文化战略过程。
5. 如何理解公共关系战略的内涵？

第八章　国际化战略及实施

学习目标

□ 理解全球竞争与战略管理发展的新趋势
□ 掌握国际化战略的内涵
□ 掌握国际化战略的动因
□ 综合分析国际化战略环境，包括经济市场环境、社会文化环境和政治法律环境分析
□ 理解国际化战略分析框架
□ 灵活运用相关理论，掌握海外市场进入的战略模式

☞ 引例

世界是平的，世界是通的

有这样两“条”史诗般的商路：一条在陆路，商队翻过崇山峻岭，穿越于戈壁沙漠，声声驼铃回荡遥无涯际的漫长旅程；一条在海洋，商船出征碧海蓝天，颠簸于惊涛骇浪，点点白帆点缀波涛汹涌的无垠海面。

这两“条”商路，一端连接着欧亚大陆东端的古中国，一端连接着欧亚大陆西端的古罗马——两个强大的国度，串起了整个世界。踏着这千年商路，不同种族、不同肤色、不同语言、不同信仰、不同文化、不同理念的人们往来穿梭，把盏言欢。

19 世纪末，德国地质学家费迪南·冯·李希霍芬将这蛛网一般密布的道路命名为“丝绸之路”。

几千年来，丝绸之路打破了族与族、国与国的界限，将人类四大文明——埃及文明、巴比伦文明、印度文明、中华文明串连在一起，商路连接了市场，连起了心灵，联结了文明。

几千年后，古老的道路成长为“一带一路”伟大倡议。这一倡议不仅成为连接人类文明的纽带，更成为推动构建人类命运共同体的重要实践平台，成为凝聚各方共识，规划合作愿景，扩大对外开放，加强同各国沟通、协商、合作，造福全人类的世界发展动力的孵化器。

山积而高，泽积而长。“一带一路”倡议提出以来，中国与共建国家贸易总额超过 4

万亿美元，投资累计超过600亿美元。中国与43个共建国家实现空中直航，中欧班列开行了7500多列，建立了75个境外经贸合作区，为当地创造了20余万个就业岗位。事实证明，“一带一路”倡议顺应了全球化的时代需求，为沿线各国人民带来了实实在在的福祉。

特别是在当前充满不确定因素的国际形势下，“一带一路”为各国实现共同发展繁荣开辟了新的路径，展现出强劲生命力和广阔前景。

在这种意义上，中国不仅仅只是一个国家或是民族国家，她更是一种文明，一种独特而深邃的文明。中华文明曾长期处于世界领先地位，是世界主流文化之一，对包括西方文化在内的其他地区文化曾产生过重要影响，排他性最小，包容性又最强，为整个世界克服困难、生生不息提供了强大精神支撑。

美国学者弗里德曼说，世界是平的。其实，在今天的现代化、全球化背景下，世界不仅是平的，而且是通的。

资料来源：李舫．世界是平的，世界是通的［N］．人民日报海外版．2018－05－19（001）.

世界正被抹平——有感于《世界是平的》

其实刚拿到这本书的时候是被这本书的封皮所吸引的，之后才发现作者是托马斯·弗里德曼。他是《纽约时报》的专栏作家，曾三次赢得普利策奖。在其1999年出版的经典著作《了解全球化：凌志汽车与橄榄树》当中，他提出了新科技和全球化与传统文化的联系，引发了西方学界一场关于全球化问题的大争论。他还认为现在的社会必定抵挡不了全球化的浪潮，全球化的趋势是不可阻挡的。在《世界是平的：21世纪简史》出版之前，他就已经是美国公认最有影响力的新闻工作者。

书中分析了21世纪初期全球化的过程。其主要的论题是“世界正被抹平”，作者分析这种快速的改变是如何透过科技进步与社会协定的交合，诸如手机、网络、开放原码程式等而产生的。当学者们讨论世界这20年发展的历史，并把目光聚集在2000年到2004年3月这一段时间时，他们将说些什么？9·11恐怖袭击还是伊拉克战争？或者，他们将讨论：科技的汇集与传播使得印度、中国和许多发展中国家成为世界商品和服务产品供给链上的一员，从而为世界大的发展中国家中的中产阶级带来了大量的财富，使这两个国家在全球化浪潮中占据更有利的位置？随着世界变得平坦，我们是否必须以更快的速度前进，才能在竞争中赢得胜利？这个世界是否变得如此之小、变化如此之快，从而使我们的政治体系无法调整到与之相适应的稳定结构？

世界是平的——21世纪简史

在《世界是平的》一书中，托马斯·弗里德曼首先展示了“全球化正在滑入扭曲飞行的原因和方式”，揭开这个世界的神秘面纱，深入浅出地讲述复杂的外交政策和经济问题，为读者释疑解惑。作者通过其对复杂外交政策和经济问题的非凡的解读能力，解释了世界的平坦化趋势是如何在21世纪来临之时发生的；这个趋势对于国家、公司、社会和个人而言意味着什么；政府和组织如何才能接受而且必须接受；为什么恐怖分子仍然想继续妄为。《世界是平的》及时地就全球化中的这些问题——全球化取得的成功和其面临的挑战——进行了分析。

资料来源：徐莹．世界正被抹平——有感于《世界是平的》[J]．学习月刊，2013（14）：67.

华为不可能回避全球化，也不可能有寻求保护的狭隘的民族主义心态。因此，华为从一开始创建就呈全开放的心态，在与西方公司的竞争中，华为学会了竞争，学会了技术与管理进步。因为，只有破除了狭隘的民族自尊心才是国际化，只有破除了狭隘的华为自豪感才是职业化，只有破除了狭隘的品牌意识才是成熟化。

——任正非

全球化时代的到来使得跨越国界追求竞争优势并实现利润最大化成为企业经营战略的出发点，企业技术创新以及商业模式创新的巨大价值，往往通过全球化的战略运作和国际化的运营管理得以充分实现和放大。全球战略、全球竞争和跨文化管理已成为现代企业发展的必然趋势。伴随改革开放的进程，跨国公司改变了中国的产业竞争格局，中国市场已成为跨国公司全球战略的重要一环；反过来，中国市场的发展也在改变跨国公司的全球战略趋向，根据商务部《2022年度中国对外直接投资统计公报》的数据，2021年，中国对外直接投资流量1788.2亿美元，比上年增长16.3%，连续10年位列全球前三。2021年末，中国对外直接投资存量2.79万亿美元，连续5年排名全球前三。2021年中国双向投资规模基本相当。

对于中国企业而言，竞争对手早已不仅是国内的同行企业，还有竞争实力更强的国际化企业，甚至是巨无霸型的跨国公司。国际化竞争已成为所有企业不可回避的现实，实施国际化经营战略是当今企业生存与发展的必由之路。

本章重点介绍企业国际化战略的基本理论以及中国企业国际化所面临的问题。包括企业国际化战略的内涵、国际化战略动因、国际化战略环境分析、国际化战略选择、国际化进入方式和企业国际化的基本管理模式。

第一节　全球竞争与国际化战略

自20世纪50年代以来，世界经济发展的一个显著特点是各国企业经营活动的国际化，进而推动世界经济全球化和一体化的发展。

企业活动的国际化是国际经济发展的必然趋势，也是企业自身发展的内在要求。随着企业实力的不断壮大以及国内市场的逐渐饱和，有远见的企业家们开始把目光投向中国本土以外的全球海外市场。然而，经营活动国际化的企业面对着一个比国内市场竞争更为激烈，且经营环境更为复杂的国际市场。

国际化的企业在制定战略计划和战略措施的过程中，不仅要认识到自身的战略优势和劣势，还要充分了解国际环境的特点，只有这样才能立于不败之地。伴随着经济全球化的深入发展，跨国企业的资本多极化流动加剧，投资形式多样而丰富，全球竞争、国际化战略等日益成为战略管理领域的重要内容。

企业的国际化战略是公司在国际化经营过程中的发展规划，是跨国公司为了把公司的成长纳入有序轨道，不断增强企业的竞争实力和环境适应性而制定的一系列决策的总称。

国际化战略是企业产品与服务在本土之外的发展战略。企业的国际化战略将在很大程度上影响企业国际化进程，决定企业国际化的未来发展态势。

一、全球竞争与战略管理发展新趋势

全球竞争与战略管理发展新趋势

经济全球化体现的是世界经济不断整合、紧密关联的总体趋势，它是在全球范围内各种贸易与生产要素大规模流动与配置的基础上凸显出来的，即各国之间在经济上的相互依赖日益加深，具体通过商品与服务贸易、资金流动、投资以及技术、知识、信息等的跨国转移实现。经济全球化对不同国家都产生越来越重要的影响，也在很大程度上改变了企业经营管理的环境与战略管理的理念。具体表现为以下几方面：

（一）全球竞争理念日益强化

经济全球化的发展必然推动企业的国际化转型，要求企业摒弃以往的经营管理理念，以全球化战略眼光考量内外部环境并制定、执行相应的决策措施。

随着第四次科技革命的悄然发生，世界也爆发了金融科技、新兴科技的浪潮，更多世界名企被引入到商业战争中。在这种大背景下，各国名企的表现也成为了国家经济实力的缩影。因此，世界名企如何拥抱变革、推动创新，成为了世界未来的增长和生产力的决定性因素。以跨国公司为代表的高度国际化企业在国际贸易、跨国投资以及全球产业竞争中所扮演的角色日益突出和重要。

◇ 贴士

2023《财富》世界500强榜单解读

《财富》杂志公布了2023《财富》世界500强排行榜，沃尔玛排名世界500强第一，连续十年成为全球最大公司，沙特阿美首次上升至第二位，国家电网继续排名第三。在我国方面，加上台湾地区企业，共有142家企业上榜，数量位居各国之首。

2023年世界500强企业的营业收入总和约为41万亿美元，比上年上涨8.4%，入围门槛（最低销售收入）从286亿美元跃升至309亿美元。不过，受全球经济下行影响，

500强企业的净利润总和同比减少6.5%，约为2.9万亿美元。

排名	公司名称（中文）	营业收入（百万美元）	利润（百万美元）	国家
1	沃尔玛（WALMART）	611289	11680	美国
2	沙特阿美公司（SAUDI ARAMCO）	603651.4	159069	沙特阿拉伯
3	国家电网有限公司（STATE GRID）	530008.8	8191.9	中国
4	亚马逊（AMAZON.COM）	513983	-2722	美国
5	中国石油天然气集团有限公司（CHINA NATIONAL PETROLEUM）	483019.2	21079.7	中国
6	中国石油化工集团有限公司（SINOPEC GROUP）	471154.2	9656.9	中国
7	埃克森美孚（EXXON MOBIL）	413680	55740	美国
8	苹果公司（APPLE）	394328	99803	美国
9	壳牌公司（SHELL）	386201	42309	英国
10	联合健康集团（UNITEDHEALTH GROUP）	324162	20120	美国

2023《财富》世界500强榜单前十位

在2023《财富》世界500强排名中，沃尔玛连续十年成为全球最大公司；在盈利方面，沙特阿美利润增长51%，以约1590亿美元的利润位居利润榜榜首；在净资产收益率（ROE）方面，家得宝公司以超过1095%的净资产收益率位居榜首；在利润率方面，美国邮政以高达71%的净利润率位居榜首。

1	Walmart沃尔玛 (0755-21512288)	品牌指数：97.9
2	沙特阿美 (010-85905900)	品牌指数：97.0
3	国家电网STATEGRID (95598)	品牌指数：95.9
4	Amazon亚马逊	品牌指数：95.0
5	中国石油 (956100)	品牌指数：94.5
6	中国石化Sinopec (010-59960114)	品牌指数：93.5
7	埃克森美孚 (400-820-6130)	品牌指数：93.2
8	Apple (400-666-8800)	品牌指数：92.2
9	Shell壳牌 (010-65296616)	品牌指数：91.2
10	UnitedHealth联合健康	品牌指数：90.3

2023《财富》世界500强榜单前十位及品牌指数

从地区分布上看，在2023世界500强企业排行榜中，加上台湾地区，我国共有142家企业上榜，位居各国之首。其中，中国（包括中国香港）上榜企业数量比去年减少1家，为135家；美国有136家企业上榜，比去年增加12家，排名第二位；日本有41家企业上榜，比去年减少6家，排名第三位；中国、美国、日本合计上榜企业占据了世界500强榜单的一半以上，达64%，占营收总额的68%。从具体城市来看，来自北京、东京、纽约、首尔、上海的企业较多，占据上榜企业数量的1/4。

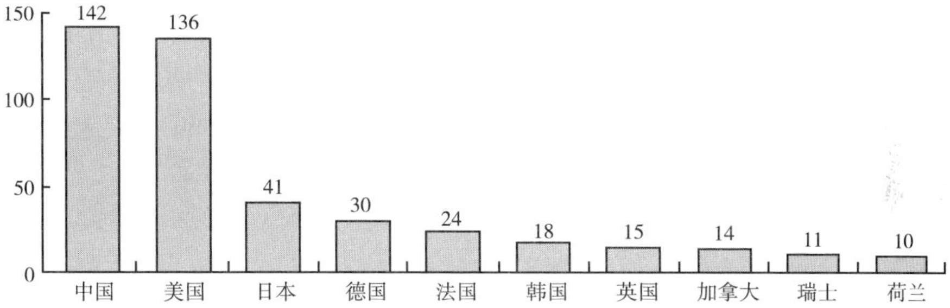

2023世界500强榜单排名前十国家和地区

1	国家电网STATEGRID (95598)	品牌指数：91.5
2	中国石化Sinopec (010-59960114)	品牌指数：90.7
3	中国石油 (956100)	品牌指数：90.1
4	中国建筑CSCEC	品牌指数：89.0
5	鸿海	品牌指数：88.5
6	中化Sinochem (010-59568888)	品牌指数：87.6
7	宝武钢铁BAOWU (400-820-8590)	品牌指数：86.8
8	中国中铁CREC (010-51845225)	品牌指数：85.7
9	中国平安PINGAN (95511)	品牌指数：85.2
10	中国铁建CRCC (010-51888114)	品牌指数：84.8

2023世界500强榜单中国排名前十及品牌指数

资料来源：《财富》品牌实验室官网、MAIGOO官网数据整理. https://www.maigoo.com/brand10/list_3072.html.

随着经济全球化不断深入，企业经营思路更加强调国际化，全球化程度不断提升，战略重点逐步由局部性单一市场、机构或部门的盈亏得失转向对长期、整体以及均衡的利益的追求。

（二）构建全球价值链、全球生产网络，实现竞争优势

全球竞争格局下，企业将生产运营的各个环节分布在具有技术、资源、劳动力和市场优势的世界各地，形成基于全球价值链的高效分工体系，并在全球范围内配置、整合与协调各种战略资产与资源。比如，利丰公司构建起遍布世界40多个国家的8000～10000个供应商所组成的网络，为全球超过2000个客户提供服务。举例来说，要完成一个美国零售商的服装订单，利丰公司需要在中国织布，在韩国采购扣件，在危地马拉完成缝纫。也就是说，即使是完成像衬衫或裙子这样的日常产品，也需要分布在价值链上的数个国家不同业务活动之间的分工、协作与资源配置。另一个经常提及的著名例子是美国波音公司的波音747飞机，它共有400万个零部件，由分布在65个国家的1500家大企业和15000多家中小企业根据波音公司的统一协调实现生产。

（三）组织变革与重构面临挑战

随着企业参与全球竞争程度的加深，环境不确定性会通过复杂性以及动态性两大方面对跨国企业的组织结构设计、调整与变革产生压力。

根据联合国制定的《跨国公司行为守则草案》，跨国公司是指“由在两个或更多国家的实体所组成的公有、私有或混合所有制企业，该企业在一个统一的决策体系下运营，制定一致的政策和共同的战略；该体系下的各个实体通过股权或其他方式结合在一起，其中一个或更多的实体得以对其他实体的活动产生有效影响，并与其他实体分享知识、资源与责任”。

1. 环境复杂性对组织结构的压力

国际化战略环境大致包括政治、法律、经济、技术以及社会文化等要素。其中，经济复杂性对于组织变革与重构的影响最为显著。经济环境越复杂，越需要跨国企业设置更多岗位、招聘更多人员，以实现对大量外部环境信息的处理与反馈。企业规模的跨国扩张需要进一步提高组织结构设计的科学性和合理性、资源利用效率以及部门间的协同效率，这也是管理者需要重点解决的重要战略议题。

2. 环境动态性对组织结构的压力

随着企业国际化程度不断提升，业务覆盖面不断拓展，所面临外部环境的动态性随之增强，如果继续通过刚性组织结构进行生产、经营，会大大降低企业国际化战略的效率。因此，企业如何通过对组织结构的柔性化改造，适应海外经营环境动态性的要求，实现母公司全盘调控与海外子公司局部独立灵活的平衡，会成为重要的战略议题。

（四）全球组织学习面临挑战

跨国企业的创新、学习能力是其竞争优势的重要来源，主要体现在对先进技术、管理经验以及优质人力资源的吸收与整合，承担相应的知识学习成本，继而提高生产经营效率和价值。然而，全球复杂多变的市场环境对企业建立适宜的组织学习及创新模式提出了挑

战。全球化环境下知识学习过程存在巨大风险，复杂的环境往往会降低知识利用的效率与产值。尤其是处于相对竞争劣势的发展中国家的跨国企业，即使承担高昂的学习成本，也未必能获得必要的知识、经验资源，这不仅影响企业的正常经营效率，甚至还会给企业带来巨大的战略风险。

二、国际化战略的内涵

国际化战略的内涵

（一）国际化战略的概念界定及特征

企业的国际化战略，简单来说，是指企业通过在本国市场以外销售产品与服务，将业务扩展至更多国家，并与其他国家的企业进行竞争。但是，企业将自己的产品与服务销售至海外市场的行为，并不能涵盖国际化战略的全部内涵。从战略管理的角度看，国际化战略是指从事国际化经营的企业通过系统地评估自身的经济资源以及经营使命，确定一个较长时期内企业的主要任务和目标，并根据变动的国际环境拟定必要的行动方针，为企业在国际环境中求得长期生存和发展所制定的长远的、总体的规划。从战略管理的核心内容和要素来看，国际化战略实质上是企业以更加广阔的全球战略视野来规划自身的产品与市场范围、增长向量与成长方向、竞争优势和协同作用。它是跨国企业系列战略决策的结果，同时也是制订中长期计划的依据。

具体来说，国际化战略具有以下几方面特征：

（1）系统性与纲领性。跨国公司的国际化战略往往以全球市场为目标，从全球竞争态势出发来安排投资、生产、营销以及研发等经营管理活动，即跨国企业为进入海外市场制定的国际化战略并非局部性的战略或战术，而是体现该公司开拓海外市场的整体性目标体系，包含对企业行为的原则性规范和要求，更加强调对企业国际竞争力以及整合战略系统的效率、效果的全面提升，更加看重全球战略利益最大化和战略资产、战略资源的系统整合。

（2）风险性。参与海外竞争需要跨越多种文化系统，需要在全球范围内配置资源，所面对的是比国内环境更为复杂的不确定性，不易控制的因素和变量大大增加，使国际化战略决策的风险增大。

（3）动态性与柔性。由于跨国企业外部市场环境具有较大的不确定性，其国际化战略结构往往更倾向于柔性，能够根据外部环境的变化进行相应的战略调整，保证跨国企业内外部关系始终保持协调与统一，使企业始终能够在市场中占据有利的战略地位。

（二）国际化战略的层次结构

从以上分析来看，跨国企业的国际化战略是一个多元化的复杂体系，一般将这种复杂的战略结构概括为三级金字塔形态，从上至下分别包括三大层次：国际化战略的企业层次、经营层次和职能层次。

1. 国际化战略企业层次

国际化战略企业层次（也称公司层次）是企业国际化过程中战略管理的最高层次，核心目的在于明确跨国企业的经营范围以及宏观战略目标。企业层次国际化战略更加关注两方面问题：一是企业应该做什么；二是企业通过何种方式或途径实现经营目标。该层次的国际化战略更加强调全局性、整体性和长期性。全局性是指跨国企业战略规划的目标在于追求国际化战略全局利益的最大化；整体性是指企业层次国际化战略既要包含对高层管理者的要求和约定，又要对企业各个职能部门、子公司的经营行为或者行为规范进行约定；长期性是指企业层次国际化战略更加强调跨国企业的长期愿景，是对企业未来较长时间内开展国际化经营的区域、类型、方向的规定或描述。

一般来说，跨国公司企业层次国际化战略有国际战略、多国战略、全球战略以及跨国战略四种类型，其内涵及属性如表 8 – 1 所示。

表 8 – 1　　国际化战略企业层次各类型比较

类型	国际战略	多国战略	全球战略	跨国战略
战略重点	• 通过全球范围的技术扩散和适应性调整跨国企业母公司的知识和能力	• 依靠企业家和开拓能力，提高东道国子公司的自主经营灵活性，适应不同国家的差异	• 通过集权、全球规模的经营建立成本优势	• 同时建立全球效率、经营灵活性和世界范围的学习能力
资源能力配置	• 核心技能集中在母公司，其他分权给国外子公司	• 跨国企业国外子公司分权管理，实行适当的自给自足经营	• 全球规模经济的集权管理	• 分散的、相互依存的和专门化的能力

资料来源：陈志军，张雷．企业战略管理（第 2 版）[M]．北京：中国人民大学出版社，2023：188.

（1）国际战略，是指企业将其具有价值的产品与技术转移到国外市场，从而创造价值的战略。大部分企业采取国际战略时，是把从母国所开发的差异化产品转移到海外市场来创造价值，这种情况下，企业大多把产品开发的职能留在母国，而在东道国建立制造和营销机构。

在多数国际化企业中，企业总部一般严格控制产品与市场战略的决策权。

国际战略假设与产品生命周期理论具有一致性，产品的开发生产主要是在国内市场，只是把国内市场的剩余产品销往国外，技术和其他知识从母公司向海外子公司转移，海外制造被看作保护母公司国内市场的手段。

例如，宝洁公司所有产品都有生产设施，然而这些生产设施所生产的具有当地特色的产品都是由母公司开发出来的，并且这些产品的营销广告词也是在美国形成的。

国际战略的一个突出缺点就是无法获得规模经济，又丧失对当地市场环境的反应能力。

（2）多国战略（见图 8 – 1）。母公司在多国建立子公司，企业的海外据点由一国发展到多国，并将战略决策权分配到各子公司，各子公司在母公司总体战略指导下，设计、生产和营销适合当地市场的产品或服务，实现本土化经营。

多国战略下子公司具有较大的经营自主权和灵活度，既能够生产经营母公司指定的产品，也可根据东道国市场情况经销其他相关产品，以提高对各东道国市场环境的适应程度，扩大在国外市场的占有率并增加销售收入。

采用多国战略的跨国企业不断追求当地市场的地域差别和内在特征，继而确定子公司经营的组织结构、决策机制、人力资源、经营方式等，提升组织与东道国市场的契合性。

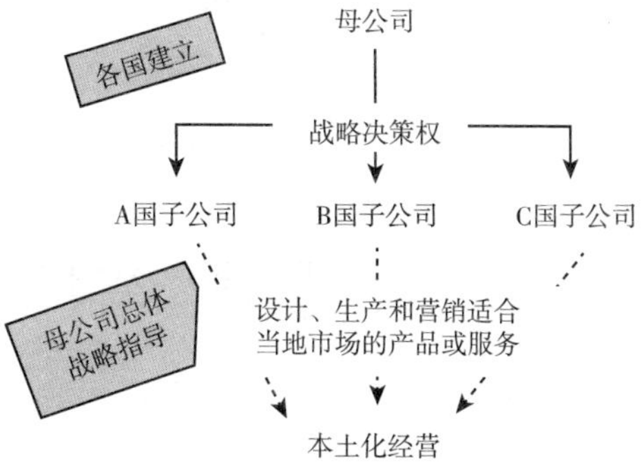

图 8-1　多国战略图解

与采用国际战略一样，采用多国战略同样倾向于把在本国开发的技术和产品向海外东道国市场转移。

多国战略优势：对东道国不同市场环境的适应能力较强；各东道国的子公司开展研究开发、生产、销售等范围广泛的价值链活动。许多欧洲企业如飞利浦、雀巢、联合利华等都采取此类战略。

多国战略的缺点：经营成本较高；子公司之间较少的知识和能力转移；管理复杂性增加。

▶案例

联合利华的多国战略

联合利华集团是由荷兰 Margarine Unie 人造奶油公司和英国 Lever Brothers 香皂公司于1929 年合并而成。总部设于荷兰鹿特丹和英国伦敦，分别负责食品及洗剂用品事业的经营。联合利华（中国）在本土化方面一直走在跨国公司前面。联合利华在中国长期推行本地化战略，实行了包括人力资源本土化、采购本土化、资本运作本土化、研发本土化、品牌本土化等策略。

1986 年联合利华进入中国市场，推出了中华牙膏、力士、夏士莲、多芬等众多品牌。联合利华通过一系列并购交易获得了许多品牌，同时也创立了许多独立品牌，目前联合利华在全球有 2000 多个品牌，其中大部分都是收购本地品牌。联合利华国际化战略的成功之处，就是善于收购本地品牌并提升为国际品牌。

联合利华（中国）品牌图解

资料来源：陈洁茹．联合利华在中国经营策略研究［D］．黑龙江大学，2016.

（3）全球战略。全球战略是指母公司集中决策，在不同国家的市场中销售标准化产品，不同国家市场的产品更趋于标准化，竞争战略更集中，由本国总部控制。

在执行全球战略的过程中，跨国企业的核心任务在于：确定全球战略的核心产品，有效协调和控制全球范围内该类产品的生产活动，实现全球最佳分工以及资源合理配置，通过全球大规模生产经营，提高市场份额。

全球化战略注重规模效应，利用在公司层次上发展的或其他国家在其他市场上发展的创新；相应地降低了风险，但也可能忽略本地市场的发展机遇。

全球化对本地市场反应迟钝，由于需要跨越国界协调战略和业务决策，因此管理成本增加。

全球化战略的使用条件包括：实现考察不同市场中消费者需求是否相似；确定全球产品；全球范围内合理配置价值链活动；实现全球产品大规模生产，提高全球经营效率。

例如，可口可乐公司在所有国家销售同样的产品，使用同样的生产方法。1886 年可口可乐在美国佐治亚州亚特兰大市诞生，目前全球每天有 17 亿人次消费可口可乐公司产品，每秒售出 19400 瓶，为目前全球最大的饮料厂商。可口可乐的全球化战略是其实现全球化的重要原因，在全球化过程中注重国际市场的整体性，将世界市场看作一个整体，统一规划与协调；通过提高其产品在全球的可获得性、全球服务能力以及全球知名度来强化顾客偏好。

再例如美国吉列公司，该公司生产销售同样的产品，目前该公司控制了全球剃须产品 70% 的市场份额，主要优点就是具有规模经济效应。

（4）跨国战略。跨国战略是综合了上述三种战略的国际化战略，是企业国际化战略的较高发展阶段（见图 8－2）。

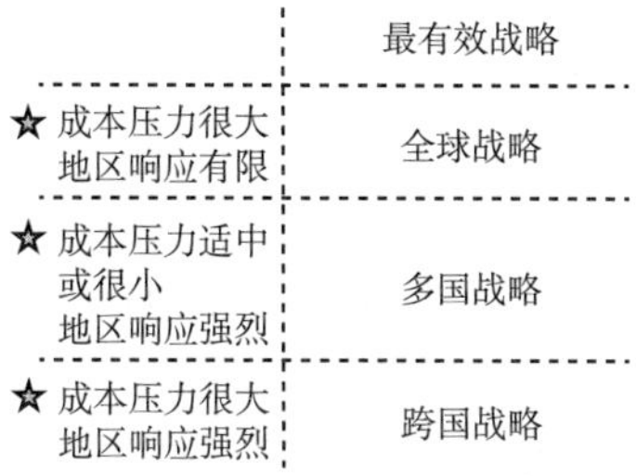

图 8－2　跨国战略 VS 全球战略 VS 多国战略

跨国战略寻求全球化的效率和本土化的反应敏捷地统一。在全球激烈竞争的市场格局中，跨国战略实施的企业形成以经验为基础的成本效益和区位效益，转移企业的核心竞争力，同时注意当地市场的需要。

在跨国战略的视野之下，海外子公司与母公司的联系更为密切（见图 8－3）。为了避免外部市场的竞争压力，母公司与子公司互相提供产品和技术，子公司之间也可以互相提供产品和技术。一方面，跨国公司总部或母公司要求各海外子公司在当地市场灵活适应；另一方面，母公司通过与各子公司建立强大的网络联系，有效地协调各子公司的经营活动，以实现整个企业利益最大化。

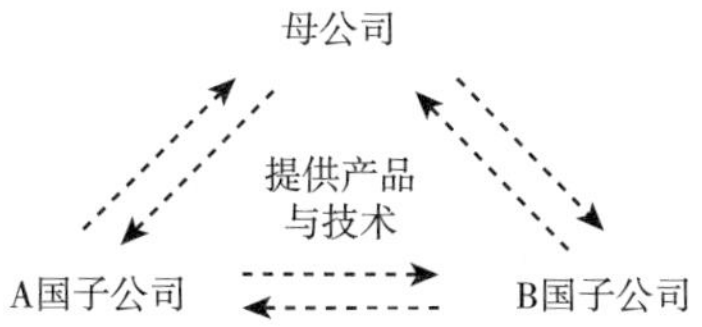

图 8－3　跨国战略母公司与子公司关系

一般而言，采用跨国战略的企业需要具备如下条件：目标市场为全球市场；产品品种多且具有差异；资源可以共享；成本压力和本土压力双高。

采用跨国战略的企业为了建立世界范围的竞争优势，必须兼顾全球效率、当地灵活性与全球范围内学习创新能力。其核心内容就是确定如何配置资源及各种生产、管理和经营能力，同时在适应能力、全球性经营效率和学习创新能力三个方面构建独特的组织机制与竞争优势。

综上，以本土独立性和适应能力为横坐标，全球协作程度为纵坐标，可以绘制出四种国际化战略的综合关系图（见图 8－4）。

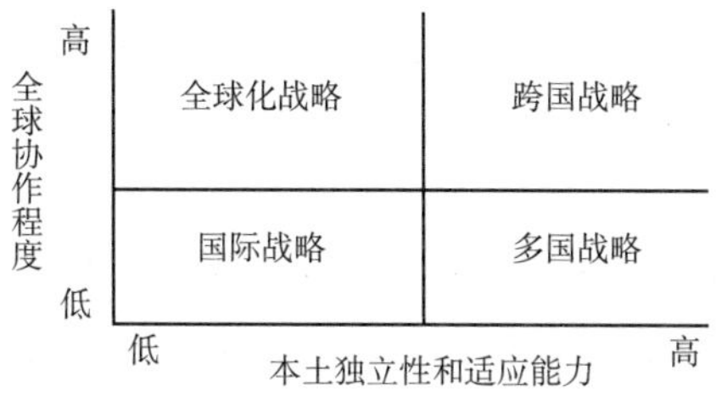

图 8－4　四种国际化战略关系网图

▶案例

OPPO在印度国际化的进展与困境

2014年开始OPPO就加快了国际化的步伐，OPPO的发布会在北京、新加坡同步召开。在印度尼西亚的工厂已经开工，在泰国、印度尼西亚、越南等国已成为销售额排名前五的品牌，OPPO手机已进入东南亚、南亚、中东、非洲、拉丁美洲和澳洲等超过20个国家和地区，目前东南亚和印度为重点市场。2016年OPPOR9销量超2000万台，这不单单是只属于OPPO一家的荣誉，因为在国外手机巨头牢牢抓住手机市场巨大份额的这些年里，国产品牌的这个里程碑式的成绩彻底打破了这个困局，除了单品超2000万台以外，OPPO公司2016年还以9940万台的全球出货量排名第四，这意味着OPPO在海外市场中也取得了斐然的成绩。

然而在取得成绩的同时，OPPO国际化的进程中也面临巨大的挑战与困境。以印度为例，印度对外国企业并不友好，沃尔玛、福特、谷歌、微软等巨头均在印度栽过跟头，全球最大的零售商——沃尔玛甚至一气之下放弃了印度的零售市场。2022年至2023年，小米、OPPO等国产厂商均被印度以税务相关问题进行处罚。

对于中国科技公司来说，这是一个多方面的挑战。首先，这些处罚无疑加大了它们在印度的经营压力。在已经付出巨大努力开拓市场，与当地品牌展开激烈竞争的情况下，如今又要面对巨额税收问题，这对于任何企业都是沉重的打击。其次，这也暴露出中国科技公司在海外扩张过程中，尤其是在政策和经济环境复杂的国家，如何合规经营的问题。当然，像印度可以为了罚款而随时修改法律的国家，无论如何也没办法通过对税法的理解和对税务筹划的把握，来躲避这种坑害。

资料来源：凌慧．中国手机企业印度市场进入策略研究［D］．浙江大学，2018.

虎啸商业评论．小米、OPPO等在印度被罚惨了［EB/OL］．新浪财经头条，https：//t. cj. sina. com. cn/articles/view/6489415667/182cc9ff3001013lt1.

2. 国际化战略经营层次

战略经营单位是国际化战略经营层次的核心单位，主要职能在于根据企业层次的国际化战略宏观规划，在特定区域市场、特定国家或者针对某类型客户人群，推动国际化战略具体运行。不同战略经营单位在推进战略实施过程中，会因为跨国企业整体资源配置的差异或者外部区域市场条件不同，根据实际情况灵活采取形式各异的具体战略执行方法。不同战略经营单位会根据实际情况，制定符合自身利益最大化的经营战略，具体解决以下两个方面的问题：

（1）海外市场进入战略。进入海外市场是企业国际化战略决策中的重要一环，具体内容包括：进入战略动机分析、海外市场区位决策和进入方式决策。首先，企业海外市场进入战略的动机主要表现为：提高海外市场份额、获取低成本生产要素等，不同类型的战略经营单位的战略动机并不相同。其次，对具有区位优势或有利于企业所有权优势发挥的海外目标市场进行选择。全球国家和地区数目众多，各国和各地区条件各不相同，资源条件各有特点，企业需要在适合己方条件的国家或地区市场实施国际化战略。最后，选择合理的进入模式进入海外目标市场，具体可以包括并购、合资建设等。

（2）海外市场竞争战略。进入海外目标市场只是国际化战略决策核心内容的一个方面，如何在海外市场发挥自身所有权优势，提高经营效率，确立并扩大自身竞争优势同样重要。战略经营单位决策者需要巧妙建立与政府、竞争对手、分销商以及消费者等利益相关群体的社会互动关系，明确所有权优势最大化以及风险规避策略，实现局部市场的占有率提高以及较高的利润回报。

▶案例

海尔国际化战略的进入战略

1999 年 4 月 30 日，在美国南卡罗来纳州中部的一个人口为 8000 人的小镇坎姆登（Camden）的一片空地上，鲜艳的五星红旗和蓝色的海尔旗迎风招展。由海尔集团投资 3000 万美元，占地 44.5 万平方米的生产中心举行了奠基仪式，中国驻美大使李肇星主持了剪彩仪式。这是中国企业当时在美国最大的一笔投资，标志着海尔国际化战略迈出重要的一步。

一年以后，第一台带有“美国制造”标签的海尔冰箱成功出产，开始了中国企业在美国本土制造冰箱的历史，海尔成为中国第一家在美国制造和销售产品的公司。

2001 年海尔集团耗资 500 万美元在意大利并购了当地一家工厂，占地面积 22 万平方米，地理位置优越，周围聚集了世界著名的家电制造厂商，如惠尔浦、扎努西、欧成盛等，海尔又开始了中国在欧洲大陆生产家电的历史，再一次展现了海尔争创世界名牌的决心。

伴随着海尔兄弟在一个又一个国家的登陆，来自中国美丽海滨城市青岛的海尔集团吸引了世界上越来越多的目光和赞誉。1999 年 12 月 7 日，英国《金融时报》公布了“全球 30 位最具声望的企业家排名”，海尔集团总裁张瑞敏位居第 26 位，这是目前中国企业家在世界范围内获得的最具影响力的美誉。2000 年 2 月，在法国巴黎举行的 CONFORTEC 家电展上，海尔品牌被世界三大信息公司之一的欧洲 GFK 公司列入欧洲名牌行列。

据《福布斯》杂志资料表明，海尔在全球白色家电业竞争力居世界第六位；据 2001 年欧洲 Euro monitor 统计公布的全球冰箱品牌排名，海尔雄踞第二，而全球洗衣机品牌排名，海尔则雄踞第三。

海尔已经成为中国企业国际化的排头兵。

资料来源：谢佩洪，朱一．海尔集团的品牌国际化升级路径［J］．清华管理评论．2018（12）：52 - 60.

（三）国际化战略职能层次

职能部门是职能层次国际化战略制定、执行的核心部门，职能层次国际化战略是支撑经营层次国际化战略的一系列战术、战略，大致包括技术战略、产品战略、营销战略、财务战略、人力资源战略等。主要具有以下特征：第一，短期性。周期相对较短，一般为1年左右。第二，操作性强。一般职能层次国际化战略更多明确的是管理者或者员工具体的行为要求和标准。例如，职能层次人力资源战略更多强调：应该采用哪种人力资源管理模式；如何识别有才能的当地员工；能否将母国的培训方法运用于当地员工；哪种业绩评价方法适合当地情况；如何留住高潜质当地员工等。又如，跨国企业的财务战略更多强调：如何保障跨国企业的当地资产价值；如何在当地取得融资；如何获得东道国财税鼓励政策或减免政策等。

三、国际化阶段与战略管理

正是由于国际化战略存在不确定性，国际商务经营环境存在大量风险，面对风险，跨国企业往往会采用循序渐进的海外市场进入方式，逐步提高国际化程度。一般而言，国际化有四个阶段，不同阶段的战略重点和目标均存在差异。

1. 第一阶段

在扩大销售额、寻求新资源或市场或者尝试多元化经营的激励下，很多企业开始启动对国际化战略的尝试与探索。在启动探索阶段，跨国企业的业务往往局限于间接进出口贸易。由于缺乏经验，在开展进出口贸易时更多依赖进出口公司帮助安排相关事务，也会依赖劳务管理公司组织人力资源，保障其国际化战略圆满实施。一般情况下，第一阶段的国际化战略对于企业自身的资源、能力要求相对较低，只需安排少量专业人员，在短期内借由专业组织协助或代理便可实现。

2. 第二阶段

企业积累一定经验后，便进入国际化战略第二阶段。此总体上要求企业能够逐步独立操作商品和劳务的进出口业务，能够主动、直接联系和寻求贸易伙伴或国际化业务合作伙伴。一般来说，该阶段企业的业务重点和战略重心依然以国内市场为主。

3. 第三阶段

在跨国企业以产品进出口为主的国际化活动发展到成熟阶段之后，其国际化战略行为会逐步趋于多元化，开始涉及许可、技术转移与转让以及跨国直接投资等多种经营方式，企业整体更为深入地参与到海外商品、劳务、生产、销售等环节之中，并开始在海外市场投资建立营销性或生产性机构。这些机构能够代表企业直接与海外市场的利益相关群体展开谈判，从而直接将母公司的战略意图进行具体的延伸和执行。

4. 第四阶段

进入这一阶段的跨国企业海外市场利润率不断提升，原有国内市场经营活动的重要程度相对下降，海外或全球市场战略利益的重要性日益突出。企业会从全球市场一体化的战略视野出发，在更为广阔的国际市场上寻求全球竞争优势，并努力成为真正意义上的跨国公司。在该阶段，跨国企业往往由较为单一的经营形式发展为多元经营模式，组织机构也变得复杂庞大，以便较好地适应复杂的全球经营环境，并运用国际化战略领导和控制全球范围内的商务活动和海外子公司。

表 8－2 总结了企业国际化发展不同阶段的全球市场联系、经营范围与区域、战略导向、业务活动类型、组织模式等方面的转变，从中可以比较各个阶段企业国际化战略的重要差异及相互之间的联系。

表 8－2　　企业国际化阶段与国际化战略

国际化战略要素	第一阶段	第二阶段	第三阶段	第四阶段
全球市场联系	间接、被动	直接、积极	直接、积极	直接、积极
经营范围与区域	国内	国内	国内和国外	跨国
战略导向	封闭、国内市场	海外相邻市场	开放、国际市场	全球市场
业务活动类型	商品的对外贸易	商品或服务的对外贸易	贸易、许可、技术转移、对外直接投资等	各种股权与非股权方式
组织模式	传统国内市场	进出口部	国际事业部	全球结构

第二节　国际化战略的动因

国际化战略的动因

尽管企业进行国际化的原因可能具有偶然性，但是从普遍意义上，企业之所以进行国际化，是由于国际化能够获得更大的收益，或者具有获得更大收益的潜在机会。企业国际化动因主要是通过国际化企业可以有效地利用国家差异、规模经济和范围经济达到降低成本、提高效率、降低风险、学习和创新等目标。

随着信息及交通技术的飞速发展，国际分工深化，全球经济一体化趋势逐渐增强，企业国际化发展势头更为迅猛，越来越多的中国企业实施国际化战略。那么，企业的国际化背后究竟蕴含着怎样的战略管理逻辑和动机？企业为什么要实施国际化战略？

一、市场寻求

跨国公司国际扩张以占据和扩大海外产品/服务市场为目的，市场吸引力是其主要动力之一。

1. 国际化战略有利于延长产品生命周期

根据国际产品生命周期理论，一个公司的国际化可以分为三个阶段：新产品阶段、成熟产品阶段和标准产品阶段。当产品发展到一定阶段后，企业就会采取国际化战略，以便获得更高的投资回报率。同时，技术的发展越来越快，产品的生命周期不断缩短。当某产品在相对发达地区已进入成熟期或者衰退期时，将其引入欠发达地区可以充分延长该产品及生产线的生命周期，在初始投资固定的前提下，使企业获得更高的投资回报。

2. 国际化战略有利于扩大品牌既有优势，开拓市场

中国企业在出口市场取得的成功以及在国内市场与西方跨国企业直接竞争所积累的经验为实施“走出去”战略奠定了基础，“走出去”可以更好地开拓海外市场，挖掘东道国的市场潜力。当前以及潜在市场需求与规模会直接影响投资的预期收入，因此对海外直接投资决策有显著影响。寻求和占领更广阔的海外市场是企业国际化经营最普遍和最重要的动机。市场寻求动机来源于企业自身生存和规模扩张的需要。已在国内取得某些优势，通过这些优势的跨国界转移可促进企业在海外市场中取得竞争优势。

3. 国际化战略有利于企业寻找新的市场和顾客

国内市场狭小，难以消化产业所需的大批量制造加工能力，例如食品、化工、汽车制造等。经济一体化为企业带来发展机遇，由于贸易与投资自由化的发展，许多受国家保护的市场被进一步开发。企业将其地理目标范围由母国逐渐扩大到其他国家后，消费者人数必然会大幅增加，绝对购买力水平会提升。当母国所在市场规模狭小或某类产品持有量日趋饱和时，企业往往表现出强烈的对外扩张倾向。

二、资源寻求

除了市场寻求动因之外，国际化战略还存在资源寻求动因。

1. 许多中国企业采取海外并购等方式获取发达国家的自然资源，以确保供应，控制成本，缓解国内市场对海外资源的需求压力

自然资源寻求型的海外直接投资涉及对海外自然资源的股权控制。资源是区域经济发展的基础，是企业获得超额利润的前提。原材料，特别是矿产和能源对某些产业十分重要。如铝合金生产商需要铝；轮胎生产商需要橡胶；石油公司需要在世界范围寻找新的石油储备。资源寻求型海外扩张是指在国家支持下，跨国公司作为主体到海外勘探开发稀缺资源，从而在保证本国资源需求的前提下，在国际贸易中获利。其最主要目的是通过投资于海外的铁矿、铜矿、油田、煤矿、天然气等，从国外获得本国缺少的或相对劣势的原料产品，利用外国的资源来弥补母国资源劣势，并获得低成本原料所带来的利益。此外，跨国公司可以实现在全球各地设立子公司从事资源的开采、冶炼以及最终产品的制造。

2. 海外直接投资可以维护原料来源的稳定性

使用进口原料的企业随时都受到国际原料市场的影响，不确定性较高。原料出口国政府随时有可能对原料出口进行限制，提高贸易壁垒。贸易壁垒使企业原有外销市场受到威胁，企业产品要么会因关税保护而在价格竞争中失利，要么难以甚至根本不能进入这个市场。企业为了保护产品出口市场，可以通过直接投资将生产基地由本地转移到原产品进口国，以绕过关税壁垒，就地生产，就地销售。发达国家企业对发展中国家的这类投资，就将原来的向最终产地出口改为直接投资形式下的零部件、中间品、机器设备和技术知识的输出。如果这些生产要素的输入与东道国经济发展战略特别是进口替代战略目标一致，那么投资不仅保护和维持了原有的外销市场，还会得到东道国政府的支持和保护。

3. 海外直接投资有利于企业充分利用当地生产区位优势

跨国公司根据专业化协作的原则，利用其世界领先技术，进行海外直接投资，在全球范围内最具有相对优势的地方配置专业化生产厂家，形成国际专业化生产网络。尽管公司内部相互提供原料或中间产品可能导致运输成本大幅上升，但由于实现了广泛的分工协作，充分利用各地相对生产区位优势，扩大了生产规模，其成本节约可能大于运输成本而使跨国公司获利。

三、全球效率

海外直接投资可以为跨国公司带来规模经济。公司为了尽快收回投资及获取较高利润，需要更大的市场规模。当存在超越本国市场容量的规模经济时，企业为了降低产品成本，取得规模经济效益，就不得不向新的市场渗透，将企业的储运、采购、生产和市场营销等活动转向国际，通过进入国际市场有效扩大市场规模，国际范围内的纵向一体化是实现规模经济的关键。

对那些本国市场增长有限的企业来说，国际化战略是一个更有吸引力的选择。例如，美国的软饮料市场已经相对饱和，一个企业市场份额的增加基本上是以减少竞争对手的市场份额为前提的。在这种情况下，两个主要的饮料制造商可口可乐和百事都进入了国际市场寻求发展机会，有效地拓展了市场空间。

在为企业创造规模经济的同时，国际化也为企业提供了学习机会。当存在超过本国市场容量的规模经济时，企业为降低成本取得规模经济带来的效益，就将向新市场渗透。通过跨国界的资源和知识的共享，进一步构建核心竞争力。企业的规模经济是经验曲线的成因，最佳经验曲线是尽可能下滑的曲线，以使企业获得成本优势。

四、战略资产寻求

战略资产是指能够为企业带来长期竞争优势的资产，从本质上讲，这是一种难以被模仿或替代、非交易性、缓慢积累且符合市场需求的资产。学者认为，企业的战略资产分为顾客资产、渠道资产、投入要素资产、过程资产以及市场信息资产。众多企业的对外直接投资是通过跨国并购来获取战略资产。战略资产匮乏是新兴经济体缺乏持续竞争优势的根本原因。企业特定优势最终取决于企业所能掌控的技术、生产知识、管理经验和营销能力等特殊资产。

获取战略资产主要有三种方式：内部培养、要素市场购买和跨国并购。虽然内部培养可以有效获得战略资产，但是由于战略资产的累积性和复杂性，内部培养往往需要花费大量的时间和资金成本，速度较慢，而且具有极大的不确定性，无法满足企业在动态市场上的竞争需要。同时，战略资产培养需要企业具有足够的资源与能力，门槛较高。内部培养对外部环境的要求也较高。由于战略资产是一个难以分解的复杂的知识系统，离不开特定的产生及应用环境，而且从交易成本角度看，其价格很难评估，因此其无法从要素市场直接购买。由此可见，只有跨国投资能够更快地获得战略资产，对于新兴跨国公司而言，跨国并购是实现赶超战略的捷径。通过并购，战略资产与其赖以存在的组织系统共同作为交易的标的物进行整体交易。

▶课程思政案例

“一带一路”下我国企业走出去——高铁企业

“一带一路”全称为：丝绸之路经济带与21世纪海上丝绸之路，是由国家主席习近平于2013年9月和10月出访东亚和东南亚国家期间先后提出。其中“一带”包括与历史上丝绸之路的北中南三条线路相呼应的三条重点畅通路线；“一路”坚持两个方向，一是从中国南海港口过印度洋；二是延伸至欧洲，和从中国沿海港口过南海到南太平洋。

中国勾勒的高铁丝绸之路

“一带一路”倡议提出以来，“一带一路”建设从无到有，从理念到行动，从一国倡议上升到全球性共识，取得了令人瞩目的成就。基础设施建设是“一带一路”的重点合作领域，国际、国内“一带一路”重点基础设施项目有序推进中，其中铁路是备受关注的“一带一路”基建领域，重点铁路项目包括中老铁路、中泰铁路、匈塞铁路、莫喀高铁、木姐—曼德勒铁路、雅万高铁、麦麦高铁、马来西亚东海岸铁路、马来西亚南部铁路、尼日利亚阿卡铁路、亚吉铁路、肯尼亚蒙内铁路、尼日利亚沿海铁路、中巴铁路、中吉乌铁路等，还包括伊朗德黑兰—马什哈德铁路电气化改造、阿根廷贝尔格拉诺货运铁路改造、格鲁吉亚铁路现代化项目T9隧道、帕德玛大桥铁路连接线和中欧班列等铁路有相关项目和合作机制。

高铁作为现代社会一种新的运输方式，具有速度快、安全、节能等明显优势。高铁的节能效果非常明显，比如时速 350km/h 的高铁能耗相当于大巴的 1/3、小汽车的 1/6、飞机的 1/4。

中国高铁是中国制造业的荣耀，是中国制造业从劳动密集型向技术密集型转变的一大成果，是中国出口的新亮点。高铁企业国际化的动因：主要是寻求市场和规模经济效应。

2021 年 12 月 3 日，连接昆明和万象、全线采用中国标准的中老铁路正式开通运营，标志着“泛亚铁路”走出了由设想迈入现实的重要一步。在“一带一路”倡议下，现在这个梦想正在沿着越发清晰的“轨道”向前延伸。即将投入运营的雅万高铁，以及仍在火热建设中的中泰铁路和马来西亚东海岸铁路，将把一个前所未有的互联互通网络展现在人们面前。这张不断铺设延伸的“钢铁交通网”，是中国与东南亚国家在践行“一带一路”倡议中正在努力交出的答卷。“一带一路”给发展中国家“一个机会，一个选择”。

“高丝之路”将全国的建筑材料、瓷砖、机械设备、日用品、医药用品等“中国物资”运送到哈萨克斯坦、乌兹别克斯坦、尼泊尔、白俄罗斯等中亚、中欧国家；也将“一带一路”沿线的物品、旅客输送至中国各地，加强了与“一带一路”沿线地区的联系和交往。这对于加强人流、信息流、物流的迅速流动，扩大高铁沿线的“同城效应”，形成活力旺盛的超大型高铁经济走廊，对进一步扩大新丝绸之路经济带的影响力和辐射力，促进地区经济交流合作，加速中国西部地区企业转型升级，助推区域经济社会健康发展具有重大意义。

资料来源：张凡，马晓玥．中国高铁在合作开放中走向世界［J］．中国贸易报．2022－11－17（004）．

第三节　国际化战略环境分析

当企业进行跨国经营时，涉及资源和业务在不同国家之间的流动，因而国际化经营的企业与单纯国内经营的企业相比，面临更加复杂多变的环境，企业认知环境的重要性更为突出。企业在决定将业务向国际市场扩展之前，必须全面充分地了解国际环境的现状和发展动态，这是国际化经营战略获得成功的前提和基础。因此，企业需要运用战略管理的各种分析工具，从经济市场环境、社会文化环境、政治法律环境等方面，对国际化经营的环境因素进行分析，明确国际市场存在的机会、风险和威胁等。

一、经济市场环境

经济市场环境

在国际化过程中，东道国的经济市场状况是企业所面对的各种环境因素中至为重要的基本环境因素。跨国企业必然与东道国的经济市场环境发生直接联系，特定国家或地区的经济市场环境对企业国际化战略运作的影响是最基本、最直接、最广泛的，因此成为国际化战略决策中首先重点考虑的因素。

企业从事国际化经营时必须研究相关国家的经济状况和经济动向，主要包括东道国经济发展水平、国内生产总值及其分布、国际收支、集团贸易与区域性经济、人口与人力资源状况和基础设施等，以便明确市场规模及发展前景。

（一）经济发展水平

一个国家总体的经济发展水平不仅决定出口该国商品的种类，也影响投资类型和方向。

1. 自给自足的经济（维持生存型）

在自给自足的经济结构里，几乎所有的人都从事单一农业劳动，生产的产品大部分被消费掉，以剩下的财物进行物物交换，也进行服务与财物的交换。显然，这种类型的经济能给外国提供的贸易或投资机会是很少的。

2. 原料出口经济

在这种经济中，只有一种或少数几种丰富的自然资源，收入几乎全部靠资源的出口。智利的锡和铜、刚果的橡胶、沙特阿拉伯的石油等就是如此。这类国家和地区是部分机械设备、材料加工设备、工具、器皿和运输工具以及奢侈品的良好市场。

3. 产业发展中经济（工业化型）

在这种经济结构里，工业占一定的地位，一般占国内生产总值的10%～20%。随着工业的发展，进口较多的是钢材、重型机械、通信设备、半加工纤维制品，很少进口纤维成品、纸制品和汽车。随着产业的发展，出现新的富裕阶层和为数不多的中产阶层，他们都需要新式的商品，而且都要从国外进口。

4. 产业经济（工业经济型）

产业经济发达的国家根据工业技术或资本的输出程度建立起自己的工业基础。这种国家与其他工业园互换工业产品，与其他经济类型的国家之间用产品交换原料和半成品。由于中产阶层在大规模产业活动中占有相当重要的地位，这些国家已是一切种类商品的广阔市场，并且有许多投资机会。

（二）国内生产总值及其分布

国内生产总值反映一个国家的总体经济实力，从国内生产总值的增长率更能判明一个国家的经济运行状况及其前景。反映一国贫富的标准尺度以人均国内生产总值这一指标最为科学合理。此外，不仅要考察一国的国内生产总值总量，还要分析国内生产总值的分布状况，即社会财富的分配模式。分配模式除与一国总体经济发展水平有关外，更多的是受政治制度的影响。

国民收入水平越高的国家，对高档消费品、奢侈品和娱乐用品的需求越大，消费者注重产品款式、性能及特色，需要大量广告与促销活动，产品品质竞争多于价格竞争。在发展中国家，强调产品的功能与实用性，营销活动受到文化水平低和传播媒介少的限制，价格因素高于产品质量。由于收入水平与技术水平的差距，一些耐用消费品（如彩电、洗衣机、冰箱、汽车等）在发达国家早已普及，在发展中国家还处在推广阶段。

（三）国际收支

国际收支是指一国在一定时期内从国外收入的全部货币资金和向国外支付的全部货币资金的对比关系。一国国际收支的状况反映在该国的国际收支平衡表上。公司进行国际化经营必须考虑所在国的国际收支状况。一方面，国际收支影响该国本位货币的币值，一个国际收支严重逆差的国家往往会使本国货币贬值，有利于扩大出口；另一方面，国际收支影响该国政府的经济政策以及对外来资本的态度。一般国家是欢迎外国直接投资的，这有利于该国经济的发展与国际收支稳定，但国际收支逆差会影响国际企业的汇出利润与原料进口。

（四）集团贸易与区域性经济

各国和各地区经济是世界经济形成的基础，企业、跨国公司、国家、区域和国际经济组织是当代世界经济的主要行为主体，但世界经济不是各国和各地区经济的简单总和，而是通过世界市场、国际贸易、国际金融、国际投资、国际经济协调等世界经济活动联结在一起的，不同发展水平的国家与国家集团相互联系、相互依赖、共同运动，形成一个经济有机体。

第二次世界大战后，国家成为世界经济的主要行为主体，跨国公同也成为重要的经济行为主体。伴随着跨国公司的崛起，国际经济贸易格局发生了显著变化，集团贸易和区域性经济集团兴起。世界各国在经济贸易交往中纷纷采取措施，一方面以地理位置为依托，在多个国家范围内酝酿或制定一体化的自由贸易协定，建立区域自由贸易组织，形成共同贸易市场；另一方面以各自区域性经济组织为基础，制订贸易协定和经济合作计划，强化贸易壁垒，抵制外国产品对共同市场的冲击。世界经济出现了集团贸易与区域性经济合作的模式，包括建立共同市场、自由贸易区、区域开发合作集团等多种形式。目前主要的区域性经济集团有欧洲联盟、北美自由贸易区、东盟自由贸易区、亚太经济合作组织等。这些区域性自由经济组织以崭新的姿态出现在国际经济贸易活动中，从不同角度推动着本区域和国际经济的发展。

（五）人口与人力资源状况

人口与人力资源是东道国经济市场环境中非常重要的一个因素，它在一定程度上决定该国的市场规模和发展潜力，同时也为跨国公司的正常运转提供劳动力支持，此外，还要研究家庭结构，因为家庭结构不同，对商品的需求存在明显差异。总之，人口总量及其分布和结构对消费需求的总水平具有决定性作用，会对市场需求特征及其结构产生重要影响，是确定目标国家市场规模的重要指标。

（六）基础设施

社会基础设施包括交通运输条件、能源供应、通信设施和商业设施。其中，商业设施包括广告、销售渠道、银行和信贷机构。基础设施越发达，国际企业就越能顺利地在目标国家开展投资、生产和销售活动。

▶课程思政案例

中国基础设施整体水平实现跨越式提升

从港珠澳大桥、北京大兴国际机场、南水北调东中线等重大工程竣工投运，到“县县通公路”“村村通宽带”，基础设施建设成果可感可知。党的十八大以来，中国交通、能源、水利和新型基础设施发展取得了历史性成就。

（一）基础设施建设成果

设施网络化水平不断提高。到2021年底，中国综合交通网总里程突破600万公里，220千伏及以上输电线路84.3万公里，光缆线路总长度达到5481万公里，分别相当于10年前的1.3倍、1.7倍和3.7倍，高铁、高速公路、电网、4G网络规模等长期稳居世界第一。

服务质量能力持续提升。高速铁路对百万人口以上城市覆盖率超过95%，高速公路对20万以上人口城市覆盖率超过98%，民用运输机场覆盖92%左右的地级市，具备条件的建制村实现通硬化路、通宽带、直接通邮，农村自来水普及率提高到84%左右，4G、5G用户普及率达到87%左右。

创新驱动能力显著增强。全球第一条量子保密通信骨干线路“京沪干线”建成，全球电压等级最高、输送容量最大、输送距离最远的吉泉±1100千伏直流输电工程顺利投产，中国天眼、全超导托卡马克装置、上海光源等实现世界领跑。

（二）新型基础设施建设

新型基础设施建设，一头连着扩大内需和改善民生，一头连着技术创新和产业发展，对优化投资结构、以高质量供给创造新需求具有重要的现实意义。

信息基础设施加快升级。从网络设施看，移动通信从“4G并跑”到“5G引领”，下一代互联网技术加快应用，网络规模和应用水平全球领先；从空间设施看，已初步建成卫星遥感、卫星通信广播、北斗导航定位三大系统构成的国家民用空间基础设施体系，具备连续稳定的业务服务能力。

融合基础设施加快布局。立体智能交通体系加速构建，无人码头、自动驾驶等交通运输新形态不断涌现，90%以上机场实现“无纸化”便捷出行，智慧设施正在进入千行百业。

创新基础设施加快优化。中国已经建成体系较为完备的重大科技基础设施，布局建设的77个国家重大科技基础设施中，32个已建成运行，部分设施迈入全球第一方阵。

“十四五”乃至未来较长一段时期，我国新型基础设施建设投资前景持续向好。2022年以来国务院出台支持重大基础设施建设等相关政策，都将新型基础设施纳入支持重点。随着这些政策的落地，一批新型基础设施建设工程将加快启动实施，为稳定投资、扩大内需发挥积极作用。

资料来源：李婕．基础设施整体水平实现跨越式提升［N］．人民日报海外版．2022－09－28（003）．

二、社会文化环境

社会文化环境

社会文化环境影响企业进行国际经营和国际化扩张，各国有自己独特的文化环境，在不同国家经营要求企业适应不同的文化。社会文化环境是企业在国际市场生存和发展必须考虑的因素，包括文化价值观差异、宗教信仰、教育水平等方面。

（一）文化价值观差异

文化差异主要是指不同的民族有不同的文化模式，存在语言沟通、宗教信仰、价值观念、思维方式、社会组织、风俗习惯、教育和工作态度等方面的差异。文化差异是企业国际经营管理中最重要和最关键的影响因素，主要表现在东道国文化与母国文化差异、跨国公司主文化与亚文化差异。

文化是由在同一历史背景下生活的同一地理区域内的一群人的思维方式、认知方式、评价标准以及行为准则等组成的。文化决定了人们的信仰、行为规范和价值观，成为人们的行动指南，影响人们对工作、金钱、事业和家庭的看法和认识。当带有不同文化烙印的人进入跨国公司时，他们的价值观、思维方式在很大程度上会影响跨国公司政策的制定和任务的执行、公司管理理念与哲学的形成、组织结构的设计及人员的沟通与激励，进而作用于计划、组织、人员配备、指挥、控制、协调等管理职能并与公司的经营高度相关。中、美、日三国文化差异如表 8-3 所示。

表 8-3　　中国、美国、日本的文化差异

项目		美国文化	日本文化	中国文化
价值观念	哲学思想：物质与精神	重视物质：金钱就是一切	精神与物质并重	重视精神：义大于利
	宗教对价值观的影响	很强	较弱	较弱
	个人创造性的发挥	受物质利益限制	受集团至上限制	受传统道德限制
分析问题	起点	利害	利害 + 个人印象	个人印象
	思路	系统性、理性	整体性、理性	全面整体性、非理性
	方式	定量、程序性	定量	不定量、非程序性
	目的	物质满足为主	物质满足 + 精神满足	精神满足为主
思维方式	形式	以时间为指向	以时间、空间为指向	以空间为指向
	方式	直觉 + 感性 + 理性 实际体验、分析、逻辑	理性 + 感性 实际体验、分析	直觉 + 感性回忆 实际体验
	意识	强烈的自我意识	团队意识强	团队 + 自我 团队意识为主
	时间	强	强	差

续表

项目		美国文化	日本文化	中国文化
人际关系	原则	创新原则	最佳+创新原则	最佳原则
	最亲密的圈子	亲友、同学、同事	亲友、同乡、同事、同学	亲友、同乡、同学、邻居、同事
	关系的性质	不带强制性，可任意选择	强制性，难以选择	强制性，选择性小
	宗旨	互相竞争，能者胜	集团人身依附	个人人身依附
工作方式	结构	平等、独立、自由	亲情、尊老+实际	亲情、尊老
	人才选拔	自由竞争	自然更替	领导任命
	工作设置	选人做事	因人设事	因人设事
	政策系统	平行决策+垂直决策	平行决策+垂直决策	垂直决策+上行下效
	竞争机制	自由竞争	集团内部和谐，集团之间竞争	中庸之道，避免竞争
	法律意识	极强	强	弱

资料来源：张仁德，霍洪喜．企业文化概论［M］．天津：南开大学出版社，2001：263.

（二）宗教信仰

宗教是文化的重要组成部分。从宏观层面看，宗教影响着语言、社会结构、经济制度以及其他大量的社会文化成分；从微观层面看，宗教决定着一个社会中团体与个人的行为。不同的宗教信仰有不同的文化倾向与戒律，影响着人们认识事物的方式、行为准则和价值观念。宗教信仰也影响对商品的需求，包括商品的结构、外形、颜色等都有特殊的要求，因此要高度重视宗教对跨国经营活动的影响。

（三）教育水平

教育在一国文化中具有特殊的地位，从宏观层面来看，教育影响着国国民素质、科技水平、价值观念和经济发展状况；从微观层面看，教育决定着个人职业、爱好、消费习惯以及企业生产方式、技术与工艺选择、产品类型以及广告促销等诸多方面。如果目标国家教育水平很低，国际企业就要派较多的管理和技术人员到该国发展业务，而不能过多地依赖当地人才。

三、政治法律环境

政治法律环境

东道国政府的政策，尤其是针对外国企业和外国产品的政策，对国际经营环境具有决定性的影响。企业从事国际化经营活动既要遵守东道国法律，又要遵守世界范围内共同的行为准则。企业要进行国际化经营，需要考虑目标国政治的稳定性、贸易或投资条约和协定、对外国企业和外国商品的态度以及法律环境等方面，以便提前做好准备。

（一）对外国企业的态度

有的国家鼓励外国企业投资，为外国企业准备工业布局条件或基础设施等，有的国家对外国企业并不十分友好，如禁止外国独资企业，限制外国企业的投资份额，政府控制外国企业返还母公司的利润数量及货币种类等。

（二）政治的稳定性

如果政局不稳，领导人频繁更迭，则对外国企业有没收、征用和收归国有的危险。因此，如果政局不稳，与其对国外直接投资，不如选择出口贸易。反之，如果政局比较稳定，则可考虑直接投资。

（三）贸易或投资条约和协定

这是指两个或两个以上的国家为确定彼此之间的经济关系而缔结的书面协议。这些条约或协定的内容比较广泛，如关税的征收、海关手续、船舶航行、双方企业在对方国家所享受的待遇或保护、各种所有权（专利权、商标权等）的处理和商品转口等。

（四）法律环境

法律环境指的是与国际化经营有关的法律，如涉及海外子公司设立的公司法、劳工立法、商标法、专利法、所得税法，与竞争有关的法规，与进口有关的法规，投资保护法规等。此外，还包括国际法律规范形式的国际公约，如《保护工业产权巴黎公约》《商标国际注册马德里协定》，以及有关世界贸易组织的协定和协议，如《服务贸易总协定》和《反倾销协议》等。

熟悉法律环境、避开不良的法律环境和利用各国法律环境中的机会，对于跨国经营战略的实施与经营活动的顺利开展都是十分必要的。

第四节 国际化战略分析框架

国际化战略分析框架

国际化战略选择需要考虑众多因素，国际化战略分析框架能够提供国际化战略选择的依据，为选择适合自身的国际化战略提供指导。本部分主要介绍两种分析框架，分别是全球一体化—当地响应框架和波特的配置—协调框架。

全球一体化—当地响应框架着眼于全球一体化与本土化需求的协调问题，提供了国际化战略选择的分析工具；波特的配置—协调框架从价值链理论出发，分析了基于价值链活动配置类型与价值链活动协调程度的四种国际化战略模式。

一、全球一体化—当地响应框架

（一）全球一体化生产经营网络

从单纯为出口服务到在国际范围内组织一体化的生产经营网络进行全球分工与协作，这是跨国公司经营的重大发展。

全球一体化生产经营网络，也叫国际综合化生产体系。指跨国公司借助先进的管理手段，使各种生产要素和企业生产经营活动的不同职能、不同环节在全球范围内重新配置，形成一个国际化网络体系，目的是实现全球经营活动增值最大化。通过协调和管理这一复杂网络，跨国公司可以将产品设计、研究开发、制造加工、原料采购、营销等职能或环节放到全球范围内最适宜的区位，充分发挥全球不同区位的不同优势，不必局限于一个国家或地区市场或资源的限制（见图 8－5）。

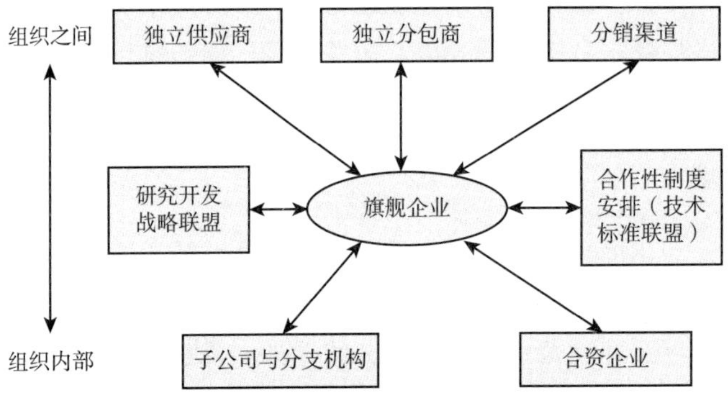

图 8－5 跨国公司的全球一体化生产经营网络

比如，日本马自达公司的跑车产品 MX－5，在美国加利福尼亚州设计，在日本东京和美国纽约融资，样车来自英国的沃辛，总装在美国的密歇根州和新墨西哥州完成，电子部件在美国新泽西州设计，在日本制造。构建和管理这样一个复杂的全球一体化网络，正是许多跨国公司国际化战略最主要的内容。

（二）本土化战略

全球一体化战略需要标准化，包括产品标准化、价格标准化等，本土化战略则需要差异化。本土化战略需要了解不同国家和地区细分市场上消费者的偏好、消费习惯等，将全球范围内的市场看作异质性市场，根据不同市场上的消费需求生产产品或提供服务，形成自己的区域竞争优势，进而在全球范围内塑造自己的全球竞争优势。由于贸易壁垒（政府管制、出口限制等）、文化差异、民族主义、产品特性等，跨国公司往往会选择本土化战略。

（三）全球一体化—当地响应框架

帕拉哈拉德和多茨认为，跨国公司国际化战略的选择既要考虑低成本等全球一体化战略的优势，又不能忽视不同国家（地区）或不同细分市场上顾客需求的独特性，跨国公司需要解决全球一体化和本土化需求的协调问题，这是国际化战略决策的核心。全球一体化的压力主要来自生产运营活动中的规模经济、需求的全球普遍性以及降低成本的要求等方面；本土化的压力或当地响应的内在要求则来自不同国家市场结构、营销渠道的巨大差异以及当地客户需求的独特性、当地政府的要求等方面。全球一体化当地响应框架提供了跨国公司国际化战略选择的分析工具，也说明了全球化需求和本土化需求是可以兼顾的，高度的全球一体化不一定不关注本土化。当然，由于行业之间的差别。不同的行业会采取不同的战略组合。一些行业经营的全球化程度高而本土化程度低，该行业内的企业采取全球一体化战略的可能性要高；反之，有的行业经营的全球化程度低而本土化程度高，其中的企业就该采取本土化战略；也有一些行业，如通信业，对全球一体化和本土化程度的要求都很高，企业就需要一个既适应全球体化又适应本土化的复杂战略结构；当然，也存在一些行业如传统的水泥产业等对全球一体化和本土化程度的要求都比较低。

二、波特的配置—协调框架

波特提出的价值链概念对于理解国际竞争及跨国战略联盟有很大帮助。价值链理论的一个基本观点是，在企业众多的价值链活动中，只有某些特定的价值链环节或价值活动组合，才能为企业创造出最为重要的或最为核心的价值增值，可以称之为企业价值链的“战略环节”。企业围绕自身价值链战略环节所形成的独特资源与能力、所做的战略创新与商业模式创新等，在很大程度上决定了企业整体竞争优势的来源。

价值链理论的这一基本观点对跨国公司国际化经营战略具有重要的启发意义。要在全球化竞争中取得持续的优势，跨国公司就要确定自己价值链所包含的范围，进而将价值增值活动进行分解、改进和重新配置，以牢牢把握价值链的战略环节。全球化经营环境为现代公司依据自己的战略需求分解和重塑价值链提供了广阔的视野和空间，跨国公司将价值链各环节分解，然后依据增值最大化原则把不同环节重新配置到最适宜的全球区位，或者把大部分资源、能力集中于公司价值链的战略环节。把其他相对次要，增值不大的环节或活动分解出去，以合同、合作、结盟等方式分包给其他企业，借助企业外部网络实现自身价值活动的正常运作，同时保证企业自身拥有持续的竞争优势。

在企业价值链理论的基础上，波特进一步围绕全球战略的特点，对价值链活动的配置和协调进行了分析，形成了配置—协调框架。

国际化战略中的价值链活动配置，是指全球范围内什么地方进行价值链上某种活动最为合适，最能实现价值的增值，以及全球范围内有多少这样的地方适合开展这种业务活动。

国际化战略中的价值链活动协调，是指跨国公司在不同的国家和地区进行相同价值创造活动时互相之间的协调问题。

国际化战略竞争优势主要来自产品集中化或成本优势，与之对应，跨国公司往往会选择两种价值链活动配置类型——价值链活动分散型或价值链活动集中型，以价值链活动协调程度为纵轴，以价值链活动配置类型为横轴，会出现四种国际化战略模式，具体见图 8－6。

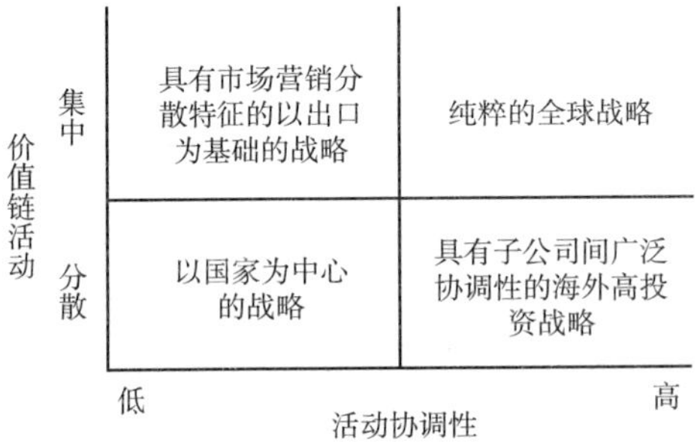

图 8－6 波特的配置—协调框架下的四种国际化战略模式

资料来源：包铭心等．国际管理：教程与案例［M］．北京：机械工业出版社，1999：99.

活动协调程度高、分散型活动配置的国际战略模式（具有子公司间广泛协调性的海外高投资战略）；活动协调程度高、集中型活动配置的国际战略模式（纯粹的全球战略）；活动协调程度低、分散型活动配置的国际战略模式（以国家为中心的战略）；活动协调程度低、集中型活动配置的国际战略模式（具有市场营销分散特征的以出口为基础的战略）。

第五节 海外市场进入的战略模式

海外市场进入的战略模式（上）

在分析海外市场进入的战略模式之前，需要了解企业的国际化程度。企业国际化程度反映的是企业海外市场的运营规模与国内运营规模的相对大小，海外分支机构的数量、占比、资产规模、资产占比、员工数量等。

衡量和比较企业的国际化程度，最有代表意义、应用最广泛的是跨国化指数。根据联合国贸易和发展会议（UNCTAD）发布的《2000 世界投资报告——跨国并购与发展》，跨国公司国际化程度的衡量标准是三个比率的平均数：

海外市场进入的战略模式（下）

$$\text{跨国化指数} = \left(\frac{\text{国外资产}}{\text{总资产}} + \frac{\text{国外销售额}}{\text{总销售额}} + \frac{\text{国外雇员数}}{\text{雇员总数}}\right) \div 3 \times 100\%$$

跨国化指数揭示了跨国公司国外的参与深度，因其简单、易测量而被应用得最多，但是其仅仅衡量了企业国外活动的一个方面，未能提供一家企业国外活动的地域多元性，未能揭示企业国际化经营的广度。

围绕海外市场进入所需做出的战略决策是企业国际化战略的核心内容，对于现阶段中国企业的国际化尤其如此。海外市场进入战略决策是指国际化战略的制定与实施者系统思考与谋划如何将自己的产品、设备、技术、商标、管理等资源进行组合，选择一种合适的方式进入海外目标市场。一般而言，企业海外市场的进入模式大致可以分为三大类：贸易型进入战略模式、契约型进入战略模式和投资型进入战略模式。此外，还可以建立各种形式的跨国战略联盟。

一、贸易型进入战略模式

贸易型进入战略模式就是通过向目标国家或地区出口商品进入该市场。贸易型进入模式起步的费用和风险都很低，但利润回报的速度很快。因此，这是企业国际化初期最常用的一种进入海外市场的模式，也是中小企业进行国际化经营经常采用的一种模式。贸易型进入模式又可分为间接出口与直接出口。

（一）间接出口

间接出口是国际化企业将产品的生产立足于国内，通过本国或外国的进出口中间商代理经销或代理其产品出口。

（1）优点：企业与国外市场并无直接联系，也不涉及国外业务活动，不必专设机构和雇用专职人员经营出口，因此既可节省费用，在资金和人力等资源方面投入较少，又不承担出口风险。

（2）缺点：企业控制国际营销活动的能力较弱，无法控制产品进入国外市场的过程，无法获得经营国际化的直接经验。

在我国并不是每一个企业都可以直接开展进出口业务，只有那些具有进出口经营权的企业才能够开展进出口业务。因此，对于那些不具有进出口经营权的企业来说，其产品要想进入国际市场，还必须走间接出口的道路。

（二）直接出口

直接出口是国际化的企业在国际市场上建立自己的营销网络，凭借自己营销能力，直接营销自己的产品或服务。

直接出口又分两种情形：其一是设立出口部或国际业务部，向目标国家或地区的中间商出口产品，再由这些中间商在目标市场上经销或代销产品；其二是直接在目标国家设立专门的销售分支机构或子公司就地推销。

（1）优点：利润要比间接出口大得多，企业对国外市场的控制力较强，可以直接进入国外市场取得国际化的经验，及时调整企业的经营策略和方法，在一定程度上控制产品进入国外市场的过程。从严格意义上讲，只有直接出口才是企业国际化经营的起点。

（2）缺点：与间接出口相比，直接出口要设立专门的对外贸易部门并配备相关的人员，支付更多的出口费用，还要独立承担海外市场的风险，所以财务风险高，对企业的资源和能力方面有更高的要求。

二、契约型进入战略模式

契约型进入战略模式是指企业通过与目标国家或地区的法人订立长期的非投资性的合作协议进入海外目标国家。这种合作协议可以是转让无形资产，包括各种专利、商标、秘诀、经营管理技能和版权，也可以是劳务出口或工程承包等。它与贸易型进入模式的主要区别是企业输出的是无形资产、劳务和工艺等而不是直接输出产品；与投资型进入模式的主要区别在于不对目标国家或地区进行资本投资，因而它是一种“非股权安排”。

契约型进入模式有很多种形式，大致可以分为许可经营类、服务合同类、生产和建设合同类。

（一）许可经营

1. 许可证经营

许可证经营的基本过程如图 8－7 所示，许可证经营也称授权经营，是指企业与目标国家法人签订授权协议，在规定期限内将自己的无形资产（专利、专有技术、版权、商标等）的使用权转让给目标国家法人，以换取授权费和其他补偿。其中，转让无形资产的一方称为授权方，接受无形资产的一方称为受权方。转让协议的有效期通常为 5～10 年。在授权协议的有效期内，转让方有义务向受让方提供自己改进或改善的技术。例如在电信行业普遍存在专利协议，微软和中兴于 2013 年签订安卓和 Chrome 操作系统的专利许可协议，微软将为中兴提供一系列专利支持，使中兴的智能手机、平板电脑、个人电脑及其他电子设备都能运行安卓的 Chrome 系统，微软还同富士康的母公司鸿海集团达成了类似协议。

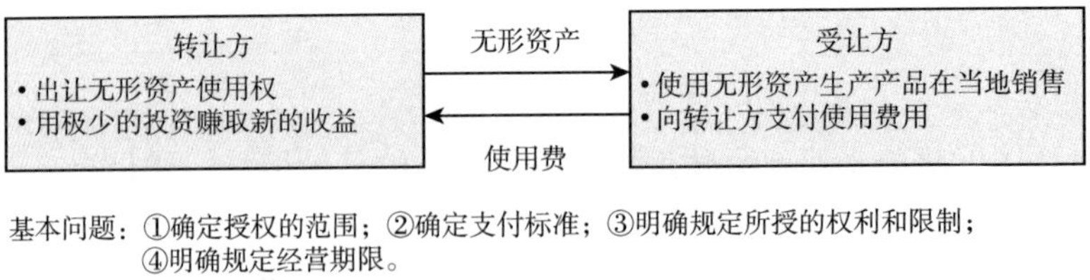

图 8－7 授权经营的基本过程

资料来源：尹柳营．国际企业管理［M］．广州：华南理工大学出版社，2002：108.

授权经营是一种非常经济的进入海外市场的战略模式。其优点是所需资金较少，销售产品的费用较低，当地的授权经营人能够调整产品、技术或服务以适应当地市场的特点，如果效果不好可以停止继续执行协议。缺点是授权企业不能参与产品或技术的经营管理，无法控制所销售产品的质量，在法制不健全的国家易遭受版权和专利权的侵犯，当地的授权经营人对产品或技术所做的调整可能会造成市场开发策略的改变。

2. 特许经营

特许经营是许可证经营的一种特殊形式，它是指特许方将自己所拥有的无形资产以特许经营合同的形式转让给受许企业，受许企业在特许企业的监督与帮助下利用特许企业的形象和招牌经营特许企业的特定业务，并按照销售额提成或按照固定总额缴纳特许权使用费。一般来讲，特许方不仅转让无形资产的使用权，同时还要求受许方使用统一的经营方法和管理模式。遍布全球的麦当劳、肯德基、必胜客等都是特许经营的典型例子。特许经营是对外授权，向深层经营领域的延伸与扩展。

特许经营和授权经营的最大区别在于：在特许经营中，特许方还需对受许方的经营管理实行监督，以确保特许的品牌在海外市场上不致降低质量。

许多公司通过授权经营和特许经营扩大了在全球的经营规模。但是，在国际市场上，企业找到合适的受许经营人是不容易的，还要付出较高的寻找成本，初期所得到的回报非常有限。企业在考虑这两种进入方式时，不仅要考虑自己的产品是否适合采用这些方式，而且必须注意海外目标市场的文化习俗。

（二）服务合同

通过服务合同进入海外市场有多种形式，比如技术协议、服务合同和管理合同等。

（1）技术协议。企业同对方签订协议，向对方提供开发技术或解决技术难题的各种技术咨询服务活动，其中以新产品、新工艺方面的技术咨询服务最常见。

（2）服务合同。通过订立合同向对方提供财务、营销、人员培训或其他方面的有偿服务。

（3）管理合同。管理合同是指与国外企业签订合同全权负责合同期内该国外企业的全部业务管理。对方给予本企业的服务报酬形式通常有：按利润额或销售额的百分比提取、按每单位销售额提取固定报酬或按具体服务支付规定的费用或费用总额。一般情况下，管理合同不涉及以下各项权利和义务：进行新的资本投入、承担永久债务、决定红利政策、设定基础管理或变更政策等，也不涉及对所有权安排做出改变，这些重大决策和基本方针仍由委托人自行掌握。管理合同在许多情况下是政府行为的结果。有时一国政府可能会限制外资对某些行业的所有权，但是又缺乏这些行业的企业管理技能和专长，因此要求外国公司来进行管理。管理合同可以使负责管理的公司无须承担投资的风险和责任而获得可观的收入。

（三）生产和建设合同

1. 合同生产

合同生产又称合同制造或贴牌生产，是企业与目标国家或地区的企业订立供应合同，要求后者按合同规定的技术要求、质量标准、数量和时间生产本企业所需要的产品，交由本企业并使用本企业品牌销售。其优点是等于租赁了当地企业的生产能力，又不必承担租赁所引起的一系列业务工作，既节省资金又可迅速进入目标市场，对于容量有限、发展前途不大的市场，最适合采取合同制造方式进入。这种方式的缺点是不易物色到理想的合同制造企业，还需向对方提供技术改造、工艺改进等方面的服务，本企业只赚取销售利润而不能获得生产利润。

2. 国际分包合同

国际分包通常指发达国家的总承包商向发展中国家的分包商订货，后者负责生产部件或组装产品，最终产品由总承包商在其国内市场或第三国市场出售。国际分包合同通常是短期的，每年续订一次。国际分包与合同生产比较相似，不同之处主要是：在合同制造中，目标国家或地区的企业承担了生产的全过程，提供的是最终产品；在国际分包中，目标国家或地区的企业只承担生产过程的一部分，最终产品因规格、数量、性能等都是按照合同规定加工出来的，往往只适合分包人的需要，难以作为成品进入市场。

3. 交钥匙工程

交钥匙工程就是企业为东道国建设一个工厂体系或工程体系，承担全部设计、建造、安装、调试以及试生产等活动。这类项目通常出现在技术与管理力量较为缺乏的发展中国家。交钥匙工程完成后，当地可能还要求企业提供管理培训、技术援助等统称为“启匙另加”的活动。国际的交钥匙工程通常涉及复杂的大型基础设施项目，例如核电站、机场、铁路、炼油厂等，需要多年建设施工，管理这样复杂的建设项目需要专门的能力和经验，往往只有大型的建设公司才能够承担。

4. BOT

典型的 BOT 包括建设（build）、经营（operate）、移交（transfer）三个过程。政府同承建公司签订合同，由承建公司筹集资金和建设投资项目；项目建成后，项目公司拥有、营运和维护该项设施，并通过收取使用费或服务费回收投资并取得相应的利润；待协议期满后，这项投资设施的所有权无偿移交给东道国政府。

BOT 是 20 世纪 80 年代以来日渐活跃的直接投资方式，是交钥匙工程的进一步发展，是私人资本参与基础设施建设，向社会提供公共服务的一种特殊的投资方式，无论是发达国家还是发展中国家都采用这种方式建设重大项目。

（四）国际战略联盟

国际战略联盟是指来自不同国家的两个或两个以上的跨国企业为了实现同一战略目标而建立起的合作关系，这种关系包括核心技术的共同研发、交换销售网络信息、一起生产等。跨国公司缔结战略联盟，可以广泛利用外部资源，通过联盟伙伴的技术、资本、供应渠道以及营销网络等资源，从而实现自身全球战略。

通过国际战略联盟降低了企业海外扩张的风险，使得企业产生规模效应，实现了优势互补，提升了企业的竞争力，也扩大了企业的国际市场。战略伙伴必须坚持平等互惠、共享利益、共担风险原则。

（1）国际战略联盟的优势：缩短新产品开发的时间；分摊高昂的开发投资费用；提高

规模经济效益；避免经营风险和确立新的竞争原则等。

（2）国际战略联盟的缺点：可能会引发冲突；财务和运营方面承诺投入更多的资源，经营风险增大；投资回报的时间较长而导致初期成本过高等。

▶**案例**

沃尔玛+京东战略联盟

2016年6月，沃尔玛将旗下1号店出售给京东，而作为协议的一部分，沃尔玛持有京东5%的股份，交易价格约为15亿美元，后来增持京东股份，持股比例增至10.8%，同时双方合作更进一步。作为回馈，山姆会员商店入驻京东，开设跨境电商沃尔玛全球官方旗舰店，20多家沃尔玛购物广场上线O2O平台“京东到家”。

与此同时，2016年10月21日，沃尔玛集团宣布以5000万美元战略投资京东生鲜平台鲜达达，相当于3.36亿元人民币，双方将在到家服务、物流配送、零售方面建立合作。而鲜达达是京东战略投资公司。达达（中国最大的众包物流平台）和京东到家（中国最大的超市生鲜O2O上门服务平台）分别成立于2014年和2015年，双方于2016年4月完成合并，并组建为一家独立的合资公司鲜达达，目前是国内最大的即时物流和生鲜商超O2O平台。

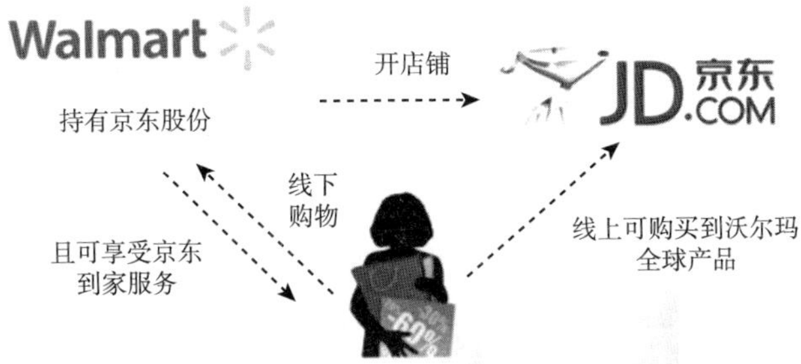

沃尔玛+京东战略联盟

资料来源：京东集团官网．https：//about. jd. com/.

三、投资型进入战略模式

投资型进入战略模式是企业将资本连同本企业的管理技术、销售、财务以及其他技能转移到目标国家或地区，建立受本企业控制的分公司或子公司，从所有权和管理控制的角度来讲，可以分为国际独资经营和国际合资经营。实现对外投资主要有两种形式：一种是国际企业并购；另一种是投资新建。

（一）独资进入

独资进入是指投资者拥有企业100%股权的直接投资方式。企业独立经营，独享利益，独担风险。它既是最简单、最古老的企业形式，又是直接投资的传统形式，在当前的国际直接投资中仍占有较大比重。外国市场上建立独资子公司的方法有两种：可以在当地建立新的公司，也可以并购当地现有企业。

国际独资经营企业的主要特点是投资者独占企业的所有权和经营权。一般来讲，生产规模大、技术水准高、在国际市场中处于优势地位的大型跨国公司倾向于以独资方式进入。独资经营，母公司拥有对独资企业绝对的经营控制权，能够独立行使经营决策权，避免在经营过程中受到其他资本和股东的制约，有利于母公司统一决策和管理，有利于母公司实施全球战略。母公司可以从自身的整体利益出发，把全球范围内的投资完全纳入自己的战略安排中，以实现投资目标，使利润最大化，还可以降低技术扩散的风险。

独资进入也是为外国市场提供产品和服务成本最高的方法，因为在这种方式下，企业必须承担建立海外子公司所有的成本和风险，包括市场风险、投资环境风险以及政治风险等。国际独资经营企业的资本全部来源于母公司，不能像其他形式的企业可以与合作伙伴共同承担风险，而是要承担全部风险。独资进入可能会受到东道国的限制。一些国家从国家安全和保护民族产业的角度出发，限制或禁止外资在某些行业设立独资经营企业。

（二）合资进入

合资进入是企业在目标国家或地区与当地某家或少数几家企业或第三国的企业共同投资、股权分享、利益共享、风险共担的一种海外市场进入方式。选择合资进入有时是因为当地政府的政策禁止或限制外商独资经营，有时则是由于企业需要借助当地合伙人的力量。目前合资经营企业是国际直接投资最为普通的形式。国际合资经营企业的主要特征可以概括为以下四个方面：

（1）共同投资。合营各方按照一定的比例进行共同投资。东道国一般提供场地、厂房、辅助设备，外国投资者提供资本、技术、专利、机器设备等，二者的投资比例直接关系着对生产经营的控制程度。

（2）共同经营。合资经营企业的最高权力机构董事会的人数及组成由双方协商决定，董事会根据平等互利的原则决定合营企业的生产经营。

（3）共担风险。合营各方按照投资比例分担风险，承担权利、义务和责任，这也正是我国规定合营企业中外商投资比例不能过低的原因。

（4）共负盈亏。合营双方按照股权比例分担利润或亏损。

在很多国家，政治因素使合资企业成为唯一可行的经营方式。当打开外国市场的成本和风险很高时，企业可以与当地伙伴分摊成本及风险，还可以从合资伙伴那里了解东道国的文化、经济和政治情况，这样可以使企业更好地适应当地的情况，从而避免“水土不服”。但是，合资进入也存在一些局限。建立合资企业可能使对技术的控制权落入合作伙伴手中，特别是当企业所占的股份较少而丧失对合资企业的控制权时，技术更可能会外泄，甚至有核心技术落入竞争对手之手的风险。合资经营对子公司的控制程度低于独资子公司。有时企业出于整体战略考虑，需要外国子公司在必要时不惜以亏损来支持公司的整体战略，但没有一个潜在的合作伙伴会接受这样的条件，因为这将意味着企业必须接受负的投资回报。当合资双方的经营目标随时间发生变化，或者双方对企业的战略有不同看法时，对所有权的共享会导致投资双方为争夺控制权而发生冲突。

（三）新建与跨国并购

国际企业实现对外直接投资主要通过两种形式：新建与并购。新建是指在目标国建立新企业或新工厂，形成新的经营单位或新的生产能力，包括独资新建、合资新建和合作新建。并购则是通过对目标国家或地区的现有企业进行参股或收购来进入目标市场。

与新建相比，并购进入的主要优点是开拓海外目标市场起步快得多，而且可以实现市场多元化、产品多样化，很快开展新业务或取得用新建方式难以掌握的资源或技术。并购海外公司要比新建一个公司在战略上和经济上更有意义，因为新建一个公司后，其生产的产品要进行相当大的调整才能适应当地的文化习俗。但是，并购也存在很多局限：

（1）寻找并购对象难，有时在目标国家不存在好的并购对象，即使有，也因保密、不同的会计准则、虚假或靠不住的财务记录以及其他隐藏的问题，很难客观地评估。

（2）一次性投入大量资金。并购企业通常不能用机器设备、原材料和技术作为资本进行投入，而且投入通常需要外汇，这对于大多数外汇并不充裕的企业是一个很大的限制。

（3）被并购企业与并购企业在经营思想、管理手段和方法上可能存在较大差异，当投资企业缺乏合格、胜任的管理人员时，可能无法对被并购企业实行真正有效的控制，甚至可能造成并购失败。

（4）被并购企业的产品、工艺、技术、规模、地理位置等可能和并购企业的战略意图、经营经验并不完全吻合，如果并购企业缺乏经营调整能力，被并购企业可能妨碍其长期发展。

（5）可能会受到当地政府的干涉和限制。

四、海外市场进入模式选择的影响因素

企业选择进入海外市场的模式受到多种因素的影响，以下主要从国家、行业、企业这几个层面进行分析。

（一）国家因素

（1）东道国的政治经济环境。跨国公司面对的东道国环境是稳定、完善、开放的，会倾向于选择高控制型的进入模式；东道国的制度越健全，企业越倾向于采取并购、独资经营等方式进入当地市场。

（2）东道国市场。一般而言，规模比较大的目标市场适合企业直接投资；对于新兴市场，跨国企业更倾向于采用兼并的方式，这种进入方式更加直接与快速。如果目标国竞争激烈，企业可采用合同进入方式或跨国战略联盟。

（3）文化差异。文化差异主要是以刻板印象、民族符号的形式出现，主要是由于两国语言、种族、宗教信仰、社会规范不同。文化距离高的情境下，兼并的成本较高，企业倾向于采取高控制进入模式，新建投资允许企业挑选员工，使得员工匹配公司的价值观，从而降低发生管理冲突的概率。

（二）行业因素

行业层面主要考虑在目标国跨国企业所在行业的需求、行业发展速度等。

（1）行业需求不确定性。在行业需求不确定性高时，应该采用投资新建方式，新建投资的前期成本较低，能够进入市场进一步收集信息。

（2）行业发展速度。新兴行业市场还不成熟，新建投资更加合适；行业发展较为成熟后兼并更加有利于加快公司进入海外市场的速度，因为兼并能够减少行业已有公司的抵制。

（三）企业因素

企业层面主要考虑的是组织规模、技术资源和公司经验、市场能力以及企业高管团队的特征等。

（1）组织规模。组织规模越大越有助于公司克服进入障碍，企业规模越大，管理资源与能力越强，越偏好于采取高控制进入模式进入国际市场，能够促进兼并后的公司整合问题以及更好地处理控制权问题。

（2）技术资源和公司经验。具有一定技术资源和经验的企业更倾向于通过投资新建进军海外市场，以加强对自身知识产权的控制；没有技术优势的企业可以通过并购进入模式来节约开发技术的时间与成本。

（3）市场能力，市场资源丰富的跨国公司更倾向于进行并购，认为通过并购能更好地实现母子公司的资源整合与协同。

（4）高管团队的特征。高管团队的价值观、认知基础会影响企业的战略决策，从而影响企业的整体绩效。国际化经验丰富、教育程度高的高管团队会把注意力放在外部环境中的机会上，更可能采取完全控制的模式进入国际市场。

▶案例

华为的国际化之路

华为在一个以往被发达国家跨国公司长期掌控的高科技产业中，走出了一条独特的国际化道路，并且被誉为中国“最国际化”的公司。华为的国际化之路呈现明显的两个阶段：第一个阶段是起步阶段；第二个阶段是21世纪进入第二个十年至今的新阶段。华为第一阶段的国际化有两个重要特征：一是“先易后难”“农村包围城市”，即从边缘到核心的国际化进入战略；二是成本与创新整合的国际化竞争战略。

（1）“先易后难”“农村包围城市”的战略。华为进入国际市场的战略延续了其在国内市场的进攻路径。在国内市场，从国外跨国公司无暇顾及或不放在眼里的边远落后地区做起，通过不断研发，克服了国外交换机不适用于中国农村市场这一缺陷，打开了中国广大的农村市场。在农村新市场成功后，由于技术性能逐渐接近国际知名跨国公司，且成本较低，华为以“低端进入者”的姿态进入城市市场，最终在国内市场取得领导地位。而在国际市场，先从不发达的亚非拉地区起步，建立办事处，通过驻外使领馆与该国电信部门取得联系，逐步占领市场。1999 年取得也门和老挝的标书，打响了国际市场第一炮，继而在 2001 年与俄罗斯国家电信部门签署上千万美元的 CTMS 设备合同。随后国外销售增长迅猛，延伸至泰国、印度、巴基斯坦、法国、西班牙等四十多个国家和地区。同时，与成熟的跨国公司合作，包括摩托罗拉公司、3COM 公司、西门子、赛门铁克、Global Marine 等，在高端路由器、无线通信网络市场寻求突破，投入巨资开发第三代移动通信 3G 设备以打入欧美发达国家市场。

(2) 成本与创新整合的国际化战略。作为通信设备行业的后来者，正如创始人任正非所言，华为“诞生就在家门口遭遇了最激烈的国际竞争，对手还是拥有数百亿美元资产的世界著名公司”。华为采用了一种成本创新整合的方式，同时选择细分市场以颠覆性技术打破了发达国家跨国公司的垄断。

华为在由发达国家的跨国公司长期控制的信息设备产业中，走出了一条国内与国外整合、成本与差异整合的国际化道路，多年来，华为以中国国家特定优势为基础，在细分市场上实现颠覆性突破，在成本和创新两个方面建立了国际竞争力。作为中国世界级企业的重要代表，华为的国际化历程和国际化战略不仅表现出与西方发达国家企业国际化类似的特点，又表现出中国独特情境下中国企业国际化的特征。

资料来源：作者根据相关资料撰写，其中数据来源于华为年报.

关键词

国际化战略　全球一体化—当地响应框架　波特的配置—协调框架

复习思考题

1. 如何理解全球竞争与战略管理发展的新趋势？
2. 阐述国际化战略的概念界定与特征。
3. 如何理解国际化战略的企业层次包含的四种战略内容。
4. 请阐述国际化战略的动因。
5. 如何理解全球一体化—当地响应框架？
6. 如何理解波特的配置—协调框架？
7. 海外市场进入的战略模式有几种类型？
8. 请阐述海外市场进入模式选择有哪些影响因素？

第九章　企业战略途径与战略控制

学习目标

□ 理解企业战略途径内涵

□ 理解内部创业的内涵与模式

□ 理解战略并购的相关概念，掌握战略并购的目的与内容

□ 掌握战略联盟的定义、目的与表现形式

□ 掌握业务外包的定义与形式

□ 理解战略控制的基本概念

□ 掌握战略控制的过程、设计与评价

☞ 引例

5.25 亿完成乐乐茶收购，奈雪的茶持续扩张

2023 年 6 月，奈雪的茶（02150. HK）完成了于 2022 年 12 月 5 日公布的收购 Lelecha Cayman 计划，以 5.25 亿收购了乐乐茶 85.08% 的股份，对价已完全支付。自 2022 年 12 月，奈雪的茶要收购乐乐茶的消息一经放出，奈雪的茶（02150. HK）股价两天上涨近 14%，随后几天经历波动大体平稳，或反映出投资者对于奈雪收购行为的积极反馈。而今，自 6 月 2 日奈雪收购经历半年时间，奈雪此次收购行为的完成，又会对于接下来奈雪主打高端茶饮品牌的战略有何影响？

奈雪一直计划贯彻“于现有高线城市加大门店密度”的战略，在确保点位质量和租金条件优惠的基础上，加大一二线城市的门店密度。在疫情期间，奈雪曾经进行过一次门店调整，将原来的标准茶饮店调整为 Pro 茶饮店，旨在适度缩小门店体量，包括店面面积和运营人员的缩减，以追求更高效的管理方式。

在此门店调整基本结束的情况下，奈雪现在的店面基本全部为 Pro 茶饮店，包括第一类 Pro 茶饮店和第二类 Pro 茶饮店。第一类 Pro 茶饮店指的是，位于高端购物中心的门店。第二类 Pro 门店则是指写字楼、住宅社区等其他位置的门店，选址更为灵活。

据国联证券发布的研究报告，高端茶饮，指主要以优质茶叶、鲜奶、鲜水果为原料，价格通常控制在 20～35 元的茶饮品牌，将迎来快速增长期，预计 2021—2024 年预计复合

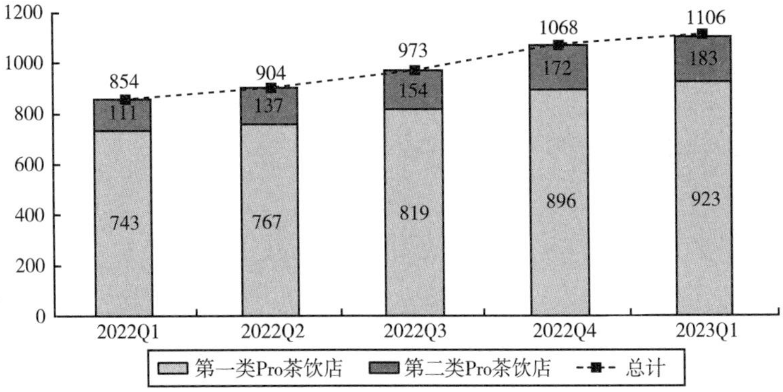

奈雪的茶 2022 年至今门店数量

资料来源：奈雪的茶公司财报

年均增长率达 25.4%，而中端茶饮和低端茶饮分别只有 20%和 17.2%。

高端茶饮主打的是品牌、个性化体验和高品质，并以此为卖点不断打开高线城市市场。

对于奈雪和乐乐茶来讲，市场中看好的都是二者的品牌、市场占有和发展前景，能否高效实现两个品牌的业务合并、经营合作，实现扭亏为盈，仍是奈雪即将经历的考验。与喜茶之间的高端茶饮市场争夺又将如何，也是投资者应该持续关注的一方面。

资料来源：满投财经．5.25 亿完成乐乐茶收购，奈雪的茶持续扩张［EB/OL］．界面新闻．https：//www.jiemian.com/article/9570970.html，2023－06－13.

我们将着眼于任何种类的投资，只要我们可以理解我们投资的公司，而且相信价格与价值可能差别很大。

——著名投资家　沃伦·巴菲特

组织发展战略确定后，就要考虑如何更好地实现战略目标，这就涉及战略途径和战略控制的问题。战略途径是指实现战略的基本路径、组织形式和发展方式；战略控制是保证战略目标顺利实现的重要手段，是企业通过制定战略控制标准、发现并评估控制结果与控制标准之间的偏差及其纠正偏差的一系列控制活动。

第一节　企业战略途径选择

内部创业与战略并购

一、内部创业

（一）内部创业的内涵

内部创业是通过正式或非正式活动在企业内部开发新产品、新流程以及新市场等，这些活动可以在整个企业、事业部、业务部门和项目小组进行，目标都是提高企业竞争地位与业绩水平。内部创业以风险相对可控的方式实现企业的战略目标，同时又能够激发高成就需要员工的创业欲望，体现员工价值，实现员工与企业的双赢。例如，有一家公司的裂变案例被哈佛大学商学院收入为教学案例，这家公司就是广东芬尼克兹节能设备有限公司。2002年，宗毅创办了芬尼克兹，以代工生产为起步专为国内外的厂商贴牌，生产家用恒温游泳设备。公司创立之初发展很好，销售额很快突破了3000万元。后来由于高层动荡，导致80%的高管和客户流失，宗毅索性在公司内部打造创业平台，这种裂变式创业起到了非常明显的效果，成功裂变出十多家子公司，母公司营业额也超过了2亿元。宗毅的裂变机制创新让公司变平台，让员工变合伙人，让老板轻松创业，实现了三方共赢。

相对于白手起家、自力更生的创业方式，内部创业具有资金、设备、人才等各方面的资源优势。由于创业者对于企业环境非常熟悉，在创业时一般不存在资金、管理和营销网络等方面的困扰，可以集中精力于新产品或新市场领域的开发与拓展。由于企业内部所提供的创业环境较为宽松，即使创业失败，创业者所需承担的责任也小得多，从而大大减轻了创业者的心理负担，促使创业成功。建立企业的内部创业机制，不仅可以激发员工自我实现的成就感，而且有利于企业以多种经营方式扩大市场领域、节约成本，取得新的竞争优势。当然，内部创业需要公司有系统的体制设计和政策支持。

（二）内部创业模式

从战略的角度看，内部创业实际上是创新创业和战略的结合。在21世纪的竞争格局下，创新创业是企业生存和成功的重要方式。无论是新创立的公司还是现有的企业，要想获得长期成功，都必须具有将创新创业融入战略管理的能力。

在互联网时代，内部创业的模式一直在推陈出新。不少企业以强烈的意愿和开放的心态尝试各种或平缓或激进的模式。这些尝试并非一帆风顺，更多的是在试错和摸索中前行。按照公司参与程度和控制权程度的高低，从内增的维度，内部创业模式可以总结为四类：内部创新提案、新项目小组或新事业部、创业孵化器以及衍生裂变创业（见图9-1）。

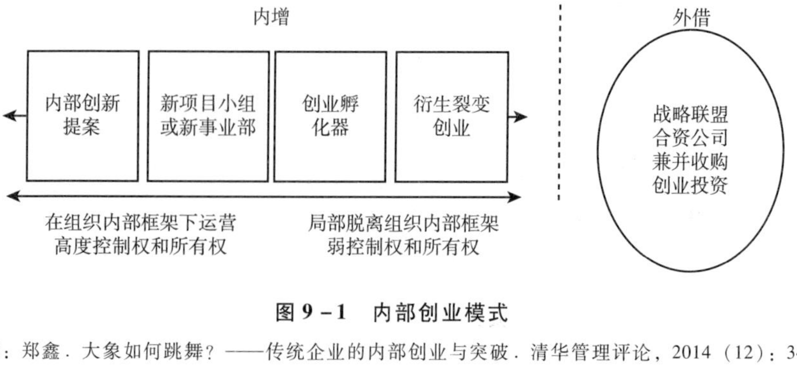

图9-1 内部创业模式

资料来源：郑鑫．大象如何跳舞？——传统企业的内部创业与突破．清华管理评论，2014（12）：34-41.

1. 内部创新提案

创新构想提案是鼓励员工就工作中的问题提出改进和创新的建议，甚至允许员工利用部分工作时间将创新提案落地并执行。近年来，携程在公司内部成立“创新推进委员会”，鼓励超过15000名员工进言创新，将创新策略上升到全员参与的高度。携程制定了详细的创新战略地图，发布创新邮箱和创新奖励规定，每季度进行一次内部创新建议与项目评估，对“金点子”项目给予奖励。通过创新提案模式自下而上地全员动员，使创新主体和动力合理下沉，有助于激发员工的自主性，激活整体创新氛围，一线员工能接触企业运营实际，捕捉到细分领域的问题与机遇，是不可忽视的创新源泉。持续性的创新构想提案，有助于企业构建一个强大的创新生态系统。

2. 新项目小组或新事业部

成立新项目小组或新事业部来开发新的业务或市场，是成熟企业最典型的内部创业形式。项目小组以完成某个具体任务为目标，以矩阵式的组织结构存在；新事业部则以独立和相对稳定的部门存在，服务于公司的整体战略构想，致力于为公司创造新的利润增长点。

微信作为腾讯移动端的战略级创新产品，最初便是从内部项目小组中诞生的。2010年作为新项目启动时，腾讯引入内部赛马机制，让三个团队同时参与，多路并进，互相竞争。现在成功的张小龙团队来自原广州研发部QQ邮箱团队。微信成熟后，组织结构进行了调整，先是将微信产品中心与邮箱产品中心分开，之后又将微信产品中心提高到事业群的高度，成为腾讯的七个事业群组之一。这样做让微信在面对其他业务时更有底气和话语权，也使微信部门更为独立，避免陷入流程化和官僚化的僵化体制。

3. 创业孵化器

创业孵化器是企业为内部诞生或外部引入的新创企业或项目提供基础设施、资源支持，帮助和促进其成长的一种创业运作模式。近年来，大企业越来越多地介入孵化器经营，很多《财富》500强企业，如宝洁、IBM、松下和好时等，都建立了企业内部孵化器项目。

▶案例

创业孵化器项目

松下创业基金。松下支持内部员工提出商业计划，经过面试、筛选、培训和考察，扶持特定项目。为了鼓励员工，松下还进一步规定，创业者初期出资比例可以在30%以下，以后再从松下公司回购股份。即使创业失败，5年内也可回公司继续工作。

壳牌公司也建立了孵化器项目，作为内部研发的补充。壳牌公司的孵化器项目有约25%来自企业内部，同时也有大量外部企业或大学实验室的项目。只要项目与企业未来战略发展方向相符，便会受到关注和欢迎。

中国电信选择的模式也是创业孵化器。中国电信成立第一家国内运营商创业投资公司——天翼科技，聚焦于移动互联网、云计算等新兴业务，进行创意挖掘、项目孵化，多批创业项目入孵、毕业和进入公司化运营。创业孵化器作为一种开放式创新模式，有助于中国电信寻求传统体制内的突破，并为面向移动互联网的转型打下基础。这种模式将创新活动置于原有的机械式结构和严格管控之外，很适合特大型的国有企业。

资料来源：陈志军，张雷．企业战略管理（第2版）[M]．北京：中国人民大学出版社，2023：211.

创业孵化器能够帮助大企业挑选和培育有潜力的技术或项目。内部创业项目局部脱离原有大企业的机制束缚，但同时又能利用原有企业的一些资源，在襁褓中被扶持长大，与母体保持协作关系。最理想的状态是，待项目成熟，与大企业的整体战略相融合，加速大企业业务发展，或为大企业贡献投资收益。

4. 衍生裂变创业

衍生裂变创业是现有企业将某一业务部门分拆出去创立新企业，或员工离职创办新企业。国内出现的“联想系”“华为系”以及美国硅谷的“硅谷族谱”等，都是由母体企业不断衍生裂变形成，甚至演化为“企业家族”。衍生裂变的新创企业通常和原有企业保持千丝万缕的联系，比如资源传承、业务往来等。衍生创业者会选择成为大企业上游原材料的供应商、下游的销售商或服务商，或作为母体企业的竞争者从事类似或相同业务。例如，从华为衍生裂变出的企业很多成了华为的合作方，为其非核心业务提供外包。

作为一种独特的“中间组织”创业模式，衍生裂变创业介于大企业科层制与独立创业之间，它既避免了母体企业对业务的完全控制而可能导致的低效率，又避免了独立创业带来的完全市场交易的高风险。这种模式一方面有利于大企业持续不断地孕育创业精神，解决内部创新动力不足的问题；另一方面为自我驱动力强、有创新基因的员工提供自由空间和强有力的激励，避免了高管流失。

▶案例

“蒙牛系”创业引发核心企业商业生态系统重塑全过程

“蒙牛系”裂变创业主要发生在2008年的“三聚氰胺”食品安全事件之后，大部分都属于员工自发进行。而蒙牛集团并没有正式的、官方的引导和支持。实际上，蒙牛公司自身也是自发离职创业的典型代表，蒙牛创业团队1999年从伊利公司离职，创建了与母体企业直接竞争的新公司。

“蒙牛系”裂变创业的涌现，一方面是在职员工抓住了产品质量危机引发的产业结构失衡商机，通过主动离职创业的方式优化了蒙牛公司商业生态系统；另一方面是由于中粮集团入驻蒙牛，引发管理层变更，在职员工为了突破职业发展瓶颈，缓解组织变革矛盾，通过主动离职创业的方式实现自我雇佣，在实现自我价值、创造社会价值的过程中改进了蒙牛公司商业生态系统。

“三聚氰胺”事件以后，以蒙牛公司为核心企业的乳制品商业生态系统，从以往的“做大做强、强乳兴农”价值理念，转型为突出强调“为中国人提供高品质乳制品”的全新诉求。围绕“质量”这一新的价值主张，乳制品商业生态系统开始了持续重塑。而使这一价值主张真正得以商业化运作和有效践行的群体则主要包括三个部分——以蒙牛公司为代表的乳制品加工企业、以牧场为代表的奶牛养殖和原奶供应企业以及以草场为代表的牧草种植和饲料供应企业。其中，蒙牛公司以其巨大的影响力成为整个商业生态系统的核心企业，由蒙牛公司裂变产生，创业伊始便进入牧场和草场领域的企业包括赛科星、田牧实业、圣牧高科（牧场企业），以及壹新实业、正时生态（草料供应企业）等。

资料来源：李志刚，杜鑫，张敬伟．裂变创业视角下核心企业商业生态系统重塑机理——基于“蒙牛系”创业活动的嵌入式单案例研究［J］．管理世界，2020（11）：80－96.

二、战略并购

并购是“合并”（merger）与“收购”（acquisition）的统称（简称 M&A），是指公司通过各种产权交易获得其他公司的产权，以控制另外一个公司的经营权为目的的一种企业资产重组行为。

一般而言，合并包括吸收合并和新设合并两种形式。一个公司吸收其他公司，被吸收的公司解散，称为吸收合并；两个以上公司合并设立一个新的公司，合并各方解散，称为新设合并。1996 年波音公司以 133 亿美元的价格收购麦道公司的绝对股权，麦道公司解散，波音公司存续，属于吸收合并；2009 年济钢集团、莱钢集团、山东省冶金工业总公司所属企业（单位）成立了全新的山东钢铁集团，则属于新设合并。

收购是指并购企业购买目标企业的资产、营业部门或股票，从而控制目标企业的交易行为。收购可以分成资产收购和股份收购两种形式，资产收购是指一家企业购买另一家企业的部分或全部资产（包括资产和营业部门）的行为。很多上市公司就是通过资产收购方式，将集团内部的资产注入上市公司中，从而达到集团整体上市的目的。股份收购是指并购企业直接或间接购买目标企业的部分或全部股票，并根据持股比例与其他股东共同承担目标企业的所有权利与义务。

（一）并购的目的

企业并购的具体动因多种多样，主要概括为以下六个方面：

1. 实现规模经济，获得协同效应

企业实施并购在很大程度上是为了获得规模经济和协同效应，获取能给企业带来竞争优势的资源和能力。并购对企业效率最明显的作用表现为规模经济效益。

并购后的协同效应源于范围经济，主要体现在生产协同、经营协同、财务协同、人力资源协同等方面。如 2009 年中国兵器装备集团公司、中国航空工业集团公司重组中国长安汽车，原中航汽车旗下的昌河汽车、昌河铃木、哈飞汽车、东安动力、东安三菱 5 家企业与长安汽车集团重组合并，目的就是实现规模效益和协同效应。

2. 降低市场进入壁垒，加快市场进入速度

市场进入壁垒是指市场中现有企业的业务活动给试图进入该市场的新企业带来困难或增加其进入成本。进入壁垒包括政策规定、资金要求、销售渠道、地理位置等。一个行业的市场进入壁垒越高，新进入者采用并购战略进入的可能性就越大。这是因为企业通过并购方式进入新的生产经营领域或市场时，可以比投资新建方式大幅降低风险与成本，加快进入市场的速度。同时，由于并购没有给整个行业增加新的生产能力，引起价格战和报复的可能性大大减小。

3. 获得新的能力，实现组织的快速成长

通过并购，企业能够获得被并购企业独特的能力，迅速将组织规模做大，从而实现组织的快速成长，这是通过内部投资逐渐发展难以达到的。

以 1984 年成立的思科公司为例，在其三十多年的发展历史中已经收购了约 130 家企业。它通过收购进入新市场，迅速发展壮大，已经成为美国最成功的公司之一。

4. 增强市场影响力

当一家企业有能力比竞争对手以更高的价格出售产品和服务，或者其经营活动的成本比竞争对手更低时，该企业就拥有了市场影响力。市场影响力通常来自企业的规模及其所拥有的在市场中竞争的资源和能力，它往往与企业所占的市场份额有关。因此，获得更大的市场份额是实施并购的一个主要原因。

5. 多元化经营

企业在现有的市场上开发新产品具有一定的优势，但在开发与现有业务完全不同的新产品以及进入一个新的市场时会遇到许多困难，因此，多元化经营战略多是通过并购来实现的，尤其是非相关多元化经营战略。

6. 获取价值被低估的公司

在证券市场上，从理论上讲企业的股票市值应等同于企业的实际价值，但是由于信息不对称、环境不确定性等原因，上市公司的价值有可能被低估。如果一个企业认为自己能够比原有的管理者经营得更好，那么该企业就有可能收购这家公司。在金融危机期间，许多外国企业的资产价值被严重低估，是中国企业海外并购的良机。以沃尔沃为例，1999 年全盛时的福特汽车公司花 64.5 亿美元收购了总部位于瑞典的豪华乘用车沃尔沃，而吉利收购沃尔沃花费 13 亿美元现金和 2 亿美元银行票据，不到当年福特收购价的 1/4。

（二）战略并购的内容

并购是企业为实现战略目标、追求利润最大化而采取的向外扩张行为，因此并购方取得被并购企业的控制权只是实现并购目标的第一步。并购后如何整合被并购企业，使被购企业尽快地运营起来或使其在经营中与并购方协调起来，是每个并购企业面临的棘手问题。研究表明，在所有的并购中，大约 20% 是成功的，60% 的结果是不尽如人意的，20% 则是完全失败的。也就是说，并购整合是决定最终并购是否成功的关键步骤。

并购整合是指并购双方组织及成员为了调整公司的组成要素使其融为一体而对企业盈利能力及成长能力进行保护、转移、扩散、积累，最终实现预定并购目标的过程。并购整合涉及企业的诸多方面，任何一方面存在问题都会影响整个并购活动的效果。

1. 战略整合

战略整合是指并购企业根据并购双方的资源条件和外部环境，将目标企业纳入自身发展规划后的战略安排或对企业整体经营战略进行的调整，以形成新的竞争优势或协同效应。可以看出，战略整合不仅是对目标企业的原有战略进行整合以使其能与并购企业的战略保持一致，而且并购企业可能会对自身的战略重新设计与整合，使之与目标企业达到融合。

战略整合并不是每个收购过程都会发生的，它取决于并购的动机。动机不同决定了有无战略整合及战略整合的内容和程度的不同。如果目的是资产上市套现、收购股权增值以及财务性收购，就可能没有战略整合活动。并购后的战略整合问题也是一些企业家和并购研究者经常忽视的问题。他们认为企业的战略问题在并购前就已经明确，尤其是在选择并购对象时就已经考虑。事实上，若并购后没有战略整合的过程而急于从人事、财务、营销等方面进行整合，就会使整个整合活动缺乏全局观，容易顾此失彼、因小失大。

2. 文化整合

企业文化包括组织的价值观、传统、信仰以及处理问题的准则。企业文化一般划分为三个层次：物质、制度、精神。企业文化的本质特征体现在精神层面。企业之间价值观的差异是企业并购整合过程中一切冲突的根源。企业文化具有历史性、人本性、异质性和凝聚性等特性，由此构成了企业之间文化的差异，也给企业并购和并购整合带来了很大的风险。

麦肯锡管理咨询公司在一份研究报告中指出，并购中的文化冲突是导致并购失败的普遍原因之一。库伯和雷布兰德（Cooper & Lybrand）对100家并购失败的企业作了调查研究，有85%的CEO认为管理风格和文化差异是并购失败的主要原因。

因此在并购整合的整个体系中，文化整合占据核心地位。文化整合就是以优势企业文化为基础，通过两种异质文化之间的交流、碰撞、吸收、渗透，建立更加具有生命力与市场竞争力的企业文化体系。文化整合的成败在很大程度上决定了企业并购活动的成败。

3. 人力资源整合

人力资源是企业最重要的资源，是企业竞争力最重要的来源。在企业的并购整合过程中，人力资源整合是尤为重要的环节，影响其他整合工作的顺利进行。企业并购后，员工将会在心理上经历几个变化：角色模糊感增强、信任水平下降、自我保护意识增强。这些心理上的变化将会导致企业与员工和员工与员工间的不信任、抵制变化、消极怠工甚至离职等行为，最终导致人才流失和企业运营效率下降。

美国的《收购天地》杂志对37次企业并购活动进行分析研究后认为，并购失败的一个重要原因就是关键管理人员的离职。

因此并购发生后，管理者需要采取相应的人力资源管理方法和措施来消除员工的紧张心理、压力和不信任感，解除他们的后顾之忧，激发员工的积极性，将员工引导到企业的战略目标上。在进行人力资源整合时，要综合评价并购双方的关键管理人员和技术人员，对关键人才加以挽留和激励。

三、战略联盟

战略联盟与业务外包

（一）战略联盟的定义

“战略联盟”概念是由美国DEC公司总裁简·霍普兰德和管理学家罗杰·奈格尔最早提出的，他们认为战略联盟是指由两个或两个以上有着共同战略利益和对等经营实力的企业，为达到共同拥有市场、共同使用资源等战略目标，通过各种协议、契约而结成的优势互补或优势相长、风险共担、生产要素双向或多向水平流动的一种松散的合作模式。这个概念提出之后，并未立刻在学术界达成共识。

迈克尔·波特在《竞争优势》一书中指出：“联盟是指企业之间进行长期的合作，它超过了正常的市场交易，但又未达到合并的程度，联盟的方式包括技术许可生产、供应协定、营销协定和合资企业。”

古拉蒂（Gulati）指出，战略联盟可定义为企业间交换、共享知识或共同开发新产品或服务的自发性活动。它是系列动机或目标推动的结果，表现为不同的形式，并建立在企业纵向或横向的界限上。这一定义是当时对战略联盟最具代表性的界定，曾被广泛引用。

邓宁（Durning）将战略联盟描述为“企业采取股权共享的方式如企业合并、合资新建等形式进行合作，同时也包括研发伙伴、合作生产、共同营销和分配等非股权形式”。

蒂斯在著作中提到，战略联盟是多个企业为了实现资源共享、优势互补等战略经营目标而进行的以承诺和信任为特征的合作活动。

上述对战略联盟的定义有各自的视角和侧重点，但似乎都不够全面。我们认为，战略联盟是两个或两个以上的企业之间，在特定的时期和范围内，基于各自战略目标的实现，相互利用彼此的比较优势，通过协议、契约而结成的资源利益共享、风险成本共担的一种松散型组织，战略联盟不仅包括股权合资企业，还包括涉及生产、营销、分销、研发等的非股权协议。

（二）战略联盟的成因与目的

1. 战略联盟的成因

（1）竞合分析。战略联盟并不是否认竞争的存在，而是使竞争以新的形式在新的层次上出现，如从原有的价格竞争走向非价格竞争，从恶性竞争向塑造比较优势竞争转变。因此，合作和竞争是兼容的，合作是竞争中的合作，企业合作的目的是增强各自的竞争优势，从而进行更大范围、更高层次的竞争。在合作竞争理论的指导下，以跨国公司为代表的新的合作竞争关系和战略联盟得以形成与发展。

（2）交易成本分析。交易成本理论是当前解释战略联盟最重要的经典理论之一。根据该理论，战略联盟被认为满足了企业节约市场交易费用的需要，通过建立较为稳固的合作伙伴关系，达到稳定双方关系、减少管理费用并降低履约风险的目的。

企业通过战略联盟形成外围网络，利用网络的各种优势扩大对资源有效使用的界限。同时，由于战略联盟双方的协作及利益连带关系，联盟后的交易费用将小于完全市场机制下的交易费用。战略联盟中管理权关系的模糊性、合作伙伴的背叛风险以及企业文化冲突的存在，一般会导致战略联盟的管理费用增加，但这种管理费用的增加往往会小于公司组织内部一体化的管理费用，当交易费用降低带来的收益高于管理费用的增加时，企业就会采用战略联盟的形式来取代市场交易。

综上所述，战略联盟在实现规模经济的同时避免了管理费用大幅上升，又减少了市场机制带来的交易成本。因此，在市场规模扩大、市场交易增加、交易成本越来越高的经济背景下，战略联盟得以迅速发展。

（3）价值链分析。价值链的各个环节相互关联，不同价值链环节的经营管理活动相互影响、相辅相成，特别是上一环节对下一环节具有直接的影响，这为在价值链不同环节具有优势的企业组建战略联盟提供了良好的机会。

（4）博弈论分析。由博弈论的囚徒困境可知，个体的理性并不必然导致集体的理性。也就是说，单个企业根据自身利益最大化的原则做出的理性决策，对多个企业整体而言，可能并不是最优的选择。战略联盟通过联盟契约强化成员企业的合作预期，增加对机会主义行为的惩罚成本，再加上更充分的信息沟通，使得企业之间的行动更容易协调。个体企业在能预知其他企业一定会采取合作策略时，会采用无论对企业本身还是企业联盟均为最优的选择合作，于是集体效用的最大化成为可能，个体企业的情况也得到改善。

2. 战略联盟的目的

通过以上对战略联盟成因的分析，几乎没有公司能够拥有实现目标所需的全部资源和能力，也很少有公司能够在整个价值链的所有环节都具备竞争优势，因此，企业间结成联盟关系，一定是联盟能够为合作伙伴创造出凭单独行动所无法实现的价值，能够更好地服务于各自的战略目标。具体来讲，战略联盟的目的主要体现在以下四个方面：

（1）提高核心竞争力。企业发展的关键是培育和发展能使企业获得长期竞争优势的核心竞争力，企业可以通过参与战略联盟进行组织学习实现这一目标。缔结联盟是学习过程的开始，通过联盟内企业在管理、技术、营销等方面的交流、合作甚至碰撞、冲突，联盟企业可以重新审视自己的价值观和知识体系，接纳、融合异质文化，使自身素质得到升华，核心竞争力得到提升。

（2）实现资源共享。企业利用外部资源的能力在竞争中尤为重要。与其他企业建立战略联盟是企业获取外部资源的有效方式，尤其是在企业进行结构调整或开展多元化经营时，通过战略联盟方式获取异质性资源往往具有重要意义。

（3）追求规模经济和范围经济。战略联盟可以很好地将生产经营同类产品的企业结合成为一个整体，深化分工，强化技术进步，使不同企业之间的资本、技术、人力、信息资源有效灵活地组合，最大限度地降低产品成本，提高规模经济效益。

（4）实现风险分担。战略联盟中，成员企业可以共同致力于开发新技术、新产品和新市场，这样就避免了单个企业技术开发、产品和市场拓展失败所带来的致命打击，有效地分散了风险，增强了企业抗风险的能力。

（三）战略联盟的表现形式

1. 跨国公司战略联盟

跨国公司战略联盟又称国际性战略联盟，它是指两个或两个以上的跨国公司为实现某一战略目标而建立的伙伴关系，联盟成员之间相互合作、共担风险。

2. 专利联盟

专利联盟是由多个专利所有企业为了彼此能够分享专利技术或者统一对外进行专利许可，通过专利交叉许可形成的一种战略联盟组织。

3. 品牌联盟

品牌联盟是战略联盟研究和品牌研究交叉发展的产物，是两个或两个以上独立品牌在短期或长期内的关联或者组合的表现形式。品牌联盟中，多个品牌可以出现在同一产品上，如 IBM 和英特尔；或者将品牌在促销中结合在一起，如 Frito – Lay 薯片和 KC Materpiece 野餐调味品。

4. 顾客联盟

在企业经营环境发生深刻变化的今天，企业必须做到及时、充分地取得顾客信息，加强与顾客的联系，把顾客纳入企业系统内部，顾客联盟应运而生。顾客联盟是指企业与顾客为了共同行动而订立盟约所结成的协作关系。它把顾客从企业的外部变量转变为企业的内部变量，顾客从被动的商品接受者逐渐转变为积极的参与者，企业对客户的理解达到了较高的层次，顾客成为企业创造核心价值的重要伙伴。

四、业务外包

随着信息技术革命和互联网时代的到来，企业经营的关键资源也由资本转变为信息、知识和创造力。知识的更新使技术发展日新月异，信息的瞬息万变使不确定性因素增多，创造力成为取得竞争优势的有力武器，这使企业在提高效率、赢得竞争优势方面比以往有更大的压力。一些现象耐人寻味：耐克是最大的运动鞋制造商，却很少生产成品运动鞋；盖洛（Gallo）葡萄酒公司是世界上规模最大的葡萄酒生产商，虽然是葡萄酒生产企业，但公司真正自有的葡萄园却屈指可数；波音是顶尖的飞机制造企业，却只生产座舱和翼尖。这是因为企业为了强化其核心竞争优势，基于战略而采取业务外包方式。

（一）业务外包的内涵

业务外包所推崇的理念是，如果企业的某项业务在价值链的某一环节上不是世界最好的，也不是形成核心竞争优势的关键，剥离该项业务不至于把企业同客户分开，那么应当把它外包给更好的专业公司去做。也就是说，首先要根据企业的总体战略确定企业的核心竞争优势，并把企业内部的资源和能力集中在那些具有核心竞争优势的活动上，然后将其他活动外包给专业的公司。从战略取舍的维度看，外包体现的是“有所为有所不为”的理念。

（二）业务外包的形式

考察企业的实际经营活动。在价值链上的基本活动和辅助活动的各环节都有外包的可能，下面介绍四种比较常见的业务外包形式。

1. 生产外包

生产外包基本上是与贴牌生产联系在一起的。贴牌生产（original equipment manufacture，OEM）又称合同制造或合同生产，是指企业与目标国家或地区的企业订立供应合同，要求后者按合同规定的技术要求、质量标准、数量和时间生产本企业所需要的产品，交由本企业用本企业的品牌销售。贴牌生产是企业国际化经营的必然结果，它是将属于不同国家的设备、原料与品牌、知识专利糅合到一起，是经济全球化带来的国际产业分工。贴牌有利于企业走向国际化经营的道路，当一个企业的生产规模达到足以左右市场供给时，这个企业的成本和价格就在市场上获得了充分的发言权。

对于实施生产外包的企业而言，贴牌生产等于租赁了生产所在地企业的生产能力，又不必承担租赁所引起的一系列业务工作，既节省资金又迅速进入目标市场。特别是容量有限而发展前途不大的市场，最适合采取合同制造方式进入。例如，美国化妆品和大众卫生用品生产企业宝洁公司的若干产品就是采取合同生产成功地进入了一些市场容量和潜力都不太大但关税很高的拉美小国。

全球最大的微波炉制造商广东格兰仕的六成产品贴的是国外微波炉的商标；美国通用电气公司向四川长虹下达10万台空调订单；飞利浦集团停止手机生产，将生产车间转移至中国……一系列的信息表明，OEM方式早已大步进入中国，中国诸多通用制造业已经成为跨国企业在亚太地区甚至全球的产品制造中心。当然，随着中国人工成本的增加，有外国企业正逐步把生产中心移出中国。随着“中国制造2025”战略的实施，也一定会有越来越多高品质的中国产品寻求国外的OEM厂商。需要注意的是，OEM这种方式的缺点是不易物色到理想的合同制造商，同时还需向对方提供技术改造、工艺改进等方面的服务。

2. 营销外包

营销外包主要是指将企业的营销渠道交给其他的中间商、经销商和代理商去做的经营活动。其中，营销渠道是指产品从生产厂家转移至消费者的途径，这个“途径”是由相互依存的组织和个人构成的。一个企业的营销渠道设计、选择是否恰当，直接关系到企业的产品能否顺利流通、产品的价格是否具有竞争性、促销手段是否有效，因此，营销渠道在市场营销中处于重要地位。中间商是指在生产商与消费者之间取得产品所有权并再转移或协助实现所有权转移的组织和个人。经销商是指从事商品经销业务并拥有商品所有权的中间商。代理商是指受生产者委托，从事商品的营销业务，但不拥有商品所有权的中间商。无论是中间商、经销商还是代理商甚至是零售商，都只是与企业具有合同关系而不具备产权关系的独立实体或个人。营销外包是很常见的。比如，当前很多房地产开发公司都将房屋销售外包给专业的销售公司。

3. 人力资源外包

人力资源外包是指企业将录用合格人员、培训及人力资源管理其他职能的业务外包出去，从而为企业节约成本和费用，将有限的资源用于培育企业的核心竞争力。

人力资源外包在过去是很难想象的，但是随着企业甄选关键人才的成本和难度增大、人员流动日益频繁，新近出现的一些快速人员服务企业就专为企业人力资源管理提供外包服务，它们花费大量的时间去寻找、获得和培训自身、特许经营者以及合作伙伴的人员。猎头公司就属于为企业提供人力资源管理业务外包服务的专业公司。在知识经济时代，企业间的竞争已经成为高端人才的竞争，人力资源管理的业务外包将越来越普遍。

4. 信息化外包

企业信息化实质上是将企业的生产过程、物流配送、业务处理、财务管理、客户关系等业务过程数字化，通过各种信息系统网络加工生成新的信息资源，使企业资源配置更加合理、应对市场更加迅速、决策更加科学，从而提升经营管理效益。信息化建设是企业内部管理的重要组成部分，但并不是所有企业都具备自己设计开发信息化管理所需的网络、数据库等专项技术，因此，很多企业选择将信息化建设外包给更专业的公司来做。比如，索尼将 IT 业务外包给 IBM，海尔集团将 IT 业务外包给东软公司，惠普帮助上海通用汽车实施 SAP IS – Auto 项目等。

除以上几种主要类型的业务外包外，物流外包、研发外包以及客服外包也逐渐兴起，成为利用外部资源强化企业竞争优势的重要武器。

▶案例

青岛啤酒　物流外包

在青岛啤酒股份有限公司发展初期，公司一直是自营物流，青岛啤酒的供应相对其他产品来说较为简单，原料就是大麦和啤酒花，包装物就是瓶子、盖子、标签，但其销售地遍布全球各地，所以其分销网络十分复杂，销售物流是急需解决的重要问题，而公司的自营物流在早期还能跟得上发展，随着规模的扩大，物流模式已经不能满足新的销售需要。

（一）青岛啤酒自营模式的弊端

1. 仓库的不合理布局

在发展阶段，分布在全国的销售分公司都建有自己的仓库与物流部门，这大大增加了仓库等物流设施设备的成本，而且仓库的设施非常陈旧，技术跟不上时代的发展，有的仓库爆满，而有的仓库空闲，无法实现物流的准时制、先进先出等基本原则，且总公司无法对各分公司的情况进行监督。

2. 物流总体杂而乱

公司的物流管理系统处于“崩溃”阶段，物流的落后制约着公司的发展，物流的管理部门与实际操作部门没有良好的沟通与合作，各自为政，缺乏标准化的运作流程和统一的协调指挥，使整个供应链从采购、生产到销售的工作效率低下，物流管理信息系统不健全，导致缺货、断货情况屡屡发生，无法满足客户的需要，降低了客户满意度，公司的信誉受到威胁。

3. 运输服务不到位

运输水平与货物准确到达客户手中有直接关系，青岛啤酒斥资建立了大型的运输车队，但是没有有效的配送管理系统，导致运输成本增加，运输过程完全失控，“串货”、货物破损、送货时间延迟等现象严重发生，与青岛啤酒的“新鲜度战略”完全相悖。成本增加，啤酒的销售量降低，销售额减少，造成每年过千万元的损失。

（二）青岛啤酒与青岛招商物流的完美合作

基于上述不合理现象，青岛啤酒股份有限公司做出了相应的努力，提出新的物流发展战略，将非核心的物流业务外包出去，实现主辅分离。

2002 年 4 月 15 日，青岛啤酒和招商局物流正式达成物流合作协议。招商局物流成为青岛啤酒唯一的物流合作商。与招商局物流合作以来，青岛啤酒逐步走上国际舞台。物流外包对青啤的影响主要表现在以下几个方面：

1. 物流成本降低

将原有的运输车队、人员全部归于物流公司，提高了其专业化、社会化水平。仓库重新布局，设立了中央仓与多个区域仓，借助高水平的信息系统实现了整体与部分的有效配合，形成了“工厂/中央仓—区域仓—客户”的高效率的配送网络体系，仓库、运输等成本得到有效控制，提高了利润率。

2. 客户满意度提高

物流网络的成功建立，提高了货物的配送效率，保证了啤酒的新鲜度，客户满意程度直线上升，订单的逐渐增加并没有使得服务水平下降，高订单处理速度成了销售量的保证。

3. 企业对社会的贡献

企业的发展不仅带来自身的利益，而且也给社会带来很大贡献。自与招商局物流合作以来，企业提高了社会资源利用率，在一定程度上缓和了日益严重的资源与需求的不合理现象，且截至 2013 年青啤公司的员工人数达 28542，也适当地缓解了社会的失业压力。

（三）结语

青岛啤酒成功地完成了由物流自营到物流外包的转变，公司上升到世界第六大啤酒厂商的位置，证明了当时将物流外包出去的决策的正确性。它探索出了制造业如何与第三方物流密切合作的途径，成为与第三方物流合作的经典案例，当然，每个企业选择将物流垂直整合还是交予第三方物流，应视情况而定。

资料来源：张艳．企业物流自营与外包的比较分析——以青岛啤酒股份有限公司为例［J］．中国集体经济，2014（15）：110－111.

第二节　企业战略控制

战略控制概述

一、战略控制概述

（一）战略控制的内涵

战略控制是控制的一个主要方面，是保证战略目标顺利实现的重要手段。战略控制就是企业通过制定战略控制标准、发现并评估控制结果与控制标准之间的偏差及其纠正偏差的一系列控制活动。这种控制更加强调对企业环境变化适应性的调控，更加着眼于企业长期发展与愿景的控制，控制过程相对具有一定的稳定性，主要由企业的中高管理层组织实施。战略控制更加强调利用 Swot 分析框架对企业的优势和劣势、机会和威胁进行定期或动态的分析，以不断地调整和修订企业战略，使它们保持与外部环境的适应及与企业内部条件的协调，从而使企业能够在同业或多业竞争中保持卓越和优秀。

战略控制的目的主要表现在三个方面：第一，保证正确顺利地实施企业战略；第二，检验、修订、优化原定战略方案，以确保战略目标的实现；第三，为以后企业的战略制定和控制积累经验与知识。

（二）战略控制方式的分类

我们可以按照控制时点、控制主体的状态和控制目的的不同将战略控制划分为不同的类型。

1. 按照控制时点的分类

按照控制时点的不同，一般将战略控制分为事前控制、过程控制和事后控制三种类型。

（1）事前控制。事前控制是战略实施之前所进行的一系列控制。在战略实施之前，首先要设计好正确有效的战略计划，该计划要得到企业领导的批准，其中一些重大的经营决策活动必须经过企业高层领导人批准后方可组织实施，所批准的内容往往也就成为评价战略控制效果的控制标准。事前控制多用于重大问题的控制，如任命重要的人员、重大合同的签订、购置大额关键设备，等等。

（2）过程控制。过程控制是在战略实施过程中所进行的一系列控制。过程控制的关键在于找出战略实施过程中的关键环节和重要控制点，从而保证控制既能够抓住“瓶颈”和薄弱环节等控制软肋，又能够兼顾整个战略实施过程。

(3) 事后控制。事后控制是在企业的战略计划和方案实施以后所采取的控制。控制的注意力主要集中在战略实施的结果上，通过对战略绩效进行衡量、比较和分析，找出偏差并采取措施予以纠正。

2. 根据控制主体状态的分类

根据控制主体的状态，可以将战略控制分为避免型控制和开关型控制两类。

(1) 避免型控制。避免型控制即采用适当的战略控制手段，降低不适当战略活动发生的概率，达到不控自控的目的。如通过自动化使战略体系保持稳定；通过与外部组织共担风险减少控制；转移、放弃某项战略活动，以此来消除有关的控制活动。

(2) 开关型控制。开关型控制又称为可行与否的控制。其原理是：在战略实施的过程中，按照既定的标准检查战略行动，确定可行与否，类似于开关的开与关。开关控制一般适用于战略实施过程中标准化的控制，或某些过程标准化的战略项目的实施控制。

3. 按照战略控制目的的分类

按照战略控制的目的，可以将战略控制分为以控制战略执行为目的的控制和以控制战略内容为目的的控制两类。

(1) 以控制战略执行为目的的控制。以控制战略执行为目的的控制主要在于保证战略按照预定计划实施，使得战略结果按照期望发生。它与传统的管理控制唯一的不同是，其控制重点在于一些关键的成功因子。其控制过程包括：第一，识别关键成功因子；第二，确定关键因子的实施标准；第三，测定实际执行情况；第四，针对偏差进行纠偏。

(2) 以控制战略内容为目的的控制。主要包括以下方式：

- 验证战略假设。即在战略制定中需要提前做出假设，而企业的战略实施正是对战略计划进行不断验证的起点。其控制过程包括：第一，数据信息采集和分析；第二，制定相应的应对措施。
- 管理战略事件。由于战略环境会在战略实施中发生变化，这就带来了新的机会和威胁并将阻碍战略计划的绝对准确性。因此，战略问题管理正是针对这个问题的战略控制方法，它控制战略的内容而不是战略的实施。其控制过程包括：第一，识别战略环境的显著变化；第二，在战略实施过程中持续作出响应。
- 周期性战略评价。评价的目的是在发现计划阶段的假设不再适用或者出现了新的机会和威胁时，对战略做出必要的修改。通常这种评价是以 1 年为单位进行的。
- 交互式控制。这种控制需要使用一些传统的控制系统，但它的目的并不是保证战略按计划进行，而是帮助企业在战略执行中面对新的机会和威胁时如何进行战略转移。
- 战略控制报告。战略控制报告利用一系列的“战略方向”作为报告的主体，每个战略方向都支持整体的战略愿景、支持组织战略的成功、与战略实施的主要成功因素相关并与战略保持一致，它弥合了战略计划与控制系统的差距，完善了从战略完成到实施监控的反馈渠道。

二、战略控制过程、设计与评价

战略控制过程、设计与评价

成功的战略控制必须具有完善的控制流程、科学的控制系统设计和合理的战略评价方法，这是决定战略控制是否有效的关键问题。

（一）战略控制过程

战略控制的目的在于通过一系列的控制措施确保战略目标的顺利实现。而战略控制能否在实现目标的过程中发挥出应有的作用，关键在于企业是否依照科学的控制流程，实施有效而可行的控制计划和措施。一般而言，战略控制的过程主要包括以下几个方面：

1. 收集战略信息

战略信息是指与战略制定、战略实施和战略控制活动有关联的信息。收集战略信息的目的在于为战略控制标准的制定提供科学合理的决策依据。战略信息涵盖在一般信息当中，因此需要信息收集人员从所收集的各类大量信息中甄别过滤出来。

2. 确定控制标准

战略控制标准是进行战略控制的期望结果，也就是战略目标的具体指标。控制标准有定性的，也有定量的，是一个多层次的标准体系。

3. 配置控制资源

在控制标准制定完成进行实施之前，企业必须对当前的组织架构、人员配置、资源配置等情况进行摸底，并对它们是否适应控制要求进行必要的可行性分析与合理配置。

4. 进行战略评审

在战略的实施过程中，应当通过阶段性的战略评审来检验和预测控制效果。一般评审由企业内部的专门评审小组来实施，并由企业高层领导牵头负责。评审可以是系统性全面的评审，也可以是针对某个战略业务单元（SBU）、职能部门或者一些关键工序、控制环节而开展的专项评审。

5. 实施纠正措施

控制过程如同决策活动一样，人们只能得到一个满意的控制结果，不可能也没必要追求完美的控制结果。那么什么是满意的控制结果呢？企业事先可以根据历史数据、同行数据、国家标准等制定出一个合理的控制偏差范围，如果偏差落在所定的控制范围内，即已经达到了满意的控制效果。

评审结果与控制标准之间的差异即为控制偏差，偏差产生的原因有企业内部的实施问题、制定战略的前提错误、环境的变化等因素。为纠正偏差，首先应当运用鱼刺图等分析方法找出偏差产生的原因，然后对症下药地采取纠正措施。

企业可以采取的纠正措施有：第一，在保持原计划的同时，制定出可行的改进措施来渐进温和地影响或纠正偏差；第二，重新制订和调整计划，修改目标来纠正偏差；第三，调整组织机构、管理职能、执行人员或资源配置，从而加强控制力度或使它们适应战略实施的要求；第四，营造一种有利于战略控制实施的企业文化氛围，强化控制过程；第五，针对个别控制瓶颈或薄弱环节成立专项攻关小组，消除“细脖子”；第六，借脑控制法，就是当一些高难的控制问题发生以后，企业可以与管理咨询专家或专业机构签订一个“排雷”合约，利用外脑解决控制难题。

6. 战略控制反馈

反馈既是控制论的一个重要概念，也是控制论的一个基本原理。控制论的主要奠基人维纳认为：“反馈，即将系统以往操作结果再送入系统中去，其特点是根据过去的操作情况去调整未来的行为。”反馈过程是：施控者将输入信息转换成控制信息，控制信息作用于受控者后产生的结果再被输送到原输入端，并对信息再输出发生影响，起到控制的作用，达到控制的目的。

（二）战略控制设计

战略控制设计是战略控制过程中最关键的环节之一，是为战略控制制定控制策略和体系的活动。战略控制设计主要由以下几个方面的内容构成：

1. 战略控制关键环节的设计

与大多数管理活动相类似，关键控制点的选择也是一项艺术性与科学性兼备的工作，需要管理者充分发挥自己的才智和管理技巧。

首先应该对“关键绩效区”进行识别，即找出那些为确保整个企业战略获得成功而必须有效运作的区域。明确了关键绩效区，就可以在此基础上确定战略控制点，通过战略控制点进行检测和信息收集。

战略控制点的主要来源有：第一，业务活动中意义最为重大的因素；第二，工作进程中经常发生变化的环节；第三，可以产生波及效应的环节。所谓波及效应，是指对一个环节的控制，可以对其他许多环节产生影响，如有时把最容易忽略的环节作为控制点，可以使人们注意到所有的环节。

2. 战略控制系统的构成

企业需要建立的战略控制系统应当包括以下五个子系统：

（1）组织基础控制子系统。企业的组织基础包括：组织结构、责任结构和权利结构。控制是以承担责任为基础的，否则一旦出现了问题，就不知道该去哪里找谁来解决，更严重的是出现损失后不知道由谁来承担责任，因此战略控制体系必须建立明确的责任结构。

（2）企业文化控制子系统。企业文化的约束和激励作用能够很好地起到一种无形的控制作用，使企业员工按照企业战略所要求的方式去努力工作。

（3）沟通控制子系统。沟通是信息的传递和反馈过程，沟通控制子系统的主要作用在于，由企业战略实施负责机构将关于企业使命与愿景、战略与目标、战略制定与实施中对事业部、职能部门等有重要意义的信息传递给它们，然后由事业部和职能部门等将战略实施过程中的相关信息反馈给企业战略实施负责机构，从而使战略实施负责机构通过对信息的分析获悉企业各部门目前的战略实施状况。

（4）协调控制子系统。在相关多元化公司中，任何两个业务单元之间及业务单元和母公司之间都存在协调问题，即通常所说的发挥协同效应。协调就是为了充分有效地利用未尽用资源所采取的行动，一般发生在具有共享一般资源或核心资源的两个组织之间。

（5）考评子系统。任何一项有价值的控制活动如果没有最后的评价和基于评价结果的奖惩都不算完整。通过对每一项指标完成情况的统计，再考虑到事先设定的每一指标的权重，就可以对战略实施结果进行评价。

（三）战略控制评价

企业战略评价的主要内容有三个：第一，根据内部条件和外部环境的变化，经常检查企业战略的根据或基础；第二，经常比较战略实施的预期和实际进度或结果；第三，及时采取纠正行动或应急措施以保证目标或计划的实现。

1. 评价战略制定的依据

企业战略制定的依据就是企业战略得以成立的原因。企业战略得以成立的理由是企业在认真分析企业内外部环境关键因素的基础上，按照抓住机会、避免威胁、发挥优势和克服劣势的原则做出的匹配和选择。但在企业战略实施过程中，企业内外部环境并不是静止不变的。如果这些变化是关键性的，就会动摇企业战略得以成立的根据，企业就必须及时地调整其战略。

对企业战略依据的重新审查，要集中于那些原来作为企业战略依据的重要战略因素，包括企业内部的优势和劣势、企业外部的机会和威胁。

实践证明，理论上最好的战略往往在实践中难以实现；今天成功的战略不一定能保证明天成功。企业在战略实施的初期兴旺发达，但到了第二年或第三年却要为生存而挣扎的例子屡见不鲜，如巨人集团和秦池集团。为了防止这种情况的发生，企业战略管理者必须在战略付诸实施的整个过程中不断地重新审视企业战略的依据，通常采取下面的办法和步骤，如图 9－2 所示。

首先，做出一个修改过的外部因素评价矩阵，然后将它与原来的外部因素评价矩阵进行比较，如这两个矩阵的内容一样或相似，企业就没有必要再改变或调整战略；相反，如果这两个外部因素评价矩阵不一样甚至有很大差异，那么企业的现行战略就要按照战略制定的过程重新考虑。

其次，企业战略管理者还要分析和判断企业相对于其他竞争对手的位置是否发生了重大变化，决定是否有必要对企业战略进行调整或变革。

最后，制定一个新的内部因素评价矩阵，然后与原来的内部因素评价矩阵进行比较。根据比较的结果，决定是否有必要对企业战略进行调整或变革。

需要说明的是，即使企业目前的表现和战略实施进展都令人满意，这种对战略的重新考虑也是必要的。因为企业战略得以成立的内外部根据的变化往往不会立竿见影地影响企

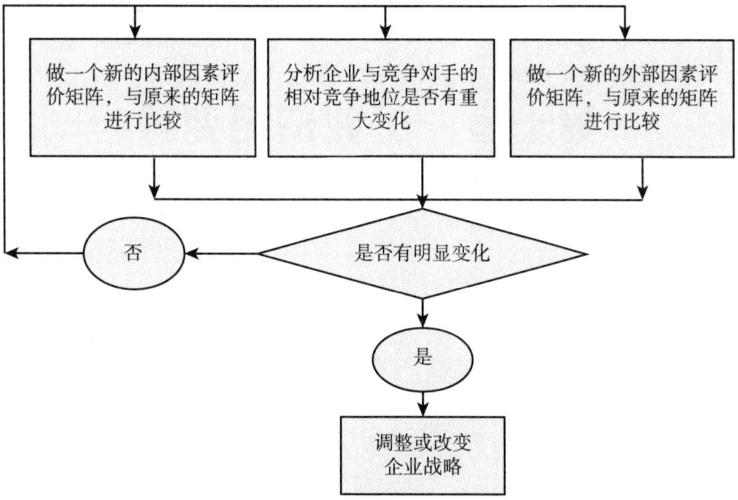

图 9－2　战略依据评价模型

业，但它们对企业的战略地位或长期表现会有重大影响。

2. 评价战略实施的成果

战略实施的成果集中表现为企业战略运行的绩效，主要以实际工作成果的形式表现出来，对它们进行评价也就是将实际的成果与预定的目标或标准进行比较。通过比较会出现三种情况：第一种，超过目标和标准，即出现正偏差，在没有做特定要求的情况下，出现正偏差是种好的结果；第二种，成果与目标正好相等，没有偏差，这也是好的结果；第三种，实际成果低于目标，出现负偏差，这是不好的结果，应该及时采取措施纠偏。

关键词

企业战略途径　企业战略控制

复习思考题

1. 企业战略途径选择包括哪几种类型？
2. 试分析内部创业模式。
3. 试分析战略并购的内容。
4. 如何理解战略联盟的成因与目的？
5. 阐述战略控制的内涵与分类。
6. 综合理解与阐述战略控制过程、设计与评价。

第十章　企业战略变革

学习目标

□ 理解战略变革的内涵

□ 掌握战略变革的含义与方式

□ 掌握战略变革的关键因素

□ 综合分析战略变革的动因与障碍

□ 理解战略变革的实施与领导

☞ 引例

荣电集团：聚焦六大战略　打造高质量发展“变革引擎”

2023 年 1 月中共中央、国务院发布《关于构建数据基础制度更好发挥数据要素作用的意见》，对于在数字化、智能化转型中的科技企业来说，可谓影响深远，家电类企业也站上数字转型新风口，正借助“互联互通”构建未来生态。2023 年 3 月，荣电集团 2023 生态合作者大会暨荣事达智能空调产品下线仪式成功举行，会上发布了荣电集团 2023 战略，明确围绕品牌、粉丝、智能、生态、海外、公益六大战略布局发展，以“家庭及企业消费品系统解决方案”为企业使命的荣电集团正汇聚高质量发展新动能。

1. 品牌建设方面，以亚摩斯、好帅、荣事达为核心，围绕价值链、供应链、营销链三大中心，围绕着大营销、大环境、大生态建设，锻造高质量发展引擎。

2. 粉丝运营方面，作为行业内唯一一家将用户、商品、内容、场景、直播、粉丝建设全链路打通的企业，拓宽私域流量阵地，构建适合现实的完整市场生态体系。

3. 智慧家居方面，亚摩斯品牌围绕客厅、影音、健康、厨房、卧室、卫浴等家居生活场景打造了 3U 智选智慧家庭解决方案；与腾讯连连签约携手在智慧家居全场景展开深度合作；小场景的推出和用户定制的满足来逐步推动全屋集成的覆盖，改变人们生活方式。

4. 品牌出海方面，拓展外贸出口业务，成立国贸部进行海外市场开拓，推进外贸新突破。荣电集团落实国家跨境电商政策，通过直播、短视频等数字化工具，实现品牌出海，以 TikTok 平台打进泰国市场，跟随拼多多出海通路闯进欧美市场，以马来西亚国内商会资源积极拓展东南亚市场。中国（肥东）互联网生态产业园已被认定为合肥市跨境电商产业园。

5. 生态赋能方面，通过3U智慧生态产业模式将商品、信息、服务的匹配推到了空前的高度，拓展经营新阵地。

6. 发展公益方面，积极开展公益事业，助力抗震救灾、关注健康饮水、走进敬老院、关爱留守儿童、关怀问候教师、扶残助残、帮助贫困农户脱贫增收、抗击疫情、抗洪抢险……积极践行企业责任。

资料来源：凤凰网安徽．荣电集团：聚焦六大战略，打造高质量发展“变革引擎”．凤凰网．https：//i. ifeng. com/c/8OYDxYWQ2Lo，2023－03－29.

兵无常势，水无常形；能因敌变化而取胜者，谓之神。

——《孙子兵法·虚实篇》

在当今时代里，我们每一天、每一分钟都必须讨论变革。

——通用电气（GE）前董事长兼CEO 杰克·韦尔奇

企业所面临环境的高度动态性和不确定性使企业所执行战略的有效期缩短，战略失效的概率加大、速度加快。越来越多的实践表明，如果不持续关注战略变革，提高战略变革的速度，企业多年积累起来的竞争优势会在短时间内迅速消解，甚至会导致严重的生存危机。

战略变革是指用现行的计划和概念将企业转换成新的状况的渐进和不断变化的过程，是为了提高组织成效而对现有组织进行改造的过程。一般来说，企业中的战略变革是一项“软任务”，即有时候不改变，企业仿佛也能运转下去；但如果要等到企业无法运转时再进行战略变革就为时已晚了。因此，企业管理者必须抓住变革的征兆，及时进行战略变革。

本章在辨析战略变革内涵和方式的基础上，剖析企业进行战略变革的动因以及可能遇到的障碍，研究战略变革的关键因素；寻找战略性转折点以及战略变革的时机，探讨战略变革的基本程序和领导方式，并通过塑造企业战略柔性构建动态战略变革机制。

第一节 战略变革的内涵

战略变革的含义与方式

一、战略变革的概念

战略变革就是企业战略的改变。传统的观念认为，战略变革是一种不经常的、有时是一次性的、大规模的变革。然而，最近几年，企业的战略成熟化使变革往往被认为是一种连续变化的过程，一个战略变革往往带来其他变革的需要。显然，基本的战略变革相对来说是不经常出现。可以从多个视角剖析企业战略，但是并不是每个视角下战略的改变都可以称为战略变革。

战略变革是企业对产品、市场领域的再选择以及对其组合的重新安排，是指企业为了获得可持续竞争优势，根据所处的外部或内部情况已经发生或预测发生或想要使其发生的变化，结合环境、战略、组织者之间的动态协调性原则，并涉及企业组织各要素同步支持性变化，改变企业战略内容的发起、实施、可持续化的系统性过程。

▶案例

海尔集团的战略变革

海尔 1984 年创立于中国青岛。创业以来，海尔坚持以用户需求为中心的创新体系驱动企业持续健康发展。从一家资不抵债、濒临倒闭的集体小厂发展成为全球最大的家用电器制造商之一、世界白色家电第一品牌。2014 年，海尔集团全球营业额实现 2007 亿元，是中国家电行业首个突破 2000 亿元的企业；品牌价值 1475.59 亿元，连续 12 年蝉联中国最有价值品牌榜首。

在近 40 年的发展历程中，海尔集团的发展战略经历了多次大的变革。到目前为止，海尔的战略变革历经名牌战略、多元化战略、国际化战略、全球化品牌战略和网络化战略五个发展阶段。

第一阶段：名牌战略发展阶段（1984—1991 年）：要么不干，要干就干第一。

主要特征：只做冰箱一种产品，探索并积累了企业管理经验，为今后的发展奠定了坚实的基础，在管理、技术、人才、资金、企业文化等方面总结出一套可移植的管理模式。

第二阶段：多元化战略发展阶段（1991—1998 年）：海尔文化激活“休克鱼”。

主要特征：从一种产品向多种产品发展，从白色家电进入黑色家电领域，再到米色家电领域。以无形资产盘活有形资产，在最短的时间内以最低的成本把规模做大、把企业做强。

第三阶段：国际化战略发展阶段（1998—2005 年）：走出国门，出口创牌。

中国加入 WTO 后，很多企业响应政府号召走出去，但出去之后非常困难，又退回来做订牌。海尔抓住机遇走出去，不仅仅是为了创汇，更重要的是创中国自己的品牌。海尔提出“走出去、走进去、走上去”的“三步走”战略，以“先难后易”的思路，首先进入发达国家创名牌，再进入发展中国家，逐渐在海外建立起设计、制造、营销“三位一体”的本土化模式。

第四阶段：全球化品牌战略发展阶段（2005—2012 年）：创造互联网时代的全球化品牌。

海尔抓住互联网时代的机遇，整合全球的研发、制造、营销资源，创全球化品牌。

第五阶段：网络化战略发展阶段（2012 年至今）：构建平台生态圈，创建平台型企业。

互联网时代的到来颠覆了传统经济的发展模式，新模式的基础和运行体现在网络化上，这是海尔第五个发展阶段确定网络化战略的原因之一。2014年海尔集团战略推进的主题为“企业平台化、员工创客化、用户个性化”。“企业平台化”对应企业的互联网思维，即企业无边界；“员工创客化”对应员工的价值体现，员工成为自主创业创新的创新者；“用户个性化”对应企业的互联网宗旨，即创造用户全流程最佳体验。

从每个战略发展阶段来看，创造用户需求是海尔制定战略的核心方向。海尔认为“没有成功的企业，只有时代的企业”，为了踏准时代的节拍，海尔不断探索并持续变革，发展出符合时代要求的战略。

资料来源：海尔集团官方网站相关资料整理．http：//www. haier. com.

这意味着企业在制定战略之后，在实施中发现了颠覆企业战略的因素，企业需要改弦更张，在一定程度上放弃既定的战略。比如，在行业总供给大于总需求的背景下，企业改变商业模式，由产品（服务）供应商转型为平台服务商；再比如，浙江吉利集团先后涉足冰箱、摩托车、汽车等行业，2010年更是通过收购沃尔沃公司进军全球汽车行业，这期间企业经历了一系列的战略变革。在战略管理领域，对于这种改变战略的复杂现象，存在相互交叠的多种概念，如有的学者称之为“战略转型”，有的学者称之为“战略更新”或“战略创新”等，我们在本课程中统称为“战略变革”。

企业制定战略之后，在实施中很难完全按照计划执行，往往需要对战略的某个点或某些方面进行调整，但是并非所有的调整都可以称为战略变革。如果战略目标不变，企业只是希望通过调整战略措施来实现目标，这属于战略控制的范畴，将不作为战略变革加以讨论。

二、战略变革的类型

依据战略变革的性质和程度，可以将战略变革划分为适应性战略变革、进化性战略变革、重组性战略变革和革命性战略变革，如图10－1所示。

变革性质 \ 变革程度	调整式	转型式
渐进式	适应性战略变革	进化性战略变革
激进式	重组性战略变革	革命性战略变革

图10－1　战略变革的类型

资料来源：J. Balogun，V. Hope Hailey. Exploring Strategic Change. 3rd edition. Prentice Hall. 2007. 格里·约翰逊，理查德·惠廷顿，凯万·斯科尔斯．战略管理基础（第2版）．北京：清华大学出版社，2012：244.

（一）适应性战略变革

适应性战略变革指企业在现有范围内小幅度、循序渐进地实施战略变革。这种变革是逐步推进、计划式的变革，变革多采取自下而上的方式，主要通过沟通、合作与连续性学习执行，因此进度容易控制，前景也容易预测，一般不会遇到太大阻力，比较容易施行。例如，格力实施渐进式的渠道变革，不仅避免了渠道的剧烈动荡，而且实现了业绩高速增长。又如，华为在高端商务手机方面的尝试也是渐进式的，一步步谨慎推动。

适应性变革是用渐进的思路放弃原有战略，转换新的战略，这是一种最常见的变革形式。这种适应性的渐进变化往往会导致“雷声大，雨点小”。为了保证适应性变革成功，企业往往尽可能多地收集信息，有时会拖延变革行动，使企业陷入一种错误的平静之中，令那些已经做好准备接受变革的员工失望，结果延误变革的最佳时机。此外，采用这种变革方式，企业容易产生惰性，即使外部要求进行重大、快速的战略变革，也是一味求稳，一步一步地实施变革。

▶案例

京东+腾讯加持，都市丽人迎接最深刻的智慧零售变革

2023年2月15日，腾讯智慧零售与都市丽人营销云项目签约仪式在深圳举行。根据协议，都市丽人将引入腾讯企点营销的全域智能营销产品方案，助力都市丽人构建以会员为中心的全域增长体系。

在过去的6年里，腾讯的智慧零售成就了许多企业，譬如帮助拼多多成为全国第三大电商企业、帮助蒙牛实现了数字化转型。如今，它在和都市丽人试图成就另一个新故事。这个故事就是：内衣行业智慧零售的标杆。

这次合作是2019年双方初次合作的升级版，自当年结缘以来，在都市丽人数字化道路上，腾讯始终作为商业增长伙伴陪伴左右。资料显示，2017—2021年，都市丽人连续5年全国女性内衣销量领先；2013—2021年，连续9年全国女性内衣累计零售额领先。以此两项指标，都市丽人成为全国销量领先的专业内衣品牌，而2022年大概率将这一领先优势继续保持。

目前都市丽人拥有超过6000万的会员、4000多家的线下门店服务网络，腾讯企点营销将以数据洞察、运营促活与拉新引流三大推手，帮助都市丽人重构数字化会员体系，实现会员一键直达企业微信名片、下载App、直接跳转小程序原生页，缩短从触达到购买的转化流程，进一步促进私域转化，提升存量增长。

除与腾讯的合作之外，都市丽人亦拉入京东科技入伙。其与京东科技在2022年签订数字化战略合作协议，双方将打造“从产到销”的全链条数字化经营模式，助力数字化转型。

自2021年底都市丽人创始人郑耀南重新担任CEO后，公司力推“二次创业”的企业革新，围绕着品牌定位、产品创新、渠道升级进行了全方位的战略调整，已取得第一阶段胜利；如今随着腾讯与京东的加入，更让都市丽人锚定流量和数字化的两个主航道。

资料来源：梁钟荣．京东（09618）+腾讯（00700）都市丽人（02298）迎接最深刻的智慧零售变革．直通财经．https：//www.zhitongcaijing.com/content/detail/888964.html.2023-03-09.

（二）进化性战略变革

进化性战略变革是指企业在相当长的时期内，以大小不等的规模、幅度和频率，采用连续的实验、试错和调适，快速进行战略变革。采取进化性战略变革的企业认为，在不确定的环境中，企业的战略变革不应该是僵化、刚性的，而应该是基于企业的资源能力优势主动挑战不确定的环境。

这种变革常常围绕着战略核心，涉及的范围有大有小，有时是业务层，有时是公司层；变革采取上下结合，互动互调的方式，新的变革方向能够随着各个层次的不断反应而不断扩展和演化，因此，变革的阻力比较小，变革过程介于适应性战略变革与重组性战略变革之间。企业采取这种变革方式有助于保持当前与未来的战略方案的持续性，确保企业能够有效率地持续发展。

（三）重组性战略变革

重组性战略变革是一种在短期内迅速、大幅地推进战略变革的方式，但并未从根本上改变组织范式。例如，一个组织可能推行一个大型的削减成本的项目，以应对艰难的或不断变化的市场环境。重组性战略变革有时并不是以理性的方式进行的，变革领导者往往怀有“不成功，便成仁”的想法。这种变革大多采用自上而下的方式进行，涉及的范围很广，是从业务层到公司层的总体战略变革，因此具有相当大的风险和机会。例如，实达电脑 2000 年采用重组性战略与组织变革，强调突出主业、巩固传统产品的领先地位，进行结构与经营范式的变革，制定了“重新塑造新实达”计划，取得了预期的效果。

重组性战略变革也存在明显的负面影响。大幅精简机构和裁员会严重挫伤员工的积极性和士气，短期成本的降低可能会不利于企业的长期利益。例如，阿尔伯特·邓莱普（Albert J. Dunlap）在对斯科特纸业（Scott Pater）进行变革时，在上任第三天就解雇了 11 位高级管理人员中的 9 位，随后削减了全球 25900 个职位中的 11000 个。这种激进式的变革受到大众批评，认为他在去除企业坏死细胞的同时也可能伤及了筋骨。不过，由于重组性战略变革在改善企业短期效益上往往效果显著，并且有助于显示企业变革的决心，从而有利于变革的推行，因此在欧美大公司，管理者似乎更偏好重组性战略变革。正如安迪·格鲁夫所说，“当企业必须进行战略调整时，不能是渐进式和尝试性的。唯一的办法就是果断、坚决地放弃原来已经习惯的模式，迅速根据新的环境变化做出战略调整”。

（四）革命性战略变革

革命性战略变革一般是企业内在的深层结构与环境严重不匹配所致，并由一些内外动因或事件所触发。革命性战略变革是一种非常规的、不连续的战略变革方式。这种变革方式意味着当企业处于长期稳定发展阶段时，容易产生惰性，因此需要进行一次革命性的变革，克服组织惰性，使企业重新走上发展的道路。

这种变革模式主要是让企业的管理层和员工有种危机意识，从而有助于建立一种对战略适应性追踪的机制，不断测试企业战略导向与环境所需要的战略相匹配的功能适应性，也有助于在动荡的环境中避免损害企业竞争力，例如 IBM 的战略变革（见表 10－1）。革命性战略变革与进化性战略变革一样，都采用上下结合和互动互调的方式，变革程度大小不一。

表 10－1　IBM 的战略变革历程

时期	战略举措
1914—1924 年	Computing Tabulating-Recording Company（简称 C-T-R）成立，是一家计算、制表、记录公司，1924 年改为 IBM 公司
20 世纪 40 年代初期	通过与美国政府进行研发合作，在电子计算机业务方面积累了丰富的知识。随着计算机走向商业用途，IBM 从一家打孔机、刻度尺、奶酪机制造商完全转型为计算机制造商
1939—1945 年	在第二次世界大战期间作为军火物资供应商为盟军提供 IBM 的设备做军事计算、后勤和其他军需之用
20 世纪 50 年代	作为美国空军自动防御系统的电脑开发主要承包商负责研制军事软件系统，同时成功研制出小型数据处理计算机
20 世纪 60—80 年代	IBM 定位于大型主机生产商，并为主机提供应用软件和技术服务
20 世纪 80 年代末	这一时期的战略是成为一家专业的个人电脑生产商，建立个人电脑的通用标准，将软件、配件、外围设备外包
1993—2001 年	经历了 20 世纪 90 年代初期连续 3 年亏损的困境，IBM 将其发展战略进行了重大调整和转向。重点从硬件转向软件和服务，削减开支，整合组织形象，完成了内部的组织架构调整和业务整合，明确了公司从技术型制造公司向整合性服务公司转型
2002—2006 年	提出了“e－Business on Demand”（电子商务，随需应变）的服务战略，剥离和出售了诸如个人电脑、芯片生产等非核心业务，收购和整合了普华永道会计师事务所等咨询部门，提升了业务能力
2008 年	提出“智慧的地球”概念，作为未来 10 年 IBM 战略发展的核心，60 亿美元的研发投资中一半用于“智慧的地球”项目
2009—2014 年	把握“感知化、互联化、智能化”的科技大势，提出了智慧地球、智慧城市的愿景。在智慧能源、智慧交通、智慧医疗、智慧零售、智慧水资源等重要领域通过植入实体的感应器与超级计算机、云计算整合，实现社会与物理世界融合
2014 年	制定了三个战略转型方向：一是借助数据协助行业转型，开辟新市场；二是面向云计算，重塑企业 IT 基础架构；三是通过移动社交构建互动参与体系

资料来源：根据 IBM 网站相关资料整理．http：//www. ibm. com/us/en/.

三、战略变革的关键因素

战略变革的
关键因素

进行战略变革的企业并不都能获得成功。有的企业通过战略变革而浴火重生，但也有很多企业战略变革失败，一蹶不振，甚至销声匿迹。那么是什么因素决定了企业战略变革的成功？影响企业战略变革的因素是多方面的，主要包括企业最初实施的战略、外界环境、企业组织与治理结构、企业绩效四个维度。成功的战略变革需要五个相互联系的因素，即环境评估、领导层风格、战略与经营变化、战略性人力资源管理以及变革管理中的协调。

从过程视角来看，成功的战略变革是一个从理念到行动、从规划到实施、从一次战略变革走向另一次战略变革的螺旋式上升过程，这个过程由一系列环环相扣、彼此支持的活动构成，包括商业模式、变革时机、战略领导、团队建设和业务流程。

（一）商业模式

商业模式是为了实现客户价值最大化，把影响企业运行的各种资源整合起来，形成一个独具核心竞争力的运行系统，并通过提供产品和服务使系统持续达到盈利目标的整体解决方案。商业模式的构成因素很多，客户、产品/服务、收费方式是最核心的要素，企业的愿景、使命、目标、价值观、战略措施等战略内容都蕴含在商业模式之中。

因此，商业模式是企业战略选择的首要内容。一个企业要进行战略变革，尤其是进行革命性战略变革，首先要做的就是创新商业模式，通过重新定义客户，重新选择为客户提供的产品和服务，重新设计为客户提供产品和服务的方案，来决定企业战略变革的方向。美国卡地纳健康集团就是一家通过创新商业模式实现企业革命性变革的企业，它原来是一家普通的药品经销商，通过整合医院的医生和药房、制药企业、患者及家属，形成了一个以健康为核心的商业生态系统。

（二）变革时机

“机不可失，时不再来。”企业战略变革是关于企业长远发展的重大转变，变革时机的把握特别重要。《孙子兵法》有关于“庙算”的论述：“夫未战而庙算胜者，得算多也；未战而庙算不胜者，得算少也。多算胜，少算不胜，而况于无算乎！”这里的“庙算”就是对战争获胜机会的预测和准备，也就是对“胜战”时机的把握。泰德煤网是在全国煤炭行业严重不景气的背景下诞生的煤炭供应链管理专家，找钢网则是在全国钢铁行业产能严重过剩背景下诞生的钢铁全产业链电商，这些都是把握行业转型时机实现企业战略变革的例子。

（三）战略领导

战略领导是一种预测未来、构建愿景、保持灵活性并促使他人进行所需要的战略变革的能力。当一个企业完成了商业模式的升级创新之后，其新愿景、新使命、新的文化和价值观也就确定了，这一套全新的商业模式究竟意味着什么，究竟能给企业带来什么样的未来，究竟能给员工创造什么样的机会，这一系列问题都需要战略领导者来回答。通过建立变革领导团队，构建变革愿景，选择战略变革的方式，协调新战略实施过程中资源、结构、文化等各方面的动态关系，可将人力资源管理和战略变革有机结合起来。海尔集团董事局主席张瑞敏曾经说，他在海尔的角色是设计师加牧师，他的任务是设计海尔的未来，并且把海尔文化植入每一个员工的内心深处。因此，企业战略变革依赖于有效的战略领导者。

（四）团队建设

新商业模式中蕴含的企业未来能否如期如愿实现，战略变革能否取得成功，仅有战略领导是不够的，还需要一个强大的管理团队。团队建设的内容之一是构建一个企业需要的执行体系，根据战略实施的三个层次，管理团队也包括公司层、业务层和职能层以及一个非常设的机构——企业智囊团。团队建设的另一项重要内容是营造一种团结的氛围，在这种氛围之下，团队成员和而不同，齐心协力使商业模式落地实施。

在网络经济时代，团队建设所需要的团结精神更应该运用到商业模式所构建的商业生态系统之中。

（五）业务流程

业务流程就是为了完成一项任务而将输入转化为输出的相互关联或相互作用的一组活动。企业的业务流程可以分为公司级和部门级两个层次，其中，部门级的业务流程包括业务部门的流程和职能部门的流程。公司所有业务流程都应该以商业模式中确定的客户需求为导向，以高效率创造和实现客户价值为核心，从而形成卓越运营的完整体系。

衡量一个企业的战略变革是否成功，最务实的不是看构建了什么样的商业模式，不是看战略领导者具有多么强大的影响力，甚至不是看团队多么强大，而是看最终给客户创造了什么价值。客户价值是网络经济时代企业的终极动力，客户价值是特定的商业模式下业务流程体系高效运营的结果。因此，业务流程是企业战略变革最落地的一个因素。

第二节　战略变革的动因和障碍

战略变革的动因

一、战略变革的动因

战略变革是企业应对外部环境及内部情境变化做出的战略决策。根据战略变革的动力来源，战略变革的动因可以分为外生动因和内生动因两大类。

（一）战略变革的外生动因

战略变革的外生动因是指外部环境中促进企业战略变革的各种因素，包括各种宏观和微观环境因素。

根据行业组织模型，竞争优势的主要来源是企业应对外部环境不确定性的有效性。外部环境的变化，包括政治法律环境变化、经济全球化的需要、市场变化的需要、科学技术发展的需要等。进入21世纪以来，企业外部环境的不确定性大大增加，昨天还是平静的蓝海，今天就可能变成严峻的红海，后天或许就会遭遇灭顶之灾。创立于1999年的携程网凭借全新的商业模式于2003年在美国纳斯达克上市，达到事业顶峰，但是很快就遭遇艺龙网（2004年上市）和去哪儿网（2005年创立）的严峻挑战；2015年携程网刚刚完成与去哪儿网的合并，又面临来自爱彼迎（Airbnb）的巨大压力。

环境因素变化的动态性、复杂性与不连续性隐含着无数现实的或者潜在的机会与威胁，迫使企业为了重新建立与环境的适应关系，追求环境变化的机会或者避免环境变化的威胁，进而实施战略变革。例如，2014年，TCL集团提出双轮驱动发展战略，即一方面通过推进“双+”（智能+互联网）战略变革建立新的业务能力；另一方面完善全球业务布局，继续提升国际业务竞争力和海外市场份额。以华星光电、TCL通讯、TCL多媒体为主力，TCL集团“工业+商业”新一轮能力建设正式拉开帷幕，推进经营产品到经营用户的根本性转变，实现了“产品+服务”的商业模式转型。再如，在移动互联网时代，餐饮连锁机构“外婆家”勇于创新，充分结合互联网科技，做好线上线下联动经营，成功转型O2O。

可以说，企业是否符合时代的要求和竞争条件的假设，能否对各种环境变化做出正确快速的反应并及时进行战略变革成为企业能否持续发展的关键。由于全球一体化进程的深入、技术变革的加速、顾客需求的快速变化以及竞争对手战略创新等众多因素的影响，企业外部环境的复杂性和不确定性日益增强，企业的持续战略变革能力的重要性越来越凸显。

（二）战略变革的内生动因

企业在发展过程中自身状况的变化也会成为战略变革的原因。具体而言，战略变革的内生动因包括企业领导者、企业生命周期以及企业资源和能力。

1. 企业领导者

企业家是企业战略变革的推动者、发动者和支持者。战略变革能否继续下去，很大程度上取决于变革领导者。因此，企业领导者的个人认知是促使企业战略变革的重要动因。当领导者认为需要进行战略变革时，变革大多会发生；反之，即使其他因素发生了变化，但领导者不同意变革，也很难启动变革。因此，战略变革能否发生的主要原因之一在于领导者的主观认知与意愿。例如，拥有极大变革热情的杰克·韦尔奇通过一次次的变革把通用电气打造成世界一流的企业。又如，面临数字化消费者挑战的企业纷纷设立首席技术营销官（CMT），金佰利公司称他们为“全球技术营销负责人”，SAP 称其为“全球营销商业信息官”。最杰出的 CMT 的核心职责就是为公司制定技术营销愿景，建立数字化商业模式，他们要具备以下能力：勇于尝试，并能灵活调配工作；作为公司战略变革的代言人，能够跨部门、跨组织协调工作，创造公司未来的竞争优势。

▶案例

王传福的战略转变

比亚迪从 1995 年成立到今天成为拥有 22 万名员工的庞大企业帝国，创始人王传福关键时刻的战略决策发挥了重要作用。

2018 年，比亚迪又一次到了关键时刻。比亚迪虽然连续三年是全球新能源汽车的老大，但竞争的加剧，后来者不断追赶，都是比亚迪前进道路上的隐忧。一方面，汽车行业传统巨头依托品牌优势不断建立技术、品牌“护城河”，大众、丰田、本田、日产等国际车企巨头陆续公布在华的新能源汽车发展战略；另一方面，谷歌、苹果、BAT 等互联网巨头纷纷杀入汽车领域。对专注于汽车垂直技术的比亚迪来说，是机遇，但更是挑战。

王传福对此似乎很清醒，诺基亚轰然倒下给他的印象太深了，“诺基亚技术出问题了吗？管理出问题了吗？都没有！那为什么倒下了？”他认为是诺基亚的战略出了问题，是封闭型战略将它带入了死胡同。王传福认为：“我们看重汽车这整个大趋势都是开放的。汽车基本上就是集成的，各种零部件都是国际配套，大家都站在巨人的肩上，才能够成长起来。”

为了配合开放平台战略，比亚迪计划举行一个全球汽车开发者大会，让全球各路精英参与到汽车的控制、汽车的软件、汽车的生态中来。也即是说比亚迪将为全球汽车开发者提供智能开放平台。

无疑，这是很大的战略转变，从垂直封闭到平台开放，不仅是策略的转变，更是观念思想的革命，如果能够成功，对比亚迪来说将脱胎换骨。

为实现目标，王传福在公司内部管理机构上做了大幅度的改革，将大锅饭变成了小锅饭。他把比亚迪切分为乘用车、商用车、电子、云轨、电池五大事业群，赋予每个事业群较大的决策权和管理权限，让其各自独立发展，甚至独立上市，最大限度调动团队的积极性。

如今比亚迪早已不是一家电池公司，也不仅仅是一家车企。比亚迪已经成为名副其实的“新能源整体解决方案开创者”。此次组织架构重组，也向外界清晰地传递了比亚迪在新能源全产业链深度布局的决心。王传福坚定地认为，技术是为战略服务的，如果战略不对，产品必然会走偏而失去价值。问题是什么是对的战略？王传福的看法非常一贯，那就是为解决社会问题而存在战略。

资料来源：国际化大企业如何变革：比亚迪 2018 变革之路全解析．新浪汽车．http：//k. sina. com. cn/article_6439207663_17fce82ef001004wch. html，2018－03－17.

2. 企业生命周期

企业能否持续经营在很大程度上取决于企业能否在生命周期的不同阶段及时进行战略变革。正如海尔根据市场变化在企业的不同发展时期进行战略变革，采取不同的战略方式，促进了企业持续成长。诸多战略变革成功的例子告诉我们，企业在成长过程中要学会“吃着碗里的，看着锅里的，还要等着灶台上的”，要学会主动求变。企业在即将达到成熟期，尚未出现问题时，就要选择另一条创新曲线。正如张瑞敏所说，“企业发展过程实际上就是战略转移的阶段性连接，旧的战略不断地、不失时机地被新的战略替代，这样才能使企业不断达到新的高度，赢得长期持续发展”。

3. 企业资源和能力

企业资源与能力不仅决定着企业的活动范围与效率，而且左右着企业战略变革的方向与路径选择。例如，企业在研发技术上的突破可能让企业有能力向市场推出创新性的产品，从而引发企业战略变革。因此，企业战略的资源依赖性和企业资源的战略积蓄性之间的非均衡性是企业战略变革的动力之一。

二、战略变革的障碍

战略变革的障碍

为什么有的企业战略变革取得了成功，有的企业却走向了失败？一个重要原因是对变革障碍没有充分认识。企业战略变革面临的障碍主要包括以下几个：

（一）缺乏变革的决心

在很大程度上，战略变革的决心是影响战略变革能否成功的重要因素之一。在战略变革过程中，企业必须面对各种不同的诱惑，有时内部阻力和外部影响联合起来会对企业形成巨大的压力，同时管理层还必须协调平衡各方的利益关系。在诱惑、压力、平衡等因素的共同作用下，管理层难免会顾虑重重，瞻前顾后。变革过程中为了避免冲突需要妥协，这种妥协会使得企业偏离原有的变革目标，甚至滑回到变革的起点，导致战略变革失败。如果管理层没有坚定的变革决心，或者不能把坚决变革的决心和态度传达到整个企业，变革很可能无法取得实质性进展。

在许多案例中，管理者担心遇到各种各样的困难，例如资深员工产生抗拒心理、士气下滑、事态失控、短期经营业绩受损、股价下跌，或是被指责小题大做，诸如此类的担忧绑住了他们的手脚，使他们裹足不前。

（二）变革目标不清晰

战略变革目标和愿景的确立是一门艺术。很多情况下，企业收集的情报和数据庞杂，不同角度分析产生的结果可能大相径庭甚至自相矛盾。怎样在信息的海洋和自相矛盾的结果中做出正确的判断，从而确立清晰的变革目标和愿景，这是对企业整体能力的巨大考验，同时也是企业战略变革所必须克服的一大障碍。很多企业囿于观念障碍，对未来的认识比较模糊，在战略变革时很难确定一个清晰完整的战略目标和愿景。一方面，变革愿景没有达成共识，造成变革参与者之间有目标认知偏差；另一方面，价值观、性格等因素会对风险偏好等产生影响。

如果没有清晰的变革目标和愿景，企业的战略变革过程就会充满不确定性，并且会削弱企业变革过程中的执行力，很多战略变革就是因为变革参与者对于变革本身没有达成共识，由于分歧而争吵，由于争吵而分道扬镳。在战略变革失败的案例中，我们总能看到种种计划、项目、行政命令，但恰恰缺乏目标统一的愿景，结果员工们无法聚拢在一起，也无法激发出变革的兴趣和热情。因此，要使战略变革成功，必须设计一个易于沟通的、清晰的战略变革目标。当然，战略变革目标确定后，还需要进一步变成行动方案，明确完整、系统的具体内容和方法。

（三）组织惯性的阻力

阻碍战略变革的组织惯性主要包括判断惯性和文化惯性，这两者造成的障碍是战略变革者最难克服的。判断惯性使得组织领导者惯于用过去的思维方式进行决策；文化惯性会使组织对变革产生抵抗力。许多情况下，虽然企业领导者已经认识到战略变革的必要性并着手实施，但发现真正实施变革是非常困难的。曾经对康柏进行过变革的艾哈德·费弗尔（Erhard Pfeiffer）说："再没有比抛弃曾推动事业达到目前成功状态的观念、战略和偏见更困难的事情了。公司需要忘记、抛弃昨天的知识。"战略变革的关键不是产生新观念，而是抛弃昨天的知识。

组织成员总是习惯于做熟悉的工作，特别是在取得一定成绩后，更不愿意去创新和变革，过去积累的成功经验、范式、知识、理论等都会成为行为习惯，许多人囿于习惯，缺乏变革的紧迫感和动力。他们会因为惯性、对变革的恐惧、担心变革后缺乏技能或丧失权力等对变革产生抗拒。从领导者偏好看，已有的战略和组织结构会形成一种惯性力量，影响对变革的必要性和迫切性的认识。企业内部文化惯性主要表现为迷恋已有的价值观和信念，不利于变革的顺利进行。另外，企业文化改变的滞后性、培育的长期性、作用的潜在性和反作用的隐藏性也会成为企业战略变革的重大障碍。

总之，组织成员形成了自己独特的、固定的行事风格和判断思维，适应了习以为常的企业文化，组织战略变革势必会影响这些判断惯性和文化惯性，因此，组织有时会对变革征兆视而不见，抗拒变革，并试图扭转变革产生的影响。彼得·德鲁克认为："要把过程里所形成的成功经验抛弃才可以，这才是最重要的。"

（四）内部的抵制和反对

战略变革首先会受到特权利益阶层的反对，特别是高层领导团队不支持。由于变革可能触动领导者的地位与权力，改变传统的势力范围，反对势力会联合起来阻碍变革。日本著名企业家松下幸之助认为，一个企业的兴衰成败，领导者要承担70%的责任。因此，应该建立一支有足够能力领导和推动企业变革的领导联盟队伍，协同作战，否则变革往往会中途夭折。

变革常常会给员工带来不安与恐惧。员工出于对行为习惯、安全需求、经济需求、新环境的模糊性和不确定性等因素的考虑，会对变革产生抵触心理，甚至会士气降低，感到无所适从。随着压力和焦虑不断上升，员工与企业的摩擦越来越大，矛盾越来越深，沮丧感越来越重，甚至会退步到停止学习，这样就会形成一个恶性循环，使得企业的战略变革无法顺利进行。

如果不能恰当地处理这些内部阻力，一味地采取硬性手段来解决问题，会对企业内部的团结和稳定带来极为不利的影响，甚至导致更激烈的抵制和反对，或者使得抵制和反对转入“地下”，抵制和反对的手段和方式更隐蔽。不管是哪种结果，对变革中的企业都会造成极大的伤害。内部阻力会极大地浪费企业的各种资源，削弱企业继续变革的动力。

战略变革对企业来说无异于一次脱胎换骨的革命，正像任何社会革命一样，阻挠变革的势力和障碍是变革者无法回避的。因此，企业在战略变革的过程中必须不断克服外部和内部的障碍。可以说，企业的每一次战略变革都是在各种推动力和阻力的共同作用下进行的，推动力与阻力较量的结果决定了战略变革的走向。当推动力和阻力都比较弱时，组织只能发生偶发性的变革；当推动力弱、阻力强时，组织无法达成战略变革；当推动力和阻力都比较强时，组织会发生间断性的变革；只有在推动力强、阻力弱的情况下，组织才能进行连续性的变革。阻力极大时不会发生任何变革，推动力极大时组织将处于不安的状态。

第三节 战略变革的实施与领导

战略变革是一项难度大、历时长的复杂管理工程，需要组建战略变革团队。采用不同的领导方式，积极推进与实施战略变革，为塑造企业的战略柔性奠定坚实的基础。在此过程中，战略领导者发挥着至关重要的作用。

一、把握战略变革的时机

实施战略变革的时机与程序

战略变革的时机与企业面临的危机紧密相连。根据企业面临危机的阶段，战略变革可以分为提前性变革、适应性变革和危机性变革。提前性变革是指企业预测到未来将会发生危机，提前进行战略变革。适应性变革是指企业已经存在有形的、可感觉到的危机，并且已经为变革滞后付出了一定代价的情况下进行的战略变革。危机性变革是指企业已经存在严重的危机，如果不进行战略变革，企业将面临倒闭和破产情况下进行的战略变革。企业要把握好战略变革的时机，就要及时预测企业将会遇到的危机，进行提前性变革。

（一）外部环境分析

把握战略变革的时机，首先需要及时分析企业外部环境的变化，包括宏观环境、竞争环境和微观环境。外部环境的每一个构成要素的变化都可能给企业带来战略变革的机会，同时也为企业进行商业模式创新提供机会。比如，互联网金融技术的发展就为企业创新商业模式、进行战略变革提供了机会。2015 年，微信钱包不仅具备发红包功能，而且具备付款、转账支付功能；亚马逊、京东等推出自己的客户端，实现在线下单、在线支付、在线客服、实时服务等，使得企业能够通过改变和创新融资模式实现战略变革。

战略性转折点是外部环境变化为企业孕育的一个重要的战略变革时机。战略性转折点就是企业的根基即将发生变化的那一刻，此时，企业微观环境各种因素的平衡都会被打破而实现新的组合。这个变化意味着企业或者有机会上升到新的高度，也或者有可能走向没落。

战略性转折点不是企业战略的转折点而是行业变化的一个关键点。企业抓住了这个关键点，及时进行变革，就会把企业引向新的高度，实现战略转折。国内对此的说法是“拐点”。柳传志认为，战略性转折点是企业面临存亡之际，前进一步可能上升到新的高度。后退一步可能从此走向衰落。这时，需要有“非常之人”（更多的时候是一个团队），行“非常之事”（战略变革），建“非常之功”（局面为之一新）。

战略性转折点虽说是一个点，但是这个点的出现往往需要几年的时间。一般在企业经过创业期的无序和混乱后进入相对稳定的“大治”时期不期而至。任何一个企业在行业达到高峰时就要考虑战略转折；不考虑战略转折，高峰过后必定是低谷。很多时候，公司的风光和花团锦簇背后，已经隐藏着巨大的风险和危机。诺基亚、柯达、摩托罗拉等曾经都是闪耀着光辉的品牌，但因为没有及时发现战略性转折点并进行战略变革而湮灭在商业历史长河中。

战略性转折点常常由技术发展引起，但又不局限于技术，竞争对手也可能导致战略性转折点的出现。自动取款机的发明使银行业务发生了巨大变化，在线支付更是从根本上动摇了传统银行业的业务根基。如果说“医疗 + 互联网”使得越来越多的患者通过互联网挂号、交费、咨询、查看报告，从而提高了效率，那么“好大夫在线”“腾爱医疗”、新加坡百汇医疗集团（PPL）的“Medical Mall”等“互联网 + 医疗”模式正在从根本上改变全球医护事业。

战略性转折点对企业来讲就像一把双刃剑，既会把一些企业拖入深渊，也能给那些善于变革的企业创造腾飞的平台。战略性转折点来临时，如果企业积极应对，精心运筹，那么旧的战略被新的战略代替，战略性转折点就会成为企业腾飞的机遇，企业有机会上升到一个新高度；如果企业放任自流或逆流而上，那么战略性转折点就会置企业于死地。正如安迪·格鲁夫所说，“穿越战略性转折点为我们设下的死亡之谷，是一个企业必须经历的最大磨难”。走过死亡之谷，我们获得的是一片美好的天地。没有人会事先为企业敲响警钟，提醒企业已站在转变的边缘。如果企业仅知道有变，却不知道什么在变，继续因循守旧，延续原来的方式，就会逐步陷入困境。

（二）内部状况分析

企业外部环境的变化给企业战略变革创造了机会，而且往往会在企业内部有所反映。企业内部的经营状况以及战略、文化、组织等状况都可能预示着战略变革时机的到来，企业应当高度关注。

（1）经营业绩不断下降。如果企业出现诸如销售收益率大幅下降或接近负数，资产负债率大幅上升，自有资本率大幅下降，市场占有率下降，产品质量下降，消耗和浪费严重，企业资金周转不灵，拖欠员工工资等情况，则在一定程度上表明企业面临着重要的战略性转折点。

（2）企业战略具有了刚性。所谓刚性，一般指一台资本设备或一套专门知识一旦投入某个领域，就会被锁定在某种特定形态上，若改为他用，其价值就会损失。伴随着企业组织结构的稳固、企业战略资源配置方式的僵化、企业核心能力的凸显，企业的战略刚性逐渐形成并强化。战略刚性一旦形成，对企业的成长将产生一定的负面影响，限定企业战略选择空间和业务活动范围，导致企业缺乏应变能力，创新动力不足，缺乏对外部环境的适应能力、影响企业竞争优势的提升。

（3）组织文化保守且高度一致。组织具有强大的标识和历史事迹以及保守性，企业的行为与已经建立的日常惯例没有什么偏差。企业内没有关于未来战略假设和企业地位的不同观点，尤其是组织中的人不愿意接受挑战或者会借口“我们以前已经试过，这种方法不行”来丢掉新的观点和方法。

（4）组织机构病症显露。当企业面对不断恶化的市场环境，管理层和员工对旧有战略反应平淡，内部矛盾冲突频繁时，表明企业战略变革滞后的问题已经十分突出，例如决策迟缓、指挥不灵、信息交流不畅、机构臃肿、职责重叠、管理幅度过大、扯皮增多、人事纠纷增多、管理效率下降等。

（三）及时察觉战略变革时机

把握战略变革的时机，除了分析企业外部环境和内部状况，还需要采取一些组织和管理措施，主要包括以下内容：

（1）在企业预警系统中设置战略变革预警分系统。设立监控指标时，可根据二八原理将发生概率大和影响程度深的内外部因素作为重点监控对象。各种内外部环境因素并非都是整齐划一的，有的变化速度快，有的则较慢；有的发生变化的概率大，有的则很小；有的将给企业带来威胁，甚至是沉重打击，有的可能给企业带来机会。各种因素对战略实施所造成的冲击或影响不能等量齐观。在资源有限的情况下，企业只能选择那些发生概率大、对企业影响大的因素作为监控对象。

（2）构建基于情景规划的行动方案。情景规划是理清扑朔迷离的未来的一种重要方法，它要求企业先设想几种未来可能发生的情形，再去想象和讨论会有哪些出人意料的事情发生。对企业战略变革开展充分的讨论，可使战略更具弹性。情景规划能提供预防机制，让管理者处变不惊，及时进行战略变革。该方法类似于一种虚拟性身临其境的博弈游戏，在战略性转折点出现之前，想象进入到可能的情景中，当想象过的情景真正出现时，企业战略变革已经有序展开了。

（3）完善企业内部信息系统和沟通渠道。大的企业往往等级森严，高管位居金字塔的顶端，靠听汇报做决策，中层和基层管理人员可能报喜不报忧，致使公司高层收到的往往是经过粉饰的不实信息，拖延了战略变革决策的最佳时期。因此，企业内部建立健全的信息系统和良好的沟通渠道至关重要。一方面通过信息系统自动抓取企业业务单元和职能领域的实时信息，并进行有效的信息加工和处理，满足企业高层决策的需要；另一方面通过沟通渠道让关系到企业发展的合理化建议都能传达到管理层。曾任英特尔公司总裁的格鲁夫每天不管多忙，总要打开电子邮箱，亲自查收来自世界各地一线员工的电子邮件，“他们的出发点与我不同，使我获得了从平时交谈中得不到的洞察力”。

二、规划战略变革的程序

一般而言，一项重大的企业战略变革要经历以下流程：以在管理层和组织成员中营造危机意识为开端，根据需求组建一支高效的变革领导团队实施变革，然后在对环境进行分析的基础上明确公司变革方向，勾画变革愿景；接着，组织会通过有效的沟通模式传播变革意图，使变革从管理者的构想扩散到整个组织，并授权员工积极参与变革；此外，由于变革的期限一般较长，在这个过程中还需要经常强调短期业绩来不断加强组织成员对愿景的信任；最后，让变革的成果融入企业文化之中并进行持续性的新变革，图 10－2 描绘了企业战略变革的具体程序。

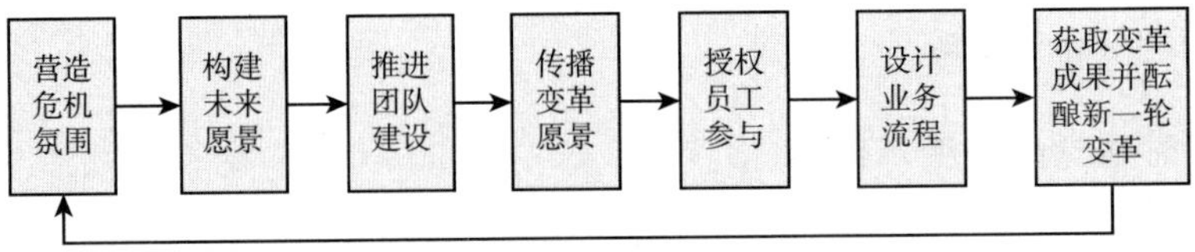

图 10－2 战略变革的程序

（一）营造危机氛围

对于战略变革的难得机遇要有足够的紧迫感，这是一切变革的基础。相比变革过程的其他阶段，这个起始阶段看似比较容易，但事实非如此。这是因为管理者有时会低估让人们走出舒适区的难度，有时又会高估已经建立的紧迫感，还有些时候，他们会失去耐心，认为“准备工作已经做得够多了，开始行动吧”。时刻保持危机感和紧迫感是一项强大的竞争优势，它推动管理者持续考察市场和竞争状况，发现并讨论现实的和潜在的危机，或者重大机遇。危机感来自企业最高层，高管们要不断承认和强化这一点，让员工有危机意识，让员工明白如果不及时进行战略变革，企业的生存将受到威胁，使员工认识到战略变革的重要性。这个阶段的难点是掌握平衡，既要在组织内部达成变革的共识，又要避免造成大的震荡，毕竟不是所有的人都喜欢变化。

（二）构建未来愿景

战略变革能否成功的关键之一是组织成员能否在公司的前景问题上达成一致。最好的方式就是共同规划公司未来愿景，这是变革的灵魂，所有的变革步骤都要以此为统帅。如果没有规划共同未来愿景，战略变革很容易在企业要处理的一大堆项目中消失，因为没有人知道变革将会带领企业走向何方，变革项目会变得毫无意义，员工会对变革产生抵触、困惑或觉得与自己毫不相干。因此，要和员工共同创立新的愿景，用愿景激发员工变革的欲望，这是战略变革必不可少的一环。

（三）推进团队建设

在确定战略变革的思路和愿景以后，就要从管理和业务两个层面推进团队建设。管理团队的建设应当以愿景、使命和价值观为核心，创造和而不同的工作氛围；业务团队的建设则应以激活个体为核心，注重形成动态的业务能力，提供让客户“尖叫”的产品和服务。华为公司聚焦客户需求的一线共同作战单元“铁三角”（客户经理、解决方案专家、交付专家），海尔集团“人单合一”双赢模式中的“自主经营体”，韩都衣舍“以产品小组为核心的单品全程运营体系”等，都是业务团队建设的经典案例。

（四）传播变革愿景

企业领导者应充分利用所有可能的渠道，沟通和传播变革愿景及其战略。如果方式正确且不失创造性，那么沟通就会富有感染力，就能够吸引那些接受愿景的员工。例如，把枯燥乏味、无人愿意看的公司简报变成描绘愿景的生动文章；把例行公事、沉闷无聊的季度管理会议变成振奋人心的变革讨论会；取消泛泛而谈的公司管理教育，代之以研究业务问题和变革愿景的新课程。同时，以变革领导集团的行为为榜样，树立新的行为方式。

（五）授权员工参与

战略变革不仅仅是管理层的事情，也不仅仅是高管团队或领导者的事情。成功的变革应当在推进过程中吸引更多员工参与。公司管理层应充分发挥领导力，鼓励员工尝试新方法、提出新思路。只要这些行动符合变革的整体愿景，参与的员工越多，变革的成效就越大。有时企业中的传统势力是非常强大的，以致战略变革举步维艰。在这种情况下，企业领导者既要勇于担当，努力改变团队的氛围，又要依靠群众，发动绝大多数员工参与变革，发现并激发员工队伍里的新生力量，使之快速成长起来。他们有先进的现代思维，让他们去影响团队和企业。

（六）设计业务流程

在商业模式创新或其他战略调整的基础上，对已有的业务流程进行优化甚至再造，是战略变革规划落地的一项重要内容。设计业务流程时，应当以客户需求为中心安排企业的各项业务活动，确定各项业务活动之间的层次、顺序及时间关系，构建完善的业务流程体系。需要注意的是，企业原有业务活动以及相应流程往往具有强大的惯性，如果不仔细加以甄别，就会形成貌似合理但已经没有意义的业务流程，这样的流程非但起不到创造价值的作用，反而会降低流程体系的效率。因此，梳理和确定战略变革的任务和活动是设计业务流程的前提。

（七）获取变革成果并酝酿新一轮变革

经过上面六个步骤，预期的变革成果一般会自然而然地呈现。但是，变革的成果不会一步到位，而是在新模式、新架构、新流程的磨合中慢慢实现，不能急于求成，不能因一时成果不理想就半途而废。要及时总结，并选择恰当的时机公布阶段性成果，让员工看到成绩和希望。

随着移动互联网的发展，同业联盟、并购甚至跨界“打劫”事件频发，原有产业链和商业生态系统随时都会发生改变甚至被颠覆，企业必须及时酝酿并启动新一轮的战略变革。

三、选择战略变革的领导方式

选择战略变革的领导方式

战略领导是企业战略变革能否成功的关键因素，其他四个关键因素发挥作用的过程中无不体现着战略领导的价值。战略领导的价值是通过一定的方式实现的，包括教导与沟通、合作或参与、干预、指令、强制或命令五种方式。这五种战略领导方式各有所长，适用于不同的企业或同个企业的不同情境。

（一）教导与沟通

教导与沟通包括对战略变革的原因及采取的战略变革方法的解释。任何一个变革方案的提出，若缺乏事前的充分沟通，会让组织成员感觉受到了伤害而排斥变革。如果在战略变革管理过程中存在信息不真实或信息缺乏的问题，教导与沟通更为必要。当然，如果战略变革涉及的人员很多，则这种方式使管理者的工作量太大，依赖自上而下的沟通程序也需要花费大量时间，且方向性或进展情况可能会不明朗。

（二）合作或参与

合作或参与是指在战略变革过程中，让受到战略变革影响的人员参与到相关的活动中，比如在特定的变革阶段，诸如创意的产生、数据的收集、详细的规划或者关键成功因素的确定等，都可能委托给项目团队或专业小组。这种方式可以使组织中的人员对于某个决定或变革过程更有主动性，增强主人翁意识，提高其责任感和决策质量。这种方式可能会要求成立专门的项目小组或任务团队。战略研讨会也是一种有用的方法，它可以将处于不同层次的管理者聚集到一起，就某一特定战略问题出谋划策，并且将变革机制推进到组织生活的常规方面。然而，采取这种方式也不可避免地会带来风险，即解决问题的方案很可能局限在目前的组织范式内。因此，无论谁负责这项工作，他定要具有对合作或参与过程进行干预和引导的能力。哈尔·罗森布鲁斯（Hal Rosenbluth）担任罗森布鲁斯国际公司 CEO 时，通过合作伙伴的参与使公司业务保持灵活性。例如，他组织了“Crayola”调查，在调查过程中，合作伙伴用彩笔画出他们对公司的感觉并将这些画交给他，另外，他还组织了“大使委员会”活动，从分布在世界各地的员工中随机挑选出员工代表，让他们到位于费城的公司总部与高级管理层讨论如何改善公司的业务。

（三）干预

干预是指负责分配变革工作的相关机构对变革过程进行协调和控制。例如，变革机构可以将变革过程中某一特定阶段的任务分配给项目小组或任务小组，让他们集思广益、收集数据、详细规划、提出战略变革的理论及找出关键成功因素等。这些小组不会承担整个变革过程的全部责任，但是他们的确参与了变革，并感受到自己的工作对整体变革的影响。战略变革的发起人/部门负责人对变革过程进行监督，并确保变革的实现。这种方式的优点在于：使组织成员不仅参与提供变革的创意，还可以参与解决方案的部分实施。例如，让那些提出变革创意的人协调并监督与其创意相关的那一部分战略变革的实施工作，这种参与可以增加员工对变革的认同。

（四）指令

指令是指使用个人的管理权威来确定一个明确的战略变革的方向与方法，这实质上是对战略变革进行自上而下的管理。这需要组织中某个领导者对组织的愿景和战略意图有清晰的思路，或是对成功关键因素和工作重点有清楚的认识。当需要快速变革或者越过变革议程进行控制（如为了满足重要外部股东的意愿）时会采用这种方式。这种方式的优点在于明确且迅速，其风险是可能导致人们对变革明显抵触，或者参与变革的员工消极抵触。

（五）强制或命令

强制是最极端的一种方式，通过公告强迫推行战略变革或发布战略变革的命令。显然，这是依靠权力来推进的战略变革。只有当出现危机或者需要快速实现革命性变革，或者变革发生在独裁的文化环境之中时，强制的领导方式才比较适用。一般情况下，强制是最不受欢迎也是最无效的一种领导变革方式。

四、培育持续性战略变革的机制

培育持续性战略变革的机制

在新的情境下，企业维持竞争优势的时间越来越短。那么，企业怎样才能及时有效地进行战略变革以应对日益增加的不确定性？关键在于增强战略柔性，打造学习型组织，激活个体，形成持续战略变革的机制。

（一）增强企业战略的柔性

战略变革不是一劳永逸的事情，一个企业要成为“百年老店”就需要持续不断地进行战略变革。诞生于1865年的诺基亚在其发展史上进行过多次成功的战略变革，从一家木浆工厂起步，在1967年发展成为涉足造纸、化工、橡胶、电缆、制药、天然气、石油、军事等多个领域的企业集团。1992年开始剥离各种业务，专注于手机业务，并从1996年开始连续15年占据全球手机销量第一的位置。就是这样一家擅长战略变革的公司，却在通向智能手机的这次战略变革中遇阻。

战略变革也不能过于频繁。“持续不断”并不是说每天都要进行战略变革，而是说每天都要关注战略变革的动因和战略性转折点，以便及时推出新一轮战略变革。海尔集团在发展过程中进行过多次战略变革，尽管也走过弯路，也有失败，但是几乎每次变革都引起了同行业甚至全社会的高度关注，其领导者张瑞敏因在管理领域的创新成就多次获得国际管理思想领域的嘉奖，在2015年被评为全球50位商业思想家之一。然而，仍然有人质疑海尔的变革是“一些花样翻新的管理理念，让外人看得眼花缭乱”。由此可见，培育令更多人信服的战略柔性是多么重要和不易。

战略柔性是企业在复杂动态的环境中主动适应变化、利用变化和制造变化以创造和保持竞争优势的能力。换句话说，战略柔性就是使企业在不该变革的时候保持稳定，在应该变革的时候及时进行变革。在快速变化和高度不确定的环境中，企业的资源很容易由于无法适应环境变化而失去价值，资源需要有柔性特征的战略来加以调整运用。在不断变化的环境中，战略柔性不仅需要拥有柔性的资源，还要具备柔性地利用资源的能力。

从企业经营环境特征分析，战略柔性是企业应对外部环境变化的能力；从企业内部特征分析，战略柔性是企业内部结构在一定范围内的可调整性和可变革性。增强战略柔性是企业具备持续性变革能力的重要保障。

（二）打造学习型组织

学习型组织是指培育出持续学习、持续适应、持续变革能力的组织。通俗地说，学习型组织不是为学习而学习的组织，而是所有员工都积极地为解决工作中的问题而学习的组织。多项研究表明，一个组织学习和运用新知识的能力可能是竞争优势的唯一可持续来源。因此，提升企业战略柔性要求企业积极打造学习型组织。成功的企业往往通过建立通畅的沟通渠道，构建有利于知识高保真的迅速流动的扁平化组织，培育容纳争论和鼓励争论的氛围以及激发创新的机制，培育和发展企业战略学习机制，使员工和企业的心智模式更加具有学习性和开放性，从而帮助企业从根本上增强战略柔性，提升持续性战略变革的能力。

（三）以激活个体为核心，建立居安思危的企业文化

文化是企业行为最深层的决定因素，学习型组织学习和运用新知识的能力最终也是由企业文化决定的。居安思危的文化有利于构建持续性战略变革的机制。很多领先的企业或优秀的企业往往缺乏危机感，卓越的企业则能让组织一直有危机感。任正非说他没有成功过，张瑞敏说“没有成功的企业，只有时代的企业”，俞敏洪说新东方走到现在再不变就得死，比尔·盖茨告诫他的同仁“微软离破产永远只有18个月”。一个企业要把握好战略变革的时机，就要及时预测到企业将会遭遇的危机。远离大的风险，在风险和危机来临之前进行变革。

然而，仅有管理层居安思危甚至如履薄冰、战战兢兢是不够的，激活个体才是企业持续战略变革的内核。在互联网时代，组织与成员之间的关系变得非常微妙，个体价值正在崛起，个体本身的能力已经超出组织界线。未来组织的关键职能就是让一群创意精英聚集在一起，快速地感知客户需求，愉快地、充满创造力地开发产品、提供服务。为此，应当以员工个体价值和幸福感为基础，以创造共享价值为导向，构建开放的协同平台，强化战略领导，把创新与变革的基因植入每一个员工的内心深处，与整个企业的战略变革相互推动，相辅相成，实现基业长青。

关键词

企业战略变革

复习思考题

1. 如何理解企业战略变革的内涵？
2. 试分析企业战略变革的含义与方式。
3. 阐述企业战略变革的关键因素。
4. 如何理解战略变革的动因与障碍？
5. 如何把握战略变革的时机？
6. 如何选择战略变革的领导方式？

参考文献

[1] 胡武云. 基于SWOT分析法探讨《隆中对》对现代企业管理的启示 [J]. 中国中小企业，2022 (11)：127 -129.

[2] 李洪峰. 战略家毛泽东的道路 [J]. 毛泽东思想研究，2022 (4)：1 -18.

[3] 舒健. 中国古代战略思想的主要特点和现实价值 [J]. 军事文化研究，2022 (2)：51 -54.

[4] 姚振文，刘增银. 司马彪《战略》对《孙子》战略思想的继承与发展 [J]. 孙子研究，2017 (6)：9 -14.

[5] 赵娜. 茅元仪《武备志》研究 [D]. 华中师范大学，2013.

[6] 曹永孚.《孙子兵法》(始计第一) [J]. 孙子研究，2015 (6)：107 -110.

[7] 刘子新. K公司发展战略研究 [D]. 南京大学，2016.

[8] 杨新. 论中国古代的战略本质观 [J]. 南京政治学院学报，2005 (2)：95 -97.

[9] 伊戈尔·安索夫著，邵冲译. 战略管理 [M]. 北京：机械工业出版社，2010.

[10] 贾旭东.《现代企业战略管理思想、方法与实务》(第2版) [M]. 北京：清华大学出版社，2022.

[11] 孙德芝，高静涵. 基于阿米巴管理模式的企业内部控制 [J]. 山西财经大学学报，2022 (S2)：28 -30.

[12] 项保华. 三问题，三假设，三出路——谈企业战略管理构架 [J]. 企业管理，2002 (3)：30 -32.

[13] 王新梦. 苹果公司差异化战略分析 [J]. 财经界，2014 (6)：141.

[14] 冯善书，周中雨. 李嘉诚的翅膀 [N]. 南方日报，2023 -07 -07 (B04).

[15] 王泽川，范英杰. 企业文化对海尔绩效管理的影响研究——基于扎根理论 [J]. 财会通讯，2022 (16)：115 -119.

[16] 叶广宇，刘洋. 范式转变中的全球价值链整合与中国企业战略管理 [J]. 经济管理，2016 (01)：188 -199.

[17] 金季. 斯图亚特对古典经济学的两大贡献 [J]. 中国财政，2009 (02)：52.

[18] 李萍. 浅析泰罗科学管理对我国当前公共管理的启示 [J]. 中国管理信息化，2020 (11)：223 -224.

[19] 董晓玲. 浅议西方主流战略管理学派发展历程的特点 [J]. 现代经济信息，2018 (05)：402 -403.

［20］王骏声．没有“使命”和“愿景”，企业能活吗［J］．人力资源，2019（15）：70－72.

［21］张倩．高管风险偏好与企业战略差异［D］．首都经济贸易大学，2021.

［22］崔明阳，王宏．云南白药企业战略分析［J］．中国管理信息化，2022（12）：137－139.

［23］雷小苗．中国企业国际化研究［D］．中共中央党校，2017.

［24］陈景彪．习近平关于经济全球化重要论述研究［J］．马克思主义研究，2022（08）：87－96.

［25］王冬冬．战略变革中的核心刚性研究——以柯达公司为例［J］．科学学与科学技术管理，2013（05）：97－105.

［26］王泠一．北交所的战略价值和导向功能［N］．第一财经日报，2021－09－28（11）.

［27］宋敏雅．华为公司创新能力研究［D］．深圳大学，2020.

［28］廖秉宜，狄鹤仙，温有为．品牌公益营销中微博舆情引导机制研究——基于鸿星尔克微博舆情大数据分析［J］．全球传媒学刊，2022，9（06）：102－116.

［29］于春华．格莱珉银行模式对我国小额贷款公司发展的启示［J］．现代营销（下旬刊），2022（09）：35－37.

［30］苏伟，胡婧．胸怀“国之大者” 锚定奋斗目标 国家电网高质量发展的战略密码［N］．中国电力报，2022－10－31（001）.

［31］杨坪，李域．汽车业进入淘汰赛 王传福直言“有核心技术企业才能活下来”［N］．21世纪经济报道，2023－06－09（009）.

［32］王伟．瞄准智能家居 OPPO 与海信达成战略合作［N］．中国电子报，2022－05－27（006）.

［33］经济日报社．深刻理解当前经济工作中的重大问题［M］．北京：人民出版社，2023－06－30.

［34］寇冉．航空制造业上市公司社会责任信息披露研究——以中航沈飞股份有限公司为例［D］．河北地质大学，2022.

［35］尚志勇．阿里巴巴多元化之路［J］．北方经贸，2019（03）：55－56.

［36］朱国军，周妙资．智能制造核心企业如何通过创业孵化实现价值涌现——来自小米生态链企业的嵌入式案例研究［J］．软科学，2023，37（05）：77－86.

［37］张清秀．九阳股份有限公司发展战略研究［D］．首都经济贸易大学，2016.

［38］陈姝．华为10年研发费用近万亿元［N］．深圳商报，2023－07－14（A03）.

［39］颜欢，许海林．中国技术助力全球可持续发展［N］．人民日报，2023－03－03（017）.

［40］王明姬．把握“五大差异”落实“五个坚持”全面推进人才高地和人才平台建设［J］．中国经贸导刊，2023（07）：82－85.

［41］张帆．形象传播与组织公关—国家体育总局形象建构研究［D］．北京体育大

学，2012.

［42］李舫．世界是平的，世界是通的［N］．人民日报海外版，2018－05－19（001）．

［43］徐莹．世界正被抹平——有感于《世界是平的》［J］．学习月刊，2013（14）：67.

［44］陈志军，张雷．企业战略管理（第2版）［M］．北京：中国人民大学出版社，2023：188.

［45］陈洁茹．联合利华在中国经营策略研究［D］．黑龙江大学，2016.

［46］凌慧．中国手机企业印度市场进入策略研究［D］．浙江大学，2018.

［47］谢佩洪，朱一．海尔集团的品牌国际化升级路径［J］．清华管理评论.2018（12）：52－60.

［48］张凡，马晓玥．中国高铁在合作开放中走向世界［J］．中国贸易报，2022－11－17（004）．

［49］李婕．基础设施整体水平实现跨越式提升［N］．人民日报海外版，2022－09－28（003）．

［50］张仁德，霍洪喜．企业文化概论［M］．天津：南开大学出版社，2001：263.

［51］尹柳营．国际企业管理［M］．广州：华南理工大学出版社，2002：108.

［52］李志刚，杜鑫，张敬伟．裂变创业视角下核心企业商业生态系统重塑机理——基于“蒙牛系”创业活动的嵌入式单案例研究［J］．管理世界，2020（11）：80－96.

［53］张艳．企业物流自营与外包的比较分析——以青岛啤酒股份有限公司为例［J］．中国集体经济，2014（15）：110－111.

［54］J. Balogun，V. Hope Hailey. Exploring Strategic Change. 3rd edition. Prentice Hall. 2007. 格里·约翰逊，理查德·惠廷顿，凯万·斯科尔斯．战略管理基础（第2版）．北京：清华大学出版社，2012：244.

［55］徐大勇．企业战略管理（第2版）［M］．北京：清华大学出版社，2020.

［56］蓝海林．企业战略管理（第三版）［M］．北京：科学出版社，2018.

［57］海螺声里听海．影响世界历史的十六本书［EB/OL］．网易号，2023. 06. 26. https：//www. 163. com/dy/article/I85VV9D805562L5D. html.

［58］赵建．战略 vs 战术：它们的区别是什么？为什么这很重要？［EB/OL］．Farnam Street，2018. https：//zhuanlan. zhihu. com/p/42019785.

［59］海尔集团官网［DB/OL］．https：//www. haier. com/.

［60］百科知识．迈克尔·波特的战略定位思想［DB/OL］．https：//www. guayunfan. com/baike/246262. html.

［61］田轩．加强制度化、法治化建设，守护企业家精神［EB/OL］．https：//www. 21jingji. com/article/20230726/f74ef96ceb6e5a07d6942f58405add4d. html.

［62］泽平宏观．大转型——从近十年变化看二十大经济思想和新发展理念［EB/OL］．网易，2022－11－02.

［63］苗雁．央行：推进绿色金融和转型金融标准体系建设［EB/OL］．央广网，2022－

03－05.

［64］萧萧萧公子．再见，摩拜！共享单车的下半场骑向何处？［EB/OL］．网易，2019－01－24.

［65］百度百科．知识资源［DB/OL］．https：//baike. so. com/doc/5902274－6115175. html.

［66］百度百科．公司总部［DB/OL］．https：//baike. so. com/doc/2710579－2861663. html.

［67］办公先生．央视总部．抖音 bgsirs，2020－06－05.

［68］福布斯官方搜狐号．重磅！二十大报告学习：企业的10大机遇［EB/OL］．搜狐．http：//news. sohu. com/a/593404941_100246910，2022－10－17.

［69］江苏省农垦农业发展股份有限公司官网．http：//www. skiad. com. cn/.

［70］牧原集团公司官网．http：//www. muyuanfoods. com/#/.

［71］上游新闻．小米宣布科技战略升级，未来五年技术投入1000亿元［EB/OL］．souhu. https：//www. sohu. com/a/711956946_120388781. 2023－08－15.

［72］环球社．万科收缩型战略（万科紧缩型战略案例）［EB/OL］．123导航网．https：//www. 123dhw. com/post/419. html，2022－02－17.

［73］互联网普惠金融研究院．携程与去哪儿合并已一年：是领路人，还是拦路虎？［EB/OL］．搜狐．https：//www. sohu. com/a/127132807_439151，2017－02－24.

［74］黑龙江省农业投资集团有限公司官网咨询中心整理．http：//www. longjiangnongtou. com/c/zxzx. html.

［75］恒逸石化公司官网．http：//www. hengyishihua. com/.

［76］格兰仕官方网站．https：//www. galanz. com. cn/.

［77］农夫山泉官网．http：//www. nongfuspring. com/.

［78］和粮农业集团官网．http：//heliang. com. cn/a/about/.

［79］我没有故事L. 更好的方案为什么会遭遇强烈抵制——从可口可乐更换新口味失败谈起［EB/OL］．简书．https：//www. jianshu. com/p/ee18968b521b，2019－12－07.

［80］全聚德官网．https：//www. quanjude. com. cn/.

［81］一个有灵魂的作者．绝地反击！华为销量重回前五，外媒：一切都结束了［EB/OL］．网易．https：//www. 163. com/dy/article/IAO9MN57054679X8. html，2023－07－28.

［82］达摩院官网．https：//damo. alibaba. com/about/.

［83］百度百科．质量文化［DB/OL］．https：//baike. so. com/doc/5722170－5934901. html.

［84］环球5G. 乡村振兴的实现路径在哪？阿里菜鸟物流探索出了一个答案．抖音．2021－06－08.

［85］李江涛．字节跳动目前面临好事儿还是坏事儿？［EB/OL］．腾讯网，https：//new. qq. com/rain/a/20221011A05U6L00，2022－10－11.

[86] 邓纯雅．高建华：从惠普（中国）CKO 到知识管理的布道者［EB/OL］．搜狐．https：//business. sohu. com/20060815/n244809730. shtml. 2006－08－15.

[87] 人民资讯．学习型企业建设，这家企业很“像话”［EB/OL］．网易，https：//www. 163. com/dy/article/I36EI5A70530QRMB. html，2023－04－25.

[88] 雷科技．品牌大片再登央视，大国品牌 TCL 用科技“智敬”美好生活［EB/OL］．快资讯，https：//www. 360kuai. com/pc/978cebf054694cddc？cota＝3&kuai_so＝1&sign＝360_57c3bbd1&refer_scene＝so_1，2023－06－14.

[89] 阿里巴巴集团官网．https：//www. alibabagroup. com/.

[90]《财富》品牌实验室官网、MAIGOO 官网．https：//www. maigoo. com/brand10/list_3072. html.

[91] 倩倩看世界．中国的基础设施有多现代化？抖音．2022－12－12.

[92] 京东集团官网．https：//about. jd. com/.

[93] 满投财经．5. 25 亿完成乐乐茶收购，奈雪的茶持续扩张［EB/OL］．界面新闻．https：//www. jiemian. com/article/9570970. html，2023－06－13.

[94] 老高．企业家要学习刘邦，学会整合人事资源．抖音 laogao43，2023－05－07.

[95] 凤凰网安徽．荣电集团：聚焦六大战略，打造高质量发展“变革引擎”．凤凰网．https：//i. ifeng. com/c/8OYDxYWQ2Lo，2023－03－29.

[96] 梁钟荣．京东（09618）＋腾讯（00700）都市丽人（02298）迎接最深刻的智慧零售变革．直通财经．https：//www. zhitongcaijing. com/content/detail/888964. html. 2023－03－09.

[97] 国际化大企业如何变革：比亚迪 2018 变革之路全解析．新浪汽车．http：//k. sina. com. cn/article_6439207663_17fce82ef001004wch. html，2018－03－17.

[98] 方程豹汽车哈尔滨机场路中心．方程豹，就是新能源＋无限可能．抖音，2023－08－17.

[99] 创新者．比亚迪王传福：战略决定企业未来三、五年命运，绝对不能错．抖音，2022－01－17.

[100] 乘风会．如何突破企业惯性加快实现企业变革？．抖音，2023－08－05.